Knaur

Über den Autor:

Joseph Murphy, der große Lehrer des positiven Denkens, lebte in Kalifornien, wo er 1981 starb. Seine Bücher sind in zahlreiche Sprachen übersetzt und wurden von Millionen von Menschen gelesen. Sein Buch »Die Macht Ihres Unterbewusstseins«, wurde in deutscher Sprache fast zwei Millionen Mal verkauft.

Dr. Joseph Murphy

Innere Stärke durch positives Denken

Das große Dr. Joseph Murphy Lesebuch

Zusammengestellt von Diane von Weltzien

Knaur

Besuchen Sie uns im Internet:
www.droemer-weltbild.de

Dieser Titel ist bereits unter der Bandnummer 87057 erschienen.

Quellenangabe am Ende des Buches
Umschlaggestaltung: ZERO Werbeagentur, München
Umschlagabbildung: Mauritius, Mittenwald
Satz und Herstellung: Barbara Rabus, Sonthofen
Druck und Bindung: Clausen & Bosse, Leck
Printed in Germany
ISBN 3-426-77556-5

2 4 5 3

Wahrlich, ich sage euch: Wer zu diesem Berge spräche: Hebe dich und wirf dich ins Meer!, und zweifelte nicht in seinem Herzen, sondern glaubte, dass es geschehen würde, was er sagt, so wird's ihm geschehen. Darum sage ich euch: Alles, was ihr bittet in eurem Gebet, glaubet nur, dass ihr's empfangt, so wird's euch werden.

Markus 11,23–24

Inhalt

Wie dieses Buch in Ihrem Leben Wunder wirken kann · 11

Kapitel 1

Das Unterbewusstsein, die kosmische Kraft

Wie Sie mit der kosmischen Kraft im Einklang bleiben 19
Wie die kosmische Kraft Sie zu führen vermag 34
Wie Sie sich Ihrer kosmischen Kraft bewusst werden . . . 46
Die unversiegbare Quelle der Lebensbereicherung 61

Kapitel 2

Haben Sie einen freien Willen oder nicht?

Haben Sie einen freien Willen oder nicht? 77
Die unvergleichliche Quelle der Überwindung aller Hindernisse 94
Wie Sie die Wunderkraft anzapfen 109

Kapitel 3

Was die kosmische Kraft für Ihre Gesundheit zu tun vermag

Das Unterbewusstsein dient dem Leben! 123
Die wunderbare Quelle der Heilung 132
Wie Sie die kosmische Heilkraft einsetzen können 147
Die praktische Anwendung der geistigen Therapie 158

Kapitel 4

Wie Ihr Unterbewusstsein auf Ihre Intuition und Kreativität Einfluss nimmt

Wie Sie die leise innere Stimme verstärken 179
Die dynamische Quelle schöpferischer Gestaltung 188
Wie Sie sich der Kraft Ihrer Imagination bedienen 202
Wie die kosmische Kraft Sie ans Ziel Ihrer Wünsche bringt 213

Kapitel 5

Wie Sie zu innerem Reichtum und Erfolg finden

Das befreiende Prinzip inneren Wachstums 225
Wie Sie das Prinzip des Wachstums richtig anwenden .. 239
Die geheimnisvolle Quelle innerer Führung 250
Wie Sie ein erfolgreiches Leben zu führen vermögen ... 260
Die Hilfe des Unterbewusstseins bringt Erfolg 275
Wie Sie unendlichen inneren Reichtum erlangen 289

Kapitel 6

Wie Sie mit der Hilfe Ihres Unterbewusstseins Ängste und andere Barrieren aus dem Weg räumen können

Wie die kosmische Kraft Ihre Probleme löst 307
Wie die Kräfte des Unterbewusstseins die Furcht vertreiben 320
Die Heiterkeit oder das Freisein von Angst und Hass ... 335
Wie die kosmische Kraft Ihre Ängste überwinden hilft 352
Die Überwindung der Einsamkeit 362

Kapitel 7

Der Weg zu äußerem Reichtum

Das Unterbewusstsein als Schlüssel zum Reichtum 379
Die unerschöpfliche Quelle von Reichtum und Überfluss 388
Wie Ihr Denken und Glauben Sie zu Reichtum führen .. 400
Ihr Recht auf Reichtum 411

Der Königsweg zum Triumph des Menschen · 423

Rechtenachweis 436

Wie dieses Buch in Ihrem Leben Wunder wirken kann

Ich sah mit eigenen Augen, wie an Menschen jeden Geschlechts und Alters, aller Gesellschaftsschichten und Nationen wahre Wunder geschahen. Auch Ihr Leben wird sich wunderbar verwandeln – sobald Sie die Macht Ihres Unterbewusstseins einzusetzen beginnen. Dieses Buch wird Ihnen darlegen, wie Ihre Denkgewohnheiten und die Bilder Ihrer Vorstellungskraft Ihr Schicksal gestalten und bestimmen; denn Art und Wesen des Menschen sind identisch mit dem Inhalt seines Unterbewusstseins.

Wissen Sie, warum?

Warum ist das Leben des einen Menschen von Trauer überschattet, während das eines anderen vor Glück erstrahlt? Warum genießt ein Mensch Reichtum und Ansehen, während sein Nachbar Armut und Not leidet? Warum ist der eine von Unsicherheit und Angst geplagt, während der andere voll Selbstvertrauen und Zuversicht in die Zukunft blickt? Warum besitzt der eine ein luxuriöses Haus, während der andere sein Leben in einem Elendsviertel fristet? Warum reiht ein Mensch Erfolg an Erfolg, während ein anderer vom Regen in die Traufe gerät? Warum reißt ein Redner seine Zuhörer mit, während ein anderer ohne jedes Echo bleibt? Warum vollbringt einer geniale Leistungen, während ein anderer lustlos einer unbefriedigenden Tätigkeit nachgeht? Warum übersteht einer eine angeblich unheilbare Krankheit, die einem anderen den Tod bringt? Warum erfahren so viele gute und selbstlose Menschen

unsagbares Leid an Körper und Seele, während sich mancher gewissenlose Zeitgenosse bester Gesundheit und strahlender Erfolge erfreut? Warum führt die eine Frau eine glückliche Ehe, während ihre Schwester an der Seite ihres Mannes nur Leid und Enttäuschung erlebt? Warum?
Die Antwort auf diese und viele ähnliche Fragen liegt im Wesen und in der Funktion von Bewusstsein und Unterbewusstsein.

Warum ich dieses Buch schrieb

Bei der Niederschrift von *Die Macht Ihres Unterbewusstseins* wurde ich vom Wunsch geleitet, nicht nur Antworten auf diese und viele andere Fragen zu geben, sondern auch die Zusammenhänge sichtbar zu machen. Ich bemühte mich, den Urgrund und die tiefsten Geheimnisse Ihres geistigen Lebens in einfachen Worten zu erklären, denn ich war schon immer der festen Überzeugung, dass selbst diese verborgensten Zusammenhänge des menschlichen Geistes leicht verständlich dargestellt werden können. Deshalb werden Sie in diesem Werk die einfache Sprache antreffen, die Ihnen aus Ihrem Berufsalltag und Privatleben vertraut ist. Ich möchte Ihnen das Studium dieser Seiten und die Anwendung der hier beschriebenen Methoden aufs nachdrücklichste ans Herz legen, denn ich weiß mit absoluter Sicherheit, dass sich Ihnen hier eine wunderwirkende Kraft erschließt, die Sie aus aller Orientierungslosigkeit und Mühsal emporreißen, von aller Niedergeschlagenheit befreien und vor jedem Misserfolg bewahren wird. Meine Bücher verleihen Ihnen die Macht, die Ihnen gebührende Stellung zu erringen, sie geben Ihnen die Kraft, alle Schwierigkeiten zu lösen, sie befreien Sie aus den Ketten seelischer und körperlicher Leiden und weisen Ihnen den geraden Weg zu Freiheit, Glück und Seelenfrieden. Die wunderwirkende Macht Ihres Unterbewusstseins wird Ihnen Heilung bringen und neue Jugendkraft in Ihnen erwecken. Die Herrschaft über Ihre eigenen seelischen Kräfte wird Sie von den tausend Ängsten und Befürchtungen befreien, die Sie jetzt gefangen halten, und das Tor zu jenem Leben voll seliger Freiheit eröffnen, das schon der Apostel Paulus den Kindern Gottes in Aussicht gestellt hat.

Der Schlüssel zur wunderwirkenden Macht

Eine selbsterlebte Heilung ist wohl der überzeugendste Beweis der wundersamen Kräfte unseres Unterbewusstseins. Mehr als 42 Jahre, bevor ich *Die Macht Ihres Unterbewusstseins* schrieb, wurde ich auf diese Weise von einer bösartigen Geschwulst geheilt, die die Medizin als »Sarkom« bezeichnet, und genau dieselbe Macht, die mich erschuf, lenkt – das weiß ich jetzt – auch heute noch die Lebensströme meines Organismus. Die detaillierte Schilderung der von mir damals angewandten Technik wird zweifellos alle Leser veranlassen, sich vertrauensvoll jener *unbeschränkten heilenden Macht* anzuvertrauen, die im tiefsten Seelengrund jedes Menschen wohnt. Den gütigen Eingebungen meines Freundes und ärztlichen Beraters habe ich die plötzliche Erkenntnis zu verdanken, dass dieselbe *schöpferische Weisheit,* die meinen Körper formte, alle meine Organe schuf und mein Herz zum Schlagen brachte, auch ihr eigenes Geschöpf selbstverständlich am besten zu heilen vermag. Sagt doch schon ein altes Sprichwort: »Der Arzt verbindet die Wunde, und Gott heilt sie.«

Wunder sind Antworten auf »wissenschaftliche Gebete«

Unter einem »wissenschaftlichen Gebet« verstehen wir das harmonische Zusammenwirken der bewussten und unterbewussten Geisteskräfte, die mittels wissenschaftlich gesicherter Methoden zur Verwirklichung eines bestimmten Ziels eingesetzt werden. Dieses Buch unterweist Sie in der Technik, die Ihnen Zugang zu Ihren unerschöpflichen Reserven seelischer Kräfte schafft, deren Einsatz alle Ihre

Herzenswünsche erfüllt. Sie sehnen sich nach einem glücklicheren, erfüllteren und reicheren Leben? Setzen Sie deshalb diese neue, wunderwirkende Macht ein, und ebnen Sie Ihren Weg durchs Leben; lösen Sie Ihre privaten und geschäftlichen Probleme, und schaffen Sie Harmonie im Kreis Ihrer Familie. Lesen Sie dieses Buch unbedingt mehrmals! Es erklärt Ihnen die Wirkungsweise dieser wundervollen Macht und zeigt, wie Sie selbst die Erleuchtung und Weisheit, die auf dem Grunde Ihrer Seele schlummern, für Ihre Zwecke nutzbar machen können. Lernen Sie, Ihr Unterbewusstsein zu beeinflussen – es ist ganz einfach! Wenden Sie die neue, wissenschaftlich fundierte Methode an, die Ihnen die unermesslichen Kräfte Ihrer Seele erschließt. Lesen Sie dieses Werk sorgfältig, und öffnen Sie Herz und Verstand für seine wunderwirkenden Ratschläge. Überzeugen Sie sich persönlich von den verblüffenden Ergebnissen dieser Methode. Ich habe die unerschütterliche Überzeugung, dass die Lektüre dieser Seiten einen Wendepunkt in Ihrem Leben darstellen kann und wird.

Jeder Mensch betet

Verstehen Sie es, »wirksam« zu beten? Wie lange ist es wohl her, dass das Gebet seinen festen Platz in Ihrem täglichen Leben hatte? Zu Zeiten der Not, der Gefahr, in Krankheit und Todesangst kommt Ihnen wie all Ihren Mitmenschen das Gebet stets wie von selbst auf die Lippen. Werfen Sie nur einmal einen Blick in Ihre Tageszeitung. Immer wieder können Sie darin lesen, dass ein ganzes Land sich im Gebet vereint für die Gesundung eines von einer scheinbar unheilbaren Krankheit befallenen Kindes, für die Errettung einer in den Tiefen der Erde verschütteten Gruppe von Bergleuten oder für die Erhaltung des Weltfriedens. Aus Todesnot befreit, berichten dann die Bergleute, wie sie die qualvollen Stunden bis zum Eintreffen der Rettungsmannschaften im Gebet verbrachten. Und der Pilot eines Verkehrsflugzeugs gesteht, dass auch er betete, während er mit seiner Maschine zur Notlandung ansetzte. Kein Zweifel – die Kraft des Gebets steht uns in Zeiten der Not immer zur Verfügung. Warum wollen Sie seine wirkungsvolle Hilfe nicht jeden Tag nutzen, indem Sie es zum festen und segensvollen Bestandteil Ihres täglichen Lebens machen? Zeitungsartikel berichten von dramatischen Gebetserhörungen, und eidesstattliche Erklärungen verbürgen die Wirksamkeit des Gebets. Doch was ist von all den vielen demütigen Gebeten zu halten, die Kinder sprechen, mit denen wir Gott für einen gedeckten Tisch danken und in denen sich der Einzelne in gläubiger Hingabe an seinen Schöpfer wendet? Meine Arbeit im Dienste der Menschen brachte es mit sich, dass ich die verschiedenen Arten und Beweggründe des Gebets erforschen konnte. Ich habe die Macht des Gebets an mir selbst erfahren und mit vielen gesprochen und zusammengearbeitet, deren Gebete ebenfalls erhört wurden. Die eigentliche Schwierigkeit liegt darin, andere zu lehren, wie man »wirksam« betet. Im Augenblick der Not denkt und handelt der Mensch meist nicht mehr völlig rational und kontrolliert, und deshalb bedarf es einer einfachen, unfehlbar wirkenden Formel.

Das vorliegende Werk ist einzig in seiner Art

Der Vorzug dieses Buches liegt in seiner praktischen Verwendbarkeit. Es macht Sie mit einer Reihe einfacher, leicht anzuwendender Techniken und Formeln vertraut, die Ihnen überall und zu jeder Zeit zur Verfügung stehen. Ich habe diese leicht verständlichen Regeln Männern und Frauen in der ganzen Welt gelehrt, und erst kürzlich legte ich einige der wichtigsten hier geschilderten Erkenntnisse einer Zuhörerschaft von mehr als tausend Menschen in Los Angeles dar. Viele von ihnen hatten nicht einmal die Mühe einer drei- bis vierhundert Kilometer weiten Anreise gescheut, um meine Vorträge zu besuchen. Das vorliegende Werk wird unter anderem auch deshalb von besonderem Interesse für Sie sein, weil es Ihnen erklärt, warum häufig das genaue Gegenteil von dem eintrat, worum Sie beteten. Eine Vielzahl von Menschen in aller Welt stellten mir immer wieder die gleiche Frage: »Warum nur habe ich gebetet und gebetet, ohne jemals erhört zu werden?« In diesem Buch erfahren Sie die Gründe, die derartige Zweifel entkräften. Die zahlreichen hier geschilderten Methoden, das Unterbewusstsein zu beeinflussen und auch dann, wenn Sie zweifeln, die richtige Antwort zu finden, verleihen diesem Buch den außerordentlichen Wert eines stets verfügbaren und in jeder Lebenslage unbedingt zuverlässigen Ratgebers.

Woran glauben Sie?

Nicht der Gegenstand oder Inhalt seines Glaubens ist es, der die Gebete eines Menschen wirksam gestaltet. Die Erfüllung tritt vielmehr dann ein, wenn das Unterbewusstsein des Betreffenden auf seine Gedanken oder Vorstellungen reagiert. Dieses Gesetz des Glaubens entfaltet seine Wirkung in allen Religionen der Welt und verleiht ihnen ihren psychologischen Wahrheitsgehalt. Christen, Juden, Buddhisten, Hindus oder Moslems werden in gleicher Weise erhört, und das nicht etwa, weil sie einer bestimmten Religion oder Konfession angehören und gewisse Zeremonien, Liturgien, Gebete und Opferhandlungen vornehmen und berücksichtigen, sondern einzig und allein deshalb, weil sie geistig und seelisch von der Überzeugung durchdrungen sind, ihre Gebete würden erhört werden. Das Gesetz des Lebens ist identisch mit dem Gesetz des Glaubens, und der Begriff »Glaube« lässt sich ebenso kurz wie zutreffend definieren als »Gedanke« oder »Geistesinhalt«. Ganz genau so, wie und was ein Mensch denkt, fühlt und glaubt, sind auch sein Geist, sein Körper und sein Lebensschicksal beschaffen. Eine systematische Technik, die auf einem grundlegenden Verständnis Ihrer Handlungsweise und deren Beweggründe beruht, wird Ihnen unter Einsatz Ihrer unterbewussten Kräfte Anteil an den Glücksgütern dieser Erde verschaffen. Im Grunde genommen ist ja die Erhörung eines Gebets nichts anderes als die Verwirklichung bestimmter Herzenswünsche.

Wunsch und Gebet sind ein und dasselbe

Jeder sehnt sich nach Gesundheit, Glück, Sicherheit, Seelenfrieden und wahrer Selbstverwirklichung, doch nur wenigen ist ein klarer Erfolg beschieden. Vor kurzem sagte mir ein Universitätsprofessor: »Ich weiß, dass eine Veränderung meiner Denkgewohnheiten und eine Neuorientierung meines Gefühlslebens mich für alle Zeit von meinen Magengeschwüren befreien würde. Leider verfüge ich aber über keinerlei Technik, um diese Erkenntnis in die Tat umzusetzen. Meine Gedanken irren unruhig von Problem zu Problem, und ich fühle mich enttäuscht, niedergeschlagen und unglücklich.« Dieser Professor sehnte sich nach völliger Gesundheit; was er aber brauchte, war eine klare Einsicht in den Ablauf seiner geistigen Vorgänge, die ihm die Verwirklichung seines Herzenswunsches schenken konnte. Die Anwendung der in diesem Buch geschilderten Heilmethoden stellte seine Gesundheit in kurzer Zeit wieder völlig her.

»Jeder Mensch hat Anteil an dem die ganze Menschheit verbindenden Weltgeist«

Die wunderwirkenden Kräfte Ihres Unterbewusstseins bestanden schon, ehe Sie und ich geboren waren; ihre Existenz geht der jeder Kirche und sogar der unserer Welt voraus. Die großen, ewigen Wahrheiten und Prinzipien des Lebens sind älter als alle Religionen. Aus der Tiefe dieser Überzeugung heraus lege ich Ihnen – hier unter dem in der Überschrift zitierten Leitsatz von Ralph Waldo Emerson – das Studium der folgenden Kapitel ans Herz, denn sie geben eine wunderbare, alles verwandelnde Kraft in Ihre Hände, die alle vom Leben geschlagenen Wunden des Geistes und des Körpers heilt, die die angstgequälte Seele trösten und Sie für immer vom Druck der Armut, des Misserfolgs und der Enttäuschung befreien wird. Sie müssen sich nur mit dem Guten identifizieren, das Sie zu verwirklichen wünschen, und die schöpferischen Kräfte Ihres Unterbewusstseins werden entsprechend reagieren. Beginnen Sie noch heute, in diesem Augenblick, und das Wunder wird in Ihr Leben treten. Lassen Sie sich nicht entmutigen, schreiten Sie nimmermüde voran, bis das strahlende Licht des Tages alle Schatten verscheucht.

Sie werden aus den Erfahrungen anderer Menschen lernen

Im vorliegenden Buch werden Sie von Männern und Frauen aus allen Schichten und Berufszweigen, aus Kunst, Geschäfts- und Arbeitswelt lesen, die sich der universellen kosmischen Kraft bedienten. Diese Menschen berichten ausführlich, wie sie es bewerkstelligten, um zu Gesundheit, Glück und Erfolg zu gelangen und sich ihre größten Herzenswünsche zu erfüllen. Manche gaben mir die Erlaubnis, ihre Briefe samt Namen und Adresse zu veröffentlichen; in anderen Fällen bediente ich mich, da mir eine solche Erlaubnis nicht vorlag, ihrer Initialen, um die Anonymität der Schreibenden zu wahren.

Wenden Sie die geschilderten Techniken Schritt für Schritt an, und auch Sie werden Ergebnisse erzielen, über die Sie und die Menschen Ihrer Umgebung staunen werden.

Kapitel 1

Das Unterbewusstsein, die kosmische Kraft

Wie Sie mit der kosmischen Kraft im Einklang bleiben

In Ihrem Inneren schlummert ungeahnte Kraft. Es ist die Kraft, die unsere Welt bewegt, die alle Planeten auf ihren Bahnen lenkt und die Galaxien im Weltraum beherrscht. Diese allmächtige Kraft tragen Sie *in sich.*

Ich kenne Menschen, die ihre innere Kraft anzapften und deren Leben sich daraufhin in kurzer Zeit so grundlegend änderte, dass ihre Bekannten nur so staunten. Oft wurden sie sogar von Freunden gefragt: »Was ist bloß Wunderbares passiert, du bist ja nicht mehr zu erkennen?!«

Auch Sie haben unbegrenzte Möglichkeiten der Entwicklung und Entfaltung, und wenn Sie sich auf die unendliche Kraft kosmischer Dimension einstimmen, werden Sie feststellen, dass diese Kraft Sie aus Krankheit, Elend, Mutlosigkeit, Verzweiflung und sogar aus größtem Chaos herausheben kann. Diese Kraft kann Ihren Körper heilen, Sie führen und leiten, kann Ihnen neue Türen öffnen, Ihre Tränen trocknen, alle Ihre Probleme lösen und Sie auf den erhabenen Weg zu Glück, Freiheit und Seelenfrieden bringen.

Die kosmische Kraft vermag Sie in vielfältiger Weise zu inspirieren. Wenn Sie sie anrufen, werden Sie Antwort erhalten. Sofern Sie Ihren wirklichen Platz im Leben suchen, können Sie sich an diese Urkraft wenden, und sie wird Ihnen das Tor aufstoßen und jeden Ihrer Schritte lenken. Es ist Ihr angestammtes Recht, mit dieser Kraft im Einklang zu bleiben, sie durch Geist und Körper strömen zu lassen und mit ihrer Hilfe in allen Bereichen voranzukommen, emporzusteigen, sich Gott zu nähern.

Heilung eines gelähmten Armes

Folgender Brief zeigt, wie eine Frau, die meine Vorlesungen besuchte, Verbindung mit dieser wunderbaren Kraft aufnahm:

Sehr geehrter Herr Dr. Murphy,
es gibt keine Worte, die meine Dankbarkeit ausdrücken könnten für Ihre Anweisungen, wie ich mit der unendlichen Kraft in mir Verbindung aufnehmen soll, und für die wunderbare Antwort, die ich erhielt. Ich begann über das nachzudenken, was Sie gesagt hatten, dass die ganze Kraft Gottes in meinem eigenen Geist sei und dass ich sie nutzen könnte. Ich begann zu denken, dass diese Kraft größer sei als Wasserstoffbomben, Atomenergie oder Elektrizität, dass alles dies nichts sei im Vergleich zu dem allmächtigen Gott, der mir innewohnt.
Zehn Tage lang war ich unfähig, meinen Arm hochzuheben, ohne unerträgliche Schmerzen zu leiden, die so heftig waren, dass ich von Zeit zu Zeit laut schrie. Auf dem Weg zu meinem Hausarzt stimmte ich mich auf die kosmische Kraft ein und behauptete: »Durch die Kraft des Allmächtigen in mir bewege ich meinen Arm jetzt ungehindert.« Ich hob den Arm ohne jeden Schmerz in die Waagrechte und bewegte ihn freier, als ich es seit Wochen gekonnt hatte. Der Arzt untersuchte meinen Arm, und es geht alles gut. Wahrlich, das Reich Gottes ist in jedem von uns!
Mit den besten Grüßen Mrs. Helen Hanford, Los Angeles, Kalifornien.

Frau Hanford nahm ganz bewusst Verbindung mit der Kraft in ihrem eigenen Inneren auf und erlebte eine wunderbare

Heilung. Diese Frau erfuhr an sich die kosmische Dimension ihrer inneren Kraft. Schließen auch Sie sich an die Kraft Gottes an. Dann werden auch in Ihrem Leben Wunder geschehen!

Ihre unerschöpfliche Kraftquelle

Die Kraft in Ihrem Inneren ist unerschöpflich, ewig und unmessbar. Sie besitzen eine unversiegbare Quelle unendlicher Weisheit, schrankenloser Liebe, höchster Intelligenz, absoluter Harmonie, vollkommenen Friedens, beseligender Freude, unbeschreiblicher Schönheit und unbegrenzter Heilgegenwart. Die Summe dieser immensen Kräfte, Fähigkeiten und Energien schlummert in Ihnen und wartet nur darauf, erweckt und genutzt zu werden.

Ein General, der eine militärische Streitmacht befehligt, verfügt über Reserven an Menschen und Material, die er einsetzen kann; genauso können Sie, wenn Sie verwirrt, unruhig, angsterfüllt oder deprimiert sind, Ihre spirituellen Reserven einsetzen, die Sie stärken und mit neuer Weisheit, Wahrheit und Schönheit erfüllen werden.

Der nachstehende Brief veranschaulicht, wie eine Frau ständig aus der Schatzkammer des Unendlichen in ihrem Inneren schöpft:

Sehr geehrter Herr Dr. Murphy!

Vor genau einem Jahr nahm mich eine Freundin an einem Sonntagvormittag zu einer Ihrer Vorlesungen mit. Ich hatte mich gerade von meinem Mann getrennt und nach achtzehn Jahren einer schwierigen Ehe die Scheidung eingereicht. Ich war deprimiert, verängstigt und voller Schuldgefühle. Jetzt bin ich ständig auf das Unendliche eingestimmt, und in meinem Leben geschehen Wunder.

Ihr Vortrag an jenem Vormittag »erreichte« mich wirklich und machte mir klar, dass ich lernen musste, mein Denken und meine Gefühle zu beherrschen. Bis dahin ließ ich mich

von meiner Familie, von meinen Freunden und von destruktiven Gedanken, die mir von der Umwelt suggeriert wurden, beherrschen.
Seit damals, auf Grund Ihres Vortrages und einer Reihe Ihrer Bücher, die ich daraufhin las, widerfuhren und widerfahren mir wunderbare Dinge. Verschwunden sind die Beruhigungspillen und die Migräneanfälle, die zu meinem Alltag gehörten.
Jetzt mit vierzig bin ich gesünder, strahlender und glücklicher als je in meinem ganzen Leben, und meine positive, gesunde Lebenseinstellung wirkt sich beruhigend und sehr günstig auf das Leben meiner beiden Töchter aus, die im Teenageralter sind. Ich erfahre reichlich Segnungen und danke jeden Augenblick des Tages dafür. Neue Türen öffnen sich, ich verfüge über mehr Wohlstand und Seelenfrieden.
Ganz habe ich jedoch noch nicht gesiegt. Ab und zu gleite ich ohne ersichtlichen Grund in die alte Denk- und Gefühlseinstellung zurück; aber dank dessen, was ich von Ihnen gelernt habe, bin ich jetzt fähig, stillzusitzen, in mich zurückgezogen, und mich wieder umzustellen, indem ich Gott anrufe, worauf sein Frieden und seine Liebe mich durchströmen.
Vielen, vielen Dank noch einmal dafür, dass Sie mir die Augen für die Herrlichkeit geöffnet haben, die mich umgibt.
Ihre ergebene Mrs. E. C., San Diego, Kalifornien.

Das ständige Gebet dieser Frau lautet: »Gott ist, und seine Gegenwart durchströmt mich. Harmonie, Freude, Frieden und Schönheit erfüllen mich und führen zu richtigem Tun. Seine Liebe erfüllt meine Seele, und Wunder geschehen, wenn ich bete.«
Das Gebet ist für sie eine innere Melodie, sie singt es still vor sich hin, während sie ihren Hausarbeiten und anderen Pflichten nachgeht. Diese Frau empfängt, indem sie auf Gott und die kosmische Weisheit eingestimmt bleibt,

Gedanken aus dem Fundus des Göttlichen, das in ihr ist, und sie wird mit den Mitteln versehen, die ihr die Freiheit geben, das zu sein und zu tun, was sie sich geistig vergegenwärtigt.

Einstimmung für eine sichere Reise

Aus dem nachfolgenden Brief wird ersichtlich, wie man auf einer Reise Kontakt mit der unerschöpflichen Quelle von Stärke, Frieden und Sicherheit hält, die uns allen immer zur Verfügung steht:

Sehr geehrter Herr Dr. Murphy,
zu sagen, ich sei dankbar, ist ein so schwacher Ausdruck für meine Gefühle! Weiß ich doch so gut, dass Gott, wenn man ihn anruft, wie ich es tat, sich einem voll Liebe zuwendet. Man ist nie allein, wenn man weiß, wie ich auf dieser Reise wusste, dass Gott mir vorausgeht und alle meine Wege eben macht.

Erst im Dezember muss ich wieder nach Monterey reisen zu der abschließenden Röntgenuntersuchung, die in allen Fällen einer früheren Krebserkrankung vorgenommen wird. Aber ich habe keine Angst, denn ich weiß, dass ich für alle Zeiten geheilt bin und dass diese Krankheit, die so viele Menschen als unheilbar bezeichnen, nicht unheilbar ist, dass es aber unheilbare Menschen gibt.

Ich nahm Ihren liebevollen Brief mit, den Sie mir am 12. Juli schrieben und worin Sie sagten: »Gott ist in seinem heiligen Tempel, und da dies wahr ist, durchströmt Sie seine Gegenwart und erfüllt Sie mit Liebe, Harmonie und Frieden; Sie werden in Ihrem Fleische Gott sehen.« Nun, ich trug diesen Brief bei mir, während ich unterwegs war, und las ihn jeden Tag viele Male.

Wenn Sie in dem Bemühen, anderen zu helfen, einen Teil meines Schreibens irgendwie benützen möchten, haben Sie die völlige Freiheit, das zu tun. Ich wünsche mir so sehr,

allen zu helfen, denen vielleicht meine Beteuerungen nützen.
Mein Herz, wissen Sie, ist dankerfüllt – genau, wie Sie heute früh im Radio sagten: »Dies ist der Tag, den der Herr macht; lasset uns freuen und fröhlich darinnen sein.«
Dankbar, Mrs. R.

Wenn Sie eine Reise machen, sei es mit dem Flugzeug, der Eisenbahn, oder sei es mit Ihrem eigenen Auto, können Sie ständig Verbindung mit der grenzenlosen Weisheit und unendlichen Kraft halten, die Ihnen innewohnen. Sprechen Sie voll Gefühl und Überzeugung:
»Dieses Gefährt ist Gottes Idee von der ungehinderten, freudigen, liebevollen Bewegung von einem Ort zum anderen. Göttliche Liebe geht mir voraus und macht meinen Weg eben, schön, heiter und glücklich. Der Schutzschirm von Gottes unendlicher Liebe umgibt mich, und ich bin allezeit in der Mitte der heiligen Allgegenwart. Ich werde ständig geschützt von der Rüstung Gottes und des Guten. Es ist wunderbar!«

Ein Student stimmte sich richtig ein und bestand seine Examen

Der folgende Brief berichtet von einer Traumerfahrung, wie sie in ähnlicher Form schon sehr vielen Menschen geholfen hat.

Sehr geehrter Herr Dr. Murphy,
wie Sie wissen, habe ich wegen meiner Erkrankung eine Reihe Vorlesungen versäumt; aber ich habe darum gebetet, dass Gott mir alles Nötige für mein Examen liefert und mir offenbart, was ich wissen muss, wie Sie es mir empfahlen. Vorigen Montagvormittag fand das Examen statt. Sonntagnacht hatte ich einen Traum, in dem Sie mir erschienen und mich auf die Seiten hinwiesen, die ich in meinen Physik-

und Chemiebüchern besonders gut lernen sollte. Ich stand um zwei Uhr morgens auf und las die Seiten durch, die ich in dem Traum erfahren hatte. Eine Seite lernte ich auswendig.
Überflüssig zu sagen, dass ich alle Fragen mühelos zu beantworten vermochte, nachdem ich ja den Stoff in der Nacht vorher eingehend studiert und manche Seiten in meinen Büchern wiederholt gelesen hatte. Ich erzählte einem der Professoren von meinem Traum; aber er lachte mich aus und meinte, ich würde scherzen! Vielen Dank für Ihre Hilfe.
D. L., Beverly Hills, Kalifornien.

Die dem Unterbewusstsein des jungen Mannes innewohnende unendliche Weisheit hatte auf seinen Anruf reagiert, wie es ihrer Natur entspricht. Er hatte einen präkognitiven Traum, und die Professoren stellten eben jene Fragen, die der Student im Traum gesehen hatte. In der Bibel heißt es: *... dem will ich mich kundmachen in einem Gesicht oder will mit ihm reden in einem Traum* (4. Mose 12,6).

Ein lange verschollener Bruder wurde wieder gefunden

Die Bibel sagt: *Wer festen Herzens ist, dem bewahrst du Frieden; denn man verlässt sich auf dich* (Jesaja 26,3).
Mir schrieb ein Mann, dass er seinen Bruder seit mehr als zwanzig Jahren nicht gesehen und nicht gewusst habe, wo der Bruder sich aufhalte. Inzwischen hatten sie gemeinsam ein großes Grundstück geerbt, und er hätte dem Bruder die gute Nachricht gern mitgeteilt. Der Brief des Mannes lautet:

Sehr geehrter Herr Dr. Murphy,
ich habe Ihr Buch Das Wunder Ihres Geistes *gelesen und war sehr beeindruckt. Ich richtete meinen Geist ganz auf das aus, was Sie die unendliche Weisheit nennen; zwar konnte*

ich sie nicht sehen, aber auf Grund früherer Erfahrungen war ich von ihrer Wirklichkeit überzeugt. Ich sehe auch den Wind nicht, spüre aber die Brise auf meinem Gesicht.
Ich bat Gottes unendliche Weisheit, mir den Aufenthaltsort meines Bruders zu offenbaren, und wiederholte ständig: »Göttliche Führung wird mir jetzt zuteil, und unendliche Weisheit bringt uns zusammen.«
Vergangene Woche nahm ich in New York an einer Konferenz teil, und siehe da! Einer der Fahrgäste, die in der U-Bahn neben mir saßen, war mein Bruder, den ich seit mehr als zwanzig Jahren nicht gesehen hatte!
Ich könnte mir denken, dass Sie diesen Brief vielleicht für das neue Buch benützen möchten, das Sie schreiben. Ich bin sicher, dass mein Erlebnis vielen Menschen Glauben und Vertrauen an die mystische Kraft, die in uns ist, einflößen wird.
Gezeichnet T. L., San Francisco, Kalifornien.

In jedem von uns ist der Inbegriff allen Lebens gegenwärtig, und wir haben von allem, was wir brauchen, in Fülle. Nutzen Sie diese Fülle für sich. Der große Philosoph Ralph Waldo Emerson sagte: »Für jeden von uns gibt es Führung, und wenn wir demütig lauschen, *werden wir das richtige Wort hören.«*
Wir leben in einer Welt wechselseitiger Aktion und Reaktion, die nach kosmisch-universellen Gesetzmäßigkeiten ablaufen. Darum werden Sie ernten, was Sie säen. Und wenn Sie Gott anrufen, werden Sie Antwort erhalten.

Eine Witwe löste sich aus ihrem Gram

Aus dem folgenden Brief ersehen Sie, wie Sie sich in Zeiten des Kummers und der Tragödie auf den Friedensstrom in Ihrem Inneren einstimmen und ein Gefühl innerer Ruhe und Gefasstheit, der Ausgeglichenheit und Heiterkeit erlangen können.

Sehr geehrter Herr Dr. Murphy!
Nach dem Tod meines geliebten Mannes war ich zutiefst niedergeschlagen. Eine Freundin lud mich ein, mit ins Wilshire Ebell Theatre zu gehen und Sie sprechen zu hören. Sie sagten, Trauer sei ganz natürlich, wenn wir unsere Lieben auf einmal im Alltag vermissen, und befreiendes Weinen gehöre zum Heilprozess: man solle deshalb in der Zeit des Übergangs die Tränen nicht zurückhalten oder unterdrücken. Sie sagten aber auch, dass allzu lange Trauer falsch ist, weil sie uns die Vitalität, Begeisterung und Energie raubt, und dass die Lösung darin besteht, für den Geliebten zu beten, der in einer anderen geistigen Dimension weiterlebt. Was meinen Kummer wirklich heilte, war Ihre Erklärung, wie unsere Lieben um uns sind, nur durch Frequenzunterschiede von uns getrennt – genau wie Stimmen mit unterschiedlichen Frequenzen ausgesendet oder durch ein Kabel geschickt werden oder wie ein Ventilator, wenn er sich sehr schnell dreht, »unsichtbar« wird und man die Wand durch die Rotorblätter sehen kann, so ist die Getrenntheit unserer Lieben von uns zu verstehen.
Während Ihres Vortrags erkannte ich plötzlich, dass mein verstorbener Mann genauso lebendig ist wie ich, dass seine eigentliche Realität eben die der Seele, des Geistes oder des Bewusstseins ist und immer schon war und dass sein Körper nur ein Instrument war. Ich erkannte, dass die Verbundenheit mit ihm als seelisch-geistige Realität höherer Dimension aufrechtbleibt.
Ich begriff, dass es keinen Tod gibt, weil das Leben nie geboren wurde und nie sterben wird. Ich begann so für meinen Mann zu beten, wie Sie es den Zuhörern empfohlen hatten. Mein Gebet lautete:
»Ich gebe meinen Mann Gott anheim. Ich weiß, dass er lebendig ist vom Leben Gottes, an dem er teilhat, und dass sein Weg vorwärts führt, aufwärts, Gott entgegen, weil das Leben nicht rückwärts geht und nicht beim Gestern verweilt.

Ich strahle ihm gegenüber Liebe, Freude und Freundlichkeit aus, und ich weiß, dass Gottes Liebe und Frieden ihn umgeben und einhüllen. Das Licht Gottes leuchtet in ihm, durch ihn und um ihn herum. Ich weiß, dass Güte und Gnade ihm alle Tage seines Lebens folgen und dass er unsterblich im Hause Gottes wohnt. Seine Reise führt von Glorie zu Glorie, und immer, wenn ich an ihn denke, sage ich: Gott sei mit dir.«

Nachdem ich einige Tage so gebetet hatte, überkam mich ein Gefühl großen Friedens, und ich wusste mit einem Mal innerlich, dass das Leben ewig und die Liebe unsterblich ist. Wahrlich, Gott wischte meine Tränen ab, und es gab kein Weinen mehr.

Ihre ergebene S. B.

Die Einstimmung auf die kosmische Kraft und das Erlebnis ihrer Ruhe und Freude, ihrer Seligkeit und Harmonie bringen die Lösung aller Probleme. In der Bibel heißt es: *Wer festen Herzens ist, dem bewahrst du Frieden; denn man verlässt sich auf dich* (Jesaja 26,3). Das Wort »du« ist zu verstehen als die Gegenwart Gottes oder des unendlichen Lebens, an dem Sie teilhaben.

Die alten Hinduschriften sagten über dieses Lebensprinzip, das alle Menschen beseelt und ihre eigentliche Realität ist: »Es wurde nie geboren und wird nie sterben; Wasser benetzt es nicht; Feuer verbrennt es nicht; Wind verweht es nicht. Da du diese Dinge weißt, warum grämst du dich darum?« Und in unserer Bibel heißt es: ... *Was suchet ihr den Lebendigen bei den Toten? Er ist nicht hier; er ist auferstanden ...* (Lukas 24,5–6). Wunderschön erklärt die Bibel das ewige Leben (Johannes 17,3): *Das ist aber das ewige Leben, dass sie dich, der du allein wahrer Gott bist ... erkennen.*

Ein Geschäftsmann nutzte die kosmische Kraft

Hier ist ein Brief, der aufzeigt, welche »Wunder« geschehen, wenn man sich regelmäßig auf die innere kosmische Kraft einstimmt:

Sehr geehrter Herr Dr. Murphy,
in der Bibel las ich, dass Glaube die Zuversicht auf das ist, was man erhofft, und Nichtzweifeln an dem, was man nicht sieht (Hebräerbrief 11,1). Ich weiß, dass mein Glaube ein wirksamer Geisteszustand ist, unfehlbarer Vorläufer und sichtbar werdende Evidenz von Aufschwung und Erfolg im Leben. Mein Glaube beruht auf gültigen geistigen Gesetzmäßigkeiten, wie diese in Ihrem Buch Die Macht Ihres Unterbewusstseins *beschrieben sind. Ich weiß jetzt, dass die Gesetze des Denkens und Glaubens von Kosmischer Dimension sind und, wenn ich sie richtig anwende, mich nicht im Stich lassen.*
Wenn ich früher zum Frühstück herunterkam, pflegte ich mit Gott und der Welt zu hadern. »Dies wird wieder einer dieser schwarzen Tage werden.« – »Ich hasse es, zur Arbeit zu gehen!« – »Ich kann X. Y. nicht ausstehen, und das Land geht ohnehin vor die Hunde« – solche und ähnliche destruktive Gedanken und Aussprüche gehörten zur »Tagesordnung«.
Vergangenen Januar, nachdem ich Ihre Bücher Die Macht Ihres Unterbewusstseins *und* Die Gesetze des Denkens und Glaubens *gelesen hatte, begann ich ein Verfahren anzuwenden, indem ich mir jeden Morgen nach dem Eintreffen im Büro bestimmte Wahrheiten vergegenwärtigte. Ich setze mich still hin, und nachdem ich meinen Tagesplan angesehen habe, bitte ich meine Sekretärin, mich fünfzehn Minuten lang nicht zu stören. Dann bete ich um Frieden, Harmonie und Führung für den Tag. Ich spreche jeden Morgen folgendes Gebet:*
»Gott wohnt im Mittelpunkt meines Wesens. Gott ist Frieden; dieser innere Friedensstrom hüllt mich nun ein. Ich

handle den ganzen Tag über voll Vertrauen und Begeisterung. Meine Angestellten im Büro und im Außendienst werden auf allen ihren Wegen von Gott geführt und gedeihen. Zwischen mir und meinen Teilhabern und Mitarbeitern herrscht ein tiefes Verständnis. Es herrscht eine im Göttlichen begründete harmonische Eintracht der Herzen und Geister, unsere Firma und die mit ihr verbundenen Familien sind gesegnet und gedeihen.
Die Liebe und das Licht Gottes walten über uns und in uns. Bei meinen Entscheidungen werde ich von Gott gelenkt. Wenn ich eine Besprechung abhalte, bin ich inspiriert, so dass ich das Richtige sage und tue, das allen zum Segen gereicht. Ich schöpfe ständig aus der göttlichen Schatzkammer, und ich weiß, dass mein auf kosmischen Gesetzmäßigkeiten beruhender Glaube an Gott sofort umgesetzt wird in Gesundheit, wirtschaftlichen und persönlichen Erfolg, in Liebe und Harmonie, wonach ich, meine Teilhaber und meine Mitarbeiter eben hier und jetzt streben. Ich strahle gegenüber allen Mitmenschen Frieden und Freundlichkeit aus und bin selbst friedlich.«
Diese Formel zur Einstimmung auf die göttliche Kraft wende ich seit vielen Monaten an, und ich kann wirklich sagen, dass sich meine Leistungsfähigkeit sehr gesteigert hat. Zu Hause und im Büro herrscht Harmonie, und meine Mitarbeiter sind in allen Belangen glücklicher und erfolgreicher. Ich habe größeres Selbstvertrauen, mehr innere Überzeugtheit und ein stärkeres Glücksgefühl. Ich bin Gott in jeder Hinsicht näher. Es ist eine wunderbare neue Art zu leben!
Mit freundlichen Grüßen, J. W., Los Angeles, Kalifornien.

Der Schreiber dieses Briefes ist ein moderner Geschäftsmann aus Los Angeles. Er hat gelernt, dass der Weg zu Leistungsfähigkeit und Erfolg im Geschäftsleben über die Einstimmung auf die innere kosmische Kraft führt. Er hat zu sehen begonnen, welche Ordnung, Harmonie und Beglückung die

Einstimmung auf die unbeschreiblichen Wunder unserer unerschöpflichen inneren Schatzkammer mit sich bringt.

Die ideale Weise der Einstimmung

Machen Sie es sich zur regelmäßigen Gewohnheit, nachstehende wunderbare Wahrheiten morgens und abends zu bekräftigen; empfinden Sie als wirklich, was Sie bekräftigen; füllen Sie die Worte mit Leben und Liebe und geben Sie ihnen in Ihrem Dasein echten Sinn:

»Ich weiß, dass die Lösung für mein Problem in der mir innewohnenden kosmischen Kraft zu finden ist. Ich entspanne mich jetzt, werde ruhig und still. Ich bin voller Frieden. Ich weiß, dass Gott, Inbegriff dieser kosmischen Kraft, in Frieden und nicht in Verwirrung spricht. Ich bin jetzt auf Gott eingestimmt; ich weiß und glaube zutiefst überzeugt, dass mir die perfekte Lösung enthüllt wird. Ich denke über die Lösung meines Problems nach und befinde mich jetzt in einer Stimmung der Freude und Dankbarkeit, als wäre mein Problem bereits gelöst. Ich lebe tatsächlich in dem festen Glauben und einem unerschütterlichen Vertrauen, dass es gelöst sei, denn dies ist die Stimmung, die die Lösung bringt. In mir strömt kosmische Kraft. Sie ist allmächtig und offenbart sich in meinem Leben. Mein ganzes Wesen freut sich über die Lösung, ich bin ja so froh. Ich lebe ganz in diesem Gefühl und sage Dank.

Ich weiß, dass Gott die Antwort kennt. Bei Gott ist kein Ding unmöglich. Gott ist die kosmische Kraft in mir, ist die Quelle jedweder Weisheit und Erleuchtung.

Angezeigt wird die Gegenwart Gottes in mir durch ein Gefühl des Friedens und der Ausgeglichenheit. Ich lege jedes Gefühl der Angespanntheit, jede aggressive Tendenz in mir ab, da ich mich jetzt auf die unendliche Kraft kosmischer Dimension einstimme. Ich weiß, dass alle Weisheit und Kraft, die ich für ein erfolgreiches, herrliches Leben brauche, als mein göttlicher Anteil in mir sind. Ich entspanne meinen ganzen Körper. Ich glaube an diese unendliche kosmische Kraft und werde frei. Ich bekräftige und spüre, dass Gottes Frieden mein Gemüt, meinen Geist, mein ganzes Wesen durchflutet. Ich weiß, dass man mit einem ruhigen Gemüt die Lösung seiner Probleme empfängt. In diesem Zustand bitte ich nun um Führung. In mir ist Friede.«

Merksätze

1. Die kosmische Kraft, die unsere Welt bewegt, Gott, ist in Ihnen. Stimmen Sie sich darauf ein, dann setzen Sie »Wunder« und Herrlichkeiten frei. Die kosmische Kraft vermag Sie zu heilen, Ihnen neue Ideen einzugeben und Sie auf den erhabenen Weg zu Glück, Freiheit und Seelenfrieden zu bringen.
2. Kosmische Kraft hat Sie erschaffen. Sie kennt alle Heilprozesse. Eine Frau heilte ihren gelähmten Arm, indem sie voll Überzeugung bekräftigte: »Durch die Kraft des Allmächtigen in mir bewege ich meinen Arm jetzt ungehindert.«
3. Sie besitzen einen unerschöpflichen Vorrat an Kraft und Weisheit. Aus ihnen erwachsen Führung, Freiheit, Harmonie, Gesundheit und Frieden. Diesen inneren Vorrat können Sie jederzeit anzapfen, er ist für Sie immer sofort verfügbar. Sie können Ihre innere Schatzkammer mit folgender Formel aufschließen: »Gott ist, und seine Gegenwart durchströmt mich. Harmonie, Freude, Frieden und Schönheit erfüllen mich und führen zu richtigem Tun. Seine Liebe erfüllt meine Seele, und Wunder geschehen, wenn ich bete.«
4. Wenn Sie, mit welchem Verkehrsmittel auch immer, auf eine Reise gehen, können Sie voll Gefühl und Überzeugung bekräftigen: »Göttliche Liebe geht mir voraus und macht meinen Weg eben, schön, heiter und glücklich.«

Sie werden dann wie durch einen Zauber geschützt sein, und auf Ihrer Reise wird Wunderbares geschehen.

5. Bekräftigen Sie vor einem bevorstehenden Examen, dass die unendliche Weisheit, die Ihrem Unterbewusstsein innewohnt, Sie bei Ihren Studien leiten wird, dann werden Sie entsprechend geführt werden und den Prüfungsstoff beherrschen. Wichtige Hinweise erhalten Sie - vielleicht - in Ihren Träumen.
6. Möchten Sie einen lange verschollenen Verwandten oder Gefährten wieder finden, sollten Sie folgendermaßen beten: »Göttliche Führung wird mir jetzt zuteil und unendliche Weisheit bringt uns zusammen.« Wenn Sie sich das immer wieder vergegenwärtigen, werden Sie es erleben, dass Sie beide zusammengeführt werden.
7. Es gilt zu erkennen, dass es keinen Tod, sondern nur Leben gibt. Wenn Sie dann gegenüber einem geliebten Menschen, der in die Realität höherer Dimension eingegangen ist, Liebe, Frieden und Freude ausstrahlen und seine seelisch-geistige Neugeburt in Gott freudig preisen, werden Sie es erleben, dass Gott allen Schmerz von Ihnen wegnimmt, so dass Sie nicht länger weinen müssen. Ihre verstorbenen Lieben sind um Sie, von Ihnen nur durch Frequenzunterschiede getrennt. Das Zimmer, in dem Sie sich aufhalten, und die Luft draußen sind voller Rundfunksendungen und Fernsehbilder aller Art. Symphonien, Lieder, Gedanken und Reden von Menschen erfüllen den Raum, obwohl Sie davon nichts hören, nichts sehen; sie sind, geistig gesehen, präsent. In derselben Weise können Sie von der geistigen Präsenz der so genannten Toten ausgehen.
8. Glaube ist ein Geisteszustand, eine Denkweise, eine innere Gewissheit, die auf der Kenntnis der universell gültigen geistigen Gesetze beruht. Ihr Unterbewusstsein hat eine kosmische Dimension. Diese Kraft wird Sie nicht im Stich lassen, wenn Sie sie richtig einsetzen.

9. Stimmen Sie sich morgens und abends auf die Ihnen innewohnende kosmische Kraft ein, dann werden Sie in jeder Weise leistungsfähiger und erfolgreicher. Sie kommen Gott näher, dem Spender alles Guten, und Ihnen werden Wunder widerfahren, wenn Sie beten.
10. Mit heiterem, ruhigem Gemüt empfangen Sie die Lösung der Sie belastenden Probleme. Sprechen Sie Ihre Bitte aus, vertrauen Sie der kosmischen Kraft, von der Überzeugung erfüllt, dass Sie Antwort erhalten werden.

Wie die kosmische Kraft Sie zu führen vermag

Benötigen Sie Wasser, brauchen Sie nur den Hahn aufzudrehen, und Ihnen steht der ganze Vorrat der vorhandenen Wasserreserven zur Verfügung. Genauso stehen Ihnen alle Kräfte des kosmischen Reservoirs in Ihrem Inneren zur Verfügung. Sie brauchen sie nur freizusetzen, und wenn Sie das tun, wird die Ihnen innewohnende unendliche Kraft sich entfalten; sie wird in Ihrem Leben aktiv werden und Sie befähigen, der Menschheit und sich selbst in vielerlei Weise zu nützen.

Unfehlbare Führung durch Ihr Unterbewusstsein

In allen Bereichen menschlicher Bewährung und Leistung, insbesondere auf den Gebieten der Wissenschaft, Kunst und Religion, aber auch der Politik und Wirtschaft, werden Menschen mit Weitblick, Mut, Selbstvertrauen und Stärke benötigt, die fähig sind, aus dem unversiegbaren »Kraftwerk« zu schöpfen, das jeder von uns in sich trägt.

Hätte Winston Churchill beim ersten gegnerischen Angriff gewankt, wäre Großbritannien verloren gewesen. Doch

Churchills unerschütterlicher Glaube richtete seine Landsleute auf und rief gewaltige Kräfte seines Volkes wach.

Die Biografen Abraham Lincolns berichten, dass Lincoln ein völliger Versager war, bis er in den Dienst seines Vaterlandes trat. Man könnte seine Fehlschläge als Trittsteine zu seiner späteren Großtat der von ihm durchgesetzten amerikanischen Verfassung betrachten. Lincoln hatte klar erkannt, dass es ein Kennzeichen von Furchtsamkeit und Feigheit ist, wenn man sich über richtiges Tun im Klaren ist und dann nicht dementsprechend handelt.

Mahatma Gandhis frühes Leben war schmachvoll verlaufen. Er wurde herumgestoßen, zahllose Male geschlagen und ins Gefängnis geworfen. Bis zu seinem tragischen Ende trachteten ihm immer wieder hasserfüllte Mörder nach dem Leben. Doch Gandhi hielt unerschütterlich an seinem großen Werk fest und ging keinerlei Kompromisse in Bezug auf seine Prinzipien ein, bis die »Unberührbaren« aus jahrhundertelanger Knechtschaft befreit waren. Sein Glaube an die höhere kosmische Gerechtigkeit, die Aufrichtigkeit seiner Überzeugungen und sein Mut zum Handeln zeitigten wundervolle Ergebnisse. Gandhi erklärte, Glaube sei nichts anderes als die lebendige, hellwache Bewusstheit der Existenz Gottes im eigenen Inneren, und wer diesen Glauben erreicht habe, dem mangle es an nichts.

Eine Diplomatenfrau gewann Anmut

Nach meinem Vortrag in der New Yorker Town Hall kam eine junge Frau zu mir und sagte: »Ein Mann aus dem diplomatischen Dienst hat mir einen Heiratsantrag gemacht. Ich habe schreckliche Angst, denn ich weiß, dass ich ein gastliches Haus führen muss; aber ich habe keine Ahnung von der diplomatischen Etikette oder von den Anstandsregeln und feineren Erfordernissen der diplomatischen Gesellschaft.«

Ich riet ihr, eine der besseren Schulen für gutes Benehmen in New York zu besuchen. Weil mir aber aufgefallen war,

dass ihre Stimme einen scharfen Unterton hatte, empfahl ich ihr, sie solle ständig üben, liebevolle Freundlichkeit in ihre Worte zu legen. Sie könne sich, sagte ich ihr, ruhig an die Bibel halten: *Ein Wort, geredet zu seiner Zeit, ist wie goldene Äpfel auf silbernen Schalen,* und: *Die Reden des Freundlichen sind Honigseim, trösten die Seele und erfrischen die Gebeine* (Sprüche 25,11 und 16,24).
Sie folgte meinem Rat und machte mehrere Monate lang morgens, mittags und abends ihre Übungen. Auch im Alltagsleben versuchte sie, in alle ihre Reden Liebe, Freundlichkeit und Wohlwollen einzubringen. Dadurch vollzog sich in ihren Beziehungen zu anderen Menschen eine erstaunliche Wandlung zum Besseren. Sie schrieb mir, dass die Schule des guten Tons ihr viel genützt habe. Dort hatte man sie mit höflichen Umgangsformen und wünschenswerten Artigkeiten vertraut gemacht und sie gelehrt, sich richtig zu kleiden, zu gehen, zu sprechen, sich zu unterhalten und in jeder Situation die richtige Haltung einzunehmen.
Ich hatte ihr gesagt, wenn sie jemandem »guten Morgen« wünsche, müsse sie sich der alten Bedeutung dieses Wortes bewusst sein; sie könne den Gruß etwa auffassen als: »Das Licht Gottes leuchtet in dir.« Und wenn sie jemandem »gute Nacht« wünsche, müsse sie wissen und fühlen, dass sie damit meine: »Gott schenkt dir Schlaf.«
Die Erkenntnis dieser einfachen Wahrheiten wurde zum Wendepunkt in ihrem Leben. Heute führt sie eine glückliche Ehe mit dem jungen Diplomaten, sie bewirtet voll Anmut, Charme und Würde Botschaftsgäste für ihr Land, und jedermann hat sie gern.
Die kleinen alltäglichen Höflichkeiten versüßen das Leben, die größeren adeln es. Bedenken Sie, dass es dazuhin eine Höflichkeit des Herzens gibt; sie wird Liebe genannt, und aus ihr entspringt die reinste Höflichkeit im äußeren Verhalten.

Die unendliche Weisheit offenbarte eine verborgene Begabung

Ein jüngerer Journalist berichtete mir, er sei gefeuert worden, weil er als Reporter nichts tauge. Mehrere Tage lang war er verbittert und rachsüchtig gewesen. Dann hatte er beschlossen, seinem früheren Arbeitgeber zu verzeihen und dankbar für seine Entlassung zu sein. Er sagte sich: »Ich bin auf diesem Posten gescheitert. Ich gehörte dort nicht hin, meine Begabung liegt anderswo. Und ich werde ungeheuer erfolgreich sein, wenn ich das tue, wofür Gott mich geschaffen hat.«

Auf meinen Rat sprach er häufig folgendes Gebet: »Die unendliche Weisheit offenbart mir meinen wirklichen Platz im Leben, wo ich meine Begabung auf wunderbare Weise verwirklichen kann. Ich werde der unmissverständlichen Führung folgen, die mir zuteil wird.«

Schon früher hatte er bisweilen daran gedacht, ob er nicht Religionslehrer werden solle. Nun verdichtete sich dieser Wunsch zur Gewissheit. Heute unterrichtet er an einer Schule und ist glücklich. Vor kurzem schrieb er mir: »Hierher gehöre ich, und hier werde ich erfolgreich sein.«

Durch Änderung seines Denkens veränderte er sein Leben.

Richtige Nutzung der göttlichen Führung

Eine Frau beklagte sich bei mir brieflich darüber, dass eine andere Frau sie »Giftschlange« geschimpft habe. Die beiden gehörten dem gleichen Kirchensprengel an und arbeiteten in der Schulkommission zusammen. Der Schreiberin war bewusst, dass sich in ihr viel Groll und Unmut angestaut hatten.

In meinem Antwortbrief erklärte ich ihr, dass Adam allen Tieren Namen gegeben habe und dass Tiere in der Bibel für Stimmungen, Gefühle und lebhafte Bewusstseinszustände stünden. Im Manne seien beispielsweise der Stachel der Wespe, die Halsstarrigkeit des Esels, die Listigkeit des Fuch-

ses und die Wildheit des Tigers, wie man unter anderem am Kriegsgeschehen in Vietnam sehen könne.
Ausdrücke wie »affig«, »hündisch« und »zickig« leiten sich natürlich von Tieren ab. Unsere Aufgabe im Leben ist es, die solchen Charakterisierungen zu Grunde liegenden Gefühlshaltungen harmonisch umzupolen und konstruktiv in gottgefällige Kanäle zu lenken.
Ich schrieb der Frau, sie habe doch zweifellos nicht den giftigen Biss einer Schlange, und da sie auch nicht falsch sei, dürfe sie nicht gekränkt sein, wenn sie so töricht beschimpft werde. Dann empfahl ich ihr ein kurzes Gebet: »Gott führt mich auf allen Wegen. Zwischen Frau X. und mir herrschen Harmonie, Frieden und Verständnis. Gottes kosmische Weisheit offenbart mir den Weg.«
Eines Tages kam ihr der Gedanke, dass sie eigentlich eine Reise nach Palm Springs machen und dadurch ihren Horizont erweitern könne. Sie fuhr los, und zu ihrem Erstaunen traf sie am Schwimmbecken ihres Hotels die andere Frau. Die beiden unterhielten sich liebenswürdig und angeregt miteinander, und die ganze Angelegenheit war aus der Welt geräumt. Die Briefschreiberin hatte umgedacht und dann göttliche Führung erhalten.

Ein »unmöglicher« Fund

In dem folgenden Auszug aus einem an mich gerichteten Brief schildert einer meiner Bekannten, wie ihm als Kind ein inniger Wunsch erfüllt wurde:

> *Als sich mein achter Geburtstag näherte, fragte mich meine Mutter, was für ein Geschenk mir am meisten Freude machen würde. Ich verbrachte damals den größten Teil meiner Freizeit mit Holzbastelarbeiten und hatte von Zimmerleuten, die in der Nähe ein Haus bauten, viele gute Tipps erhalten; voll Bewunderung hatten sie von einer Disston-Säge gesprochen und deren Stahlqualität und vielseitige*

Verwendungsmöglichkeit gelobt. So gestand ich meiner Mutter, wie sehr ich mir eine solche Säge wünschte, weil damit besseres Arbeiten möglich gewesen wäre.
Meine Mutter wollte mich überraschen und machte sich auf die Suche, erst in Eisenwarenhandlungen, dann in Gebrauchtwarenläden; aber die Antworten auf ihre Frage waren stets die gleichen: »Unmöglich, dass Sie eine finden; seit dem Krieg werden sie nicht mehr hergestellt – zumindest nicht mehr seit vielen Jahren!« (Inzwischen wurde die Produktion wieder aufgenommen.)
Mutter war sehr niedergeschlagen und erzählte mir von ihrer vergeblichen Suche. Sie sagte, da eine Disston-Säge unmöglich aufzutreiben sei, solle ich mir etwas anderes wünschen. Ich erklärte ihr, es sei nicht notwendig, dass die Säge von ihr oder aus einer Eisenwarenhandlung käme, aber ich wisse, dass ich sie bekommen würde.
Meine Eltern wollten zu jener Zeit unser Haus verkaufen und hatten schon einen Käufer, der eine Anzahlung geleistet hatte. Eine Untersuchung auf Termiten war bereits gemacht worden, der Inspektor hatte das Haus und den Keller geprüft, aber der Käufer bestand auf einer Nachuntersuchung durch eine andere Firma, was im Grunde unüblich war.
Der zweite Inspektor war viel gründlicher und bestand darauf, auch den Dachboden zu untersuchen. Nach etwa einer Stunde kam er wieder ins Wohnzimmer herunter, in der Hand hatte er eine wunderschöne alte Säge mit handgeschnitztem Griff, und auf einer Blattseite war in schnörkeligen Buchstaben das Wort »Disston« eingraviert. Später erfuhr ich, dass beim Bau des Hauses, das ursprünglich für einen berühmten Musiker in Laurel Danyon errichtet worden war, einer der Zimmerleute die Säge verloren hatte: sie war in die schmale Öffnung zwischen dem Rahmen für ein breites Oberlicht im Wohnzimmer und dem Mauerwerk an der Rückseite des großen Kamins gefallen.

Ich bin Ihnen immer dankbar dafür, dass sie mich in so jungen Jahren lehrten, die dem Menschen innewohnende allwissende Kraft zu verstehen und mich ihr anzuvertrauen.
Ihr Freund Roger Conrad.

Bereits im Alter von acht Jahren hatte der Mann die immensen Kräfte seines Unterbewusstseins entdeckt, und heute ist er eine Koryphäe in der Architektur.

Selbstverwirklichung im Einklang mit den großen Lebensprinzipien

In der Bibel heißt es: *Siehe, ich sende euch wie Schafe mitten unter die Wölfe; darum seid klug wie die Schlangen und ohne Falsch wie die Tauben* (Matthäus 10,16).
Anders ausgedrückt: Seien Sie aufmerksam und scharfsichtig, so dass Sie erkennen, was um Sie vorgeht; seien Sie wachsam, umsichtig und offen für Führung von innen wie für Rat von außen. Seien Sie sanft in Ihrem Verhalten, gleichzeitig jedoch fest, und weigern Sie sich, im Hinblick auf die Wahrheit Kompromisse einzugehen.
Verbinden Sie Freundlichkeit mit Entschlossenheit, wie es der Zureiter eines ungestümen Pferdes macht. Er zeigt dem Pferd, dass er der Herr ist, behandelt es aber nicht grausam, sondern mit zärtlicher Schonung. Verschmelzen Sie diese beiden Grundhaltungen, dann werden Sie innere und äußere Kräfte freisetzen, die Sie zum Herrn der ständig wechselnden Situationen des Lebens machen.
Viele Menschen tragen eine falsche Maske. Diktatoren, Despoten, Tyrannen lieferten hierfür die Beispiele in der Geschichte. In Wirklichkeit verbargen sie hinter ihrer Fassade nur ihr tiefes Gefühl der Unsicherheit, Untauglichkeit und Minderwertigkeit, ihre unterdrückte Wut und ihren Selbsthass. Doch auch im Alltag verstellen sich viele Menschen ständig, heucheln und täuschen vor, etwas zu sein, das sie nicht sind. Ein Mann sagte zu mir: »Um vorwärts zu

kommen, brauche ich lediglich einen guten Werbefachmann, der mich *falsch darstellt* und den Leuten erklärt, ich sei großartig: dann mache ich Schlagzeilen.« Er hielt die Verdrehung und Entstellung von Tatsachen für den richtigen Weg, um voranzukommen. Falsch! Man kommt voran, indem man an den grundlegenden Lebenswahrheiten und an den Lebensprinzipien festhält, die uns leiten und führen und die gestern genauso gültig waren, wie sie es heute sind und morgen sein werden.

Legen Sie jedweden Schein, jede Verstellung, Affektiertheit, eitles Bluff- und leeres Showgehaben ab. Auftragendes Wesen und Prahlerei künden nur von einem Gefühl der Unsicherheit, Minderwertigkeit und Selbstablehnung. Schaffen Sie sich ein neues Bild Ihrer Persönlichkeit, gelangen Sie zu neuer Selbsteinschätzung und echter Selbstschätzung. Wenn Sie Ihre geistige Haltung ändern und aus Ihrem Denken und Fühlen alle Relikte der Selbstverurteilung und Feindseligkeit gegenüber Ihrer Umwelt verbannen und Ihren Geist stattdessen beharrlich mit konstruktiven Gedanken der Harmonie, Gesundheit und Freude, echter Freundlichkeit und entschiedener Friedlichkeit füllen, werden Sie Ihr Leben in den kommenden Jahren verwandeln. Tatsächlich sind Sie genau das, was Sie den ganzen Tag über denken.

Denken Sie im Einklang mit den großen Lebensprinzipien und den ewigen Wahrheiten, dann erlangen Sie Selbstvertrauen, Sicherheit, innere Ausgeglichenheit und äußere Gelassenheit. Richten Sie sich auf die unversiegbare Lebensquelle aus, die in Ihnen fließt, und lassen Sie in Ihr Leben Fülle, Gesichertheit, richtiges Tun und echte Selbstverwirklichung einströmen.

Heute sind Sie, wozu Ihre Gedanken Sie gemacht haben. Sie sind die Gesamtsumme Ihres Denkens. Sie allein haben die Verantwortung für Ihr Leben. Andere Menschen und äußere Umstände oder Ereignisse haben mit Ihrem Erfolg, Glück oder Schicksal nichts zu tun. Sie können sich durch die Inhalte Ihres gewohnheitsmäßigen Denkens krank, arm und unglücklich machen; Sie können sich auf Grund Ihrer Gedanken sogar umbringen.

Beten Sie möglichst oft voll Überzeugung: »Ich glaube an Gott, seine kosmische Weisheit und alle guten Dinge. Ich lebe in freudiger Erwartung des Besten, und jeden Tag geschehen in meinem Leben unvorhergesehene Wunder.« Sofern Sie diese Wahrheiten unauslöschlich in Ihr Lebensbuch schreiben, das heißt Ihrem Unterbewusstsein einprägen, werden Ihnen tatsächlich Wunder widerfahren. Glauben Sie fest daran, dass Ihr tieferer Geist auf das Denken Ihres bewussten Geistes reagieren wird, dann werden Sie auf ganzer Linie vorankommen.

Marie Curie wollte die Leiden der Menschheit lindern. Sie mühte sich schwer im »Weinberg des Lebens«, bis sie ihre Entdeckungen gemacht hatte. In der erstickenden Hitze des Sommers arbeitete sie genauso wie in der eisigen Kälte des Winters, und sie hielt bis zum Ende durch. Sie war ihren inneren Kräften treu und gab niemals auf, arbeitete beharrlich bis zum Sieg. Ihr Blick blieb stets auf den Sieg gerichtet, ihr absoluter Glaube und ihre unerschütterliche Hingabe gereichten der Menschheit zum Segen. Die Welt preist sie zu Recht als Genie und Wohltäterin der Menschheit.

Ein Mensch mit der richtigen Einstellung zum Leben weicht nicht von seinem Weg ab, weil Schnee oder Regen ihn behindern oder weil er wiederholt Fehlschläge erleidet. Er weiß, dass ein einziger Erfolg oder eine gute Leistung hundert Fehlschläge wettmachen. Und er weiß auch, dass die so genannten Fehlschläge gar keine sind; sie sind vielmehr Trittsteine auf seinem Stufenweg aufwärts zu Erfolg und Triumph.

Richtiger Glaube, der zu echten Segnungen führt

Ein Mann sagte vorwurfsvoll zu mir: »Ich hatte den absoluten Glauben, dass mein Vollblut das Rennen gewinnen würde.«

Dem Enttäuschten erwiderte ich, dass es unmöglich sei, absoluten Glauben an etwas anderes zu haben als an das Lebensprinzip und an die Gültigkeit der universellen Gesetze des Geistes. Prinzipien und universelle Gesetze ändern sich nie – sie sind ewig, unveränderlich und zeitlos. Das Pferd, um das es ging, war in dem Rennen tot zusammengebrochen. Es ist unmöglich, absoluten Glauben an den Ausgang eines Rennens oder irgendeines anderen Ereignisses im Leben zu haben.

Ich machte dem Mann klar, dass er seinen Glauben auf Gott, auf Gottes kosmische Gegenwart sowie auf alle guten Dinge richten müsse und dass er dann Erfolg, Wohlergehen und Glück in ungeahnter Weise erleben werde.

Zur Erläuterung schilderte ich ihm den Fall einer jungen Frau, die geglaubt hatte, dass sie einen bestimmten Mann heiraten würde. Der Hochzeitstermin war vereinbart, wir alle warteten in der Kirche, aber der Bräutigam erschien nicht – er war auf der Herfahrt im Taxi gestorben. Die junge Dame erkannte, dass sie *sein* Leben oder Schicksal nicht beherrschen konnte. Sie überwand ihren Kummer und betrachtete die Angelegenheit von einem neuen, richtigen Standpunkt aus: »Nun«, sagte sie sich immer wieder, »Gott hat einen anderen Plan mit mir. Er wird mir eines Tages auch den Mann senden, der für mich der ideale Partner sein wird.« Einige Monate später lernte sie einen Mann kennen, in den sie sich sofort verliebte und den sie dann auch heiratete.

Immer wieder sagen Menschen zu mir: »Ich hatte den vollkommenen Glauben, dass ich im Toto gewinnen würde.« Dies ist kein wirklicher Glaube, geschweige denn ein vollkommener. Es gibt keine Garantie dafür, dass die Fußballer spielen, wie Sie es erwarten.

Haben Sie vollkommenen Glauben an Gott, seine Liebe, seine Führung und seine Gesetze, dann können Sie nicht scheitern, und es wird Ihnen nie an guten Dingen mangeln. Nähren Sie in sich den tiefen Glauben an die Gesetze des Geistes und die Wege Gottes, dann werden alle ihre Unternehmungen freudvoll und glücklich enden.

Ein Filmproduzent erzählte mir, er habe aufrichtig um Erfolg, Harmonie und wunderbare Ergebnisse während der Drehzeit eines Films gebetet, den er produzierte. Doch die Dinge verliefen ganz anders, als er erwartet hatte. Mehrere Schauspieler erkrankten, zwei Techniker verunglückten bei einem Autounfall, das Wetter am Drehort war miserabel, kurz, die ganze Sache wurde ein Reinfall. Zu mir sagte er: »Ich stellte mir konstruktives Arbeiten und ein glückliches Endergebnis vor; aber ich habe keine Kontrolle über die Sonne, den Mond, die Sterne oder Gesundheit und Leben der Schauspieler. Doch ich habe erkannt, dass bei mir ein Scheitern auf lange Sicht unmöglich ist, weil ich an das Erfolgsprinzip glaube und in Harmonie mit dem Unendlichen lebe. Ich glaube an die Gottesgegenwart und bin von den ewigen Wahrheiten des Lebens überzeugt, die sich nie ändern.«

Sein nächster Film wurde ein durchschlagender Erfolg, und heute ist er einer der größten Filmproduzenten der Welt. Er glaubt an den nie endenden Weg des Lebens, der nicht in die Irre gehen kann; und er weiß, dass er dazu geboren ist, Erfolg zu haben. Es enttäuschte ihn nicht, dass er einige Fehlschläge hinnehmen musste. Sein Glaube ist richtig: er gilt Gott und Gottes universellen Gesetzen, die Fehlschläge nicht kennen.

Dieser Filmproduzent sagte lächelnd zu mir: »Ich kann natürlich keinen absoluten Glauben an das Wetter oder daran haben, dass Tom Jones morgen noch leben wird oder dass der Mann, mit dem ich einen Vertrag schließen will, auch nur kommt. Aber ich glaube absolut daran, dass Gott Gott ist, und das genügt mir!«

Ralph Waldo Emerson sagte: »Allein das Endliche müht sich ab und leidet; das Unendliche liegt in lächelnder Ruhe ausgestreckt da.« Stimmen Sie sich auf das Unendliche in Ihrem Inneren, auf die kosmische Dimension Ihres Geistes ein – jetzt gleich. Wenn Sie sich auf dieses unendliche Meer des Lebens, der Liebe, Wahrheit und Schönheit ausrichten, werden sich noch im selben Augenblick die Gegenwart und die Macht Gottes in Ihrem Leben geltend machen, und ein tiefes Gefühl innerer Ruhe und Sicherheit wird Sie erfüllen. Lernen Sie, ganz Sie selbst zu sein. Legen Sie falschen Stolz, Arroganz, Verstellung und törichten Schein ab. Ehren und preisen Sie das Göttliche, an dem Sie in Ihrem Inneren Anteil haben. Seien Sie der in Ihnen waltenden Gottesgegenwart treu und erkennen Sie Gott als erste Ursache von allem, was ist, an. Dies bedeutet, Gott zu lieben. Und wenn Sie Gott lieben – der in Ihnen ist –, werden Sie natürlich, aufrichtig, ungekünstelt und menschlich sein und in die Freude am Herrn und die Wohltaten Gottes eintreten.

Merksätze

1. Ihre so genannten Fehlschläge sind nichts anderes als Trittsteine zu Ihrem Erfolg. Glauben ist nichts anderes als die lebendige, wache Bewusstheit der kosmischen Kraft in Ihrem Inneren. Wer diesen Glauben erlangt hat, dem mangelt es an nichts.
2. Üben Sie morgens, mittags und abends das Aussenden von Liebe, Freundlichkeit und Wohlwollen gegenüber Ihrer ganzen Umgebung, und Sie werden feststellen, dass in Ihren Beziehungen zu Ihren Mitmenschen eine erstaunliche Wandlung erfolgt.
3. Wenn Sie Führung suchen, sollten Sie in tiefer Überzeugung und voll Gefühl bekräftigen: »Gott führt mich auf

allen Wegen.« Die Antwort wird klar in Ihr Bewusstsein treten.

4. Sie kommen bei Ihren sämtlichen Bemühungen voran, wenn Sie an den grundlegenden Lebenswahrheiten festhalten, die heute genau so sind, wie sie gestern waren und morgen sein werden. Konzentrieren Sie sich im Geiste auf die Vorstellung von Sieg und Triumph, dann können Sie des Erfolges sicher sein. Ein Erfolg macht hundert Fehlschläge wett.
5. Sie sind genau das, was Sie den ganzen Tag über denken. Richten Sie sich auf die unversiegbare Lebensquelle aus und lassen Sie das Leben in Form von Fülle, Sicherheit, richtigem Tun und echter Selbstverwirklichung durch Ihr Sein strömen.
6. Beten Sie oft: »Ich glaube an Gott und alle guten Dinge. Ich lebe in freudiger Erwartung des Besten, und jeden Tag geschehen in meinem Leben unvorhergesehene Wunder.« Wenn Sie dies tun, werden Sie auf der ganzen Linie vorankommen.
7. Wirklicher Glaube ist nicht der Glaube an ein Pferd, eine Institution, einen Menschen oder irgendein Kredo, sondern jener an Gott und die universellen Gesetze des Geistes, die sich nie ändern. Vertrauen Sie auf die unveränderlichen ewigen Wahrheiten.

Wie Sie sich Ihrer kosmischen Kraft bewusst werden

Einer der sehnlichsten, tiefstsitzenden Wünsche des Menschen ist es, die Anerkennung seines Wertes zu erreichen – geachtet, geliebt und geschätzt zu werden. Der schottische Schriftsteller und Historiker Thomas Carlyle sagte: »Eines der gottähnlichen Dinge auf dieser Welt ist die Verehrung des menschlichen Wertes von den Herzen der Menschen her.«

Der Psalmist mahnt den Menschen mit nachstehenden majestätischen Worten der Weisheit, sein eigenes Ich zu schätzen: *Wenn ich sehe die Himmel, deiner Finger Werk, den Mond und die Sterne, die du bereitet hast: was ist der Mensch, dass du seiner gedenkst, und des Menschen Kind, dass du dich seiner annimmst? Du hast ihn wenig niedriger gemacht denn Gott, und mit Ehre und Schmuck hast du ihn gekrönt. Du hast ihn zum Herrn gemacht über deiner Hände Werk; alles hast du unter seine Füße getan. Schafe und Ochsen allzumal, dazu auch die wilden Tiere, die Vögel unter dem Himmel und die Fische im Meer und was im Meer geht* (Psalm 8,4–9).

In beredten, schönen Worten spricht David hier von den ungeheuren Möglichkeiten des Menschen. Und wir heute erleben, dass der Mensch den Weltraum erforscht, bereits den Mond betreten hat und zweifellos noch in unserer Zeit andere Planeten anfliegen wird. Wir sind Zeugen des Wirkens der unendlichen Weisheit im Menschen, das wir an der Überfülle menschlicher Entdeckungen und Errungenschaften erkennen. Die Wissenschaftler sagen, dass wir im Zeitalter des Lichts und der Überschallgeschwindigkeit, der Elektrizität und Elektronik, des Radios und Radars leben – und alle diese Wunder kommen aus dem Geist des Menschen.

Ein Mathematiker behauptete mir gegenüber, die Welt sei nur mit abstrakten Begriffen zu erklären, und Ereignisse, die heute zu Lande, zu Wasser und in der Luft geschähen, könnten nur Physiker und Mathematiker verstehen.

Der Mensch erforscht heute aber auch die Meere seines tieferen Geistes und wird sich allmählich des Reiches Gottes, das in seinem Inneren ist, bewusst. Die parapsychologischen Forschungen an der Duke University in Durham,

USA, und in vielen anderen wissenschaftlichen Laboratorien der ganzen Welt gelten den immensen Geisteskräften des Menschen, die sich in so erstaunlichen Fähigkeiten wie jenen der außersinnlichen Wahrnehmung (ASW) – volkstümlich »Telepathie« und »Hellsehen« – sowie der Psychokinese (PK), also der Beeinflussung materieller, auch biologischer Prozesse kraft Geistes, offenbaren.

Kosmisches Bewusstsein verhalf einer Frau zu Selbstachtung

Vor einiger Zeit schrieb mir eine Frau aus Arizona, ihre Schwägerin und ihre Schwiegermutter würden sie nicht mögen und ihr offen ins Gesicht sagen, dass ihnen die frühere Frau des Bruders bzw. Sohnes viel lieber gewesen sei. Die beiden luden die Frau nie zu sich ein und empfingen ihren Mann immer nur, wenn er allein kam. Und obwohl die Frau ihr Möglichstes tat, nett zu sein, fanden die anderen für sie nur Worte der Kritik: sie kritisierten ihre Kochkunst, Wohnung, Kleidung und Redeweise. Die Frau sagte, sie fühle sich abgelehnt und minderwertig. Ihr Brief schloss mit der Frage: »Warum tun sie das, was stimmt denn an mir nicht?« In meinem Antwortbrief machte ich ihr klar, dass sie unnötig und ohne eigentlichen Grund leide, dass sie die Kraft habe, die giftigen Äußerungen, all die Unhöflichkeiten und Grobheiten ihrer Verschwägerten zurückzuweisen. Ich wies sie darauf hin, dass sie ihre Schwiegermutter und ihre Schwägerin nicht erschaffen habe und nicht für deren Eifersucht, Neid und Komplexe verantwortlich sei. Dann gab ich ihr den Rat, die beiden keine Sekunde länger zu umwerben und sich von ihnen nicht mehr als »Fußabstreifer« benützen zu lassen. Es könne sehr gut sein, fügte ich hinzu, dass ihr Charme, ihre Anmut, ihre Freundlichkeit und ihr nettes Wesen die beiden Frauen ärgerten und dass diese sie nur deswegen quälten. Zum Schluss empfahl ich ihr, alle Beziehungen mit den beiden abzubrechen und aufzuhören, sich selbst herabzusetzen, indem sie sich von ihnen abhängig fühlte.

Diese Frau bedurfte dringend der eigenen Selbstachtung und Selbstschätzung, darum gab ich ihr nachstehendes Gebet, das sie dreimal täglich sprechen sollte:

»Ich überantworte die beiden Frauen voll und ganz Gott. Gott hat sie erschaffen und erhält sie. Ich strahle ihnen gegenüber Frieden, Freundlichkeit und Wohlwollen aus und wünsche ihnen alle Segnungen des Himmels. Ich bin ein Kind Gottes. Gott liebt mich und sorgt für mich. Wenn mir ein negativer Gedanke des Ärgers oder Grolls, der Angst, Selbstkritik oder Selbstverurteilung kommt, ersetze ich ihn sofort durch den Gedanken an Gott, der in meiner Mitte weilt. Ich weiß, dass ich die vollständige Kontrolle über meine Gedanken und Gefühle habe. Ich bin ein Kanal für das Göttliche. Ich dirigiere jetzt alle meine Gefühle und Empfindungen in eine harmonische, konstruktive Richtung um. Einzig Gedanken, die Gottes Gedanken sein könnten, kommen mir in den Sinn; sie bringen mir Harmonie, Gesundheit und Frieden. Sobald ich in Versuchung gerate, mich herabzusetzen oder zu erniedrigen, bekräftige ich voll Festigkeit: ›Ich preise Gott in meiner Mitte. Ich bin eins mit Gott, und zusammen mit Gott bildet man immer eine Mehrheit. Wenn Gott für mich ist, wer kann da gegen mich sein?‹«

Die Frau hielt sich an meine Empfehlungen und sprach das Gebet regelmäßig. Vor ein paar Tagen nun schrieb sie mir, dass ihr Gebet erhört worden sei:

Sehr geehrter Herr Dr. Murphy!
Vielen Dank für Ihren Brief und das beigeschlossene Gebet. Ich rief meine Verwandten an und sagte ihnen, sie sollten uns nicht mehr besuchen, außer wenn mein Mann und ich eine besondere Einladung aussprechen würden. Des Weiteren sagte ich ihnen, dass ich ihnen aufrichtig alles Gute wünsche – und ich meinte es auch so. Ich sehe jetzt, wo ich

meine Fehler machte und wie ich mich selbst behinderte, indem ich meinte, ich sei geringer als sie.
Das Gebet hat Wunder für mich gewirkt, und mein Mann sagte neulich zu mir: »Meine Liebe, du strahlst ja. Was ist los mit dir?« Ich erzählte es ihm. Wir sind beide so dankbar.
Gezeichnet Mrs. L. M.

Ist es nicht einfach wunderbar, was die Ausrichtung des menschlichen Geistes auf seine kosmische Dimension vermag?

Nur wer sich selbst achtet, vermag auch die Mitmenschen zu achten

Vor einiger Zeit führte ich ein Gespräch mit einem Verkäufer, der sagte, er sei schüchtern, scheu, verbittert und betrachte die Welt als hart und grausam. Tatsächlich versuchte er sich davor zu drücken, die rechtmäßige Herrschaft über sein Leben zu übernehmen: er behauptete, seine Frau, sein Chef und seine Kollegen würden ihn nicht schätzen, und seine Kinder sähen auf ihn herab.
Das Grundübel lag bei diesem Mann darin, dass er ein tiefverwurzeltes Gefühl der Unsicherheit und Untauglichkeit hatte und sich selbst nicht mochte. Er fragte: »Wie kann ich erreichen, dass die anderen mich schätzen?«
Ich rief ihm das große Wort aus der *Heiligen Schrift* ins Gedächtnis: *Du sollst deinen Nächsten lieben wie dich selbst* (Matthäus 19,19).
Mit dem »Nächsten« sind Sie persönlich gemeint, denn Ihr wirkliches Selbst ist Gott in Ihnen. Der Dichter Alfred Lord Tennyson sagte (in wortwörtlicher Übersetzung): »Sprich mit ihm, denn er hört, und Geist und Geist können sich treffen. Näher ist er als der Atem, und näher als Hände und Füße.« (The Higher Pantheum, Stanze 6)
Außerdem bedeutet dieses Wort, dass man seine Mitmenschen lieben soll wie sich selbst. Ich enthüllte dem Verkäu-

fer die Wahrheit über seine eigene Person und erklärte ihm, wie er mit Hilfe nachstehender Überlegungen lernen könne, sich selbst mehr zu schätzen und zu lieben: Wenn ein Mensch sich herabwürdigt, verabscheut und hasst, kann er anderen keine Achtung, Freundlichkeit und Wertschätzung entgegenbringen, geschweige denn andere aufrichten oder mit Freude erfüllen; *denn es ist ein kosmisches Gesetz des Geistes, dass der Mensch seine Gedanken, Gefühle und Überzeugungen ständig projiziert; und was er aussendet, kommt auf ihn zurück.*

Der Mensch ist eine Gestaltwerdung des unendlichen Geistes, er ist mit göttlichen Eigenschaften und Kräften ausgestattet, die nur darauf warten, in ihm erweckt und sichtbar zum Ausdruck gebracht zu werden. Der Mensch muss den ihm innewohnenden Gott lieben und ehren.

Die wahre Bedeutung der Eigenliebe

Sich selbst zu lieben bedeutet in der wahren biblischen Auslegung, den dem eigenen Inneren innewohnenden lebendigen Geist anzuerkennen, zu ehren, zu preisen, zu achten und ihm bedingungslos treu zu sein. Dieser Geist, die Summe höchster Weisheit, hat Sie erschaffen und erhält Sie, er ist das Lebensprinzip in Ihnen. Solche Selbstliebe hat nichts mit Egoismus oder Selbsterhöhung zu tun, sondern sie ist – ganz im Gegenteil – ein Zeichen der Verehrung für das Göttliche, das unsere Wege gestaltet. In der Bibel heißt es, dass unser Körper ein Tempel Gottes ist; deshalb müssen Sie, wie Paulus sagt, *Gott in Ihrem Leib und Ihrem Geist preisen* (siehe 1. Korinther 6,20). Wenn Sie Ihr Ich achten, ehren und lieben, dann lieben, achten und ehren Sie automatisch auch andere.

Der Verkäufer hörte mir aufmerksam zu und sagte schließlich: »So hat mir das noch niemand erklärt. Ich weiß jetzt genau, was ich falsch gemacht habe. Ich habe mich selbst nicht gemocht, war voller Vorurteile, Unwillen und Bitterkeit, und was ich ausgestrahlt habe, ist auf mich zurückgefallen. Jetzt habe ich klaren Einblick in mich selber.«

Mehrmals täglich bekräftigte der Mann nun die nachstehenden Wahrheiten voll tiefer Überzeugung und in dem Wissen, dass sie von seinem Bewusstsein in sein Unterbewusstsein sinken und wie Samen gemäß ihrer Art aufgehen würden:

»Ich weiß, dass ich nur geben kann, was ich habe. Von diesem Augenblick an werde ich die gebührende Achtung vor meinem wirklichen Ich haben, das Gott ist. Ich bin ein Ausdruck Gottes, und Gott braucht mich an dem Platz, an dem ich stehe; sonst wäre ich nicht dort. Von diesem Augenblick an ehre, achte und preise ich das Göttliche in allen Menschen auf Erden. Ich habe Ehrfurcht vor dem höheren Selbst eines jeden Menschen und schätze es. Ich bin eins mit dem Unendlichen. Ich bin ungeheuer erfolgreich und wünsche allen Menschen, was ich mir selbst wünsche. In mir ist Friede.«

Der Mann hat sein Leben grundlegend verändert. Er ist nicht mehr scheu, schüchtern oder empfindlich und kommt mit Riesenschritten vorwärts. Dasselbe können Sie erreichen! Lernen Sie Ihr wahres Ich, Ihr höheres Selbst lieben, dann lernen Sie andere lieben und achten.

Was, Mensch, du siehst, musst du auch werden: Gott, wenn Gott du siehst, Staub, wenn Staub du siehst. (Anonymus)

Ein Mann überwand seine Selbstverurteilung durch Anwendung der goldenen Regel

Vor mehreren Monaten schrieb mir ein Mann, er könne nicht verstehen, warum jeder in seiner Umgebung ihn ärgere. Auf meine Empfehlung hin kam er zu mir, und in dem Gespräch mit ihm fand ich bald heraus, dass er es war, der seine Mitmenschen ständig vor den Kopf stieß. Er mochte sich selber nicht, verurteilte sich ständig. Sein Ton war angespannt und gereizt, seine bissige Redeweise ging einem

auf die Nerven. Von sich selber dachte er niedrig, und anderen gegenüber war er überaus kritisch und unverträglich.
Ich erklärte ihm, dass er zwar glaube, selbst schuldlos unglückliche Erfahrungen mit seinen Mitmenschen zu machen, dass in Wirklichkeit aber seine Beziehungen zu anderen Menschen von seinem abwertenden Denken über sich selbst und seinen eigenen Minderwertigkeitsgefühlen so nachteilig bestimmt würden. Ausführlich erläuterte ich ihm die Tatsache, dass er, solange er sich selbst nicht möge, keine Freundlichkeit und keine Achtung für andere empfinden könne, weil er gemäß einem Gesetz des Geistes seine Gedanken und Gefühle immer auf die Menschen seiner Umgebung projiziere.
Der Mann begriff, dass er, solange er Gefühle des Unwillens, der Voreingenommenheit und Verachtung auf andere projizierte, genau dies zurückbekam, weil seine Welt ein Spiegelbild seiner Haltungen und Stimmungen war.
Ich gab ihm eine spirituelle Formel, mit deren Hilfe er, so sagte ich ihm, seine Gereiztheit und Arroganz überwinden könne. Er beschloss, die darin enthaltenen Gedanken ganz bewusst seinem Unterbewusstsein einzuprägen:
»Ich wende ab sofort die goldene Regel an, die besagt, dass ich denke, spreche und anderen gegenüber handle, wie ich wünsche, dass andere über mich denken, von mir sprechen und mir gegenüber handeln. Ich gehe heiter meines Weges, und ich bin frei, denn ich gewähre allen Freiheit. Ich wünsche allen Menschen, denen ich begegne, aufrichtig Frieden, Wohlergehen und Erfolg. Ich bin immer gelassen, heiter und ruhig. Der Frieden Gottes durchströmt meinen Geist und mein ganzes Wesen.
Andere schätzen und achten mich, wie ich mich selbst schätze. Das Leben zeichnet mich über die Maßen aus, denn es sorgt reichlich für mich. Die kleinen Dinge des Lebens ärgern mich nicht mehr. Wenn Angst, Sorge, Zweifel oder Kritik seitens anderer mich erreichen, wird der Glaube an

das Gute, an Wahrheit und Schönheit den Raum meines Geistes erfüllen und nichts Abträgliches einlassen. Die Aussagen und Suggestionen anderer haben über mich keine Macht. Machtvoll ist nur mein eigenes Denken. Wenn ich Gutes denke, ist Gottes Macht mit mir und unendliche Kraft in meiner Entfaltung des Guten.«
Diese Wahrheiten bekräftigte der Mann morgens, mittags und abends; er lernte das ganze Gebet auswendig und legte Liebe, Leben, den vollen Sinn in seine Worte, und wie durch Osmose sanken die Inhalte seines Bewusstdenkens langsam in die unterschwelligen Schichten seines Unterbewusstseins und prägten sich ihm ein. Vor ein paar Tagen kam nun ein Brief von ihm:

> *Sehr geehrter Herr Dr. Murphy,*
> *darf ich Ihnen zunächst für alle die Gefühle der Ruhe und des Glücks, die ich jetzt habe, danken. Ich weiß sehr wohl, dass sie von meinem neuen Verständnis meines Geistes und seiner Wirkungsweise hervorgerufen werden. Ich weiß, warum ich eine hohe Meinung von mir selber und von allen Menschen habe. Ich ehre mich selbst, und indem ich dies tue, ehre ich Gott; das weiß ich jetzt.*
> *Ich bin im Begriff, mich in jeder Hinsicht zu entwickeln und meine Fähigkeiten zu entfalten. Ich komme gut voran und wurde in den letzten zwei Monaten zweimal befördert! Ich kenne die Wahrheit des Wortes:* Und ich, wenn ich erhöht werde…, so will ich sie alle zu mir ziehen *(Johannes 12,32).*
> *Ihr dankbarer E. J.*

Der Brief veranschaulicht, wie ein Mensch Gereiztheit und Geringschätzung seiner selbst und gegenüber den Mitmenschen überwinden kann. Dieser Mann erkannte, dass die Wurzeln seiner Schwierigkeiten in ihm selbst lagen. Er beschloss, sein gewohnheitsmäßiges Denken, seine Gefühlseinstellung und seine Reaktionen zu ändern, und erreichte dieses Ziel. Jeder Mensch kann dies tun. Dazu braucht man lediglich Entschlossenheit, Beharrlichkeit und den aufrichtigen Wunsch, sich ändern zu wollen. *So gehe hin und tue desgleichen* (Lukas 10,37).

Mittels Selbsterkenntnis zu Selbstschätzung

Ein Astronom, mit dem ich befreundet bin, erzählte mir, er habe jahrelang mit dem Teleskop den Himmel durchforscht, um dem Rätsel der Schöpfungsgeschichte und dem Rätsel des Universums auf die Spur zu kommen, doch in letzter Zeit habe er in sich selbst zu schauen begonnen. Dabei sei ihm eingefallen, dass er ja unvermeidlicherweise »am kleinen Ende« des Teleskops in dieser Welt stehe, und dieses Ende sei das Wichtige: er habe erkannt, dass Gott, das ganze Geheimnis der Schöpfung und das Rätsel des Kosmos im Menschen zu suchen und zu finden sind.

Wenn der Mensch sich selbst kennen lernt, lernt er das Universum kennen. Es ist jetzt an der Zeit, den Analytiker zu analysieren! Bei dem Versuch, Glück, Frieden und Wohlergehen außerhalb seiner selbst zu finden, hat der Mensch es versäumt, in sich selbst zu blicken, auf die unendliche Schatzkammer seines Geistes, durch den er Anteil am kosmischen Geist hat.

Wo wollen Sie Gelassenheit, Frieden und Glück finden, wenn nicht in Ihrem eigenen Geist, auf Grund Ihrer seelisch-geistigen Ausgeglichenheit und eines Gefühls des Einsseins mit den ewigen Wahrheiten und unveränderlichen Werten des Lebens? William Shakespeare sagte: »Welch ein Meisterwerk ist der Mensch? Wie edel durch Vernunft! Wie unbegrenzt an Fähigkeiten? In Gestalt und Bewegung wie bedeutend und wunderwürdig, im Handeln wie ähnlich einem Engel! Im Begreifen wie ähnlich einem Gott!«

Und Ralph Waldo Emerson sagte: »Es gibt einen Geist, der allen Menschen gemein ist, und jeder Mensch ist ein Einlass für denselben und ist ganz derselbe.« Des Weiteren: »Wer rechtmäßigen Zugang hat zum Verstand, der ist Meister des gesamten Besitztums.«

Glauben Sie dies! Erkennen Sie, dass die unendliche Weisheit des Geistes kosmischer Dimension sich in Ihnen befindet und dass die unendliche Heilgegenwart Gottes alle Ihre lebenswichtigen Organe sowie alle biologischen Vorgänge und Funktionen Ihres Körpers steuert. Sie haben die Fähigkeit, sich zu entscheiden, die Ihnen innewohnenden Fähigkeiten und immensen Kräfte einzusetzen. Wenn Sie diese bewusst, entschieden und konstruktiv nutzen, werden Sie, wie Emerson sagte, »Meister des gesamten Besitztums«.

Mit einer tiefen Erkenntnis regt Emerson Sie zu einer erweiterten Auffassung von sich selbst an: »Was Platon gedacht hat, kann der Mensch denken; was ein Heiliger gefühlt hat, kann er fühlen; was zu irgendeiner Zeit irgendeinem Menschen eingefallen ist, kann er verstehen. Wer Zugang zum Universalgeist hat, ist Teil alles dessen, was ist oder was getan werden kann, denn dieser Geist ist der einzige, der souverän Handelnde.«

Ralph Waldo Emerson war der größte amerikanische Philosoph und einer der größten Denker aller Zeiten. Er hielt sich ständig auf das Unendliche eingestimmt und drängte die Menschen, ihre grenzenlosen inneren Möglichkeiten und Fähigkeiten freizusetzen. Emerson lehrte die Menschen, sich ihrer Würde und Großartigkeit bewusst zu werden, und er verdeutlichte seinen Hörern, dass uns die Großen nur groß erscheinen, weil wir auf den Knien liegen – und dass wir Platon und anderen Heroen des Geistes Größe zuerkennen, weil sie sich bei ihren Handlungen nach dem richteten, was sie selbst als wahr erkannt hatten, und nicht nach dem, was andere Menschen glaubten oder ihnen als zu glauben aufzwingen wollten.

Beginnen Sie eine Vorstellung von sich selbst als einem edlen und würdigen Menschen zu entwickeln und denken

Sie an das Wort des Psalmisten: *Ich habe wohl gesagt: Ihr seid Götter und allzumal Kinder des Höchsten...* (Psalm 82,6).

Dank neuer Selbsteinschätzung besserte sich ihre Gesundheit

Dieser Brief einer Frau, die zu einer neuen Selbsteinschätzung fand, spricht für sich selbst:

> *Sehr geehrter Herr Dr. Murphy,*
> *hiermit möchte ich Ihnen dafür danken, dass Sie* Das Wunder Ihres Geistes *geschrieben haben. Ich habe das Buch immer wieder gelesen, sechzehnmal; aber noch viel öfter habe ich die Techniken angewendet, die Sie empfehlen. Ich habe aufgehört, zu jammern und zu klagen, und ich bin nicht mehr bitter oder hasserfüllt.*
> *Mein Mann verließ mich vor einem Jahr wegen einer jüngeren Frau. Ich litt unter so heftiger Wut, dass mein Arzt sagte, das plötzliche Auftreten von Arthritis werde durch meinen emotionellen Schock, durch Ärger und Hass verursacht. In den vergangenen drei Monaten habe ich mir jeden Tag vorgesagt, wie Sie es empfehlen, dass mein Leib ein Tempel des lebendigen Gottes ist und dass ich Gott in meinem Leib preise. Jeden Tag in den vergangenen paar Monaten bekräftigte ich morgens, mittags und abends etwa fünfzehn Minuten lang, dass Gottes Liebe jedes Atom meines Wesens durchdringt und dass seine himmlische Gegenwart mein ganzes Wesen erfüllt. Ich betete auch für meinen ehemaligen Mann.*
> *In meinem Körper ging eine bemerkenswerte Wandlung vor sich; die Ödeme und die unerträglichen Schmerzen sind verschwunden, die Elastizität und Beweglichkeit meiner Gelenke haben sich beachtlich verbessert, und die Kalkablagerungen lösen sich allmählich auf. Mein Arzt ist ganz begeistert, und ich bin es auch.*

Ich mache mir weiterhin klar, dass ich ein Kind Gottes bin und dass Gott mich liebt und für mich sorgt. Ich weiß, dass diese neue Selbsteinschätzung in meinem Leben Wunder wirkt. Aller Hass gegenüber meinem ehemaligen Mann ist verflogen, und ich bin auf dem Weg zu vollkommener Gesundheit. Göttliches Recht und göttliche Ordnung beherrschen mich.
Ich bin Ihnen ewig dankbar für Ihre Schriften.
Frau W. M.

Diese Frau hat entdeckt, was die Kraft echter Wertschätzung ihres wahren Ich bewirken kann. Als sie an sich selbst als Tempel, in dem Gott wohnt, zu denken begann und anfing, die göttliche Gegenwart in ihrem Inneren zu ehren und zu preisen, fand sie zu einer neuen Einstellung, die sich als ein Zustand des Friedens und Selbstvertrauens, der Freude, Vitalität, Unversehrtheit und freundlichen Wohlwollens geltend machte.
Als sie sich selbst zu achten und mit Wohlwollen zu betrachten begann, verschwand all ihr Hass, und Freundlichkeit füllte die entstandene Leere aus. Ein freundliches Wesen ist eine Garantie für Gesundheit, Glück, Erfolg und Wohlergehen.

Eine Formel für geschäftlichen Erfolg

Ein namhafter Geschäftsmann in Los Angeles erzählte mir, dass das Geheimnis seines Erfolges und Wohlstandes eine große Wahrheit sei, die er gelernt habe und jeden Tag demonstriere. Hier seine Formel:
»Ich weiß, dass in jedem Menschen das gleiche Göttliche ist wie in mir; deshalb würde ich, wenn ich einen Mitmenschen verletzte, mich selbst verletzen, und das wäre unvertretbar. Da ich dies weiß, wende ich die schönste aller Formeln an. Ich begrüße und preise das Gute in jedem Menschen, mit dem ich zu tun habe. Ich mache es mir zur

Aufgabe, neben den meinen immer auch die Interessen des anderen zu fördern, und ich weiß, dass ich, indem ich dies tue, am besten zu meinem eigenen Vorteil handle. Ich weiß: Wenn er sein Glück macht, mache ich mein Glück.«
Wenden auch Sie diese einfache Formel an, dann werden Sie sich mehr achten und mehr lieben. Und Sie werden Steine sehen, die zu Ihnen sprechen, auch Bäume und Tiere, und überschäumende Bäche, die Lieder singen. Sie werden Gott in allem entdecken und Gott auch in Ihren Mitmenschen begrüßen.

Merksätze

1. Einer der tiefsten Herzenswünsche des Menschen ist es, die Anerkennung seines wirklichen Wertes zu finden, und das heißt, geachtet, geschätzt und geliebt zu werden.
2. Wissenschaftliche Forschungen in aller Welt enthüllen die ungeheuren Kräfte, die in jedem Menschen schlummern, beispielsweise seine Fähigkeit, unabhängig von den körperlichen Sinnen und Organen zu sehen, zu hören, zu fühlen – die Parapsychologen bezeichnen diese Fähigkeit als außersinnliche Wahrnehmung (ASW).
3. Sie haben die Kraft, alle destruktiven Suggestionen und Bemerkungen zerstörerischer Kritik anderer zurückzuweisen. Immer wenn Sie dazu tendieren, sich selbst allzu hart zu kritisieren, herabzusetzen oder zu verurteilen, sollten Sie sofort bekräftigen. »Ich preise Gott in meiner Mitte.«
4. »Liebe deinen Nächsten wie dich selbst« – dies bedeutet, dass Sie die Ihnen innewohnende Gotteskraft, Ihr höheres Selbst, ehren, preisen, schätzen, lieben und ihr vollkommen treu sein sollen. Echte Eigenliebe hat nichts mit Egoismus, Selbsterhöhung oder morbider Selbstsucht zu tun. Im Gegenteil, sie ist ein Zeichen der Verehrung des

Ihnen innewohnenden Göttlichen, der wahren Wirklichkeit aller Menschen.

5. Was Sie ausstrahlen, kommt zu Ihnen zurück. Das Leben ist ein Spiegelbild Ihres Denkens. Begegnen Sie darum allen Menschen und der ganzen Welt mit freundlichem Wohlwollen und dem Wunsch, sie möchten der Wohltaten Gottes teilhaftig werden, dann werden Ihnen selbst zahllose Segnungen zuteil werden. Bestärken Sie sich in Ihrer Selbstschätzung, indem Sie bewusst über folgende Wahrheiten nachsinnen: »Ich weiß, dass ich nur geben kann, was ich habe. Von diesem Augenblick an werde ich die gebührende Achtung vor meinem wirklichen Ich haben, das Gott ist. Ich habe Ehrfurcht vor dem höheren Selbst eines jeden Menschen und schätze es.«
6. Wenn Sie von sich selbst gering denken, können Sie von anderen nicht gut denken, weil Sie immer Ihr eigenes abwertendes Denken und Ihre Minderwertigkeitsgefühle auf Ihre Mitmenschen projizieren. Die goldene Regel wenden Sie an, wenn Sie im Hinblick auf die anderen so denken, sprechen und handeln, wie Sie möchten, dass andere über Sie denken, von Ihnen sprechen und Ihnen gegenüber handeln. Wünschen Sie allen Menschen, was Sie sich selbst wünschen, und Sie werden zahllose Segnungen erfahren.
7. Gott wohnt allen Menschen inne. Das Reich Gottes befindet sich in unserem Inneren, in der Schatzkammer unseres Geistes, durch den wir Anteil am kosmischen Geist haben. Das ganze Geheimnis der Schöpfung und das Rätsel des Kosmos sind im Menschen beschlossen. Wenn der Mensch sich selbst tief genug erforscht, entdeckt er das Universum.
8. Entwickeln Sie eine Vorstellung von sich selbst als einem edlen und würdigen Menschen und denken Sie an das Wort des Psalmisten: *Ich habe wohl gesagt: Ihr seid Götter und allzumal Kinder des Höchsten ...* (Psalm 82,6).

9. Wenn Sie beginnen, Gott in Ihrer Mitte zu lieben, zu achten und zu preisen, werden alle Bitterkeit und aller Hass verschwinden. Liebe ist die Erfüllung der Voraussetzungen für Gesundheit, Glück und Seelenfrieden.
10. Die wirksamste Formel für gebührende Selbstschätzung und für die Achtung anderer beruht auf der Erkenntnis, dass das Ihnen innewohnende Göttliche auch allen anderen Menschen innewohnt, und dass Sie, wenn Sie die Interessen Ihrer Mitmenschen fördern, am besten auch Ihre eigenen fördern. Wenn der andere sein Glück macht, machen auch Sie Ihr Glück.

Die unversiegbare Quelle der Lebensbereicherung

Es gibt auf der Welt nur eine einzige grundlegende Energie, nur die eine kosmische Energie, und diese Kraft sucht sich durch jeden von uns schöpferisch zu äußern. Wir müssen deshalb zu freien Kanälen werden, damit die göttliche Energie uns ungehindert durchströmen kann. Jeder von uns ist ein Brennpunkt für das Göttliche, etwa so, wie eine Glühlampe als Brennpunkt für den durchfließenden elektrischen Strom anzusehen ist.
Dic Quelle kosmischer Energie fließt in einem harmonischen Rhythmus des Friedens und der Freude. Wenn wir diese Kraft konstruktiv in uns strömen lassen, handeln wir in Übereinstimmung mit dem Gesetz dieser kosmischen Energie und machen in unserem Leben Harmonie, Gesundheit, Frieden und die ganzen Reichtümer des Unendlichen sichtbar. Wenn wir uns dagegen der Selbstbemitleidung hingeben, der Selbstverurteilung, dem Hass oder irgendeiner Form negativen Denkens oder Fühlens, wird die göttliche Energie in uns gefesselt und ruft Störungen aller Art hervor.

Die Lösung liegt im Geist des Menschen

Eine wunderbare Methode zur Freisetzung der kosmischen Energie ist, sich immer wieder zu sagen: »Ich verzeihe mir, dass ich irgendwelche negative Gedanken über mich oder jemand anderen hatte, und ich beschließe, keine solchen mehr zu haben. Ich strahle gegenüber allen Männern und Frauen, einfach gegenüber allen Menschen Liebe und Wohlwollen aus. Ich erkenne es genau, wenn ich anderen wirklich vergeben habe, denn dann kann ich an sie denken oder ihnen im Geist begegnen, ohne auch nur den geringsten Stachel oder Schmerz zu verspüren.« Diese Haltung erzeugt einen offenen, freien Kanal für die göttliche Energie.

Sprechen Sie folgendes Gebet: »Ich behaupte und nehme als gegeben an, dass Gottes Liebe, Licht, Harmonie, Wahrheit, Schönheit, Reichtum und Sicherheit mich frei und freudig durchströmen, und ich weiß, dass ich nun erfolgreicher und gesegneter sein werde, als ich in meinen kühnsten Träumen erhoffte.« Wiederholen Sie das Gebet abends und morgens dreimal laut. Wenn Ihre Augen sich auf diese Wahrheiten konzentrieren und Ihre Ohren sie hören, arbeiten Ihre Sinne für Sie, und Sie werden feststellen, dass diese Wahrheiten in Ihr Unterbewusstsein eindringen. Da die Gesetze Ihres Unterbewussten zwingend sind, werden Sie in allen Phasen Ihres Lebens zwangsläufig darauf hingelenkt, Gottes unendlichen Reichtümern Ausdruck zu verleihen.

Seine Idee war ein Vermögen wert

Vor kurzem erzählte mir auf einer Gesellschaft ein Ingenieur, der in einem Forschungslabor arbeitete, seine Kollegen hätten über eine bestimmte Forschungsaufgabe nachgegrübelt. Er berichtete: »Ich wurde ganz ruhig und entspannt, zog mich in einen anderen Teil des Gebäudes zurück und sagte zu meinem Unterbewusstsein: ›Ich übertrage dir diese Aufgabe und weiß, du wirst mir die Lösung des Konstruktionsproblems enthüllen. Ich werde es dich austragen lassen, und wenn du die Lösung hast, wirst du sie meinem Bewusstsein präsentieren.‹«

Am nächsten Tag erhielt sein Bewusstsein eine klare Antwort, und das ganze Problem wurde schnell und auf eine Art gelöst, die der Gesellschaft einen beträchtlichen Geldbetrag einsparte. Er bekam eine ansehnliche Gehaltserhöhung, wurde zur Nachwuchsführungskraft des großen Konzerns befördert und erhält nun einen Anteil an den hohen Jahresgewinnen.

Er änderte seine Ansicht vom Geld und wurde wohlhabend

Ein Lehrer, der reich werden wollte, nannte das Geld oft »schmutzig«. Ich erklärte ihm, er müsse seine Einstellung zum Geld ändern, denn wegen seiner innerlichen Verurteilung des Geldes fließe es von ihm weg statt ihm zu. Er sah ein, dass es dumm wäre, Uran, Blei, Kobalt, Nickel, Kupfer oder eine Banknote als etwas Übles oder Böses zu bezeichnen. Eine Banknote ist harmlos, und der einzige Unterschied zwischen ihr und Nickel, Kupfer oder einem anderen Metall besteht darin, dass die Atome und Moleküle mit ihren Elektronen und Protonen anders angeordnet sind.

Hier die praktische, einfache Methode, die der Lehrer anwandte und die bald sein Geld mehrte: »Von jetzt an betrachte ich das Geld als göttlichen Stoff, denn alles kommt von dem einzigen Geist (Gott). Ich weiß, dass Materie und Geist (Energie) eins sind. Ich behaupte und bestimme, dass in meinem Leben das Geld ständig zirkuliert und immer ein von Gott gegebener Überschuss vorhanden ist. Ich benutze das Geld weise und konstruktiv. Geld fließt mir in reichlichen Mengen zu. Geld ist ein Gedanke im Geist Gottes, und es ist gut, sogar sehr gut. Gott bezeichnet alle Dinge, die er schuf, als gut, ja sehr gut.«

Der Lehrer sagte sich diese Wahrheiten abends und morgens fünf Minuten lang vor. Nach einem Monat wurde er befördert und erhielt deshalb höheres Gehalt; außerdem machte er eine völlig unerwartete Erbschaft von einer Tante, die er nie kennen gelernt hatte. Lassen auch Sie in Ihrem Leben Wunder geschehen, indem Sie eine neue Einstellung zu all den Reichtümern in Ihrer Umgebung gewinnen.

Leben ist Energie

Gott ist Leben, und zwar Ihr Leben. Das Leben ist Kraft und Erschaffung. Denken Sie daran: Gott ist das Lebensprinzip und die schöpferische Quelle, aus der die Welt und alles darin am Anbeginn der Zeit erschaffen wurde, und die Erschaffung geht ununterbrochen weiter. Die Quelle kosmischer Energie ist Gott.

Vielleicht sind Sie der Meinung, dass Sie nicht an Gott glauben, nicht an Gott glauben können. Sie glauben dann an dasselbe wie ich – Sie bedienen sich nur eines anderen Namens, einer anderen Bezeichnung, eines anderen Wortes. Wir wollen uns nicht an einem Wort ereifern. Vielleicht nennen Sie das, was ich Gott nenne, das höchste, das oberste, das letzte Lebensprinzip, das über den Naturgesetzen waltende und ihnen innewohnende Prinzip? Ich müsste hier viele Namen, viele Synonyme anführen, aber darum geht es hier nicht.

Diejenigen Leser meines Buches, die dem Namen Gottes fern stehen, bitte ich, dieses Buch dennoch zu lesen. Die Quelle kosmischer Energie ist wirksam, auch wenn Sie diese nicht dem Namen Gottes gleichsetzen. Ich wünschte, Sie wären mit dieser Gleichsetzung einverstanden, weil das so vieles, was wir in Worte fassen müssen, vereinfacht; aber dies ist keineswegs eine Bedingung für den Leser dieses Buches.

In diesem Buch wird einfach gezeigt, dass es kosmische Gesetze gibt, die gültig sind; dass es darum geht, sein Innenleben – die Psyche, das Unterbewusstsein – in Einklang mit den kosmischen Gesetzen des Universums und der dem höchsten Prinzip (Gott) erfließenden kosmischen

Energie zu bringen; und dass das Gebet, also ein inbrünstiges Wünschen, verbunden mit dem unbeirrbaren Vertrauen auf die Wunscherfüllung, scheinbar Unmögliches möglich macht, Wunder wirkt, wie man so sagt. Denken Sie daran, dass sich solche Wunder tagtäglich ereignen, auf jeder Stufe menschlichen Lebens, im Großen wie im Kleinen.

Wie er sein Jahresgehalt verfünffachte

Vor einiger Zeit berichtete ich in einer meiner Rundfunksendungen, dass ein leitender junger Bankangestellter, der vierzigtausend Dollar im Jahr verdiente, vorankommen, mehr erreichen und sein außergewöhnliches Wissen über Finanzdinge besser und expansiver einsetzen wollte. Er schuf sich deshalb ein geistiges Modell und ein entsprechendes Verhaltensmuster und sagte sich voll Entschiedenheit, die Energie und Vitalität des Unendlichen, die sein geistiges Modell durchströme, werde das gewünschte Bild seinem Geist tiefer einprägen. Er machte sich dies zur Gewohnheit. Eines Tages trat in der Bank ein Mann zu ihm, der dort ein hohes Darlehen aufgenommen hatte. Der Mann bat ihn, die Leitung seines Konzerns in Texas als Finanzberater und Direktor zu übernehmen. Der Angestellte schloss einen Zehnjahresvertrag ab, hat jetzt ein großes Haus, sein Auto und seinen Chauffeur und bezieht, nebst Spesen, ein Jahresgehalt von zweihunderttausend Dollar. Kraft kosmischer Energie wurde sein geistiges Bild verwirklicht. Das Lieblingszitat dieses Bankmannes stammt aus der Bibel und heißt: *Alles, was ihr bittet in eurem Gebet, glaubet nur, dass ihr's empfangen werdet, so wird's euch werden* (Markus 11,24).

Wie er die Reichtümer des Lebens entdeckte

Vor einiger Zeit hielt ich an der Kirche Religiöser Wissenschaften in Las Vegas, die mein alter Freund Dr. David Howe betreut, ein Seminar ab. In einem Hotel der Stadt sprach ich

mit einem Mann, der mir erzählte, bei seiner Ankunft vor vier Jahren habe er nur zwanzig Dollar besessen. Immerhin hatte er sofort eine Stellung als Kellner bekommen und manchmal sogar den Piccolo gespielt.
Ein Gast in dem Restaurant, in dem er bediente, bemerkte seinen Arbeitseifer und gab ihm ein Exemplar meines Buches *Die Macht Ihres Unterbewusstseins* (Ariston Verlag). Er las es aufmerksam und schrieb dann vier Dinge, die er sich am sehnlichsten wünschte, auf ein Blatt Papier. Das erste war: »Reichtum fließt mir frei und in erfreulicher Weise zu.« Das zweite: »Die unendliche Weisheit führt mich zu höchster Selbstverwirklichung.« Das dritte: »Ich habe ein schönes Heim in schöner Umgebung.« Das vierte: »Ich bin mit einer wunderbaren Frau nach göttlicher Fügung verheiratet.«
Da er das erwähnte Buch genau gelesen hatte und wusste, was er wollte, hatte er seine Bitten klar und deutlich aufgeschrieben. Jeden Abend und jeden Morgen ging er sie durch, prägte sie seinem Unterbewusstsein ein und wiederholte sie langsam und mit Bedacht; er war sich bewusst, dass er Erlebnisse und Zustände anzog, die seinen Gedanken und Vorstellungsbildern entsprachen. Er hatte begriffen, dass diese Technik ein Mittel war, sein Unterbewusstsein entsprechend zu prägen und dadurch die Zustände des Reichtums, des Erfolges und der Harmonie in seinem Leben herzustellen. Nach jeder Wiederholung der Bitten dankte er der in ihm gegenwärtigen unendlichen Allmacht für Gottes Reichtümer, die richtige Lebenseinstellung, sein schönes Heim und seine Lebensgefährtin. Er nahm geistig alles in Besitz, worum er gebeten hatte.
Nach drei Monaten besaß er dank seines unerschütterlichen Glaubens an das Wirken seines Geistes alles, worum er gebeten hatte. Ihm war klar, dass alle Dinge, die er seinem Unterbewusstsein einprägte, äußeren Ausdruck finden würden. Wenige Wochen nach Beginn seines Betens wurde er

zum Oberkellner befördert. Ein Gast des Restaurants stellte ihn einer reichen Frau vor, die er heiratete. Sie besaß ein schönes Haus in Las Vegas, wo er jetzt lebt. Er hat ein eigenes Geschäft, das er mit seiner Frau betreibt. Die Ehe ist sehr glücklich. Er sagte: »Es war Liebe auf den ersten Blick.« Nun besitzt er so viel Geld, wie er braucht, um zu tun, was er will und wann er es will.

Die unversiegbare Quelle kosmischer Energie belebt, beseelt und kurbelt alles an, wovon Sie sich ein Bild machen und glauben, es sei bereits wahr und wirklich. Die ganze Kraft des Unendlichen fließt durch den Brennpunkt Ihrer konzentrierten Aufmerksamkeit. *Und alles, was ihr bittet im Gebet, so ihr glaubet, werdet ihr's empfangen* (Matthäus 21,22). *Wenn du könntest glauben! Alle Dinge sind möglich dem, der da glaubt* (Markus 9,23).

Dank Glaubens und Enthusiasmus

Ralph Waldo Emerson sagte: »Nichts wurde je ohne Begeisterung erreicht.« Ein junger Collegeabsolvent in Elektronik und Maschinenbau erzählte mir, er interessiere sich brennend für die Elektronik. Seine Begeisterung für dieses Gebiet ist tatsächlich so groß, dass sie sein Denken und Tun geradezu beherrscht und ihm wunderbare neue Ideen kommen. Er sagt, sie kämen »aus heiterem Himmel«. In dem Elektroniklabor seiner Dienstgeberfirma hat er viele Neuerungen und Verbesserungen eingeführt, und er verdient, obwohl erst zweiundzwanzig Jahre alt, bereits dreißigtausend Dollar im Jahr – alles dank seines Glaubens an die Quelle aller kosmischen Energie und seines Enthusiasmus für die von ihm gewählte Arbeit.

Das Wort »Enthusiasmus« stammt aus dem Griechischen und bedeutet wörtlich, von Gott besessen sein. Enthusiasmus kennzeichnet das unumschränkte Erfülltsein des Geistes von einer Idee, irgendeinem Interesse oder angestrebten Ziel.

Das ständige Gebet des jungen Elektronikers lautet: »Die Energie der unendlichen Kraft belebt mich und hält mich aufrecht, in mir entfalten sich schöpferische Ideen, die mir alles offenbaren, was ich wissen muss.« Er glaubt an die Quelle kosmischer Energie und daran, dass er sein Ziel erreichen wird; durch solch positiven Glauben wird Enthusiasmus erweckt. Es gibt Zeiten, da der junge Mann sich regelrecht inspiriert fühlt. Schrittweise eröffnet sich für ihn eine neue Welt des Erreichbaren.

Der Lieblingsbibelvers dieses jungen Ingenieurs heißt: *So aber jemand unter euch Weisheit mangelt, der bitte Gott, der da gibt einfältig jedermann und rücket's niemand auf, so wird sie ihm gegeben werden* (Jakobus 1,5).

Vom Sohn eines ehemaligen Sklaven zum Multimillionär

Mit zweiunddreißig Jahren beschloss der Eisenbahnkoch Milton Grant, im Geschäftsleben zur Spitze aufzusteigen. Er begann ganz unten: mit einem gebrauchten Müllwagen und einer drittklassigen Ausbildung.

Mit 40 hatte er seine erste Million Dollar gemacht – eine erstaunliche Leistung für einen unbemittelten Schwarzen, der als Sohn ehemaliger Sklaven in Virginia zur Welt gekommen war. Grant, der jetzige Aufsichtsratsvorsitzende und Hauptaktionär der Family Savings & Loan Association von Los Angeles, sagte: »Ich wusste immer, dass es ein besseres Leben gab und dass es an mir war, dieses Leben zu finden. Sehr früh lernte ich, dass gutes hartes Bargeld ein sehr schönes weiches Polster abgibt, um sich darauf zu betten.«

Hartes Bargeld! Grant war 1891 in Parkersburg, West Virginia, geboren und musste die Schule verlassen, um mitzuhelfen, seine elf Geschwister zu ernähren. »Ich putzte Schuhe und machte Hausmeisterarbeiten für das Schuhgeschäft im Ort. Später bekam ich einen Job als Geschirrwäscher, und dabei konnte ich kochen lernen. Die sauberen weißen

Uniformen der Köche faszinierten mich ungeheuer. Mit dreizehn bekam ich einen Job als Geschirrwäscher für zwei Dollar fünfzig die Woche bei der Chicago Rock Island and Pacific Railroad. Ich arbeitete mich schließlich zum Chefkoch empor, dem höchsten Posten bei der Eisenbahn, den ein Schwarzer damals erreichen konnte.«

Bei der Eisenbahn hatte Grant eine gesicherte und sogar angesehene Stellung – doch da er noch jung war, trieb ihn der Ehrgeiz voran: »Mit meinen gesamten Ersparnissen von 150 Dollar ging ich nach Kalifornien, wo ich einen gebrauchten Laster kaufte und in Pasadena eine örtliche Müllabfuhrfirma aufmachte. Anfangs verdiente ich nur 20 Dollar im Monat – doch ich machte es mir zur Regel, immer prompt, ordentlich und zuverlässig zu sein. Und das zahlte sich aus. Nach nur wenigen Jahren verdiente ich 6000 Dollar im Monat.«

Grant kaufte dann bei Los Angeles eine Schweinefarm und fütterte seine Tiere mit einem Teil des Abfalls, den er sammelte. Wieder stiegen seine Gewinne sprunghaft – was ihn in die Lage versetzte, sich dem Immobiliengeschäft zuzuwenden und schließlich eine kleine Spar- und Darlehenskasse zu kaufen.

Unter Grants Führung wuchs und gedieh die Family Savings & Loan. Heute ist sie eine der größten Sparkassen an der amerikanischen Westküste. Grant sagte: »Der ärmste Mensch kann Millionär werden, wenn er sich nur Ziele setzt und dann arbeitet, um sie zu erreichen. Denken Sie daran, jeder Fortschritt beginnt bei Ihnen selbst. Wenn Sie das aufrichtig glauben, können Sie alles werden, was Sie werden wollen. Das gilt heute noch wie eh und je.«

Grant – der mit seiner Frau Flora sehr bescheiden lebt – fügte hinzu: »Ich halte mich nicht für einen Millionär, obwohl ich mehrere Millionen besitze. Für mich ist ein Millionär ein bestens gekleideter Mann mit einer dick gefüllten Brieftasche, der sich von seinem Chauffeur in seinem großen Wagen umherfahren lässt. Aber das ist nicht mein Lebensstil. Ich fahre meinen Wagen immer noch selbst, gehe jeden Tag ins Büro und habe nicht die Absicht, mich aufs Altenteil zu setzen.«

Grant, der nach eigener Aussage sein Vermögen »Steinchen um Steinchen« zusammentrug, erklärte einem Reporter des *National Enquirer:* »Einer der Gründe, warum ein Dollar heute den Menschen nicht mehr so viel bringt, ist der, dass die meisten Menschen heute nicht mehr so viel bringen wollen, um einen Dollar zu verdienen – wie einst ich.«

Milton Grants Lebensweg ist eine Geschichte von Leistung, Erfolg und Reichtum. Dieser Mann hatte eine Vision von Wohlstand, Sicherheit und gutem Leben gehabt. Vision ist das, was Sie anblicken, dem Sie Aufmerksamkeit schenken, was Sie im Leben anstreben. Gleich Milton Grant werden Sie auf das zugehen, was Ihre Vision ist. Setzen Sie sich ein Ziel, werden Sie enthusiastisch und, vor allem, strahlen Sie Wohlwollen aus, mit anderen Worten, Liebe. Liebe, das ist die Erfüllung des Gesetzes von Gesundheit, Reichtum, Erfolg und die Meisterung aller Probleme.

Wie sich die Wünsche einer Frau verwirklichten

Während ich dieses Kapitel schrieb, bekam ich einen Anruf aus New York. Die Anruferin war verzweifelt und seelisch am Ende: die Rechnungen stapelten sich, die Einkommenssteuer war fällig, ihr Mann war entlassen worden, und das Schulgeld für das letzte Collegesemester ihres Sohnes war überfällig. Ihr Haus stand seit zwölf Monaten zum Verkauf, viele besichtigten es, aber keiner kam je wieder.

Ich empfahl ihr, es mit Beten zu versuchen, wies sie darauf hin, dass es eine Quelle innerer Kraft und universeller Weisheit gibt, die alle Probleme zu lösen vermag. Auf meine Aufforderung notierte sie sich folgendes Gebet:

»Bittet, so wird euch gegeben; suchet, so werdet ihr finden; klopfet an, so wird euch aufgetan (Matthäus 7,7). Gott, der

Inbegriff kosmischer Energie, verleiht meinen Idealen, Wünschen und Plänen Leben; ich überlasse mein Haus der unendlichen Allmacht und weiß, dass ich den richtigen Käufer anziehen werde, der es haben will und darin eine gedeihliche Zeit verbringen wird. Ich nehme dies jetzt als gegeben an. Ich erkenne, dass Gott meine unmittelbare und immer währende Kraftquelle ist und in jedem Moment und an jedem Ort für alle meine Bedürfnisse sorgt. Ich danke für Gottes Reichtümer, die unveränderlich und ewig sind. Ich danke für einen neuen wunderbaren Start im Berufsleben meines Mannes in göttlicher Fügung.«

Sie sagte sich das Gebet drei- bis viermal täglich mit Nachdruck vor und stellte sicher, dass sie danach nicht bezweifelte, was sie behauptet hatte. Kosmische Energie begann damit frei durch ihre Gedankenbilder zu strömen, und diese prägten sich ihrem Unterbewusstsein ein. Neben ihr wohnte ein Anwalt, er kaufte ihr Haus für seinen Sohn, der kurz vor der Hochzeit stand. Der Anwalt sagte, er habe das Schild »Zu verkaufen« erst vor kurzem entdeckt, obwohl es schon ein Jahr dort gehangen hatte. Ihr Mann wurde wieder eingestellt und befördert. Wenige Wochen danach starb die einzige Schwester ihres Mannes, die unverheiratet war, vermachte ihm zweihundertfünfzigtausend Dollar, und sie selbst bekam den ganzen Schmuck der Schwester. Innerhalb zweier Monate wurden alle ihre Probleme gelöst.

Die kosmische Energie kann sich in Ihnen nur ausweiten, wenn sie freigesetzt wird. Denken Sie daran, dass sich alles lediglich gemäß seiner Natur steigert und vermehrt. Energie, Liebe, Geschick, Talent und Wohlstand sind nur verschiedene Formen der einen einzigen Macht kosmischer Energie.

Säen Sie die Samen richtiger Führung und richtigen Tuns und seien Sie sich darüber im Klaren, dass kein Same keimt und sich vermehrt, wenn er nicht in Humuserde gesät wird. Ihr Humusboden ist Ihr Unterbewusstsein.

Er lernte den Preis für Wohlstand zu bezahlen

Einem Kaufmann, der nur ein sehr bescheidenes Einkommen hatte, erklärte ich, er müsse die Samen richtig säen, bevor er die Ernte der guten Dinge des Lebens einbringen könne. Er musste geben, bevor er nehmen konnte.

Gott vermag man nichts zu geben, da dieser alles ist – der Inbegriff der Kraft, Ursache und Substanz aller Dinge; ein Mensch muss lediglich an Gott glauben: ihn als den Spender und die wahre Quelle kosmischer Energie anerkennen, ihm Aufmerksamkeit und Treue bezeugen und sodann Aufmerksamkeit und Liebe über das ausgießen, was er sich wünscht. Wenn es ihm gelingt, sich das geistige Äquivalent des Gewünschten zu schaffen, muss sich das Ergebnis einstellen.

Der Preis, den dieser Kaufmann zu bezahlen hatte, war Glauben, und gemäß seinem Glauben gestalteten sich alle Phasen seines Lebens.

Ich erklärte ihm die Bedeutung der biblischen Wahrheit: *Es sei denn, dass das Weizenkorn in die Erde falle und ersterbe, so bleibt's allein; wo es aber erstirbt, so bringt es viele Früchte* (Johannes 12,24). Er erkannte, dass er den Samen des Reichtums im Garten seines Geistes ausbringen und die Energie von Glauben, Vertrauen und Liebe über den Samen gießen musste, um dessen Wachstum und Sichtbarwerden in seinem Leben zu beschleunigen.

Der Kaufmann begann zu beten. Er prägte sich regelmäßig und systematisch ein, er werde kraft höherer Intelligenz und kosmischer Energie, die in seinem Unterbewusstsein wirken, von nun an die Männer und Frauen anziehen, die haben wollten, was er anzubieten hatte, nämlich Immobilien. Er nahm als gegeben an, sie besäßen das Geld, um zu kaufen, und es gebe einen von Gott gewollten Austausch, demzufolge sie Erfolg haben werden und er vorankommen werde. Er behauptete mit voller Überzeugung, dass diese künftigen Kunden ihm ihre Aufmerksamkeit zuwenden würden und das Grundstück haben möchten; und nachdem sie ihr Grundstück geistig besessen hätten, würden sie es tatsächlich erwerben.

Seine Verkäufe haben beträchtlich zugenommen, und in den ersten sechs Monaten dieses Jahres wurde er mit einem rund zehnfachen Provisionseinkommen belohnt.

Habe deine Lust am Herrn; der wird dir geben, was dein Herz wünschet (Psalm 37,4).

Wie ihre innere Rede ihr äußeres Leben bereicherte

Bei einer Unterredung sagte mir kürzlich eine junge Frau, sie sei mehrere Jahre zuvor Stenotypistin in einem Regierungsbüro gewesen. Eines Morgens habe sie mich im Radio sagen hören, man solle auf seine inneren Gedanken achten und sicherstellen, dass sie dem eigenen Lebensziel entsprächen. Mit anderen Worten: Das innere Sprechen oder die innere Rede des Menschen müsste mit seinem Ziel, mit seinen Wünschen übereinstimmen. Sie sagte: »Ich erkannte plötzlich, dass ich innerlich verleugnete, was ich mir im Leben wünschte, und ich unterband dies. Mir wurde klar, dass natürlich, wenn Beförderung, Gehaltserhöhung und Erfolg sich in meinem Leben einstellen sollten, meine innere Rede mit der Erfüllung meiner Wünsche im Einklang stehen musste.«

Sie hatte früher oft über ihr Problem nachgedacht und sich immer wieder gesagt: »Dort ist kein Vermögen zu machen. Das Gehalt ist sehr niedrig. Ich werde nie vorankommen«, und so fort. Ihre innere Rede wurde natürlich von ihrem Unterbewusstsein aufgenommen. Klar, dass sie in dieser eingeengten, unglücklichen Lage verblieb. Sie kehrte dann jedoch das ganze Verfahren um und eignete sich eine zuversichtliche, aufbauende innere Rede an, die mit ihren Zielen und Absichten im Leben harmonierte. Sie schrieb

sich mehrere Sätze auf, die für sie die Verwirklichung ihrer Herzenswünsche bedeuteten, und sprach dieses Gebet mehrmals am Tag sowie vor dem Einschlafen: »Ich habe ein prächtiges Einkommen. Ich bin reich, glücklich und frei. Ich habe einen bewundernswerten, geistig orientierten Mann. Ich werde gebraucht und geschätzt. Ich erlebe meine Selbstverwirklichung auf höchster Ebene.«
Sie wiederholte das Gebet, bis sie die Wirklichkeit dessen, was sie behauptete, zu spüren begann. Ihre innere Rede war, als seien alle diese Wünsche bereits erfüllt. Sie wusste, dass ihre innere Rede oder ihr Selbstgespräch sichtbar würde. Nach etwa einem Monat versetzte man sie für ein viel höheres Gehalt in eine andere Abteilung, sie liebte ihre neue Arbeit, und der Abteilungsleiter machte ihr einen Heiratsantrag. Ich erlebte die Freude, der Trauung beiwohnen zu dürfen.
Stimmt Ihre innere Rede mit Ihrem Ziel überein? Stellen Sie sich diese Frage. Wenn Sie sagen: »O ja. Mein inneres Sprechen ist genau so, wie ich laut sprechen würde, hätte ich alle meine Ziele im Leben bereits erreicht«, dann werden Sie die Freude des erhörten Gebets an sich erfahren ... *Wo zwei unter euch eins werden auf Erden, warum es ist, dass sie bitten wollen, das soll ihnen widerfahren von meinem Vater im Himmel* (Matthäus 18,91).

Merksätze

1. Der Mensch kann sich auf die Quelle kosmischer Energie einstimmen, die Quelle aller Kraft und Energie. Und wenn er um Wegweisung, Inspiration und neue schöpferische Ideen bittet, werden ihm diese zuteil werden.
2. Für jedes Problem gibt es eine Lösung. Auf jede Frage gibt es eine Antwort.
3. Wie der Mensch lernt, aus der Sonne Energie zu gewin-

nen, kann er, wenn er sich voll Glauben und Vertrauen darauf einstellt, lernen, kosmischer Energie teilhaftig zu werden und sein Leben in göttlicher Fügung glücklich und erfolgreich zu gestalten. Gott ist für den Gläubigen Gott, für den, der dem Namen Gottes fern steht, das höchste Prinzip.

4. Ein Bankangestellter schuf sich von dem Gehalt, das er sich wünschte, ein geistiges Modell und verwirklichte kraft kosmischer Energie seine Wunschvorstellung in kurzer Zeit.
5. Ein Kellner in Las Vegas schrieb nach der Lektüre meines Buches *Die Macht Ihres Unterbewusstseins* vier Dinge auf, die er in seinem Leben erstrebte. Diese sagte er sich mehrmals am Tage vor und betrachtete seine Wünsche in seiner Erfahrung als bereits erfüllt. Die Wünsche prägten sich seinem Unterbewusstsein ein und wurden Wirklichkeit.
6. Ein junger Elektronikingenieur brachte seiner Arbeit solches Interesse und solche Begeisterung entgegen, dass aus der Quelle kosmischer Energie in ihm ungeheure schöpferische Kräfte und neue Ideen freigesetzt wurden, die er beruflich zu nutzen verstand.
7. Der Sohn eines Sklaven hatte eine Vision von Gottes Überfluss und Reichtümern für sich und seine Familie und vertraute der Verwirklichung seiner Vision. Er ist jetzt Multimillionär, Hauptaktionär und Chef einer der größten Sparkassen im amerikanischen Westen.
8. Wenn Sie ein Haus verkaufen wollen, denken Sie nicht an alle die Gründe, aus denen Ihnen der Verkauf nicht gelingen könnte, sondern führen Sie sich vor Augen, dass Sie, von höherer Intelligenz geleitet, den richtigen Käufer anziehen werden, der Ihr Haus zu schätzen weiß und darin glücklich sein wird. Ihre Überzeugung wird – wie jeder geistig bereits als verwirklicht betrachtete Wunsch – Wirklichkeit werden.

9. Sie müssen lernen, den Preis für das zu bezahlen, was Sie haben möchten. Dies bedeutet, dass Sie in Ihrem Unterbewusstsein ein geistiges Äquivalent für Ihre Wünsche schaffen müssen. Der von Ihnen zu bezahlende Preis ist Glaube. Sie müssen geben, bevor Sie nehmen können. Sie müssen Samen in Erde säen, um ernten zu können. Und Sie müssen kosmische Energie durch Ihre Ideale, Hoffnungen und Bestrebungen strömen lassen, um ihnen so Leben zu verleihen.
10. Sagen Sie sich, dass kosmische Energie, derer Sie in Ihrem Inneren teilhaftig sind, Ihnen bessere Möglichkeiten des Dienens offenbart. Sie werden dann feststellen, dass in Ihrem Leben Wunder geschehen.
11. Sorgen Sie dafür, dass Ihre inneren Reden, d. h. Ihre stummen Selbstgespräche Ihrem Ziel oder Ihren Wünschen entsprechen. Stellen Sie sicher, dass Ihre Selbstgespräche so sind, als seien Ihre Gebete bereits erhört worden. Gehen Sie bei Ihrer inneren Rede vom Standpunkt des erfüllten Wunsches aus. Denken Sie daran Es ist immer Ihre innere Rede, die im Leben sichtbar wird.

Kapitel 2

Haben Sie einen freien Willen oder nicht?

Haben Sie einen freien Willen oder nicht?

Auf unserer Reise durch China besuchten wir auch Chengtu, eine schöne Stadt mit gemäßigtem Klima, breiten Straßen und vielen öffentlichen Parkanlagen. Sie ist ein Industrie-, besonders ein Textilzentrum und war unter der Han-Dynastie als Brokatstadt bekannt.

Wir fuhren mit einem der Stadtbusse, die mit Naturgas betrieben werden und auf hundert Kilometer für nur ein paar Cent Treibstoff verbrauchen, zu einer Fabrik. In dem Unternehmen, in dem die meisten Arbeiten noch von Hand verrichtet werden, sprach ich mit einem Arbeiter, der eine Zeit lang in New York gelebt und zu meinem Erstaunen dort mehrere Vorträge des inzwischen verstorbenen Lebensphilosophen Dr. Emmet Fox gehört hatte. Aus offensichtlichen Gründen hängt der Mann nicht an die große Glocke, dass er mit den Gesetzen des Denkens und Glaubens vertraut ist.

Noch mehr staunte ich, als dieser chinesische Arbeiter ein Bibelwort richtig zitierte und deutete: *Und alles offene Gerät, das keinen Deckel noch Band hat, ist unrein* (4. Mose 19,15).

Mit dem »offenen Gerät« ist Ihr Unterbewusstsein gemeint. Halten Sie es rein. Benutzen Sie Ihre Gottesbewusstheit, Ihr bewusstes Wissen um die Allgegenwart Gottes, und Ihren tiefen Glauben an die ewig gültigen Wahrheiten als »Deckel« für Ihr Unterbewusstsein. Wenn Sie nicht Ihr besseres Wissen schützend über Ihr Unterbewusstsein legen, werden falsche Überzeugungen und destruktive Gefühle in das »offene Gerät« gelangen und die Macht über Ihr Unterbewusstsein übernehmen, das, destruktiv geprägt, Ihr Handeln, ja Ihr Leben verhängnisvoll beeinflusst.

Denken Sie selbst und treffen Sie Ihre Wahl

Denken, sprechen und handeln Sie immer vom Standpunkt der universell gültigen Prinzipien aus. Orientieren Sie sich an Gott als dem Inbegriff allen Geistes, des Geistes der Liebe und Harmonie, des Friedens und der Fülle. Liefern Sie sich nicht dem Durchschnittsdenken, der weitgehend dem Negativen verhafteten Geisteshaltung der Masse aus. Denken Sie selbst! Und denken Sie im Bewusstsein der Allgegenwart Gottes und des Ihnen innewohnenden Göttlichen. Wenn Sie das nicht tun, geraten Sie unter den Einfluss dessen, was die anderen, was die Massen denken, und im Bann dieses Denkens vermögen Sie Ihr Leben nicht glücklich zu gestalten.

Ein Hypnotiseur führt die Versuchsperson zunächst in einen Zustand herabgesetzten Bewusstseins: er nimmt »den Deckel« (der Bewusstheit) vom Unterbewusstsein ab. Sodann gibt er dem Unterbewusstsein unmittelbar seine Suggestion ein, und die Versuchsperson handelt sofort entsprechend dem Inhalt dieser Suggestion. Sogar eine posthypnotische Suggestion, der Auftrag, nach dem Erwachen aus der Hypnose etwas Bestimmtes zu tun, wird von der Versuchsperson prompt ausgeführt, wie zahllose Male demonstriert und bewiesen wurde. Die Zeit scheint in Experimenten dieser Art aufgehoben.

Wir ersehen hieraus, dass es in unserem Unterbewusstsein eine schöpferische Kraft gibt, die auf den Inhalt unseres Denkens – oder im Hypnosezustand auf Inhalte fremden Denkens – reagiert. Wenn Sie durch Ihr Denken in sich Ihre

Schöpferkraft erwecken, dann haben Sie die Ihnen innewohnende einzigartige Gotteskraft aktiviert.
Gott erschuf das Universum und alles, was ist und lebt. Gott erschuf Sie, und seine Schöpferkraft wohnt Ihnen kraft Geistes – Geist von seinem Geiste – inne. Sie haben die Freiheit, Ihre Kraft in negativer oder in positiver Weise zu nutzen: zerstörerisch und verhängnisvoll oder aufbauend und beglückend. Sie entscheiden sich auf Grund Ihres Gewohnheitsdenkens, auf Grund der von Ihrem Denken geweckten Vorstellungsbilder und Gefühle für Krankheit oder Gesundheit, Versagen oder Erfolg, Armut oder Reichtum.
So und nicht anders treffen Sie auch die Wahl zwischen Gut und Böse – das die Menschheit durch die Jahrhunderte hindurch zumeist völlig anders verstanden hat. Mose steckte seine Hand in den Busen und zog sie von weißem Aussatz bedeckt oder vollkommen gesund wieder heraus, je nachdem wie er sein Denken einsetzte. Gilt, was für Mose galt, nicht auch für uns?

Entscheiden Sie sich für Harmonie und Fülle

Und Gott sprach: Lasset uns Menschen machen, ein Bild, das uns gleich sei ... (1. Mose 1,26). Da der Mensch nach dem Bilde Gottes erschaffen ist und Gott Adam und Eva erschuf, ist jedem Menschen sowohl ein männlicher als auch ein weiblicher Aspekt zu Eigen. Das Bewusstsein ist Ihre männliche Natur, ist Adam, das Unterbewusstsein ist Ihre weibliche Natur, ist Eva.
In diesem bildhaften Vergleich verkörpert die Paarkonstellation von Adam und Eva nichts anderes als die Wechselwirkung zwischen Ihrem Bewusstsein und Ihrem Unterbewusstsein. Die Ihnen und jedem Menschen inhärenten Naturen des Männlichen und des Weiblichen erzeugen immer ein Drittes, ein »Kind«: Ihre Welt, Ihre Lebensum-

stände, alles, was Sie bewirken, erfahren und was Ihnen widerfährt.
Was wählen Sie eben jetzt, in diesem Augenblick, für sich? Haben Sie nicht die Möglichkeit der freien Wahl? Verfügen Sie nicht über Ihren Willen und Ihre Initiative? Der Großteil der Menschen entscheidet sich für Mangel, Eingeschränktheit, Krankheit, Leid und Unglück jeder Art. Der Grund dafür ist, dass diese Menschen ihr eigentliches Erbe, die gottgewollte Fülle des Guten, aufgegeben haben. Die Willensfreiheit endet dort, wo der Mensch die falsche Wahl trifft.
Es ist Ihre Bestimmung, kraft Geistes, der Ihnen innewohnt, zu wählen. Entscheiden Sie sich für Harmonie, Frieden, Schönheit, für grenzenlose Liebe und rechtes Tun, die Ausdruck der kosmischen Ordnung sind. Wählen Sie das, was edel, würdig, erhaben und wunderbar ist. Der von Unglück und Leid geschlagene Mensch hat einfach unterlassen, das Wahre, das Schöne und Gute zu wählen.

Lassen Sie sich Ihrem Lebensglück nicht entfremden

Millionen Menschen werden von falschen Überzeugungen und destruktiven Gefühlen wie Neid, Eifersucht und Hass, insbesondere aber von ihren unrichtigen Vorstellungen über das Wesen Gottes, in Fesseln gehalten und ihrem Lebensglück entfremdet.
Eines Tages wandte sich eine ältere Frau an mich, die von der Angst vor dem Tod und dem Leben nach dem Tod beherrscht war. Sie glaubte, Gott werde sie für die von ihr begangenen Sünden bestrafen. Ich wies die Frau darauf hin, dass sie bei ihrer Geburt keine Ängste, keinen religiösen Glauben und auch keine rassischen oder andere Vorurteile gehabt hatte und dass ihr diese erst durch ihre Eltern und durch Verwandte, Lehrer, Geistliche, Freunde und Bekannte vermittelt worden waren.

Die Frau hatte völlig falsche Vorstellungen von Gott und vom Leben. Sie litt unter den ihr von Kindheit an eingeimpften Vorurteilen und Ängsten, die ihr Unterbewusstsein zutiefst geprägt hatten. Ich erklärte der Frau, dass Gott die Person nicht ansieht, nicht verurteilt, nicht bestraft. Ihr wurde klar, dass einzig wir selbst uns verletzen und bestrafen, indem wir die Gesetze des Denkens und Glaubens unrichtig anwenden.

Auf meinen Rat hin las die Frau von nun an den 27. Psalm: *Der Herr ist mein Licht und mein Heil; vor wem sollte ich mich fürchten? Der Herr ist meines Lebens Kraft; vor wem sollte mir grauen?...* Dieses großartige Schutzgebet gegen jedwede Angst sagte sie sich drei- oder viermal täglich laut vor. Die Wahrheiten des Psalms tilgten allmählich in ihrem Unterbewusstsein die falschen Prägungen, und binnen weniger Wochen ging mit der Frau eine erstaunliche Veränderung vor. Sie wurde ruhiger und ausgeglichener, ja heiter. Sie hat ihre Ängste überwunden.

Worin die »Sünde« wider den Geist besteht

Die Unfähigkeit des Menschen, seinen Ursprung und sein ganzes Wesen in Gott zu erkennen, sein Gefühl, von der göttlichen Quelle abgetrennt zu sein, und seine irrige Auffassung, die von Menschen aufgestellten Gebote seien göttliche Gebote – dies und nichts anderes ist die Erbsünde. Sie ist der Abfall des Menschen von seiner Bestimmung, der Verrat seines göttlichen Erbes, dessen Hüter er ist. Unser Erbe sind Harmonie und Liebe, Gesundheit, Frieden und Fülle. Der »gefallene Engel«, der »Sturz aus dem Himmel«, »Luzifers Fall« bedeuten ein und dasselbe: den Sturz aus Harmonie, Frieden, Schönheit und Liebe, den Sturz aus dem Zustand der Begnadung.

Verstehen Sie unter dem »Himmel« die unsichtbare göttliche Weisheit, in der Sie leben, sich bewegen und Ihr ganzes Sein, Ihren Seelenfrieden haben. Wie wahr ist doch das alte

Wort: »Selbstvergebung ist der Himmel, Selbstverurteilung ist die Hölle.«
Jesus sagte: *Dieweil ich bei ihnen war in der Welt, erhielt ich sie in deinem Namen. Die du mir gegeben hast, die habe ich bewahrt, und ist keiner von ihnen verloren, außer dem verlorenen Kind, auf dass die Schrift erfüllet würde* (Johannes 17,12).
Sie selbst erhalten alles, wenn Sie in seinem Namen, im Namen Gottes, sich voll Überzeugung das vergegenwärtigen und bekräftigen, was Sie sein wollen. Wenn Sie zum Beispiel krank sind, bekräftigen Sie: »Ich bin gesund. Ich danke Gott.« Gott ist allgegenwärtig. Er wohnt Ihnen inne, seine Weisheit, seine Heilkraft. Was Sie im Vertrauen auf die göttliche Heilkraft erflehen, wird Ihnen zuteil werden.
Unter dem im vorstehend zitierten Johanneswort genannten »verlorenen Kind« sollten Sie den Fehlglauben verstehen, das Leben müsse mit Armut und Leid, mit Glücklosigkeit und Krankheit verbunden sein. Erst dieser Glaube an Verlust bringt Verlust in Ihr Leben. Die Idee Gottes ist Liebe, Freude und Fülle. Göttliches kann nicht verloren gehen. Gott verliert sich nicht. Und Gott ist Ihr Leben, Ihre Wirklichkeit. Er wohnt Ihnen kraft Geistes, Geist von seinem Geiste, inne.
So kann zwar geschehen, dass Sie die Gesundheit, den Frieden, die Freude oder den Wohlstand verlieren; dann müssen Sie Ihre Einstellung, Ihre Überzeugungen ändern. Sie können sich jederzeit an die unendliche Quelle wenden, die nie versiegt, an die Gotteskraft in Ihnen, die alles heilt.
Von dem Ihnen innewohnenden Geist Gottes ist auch die Rede in dem – falsch verstanden so unbegreiflich hart anmutenden – Markuswort (3,29): *Wer aber den Heiligen Geist lästert, der hat keine Vergebung ewiglich, sondern ist schuldig des ewigen Gerichts.* Den dem Menschen innewohnenden Geist Gottes zu leugnen und zu missachten, das heißt lästern im biblischen Sinn, und sündigen bedeutet die

einzige, die große Bestimmung des Menschen verfehlen, die Harmonie und Freude, Gesundheit und Frieden ist.
Gegen den Heiligen Geist verstoßen Sie, wenn Sie nicht erkennen, dass Gott allgegenwärtig und deshalb auch in Ihnen ist, Gott als Inbegriff des unendlichen Geistes, an dem Sie teilhaben. Es gibt keine andere Macht als die des Geistes. Wenn Sie äußeren Umständen Macht zuerkennen, beten Sie falsche Götter an. Eine unverzeihliche Sünde gibt es nicht.

Wenn Gott verzeiht, müssen da Sie sich bestrafen?

Gott ist das unendliche Lebensprinzip und verzeiht Ihnen immer. Ob Sie sich in den Finger schneiden, sich brennen oder krank werden, die Allgegenwart Gottes ist immer am Werk, Sie körperlich und geistig zu heilen und wiederherzustellen. Gott bestraft nie.
Wir selbst bestrafen uns, indem wir uns der Führung, Liebe und Heilkraft Gottes versagen. Wenn Sie sich selbst verzeihen, dann ist Ihnen verziehen. Solange Sie sich jedoch weigern, die Wahrheit in Bezug auf Gott zu akzeptieren und sich selbst zu verzeihen, verschließen Sie sich dem Zustrom göttlicher Harmonie und Heilkraft. Solange Sie darauf beharren, sich selbst zu verurteilen, und sich schuldig fühlen, kann Ihnen keine Hilfe zuteil werden und keine Heilkraft zufließen. Erkennen Sie darum: Durch Selbstbestrafung tun Sie sich selbst und dem Göttlichen in Ihnen Unrecht an.
Um sich von dieser »Sünde« zu befreien, brauchen Sie lediglich Ihre Einstellung zu ändern. Vergeben Sie sich selbst, dann ist die Vergangenheit vergessen, und niemand erinnert sich je mehr daran. Sie dürfen die symbolträchtige Sprache der Bibel nicht wörtlich auffassen. Wenn beispielsweise jemand ein Dieb war, jetzt aber ehrlich ist, ein anständiges Leben führt und sich selbst vergeben hat, ist er kein Dieb mehr. Er ist ein verwandelter, ein neuer Mensch

in Gott. Der einstige Mensch, der Dieb, ist tot, und ein neuer Mensch wurde geboren. Dieser neue Mensch ist geistig, seelisch und körperlich ein anderer als der vormalige Dieb. Die Wissenschaft hat nachgewiesen, dass sich der menschliche Körper im Laufe von sieben Jahren vollkommen erneuert. Sogar ein Mörder muss sich selbst vergeben können. Wenn er ein guter Mensch geworden ist, ein erfülltes, glückliches Leben führt und seinen Beitrag zum Wohl der Allgemeinheit leistet, ist er ein neuer Mensch in Gott.

Gottes Liebe ist grenzenlos

In einem Erholungsheim sprach ich vor mehreren Tagen mit einer Witwe, die einen bösartigen Tumor gehabt hatte. Kurz vor meinem Besuch hatte ihr der Arzt die freudige Mitteilung gemacht, dass die neueste Röntgenaufnahme keine Spur mehr von dem Tumor zeigte. Natürlich war die Frau überglücklich. Ein paar Monate zuvor war sie von ihrem Arzt über die Diagnose unterrichtet worden und hatte sich voller Angst und Besorgnis an mich gewandt. Die Kranke hat an sich die unendliche Heilkraft der göttlichen Liebe erfahren. Als ehemalige Schülerin des mittlerweile verstorbenen Ernest Holmes kannte sie die Gesetze des Denkens und Glaubens; doch erst auf Grund ihrer Erkrankung hat sie gelernt, diese auch richtig anzuwenden.

Sie hatte täglich inbrünstig gebetet. Drei- bis viermal am Tag hatte sie etwa eine halbe Stunde lang bekräftigt: »Gottes Liebe durchdringt mein ganzes Wesen. Gottes Frieden erfüllt meine Seele. Ich danke für die wunderbare Heilung, die jetzt, in diesem Augenblick, stattfindet.«

Dieses Gebet hatte sie regelmäßig wiederholt, und wenn Angst in ihr aufgestiegen war, hatte sie diese sofort mit den Worten erstickt: »Gottes Liebe erfüllt mein ganzes Wesen.« Durch solches Beten war es ihr gelungen, die sie anwandelnden negativen Gedanken und Gefühle zu überwinden und Körper, Geist und Seele dem Zustrom für sie segensrei-

cher heilender Energien zu öffnen. Sie hatte die verordneten Medikamente genommen und Gott und ihrem Arzt für die im Geiste vorweggenommene Genesung immer wieder gedankt.
Die Frau ist dank ihrem Glauben geheilt worden. Die von ihr durch die Hinwendung zu Gott erweckte göttliche Heilkraft hat in ihrem Körper alles aufgelöst, was nicht gesund und unversehrt gewesen war.

Geist und Materie, Ursache und Wirkung

Die Wissenschaft unserer Zeit bestätigt, was vor Jahrtausenden schon die altindischen religiösen Schriften, die *Weden,* deutlich gemacht haben: Materie ist die niedrigste Stufe von Geist, und Geist ist die höchste Stufe von Materie. Albert Einstein stellte fest, dass Materie und Energie umwandelbar und austauschbar sind, dass Materie Energie ist, die bis zum Punkt der Sichtbarwerdung verlangsamt wurde.
Den Ausdruck »Energie« gebraucht die Wissenschaft für Geist oder – als Inbegriff allen Geistes – Gott. Im Grunde sind Geist und Materie ein und dasselbe. Heute bezeichnen wir sie beide, Materie wie auch Geist, als eine Welt der Dichtigkeiten, Frequenzen, Intensitäten und so weiter. Mit anderen Worten: Alles ist Geist. Die ganze Welt ist Geist, der in zahllosen vielfältigen Ausdrucksformen sichtbar wird. Gott erschuf alles, was ist und lebt, die Erscheinungswelt unserer Erde, das Universum.
Genauso erschaffen Sie kraft Geistes, der in Ihnen wohnt, Ihre »Welt«. Der Geist, der Sie erfüllt, ist die Ursache Ihrer Erfahrungen und Lebensumstände. Als geistbeseeltes Geschöpf Gottes sind Sie zugleich der schöpferische Gestalter Ihres Lebens. Sie verfügen über einen freien Willen und eigene Initiative, Ihr Körper – wie alles Stoffliche – verfügt darüber nicht. In welchem Zustand er sich befindet, wie er sich bewegt, wie er handelt, leibt und lebt, hängt davon ab, wie Sie geistig auf ihn einwirken.

Der Körper eines Menschen, der in die geistige Realität höherer Dimensionen übergegangen ist, spricht, lächelt, bewegt sich nicht mehr. Ihn hat sein Geist, das Lebensprinzip, verlassen. Sein Geist lebt in der Wirklichkeit des unendlichen Geistes fort. Doch der Körper zerfällt in dem natürlichen Prozess des Werdens und Vergehens, der allem Stofflichen anhaftet.

Die meisten Menschen sehen die Ursachen ihrer persönlichen Situation und ihrer Lebensverhältnisse in äußeren Zwängen. Geht etwas schief, ist der Partner schuld oder der Chef, der Arzt, jedenfalls ein anderer, diese oder jene Partei, die Regierung, der Staat, die Menschen, die »eben so sind«, oder es sind die Verhältnisse, die »eben so sind«, der ewige Geldmangel, die Wirtschaftskrise, eine Epidemie.

Ein solches Denken ist falsch. Sie selbst gestalten Ihr Leben. Andere Menschen und äußere Umstände sind nie die Ursache dessen, was Sie sind und erleben, sind weder für Ihre Leiderfahrungen noch für Ihr Glück verantwortlich. Machen Sie sich immer wieder den Unterschied zwischen der Wirkung und der Ursache klar. Die Ursache liegt immer in Ihren eigenen Überzeugungen, in dem, was Sie denken und glauben.

Da geht beispielsweise eine Grippeepidemie um. Ein Angestellter fürchtet, sich anzustecken. Einige seiner Kollegen liegen bereits krank im Bett. Die Nachrichten der Medien über die Epidemie und die Reden seitens der Kollegen oder anderer Menschen vermögen bestimmt nicht zu bewirken, dass es auch ihn erwischt. Seine eigene Angst und seine Erwartungshaltung jedoch können durchaus genügen, dass tatsächlich auch er an der Grippe erkrankt; sie sind die Ursache, nicht die Reden und Hinweise anderer. Erst der Inhalt seines Denkens und Glaubens, der die Krankheit vorwegnimmt, führt zur Erkrankung. Das bedeutet aber auch, dass er ebenso gut die Macht hat, solche negativen Reden oder Suggestionen von sich zu weisen.

Einer meiner Freunde erwähnte einmal in einem Gespräch, die ganze Belegschaft habe Husten und Schnupfen. »Kein Wunder, wenn man angesteckt würde!« Ich riet ihm, sich angesichts einer zu befürchtenden Krankheit immer wieder voll Überzeugung vorzusagen: »Ich bin gesund. Gott ist meine Gesundheit.« Er begriff, dass Gott, der ihm innewohnt und sich in den Worten »Ich bin« ausdrückt, nicht krank, nicht mutlos, ängstlich oder in irgendeiner Weise eingeschränkt sein kann.

Mein Freund schien gegen Krankheit geradezu gefeit zu sein. Jedenfalls sagte er mir kürzlich: »In vierzig Jahren Berufstätigkeit war ich nur neun Arbeitstage im Krankenstand.«

Äußere Umstände, denen auch die Suggestionen anderer Menschen zuzurechnen sind, können sich Ihres Zustandes oder Verhaltens nur bemächtigen, wenn Sie die ihnen zu Grunde liegende Idee innerlich akzeptieren; Ihre Überzeugung setzt sodann die schon erörterten unterbewussten Mechanismen in Gang, die den Inhalt Ihres Denkens und Glaubens im Leben zur Geltung bringen. Denken Sie immer daran: Was in Ihrem Leben geschieht, haben Sie auf Grund Ihrer Überzeugungen geistig vorweggenommen Äußere Umstände sind immer nur sekundäre Ursache, die primäre ist geistigen Ursprungs.

Die Frau entdeckte die Ursache ihrer Allergie

Vor einiger Zeit erzählte mir eine Frau, sie sei allergisch gegen rote Rosen. Anscheinend verursachten die Blumen bei ihr krampfartige Anfälle, ein Reißen der Tränengänge in den Augen, Schleimhautentzündung und heftige Atembeschwerden. Nach Meinung der Frau waren die Rosen, und zwar nur die roten, die Ursache ihrer Leiden.

In Wahrheit hatte ihre Allergie jedoch eine ganz andere Ursache. In der Zeit der jungen Liebe hatte ihr Mann ihr oft rote Rosen nach Hause und ins Büro geschickt. Aber wenige Jahre nach der Hochzeit war ihm ein um mehrere Jahre jüngeres Mädchen begegnet; er hatte seiner Frau unverblümt gesagt, sie sei ihm zu alt, er liebe die andere und wolle sie verlassen. Die Frau war von tiefem Hass auf ihren treulosen Mann und dessen Freundin erfüllt. Kurz nach dem Weggang des Mannes war sie von der Allergie gegen rote Rosen befallen worden.

Rosen haben nicht die Eigenschaft, Heuschnupfen, Asthma oder ein anderes Leiden auszulösen. Die verlassene Frau brachte die Blumen in verhängnisvoller Weise mit ihrem verflossenen Mann in Verbindung. Ihre Feindseligkeit und ihr tiefer Hass veranlassten ihr Unterbewusstsein, die allergischen Symptome hervorzubringen. Negative, zerstörerische Gefühle, die sich im Unterbewusstsein festsetzen, können nur nachteilige Auswirkungen haben. Ihrer Natur entsprechend müssen sie sich zerstörerisch auf den Körper und auf das ganze Leben des betreffenden Menschen auswirken.

Die Erkenntnis, was sie sich selbst antat, brachte der Frau die Heilung. Sie begriff, dass der Inhalt ihres Denkens und Glaubens die Art ihrer Lebenserfahrungen bestimmt, dass Gedanken und Gefühle früher oder später unweigerlich zur Geltung kommen, also im Leben sichtbaren Ausdruck finden. Sie beschloss, sich selbst zu verzeihen, dass sie mit ihrem Hass negative Gefühle gehegt hatte. Auch fasste sie den festen Vorsatz, ihren verflossenen Mann und dessen Freundin Gott zu überantworten und den beiden alle Wohltaten des Lebens zu wünschen. Wenn ihr die beiden einfielen, sagte sie sich sofort voll Überzeugung: »Ich habe euch freigegeben. Gott sei mit euch.«

Nach einiger Zeit war sie dank diesem Verfahren seelisch-geistig frei; sie hatte den bohrenden Stachel ihrer Enttäuschung und Wut überwunden. Sie prägte ihrem Unterbewusstsein neue Inhalte ein, indem sie mehrmals täglich die folgenden Leben spendenden, aufbauenden Wahrheiten bekräftigte: »Ich lebe, bewege mich und habe mein ganzes Sein in Gott. Ich atme den reinen Atem des unendlichen Geistes, und mein ganzes Wesen wird von seiner belebenden Kraft durchdrungen. Ich bin jetzt unversehrt und vollkommen. Ich preise Gott, von dem alles Gute kommt, und danke ihm für meine Genesung.«

Die Frau ist, wie sie mir versicherte, von ihrer Allergie geheilt und kann sich jetzt wieder an allen Rosen freuen, auch an roten.

Sie sind nicht das Opfer, sondern der Schöpfer Ihrer Welt

Seien Sie sich bewusst, dass Sie am unendlichen Geist teilhaben. Er wohnt Ihnen inne. Er ist die eigentliche und einzige Ursache von allem und jedem, was ist und geschieht. Es gibt nichts, was sich diesem unendlichen Geist widersetzen, ihm entgegenarbeiten oder ihn in irgendeiner Weise beeinträchtigen kann. Die Tatsache, dass er auch Ihnen innewohnt, macht Sie zum Schöpfer und Meister Ihrer Welt. Denken Sie daran, dass es Ihre Bestimmung ist, die Herrschaft über Ihr Leben auszuüben und alles – wie es das Gesetz des Geistes gebietet – »unter Ihre Füße zu tun«.

Vor einigen Wochen hielt ich in einer Kirche in Phoenix, Arizona, einen Vortrag. Der Geistliche dieser Kirche ist Dr. Blaine Mays, der seine Mitarbeiter wunderbar zu inspirieren versteht und sich mit ganzer Kraft der Verbreitung der Botschaft christlicher Liebe und positiven Denkens verschrieben hat.

Nach meinem Vortrag kam eine Frau zu mir, die seit Jahren an einem Emphysem litt, einer Lungenblähung, die nach Auskunft ihres Arztes eine Folge des Rauchens war. Ich empfahl ihr ein Gebet, dessen Herkunft sich im Nebel der Zeit verloren hat: »Ich atme den Frieden Gottes ein und die Liebe Gottes aus. Der Atem des Allmächtigen schenkt mir Lebenskraft und Harmonie.«

Vergangene Woche bekam ich einen Brief von ihr, in dem sie schrieb, dass sie das Gebet jeden Abend vor dem Schlafengehen ruhig und inbrünstig gesprochen habe und dass sie jetzt dem ärztlichen Befund zufolge vollkommen geheilt sei; auch rauche sie nur noch selten.
Jeder Arzt müsste bestätigen, dass sich ein Emphysem nicht binnen weniger Wochen »wegzaubern« lässt. Und doch ist es dieser Frau gelungen, die Krankheit »unter ihre Füße zu tun«. Solche »Wunder« sind nur kraft Geistes möglich.

Das »Kreuz« der Materie und der unendliche Geist

Die chinesische Stadt Foshan ist bekannt durch ihren alten taoistischen Tempel und ihre Porzellanindustrie. Auf der im ersten Kapitel schon erwähnten Fernostreise kam es zwischen mir und einem Mönch zu einem Gespräch, das wir mit Hilfe eines Dolmetschers führten. Der Mönch fragte mich nach meiner Auffassung von der Kreuzigung. Ich wies im Sinn der alten Lehre darauf hin, dass immer, wenn das Absolute sichtbar wird, die Kreuzigung stattfinde; sie sei ein Mahnmal der Sichtbarwerdung des unendlichen Geistes in der sichtbaren Welt, das Zeichen des Überwechselns aus dem Unsichtbaren ins Sichtbare.
Der Mönch war mit meiner Erklärung vollkommen einverstanden und fügte hinzu, in jedem Menschen vollziehe sich die Kreuzigung. So überraschend das anmuten mag, so richtig erschien mir seine Erklärung: Gott, der allmächtige, lebendige Geist, wohnt jedem Menschen inne, und jeder Mensch ist aber an das Kreuz der Materie geschlagen. Der chinesische Weise breitete die Arme seitwärts aus und stellte so körperlich-figurativ das Kruzifix dar. So sei, sagte er, wie das an Jesus dramatisch sichtbar geworden war, der Geist des Menschen an ein Kreuz geschlagen und dadurch scheinbar eingeengt. Der Geist sei aber nur so lange an die Materie gefesselt, wie er der mit den fünf Sinnen erfahrba-

ren Dingwelt verhaftet bleibe und sich nicht über sie erhebe. »Schließlich ist«, sagte er lächelnd, »eurer christlichen Heilslehre zufolge Jesus Christus nicht nur gekreuzigt worden, sondern auch wieder auferstanden.«

Der Durchschnittsmensch unserer Kultur ist sich nicht bewusst, dass er in seinem Inneren Gott beherbergt und dass ihm die Kraft des unendlichen Geistes zu Gebote steht. Der zu wahrer Erkenntnis erwachte Mensch aber weiß, dass er durch seinen Körper nicht eingeengt und auch nicht in ihm gefangen ist. Im Geiste ist der Mensch frei, vollkommen frei.

Die Auffassung der Kreuzigungsidee, wie sie vorstehend von einem chinesischen Mönch uns Menschen christlicher Religion gegenüber dargestellt wurde, ist nicht so neu, wie man auf den ersten Blick meinen könnte. Die Kreuzigung bedeutete immer schon ein Überwechseln, ein Hinübergehen. Die alten Mystiker sagten, dass die Sonne, wenn sie am 21. März den Äquator überschreitet, sich »kreuzige«, damit der Mensch leben könne. Nach dieser »Kreuzigung« werden alle Samen, die während des langen Winterschlafes im Boden eingefroren sind, wieder erweckt, *und das dürre Land wird fröhlich stehen und wird blühen wie die Lilien* (Jesaja 35,1). Für die alten Hebräer verströmte die Sonne beim Überschreiten des Äquators »ihr Leben«, damit Leben überall auf dieser Erde sei.

Die heiligen Schriften aller Kulturen sind psychologische Dramatisierungen erhabener universell gültiger Wahrheiten. Sie enthüllen aber ihre wirkliche Bedeutung nur, wenn sie psychologisch und spirituell richtig gedeutet werden.

Das uralte Symbol der Kreuzigung versinnbildlicht den Tod des archetypischen Menschen am Kreuz der Materie und seine Wiederauferstehung im Geiste. Damit wird aber auch versinnbildlicht, dass jeder Mensch »Geist von seinem Geiste«, die göttliche Allgegenwart, in sich trägt, dass jedem von uns Gott innewohnt.

Die Kreuzigung ist auch ein Sinnbild für das göttliche Opfer: die Einengung der jedem Menschen gegebenen göttlichen Fähigkeiten und Energien in den verschiedenen Formen der Materie und der Ablauf unserer körperlich-materiellen Existenz.

Durch das Bild der Kreuzigung wird ferner die negative Anwendung göttlicher Gesetze symbolisch dargestellt. In einem seiner Briefe sagt Paulus: *... Denn es steht geschrieben: »Verflucht ist jedermann, der am Holz hängt!«* (Galater 3,13). Damit wird uns deutlich gemacht, dass Millionen Menschen das Gefühl haben, ja fest glauben, Opfer ihrer Umwelt zu sein, Opfer der Vererbung, verschiedenster Konditionierungen und ihrer sozialen Umgebung.

Wir alle müssen erkennen, dass der lebendige Gott, der unendliche Geist, in dem »Grab der Materie« ruht, das wir »Körper« nennen, und dass wir erst dann zum wirklichen Leben erwachen, wenn wir das Göttliche in uns erkennen und uns mit dieser in uns ruhenden Gegenwart und Kraft verbünden, geistig auferstehen und wachsen, emporsteigen. Nur so können wir ein erfülltes, glückliches Leben führen. Dass dies möglich ist, wird unter anderem durch die Tatsache belegt, dass viele der erlauchtesten Geister der Menschheit, aus Elendsvierteln und Ghettos kommend, Großes geleistet und die Welt verändert haben.

»Wer unter dem Schirm des Höchsten sitzt ...«

Nach dem verheerenden Brand im MGM-Hotel in Las Vegas, bei dem viele Menschen ums Leben kamen, andere schwere Verletzungen erlitten und wertvolle Besitztümer verloren, rief mich eine Frau an. Sie berichtete, dass sie am Tag vor dem Brand in dem Hotel abgestiegen sei und während der Nacht einen lebhaften Traum gehabt habe. Eine schöne, engelhafte Frauengestalt war ihr erschienen und hatte gesagt: »Verlasse sofort das Hotel. Ein Feuer wird ausbrechen, und viele werden sterben.« Die Frau hatte die

Anweisung befolgt und war in ein anderes Hotel übersiedelt, zwölf Stunden vor der Brandkatastrophe.
Hier war, wie moderne Parapsychologen sagen würden, die Intuition oder – in dieser präzisen Form der Warnung – die außersinnliche Wahrnehmung, und zwar Vorauswissen (Präkognition), im Spiel; aber wie immer wissenschaftlich oder unwissenschaftlich wir die höhere Weisheit nennen wollen, die dieser Frau die Erscheinung des Engels geschickt hatte, um sie zu warnen und ihr zu enthüllen, was passieren würde, es ist das Göttliche im Menschen: sein Geist.
Ihr höheres Ich, der Ihnen innewohnende unendliche Geist, versucht Sie immer zu schützen. Manchmal wird Ihnen, um Sie zu warnen, ein Traum, oft auch wie dieser Frau eine Vision zuteil. Die Frau war für Warnungen dieser Art empfänglich, denn sie meditiert seit langem jeden Abend vor dem Einschlafen über den 91. Psalm, den man auch als den großen Schutzpsalm bezeichnet und dessen erster Vers lautet: *Wer unter dem Schirm des Höchsten sitzt und unter dem Schatten des Allmächtigen bleibt, der spricht zu dem Herrn: Meine Zuversicht und meine Burg, mein Gott, auf den ich hoffe.*

Ein Gebet um göttliche Führung

»Gott ist das Lebensprinzip. Gott ist in allem, was da ist und lebt. In Gott, also zusammen mit Gott, bilden wir immer eine Mehrheit ... *Ist Gott für uns, wer mag wider uns sein?* (Römer 8,31).
Ich weiß und glaube, dass Gott der allmächtige lebendige Geist ist – der unvergängliche und allwissende Geist und dass es keine Macht gibt, die Gott widersprechen könnte. Wenn meine Gedanken auf Gott ausgerichtet sind, ist die Kraft Gottes mit meinen Gedanken an das Gute. Dies weiß ich, und ich habe es innerlich vollkommen akzeptiert.
Mir ist klar, dass ich nicht empfangen kann, was ich nicht

gebe. Ich sende Gedanken der Liebe, des Friedens, des Wohlwollens und der Freundlichkeit aus an ... (führen Sie den oder die Namen der Person oder Personen an) und an alle anderen Menschen. Ich bin ganz von Gott durchdrungen. Ich bin vom Schutz der Liebe Gottes umschlossen und deshalb gefeit gegen jegliches Übel. Die Liebe Gottes hüllt mich ein und leitet mich.
Ich werde auf allen meinen Wegen göttlich geführt und finde zu echter Lebensfreude ... *Vor dir ist Freude die Fülle und liebliches Wesen zu deiner Rechten ewiglich* (Psalm 16,1).«

Die unvergleichliche Quelle der Überwindung aller Hindernisse

Von unendlicher Weisheit gesteuerte kosmische Energie erschuf uns alle und die ganze Welt, den gesamten Kosmos, und uns allen wohnt die unendliche Heilgegenwärtigkeit inne. Jeder Mensch kann die Heilgegenwärtigkeit wirken sehen, wenn er sich beispielsweise in den Finger geschnitten oder die Hand verbrannt hat. Diese Heilgegenwärtigkeit ist auch im Tier, im Wasser, im Boden; tatsächlich ist sie allgegenwärtig. Jeder Mann und jede Frau können die Verbindung mit der Quelle kosmischer Energie aufnehmen und dadurch Leiden heilen, Probleme lösen, das Wunder der Entfaltung kosmischer Energie an sich erfahren.

Zauber und Gegenzauber – Suggestion

Vor einigen Monaten suchte mich eine ziemlich verstörte Frau aus Nigeria auf. Sie zeigte mir den Brief eines Verwandten, in dem es hieß, sie habe den Medizinmann beleidigt, er habe sie verflucht und gebrauche das Todesgebet gegen sie. Die Frau war mit einem Sonderauftrag im Rahmen einer Forschungsarbeit in die Vereinigten Staaten gekommen.

Ich erklärte ihr, die schwarzmagische Hexerei, wie überhaupt der ganze Wudukult, beruhe auf bloßer Suggestion, und der Medizinmann habe keinerlei objektive Macht; ihre geistige Verwirrung und angeschlagene Gesundheit seien einzig auf ihren törichten Glauben zurückzuführen, sie sei verhext. Ich erklärte ihr, dass die Drohung des Medizinmannes in dem Augenblick wirkungslos sei, in dem sie diese nicht akzeptiere, denn die Drohung zeitige eine Wirkung nur aus dem Kreisen ihrer eigenen suggestiv auf Behextheit fixierten Gedanken. Und sie hatte die Macht, sich davon zu befreien. Sie war durchaus nicht in den Klauen eines böswilligen oder so genannten bösen Dämons, den es nur als Schreckgespenst der Angst gibt; das Problem bestand tatsächlich nur in der Angst und dem Entsetzen, das sie selbst erzeugte und das ihr Gefühlsleben und alle Organe in ihrem Körper angriff.
Ich sagte ihr deshalb, dieser so genannte Zauber schwarzer Magie werde völlig neutralisiert, wenn sie sich an die Anweisungen halte, die ich ihr gab. Ich versicherte ihr, sie würde völlig frei und in Frieden leben. Ich regte ihre Phantasie in positiver, lebensfördernder Richtung an und erreichte, dass sie aufnahmebereit war für aufbauende Ideen. Dann schrieb ich ihr ein Gebet auf, das sie jeden Tag dreimal sprechen sollte, morgens, nachmittags und abends:
»Gott ist mächtig, und sein Kreis der Liebe umschließt mich. Gottes Schutz umgibt mich jederzeit. Gottes Zauber der Liebe, des Friedens und der Harmonie hüllt mich ein. Ich bin unverwundbar, immun. Ich bin erfüllt von Gott. Ich habe jetzt einen göttlichen Abwehrstoff erhalten und bin frei.«
Wir sprachen das Gebet zusammen, und sie ging mit der tiefen Überzeugung weg, dass sie von ihrer Angst und ihrem Aberglauben geheilt werde. Sie hielt sich getreulich an meine Anweisungen. Nach und nach wich ihre Angst, und schließlich war sie frei davon.

Die Folge ist höchst interessant: Ihr Verwandter schrieb und erkundigte sich, was sie dem Medizinmann angetan habe, denn er sei nach einem schrecklichen Todeskampf gestorben. Die junge Frau hatte seine von Hassgefühlen getragenen Gedanken nicht länger aufgenommen, und diese waren mit doppelter Kraft auf ihn zurückgefallen. Da seine negativen, zerstörerischen Gedanken nirgends anders hatten hingehen können, hatte sich sein Todeswunsch für die Frau in seinem eigenen Untergang verwirklicht. Der einzige Dämon oder Teufel auf dieser Welt ist die Angst, aber der Glaube an Gott und seine Liebe vertreibt sie.

In Afrika, Mittelamerika, Neuseeland, Australien und anderen Gegenden, in denen nach alten, unseligen Bräuchen ein Fluch über ein Opfer verhängt wird, gibt ein rechtzeitig eintreffender anderer Medizinmann, der einen Gegenzauber anwendet, dem Opfer seine Gesundheit wieder. Dies zeigt, dass solcher Magie stets nur Suggestion zu Grunde liegt. Eine negative, teuflische Suggestion, wenn sie akzeptiert wird (und Suggestion ist jeder gebilligte Gedanke), tötet den als Opfer ausersehenen Menschen; d. h. er tötet sich selbst durch sein Denken und die daraus resultierende abnorme Angst. Und eine gegenteilige, von positivem Denken getragene Suggestion, die besagt, der unselige Zauber sei gelöst, heilt ihn.

Mit 84 zu neuer Vorstellungswelt und Vitalität

Es ist noch nicht lange her, da schrieb mir ein ehemaliger Rundfunkhörer, er habe mich behaupten hören, jeder Mensch auf Erden besitze die Gabe zu heilen; es seien nicht nur vereinzelte Menschen zum Heiler »auserwählt« und mit einer »besonderen Gabe« gesegnet, denn Gott wohne allen Männern und Frauen inne und es gebe nur eine einzige Heilkraft aus der Quelle kosmischer Energie im Unterbewusstsein aller Menschen. »Sie sagten«, schrieb er, »jedermann kann die Heilgesetze in Kraft setzen, genau wie man lernen kann, Auto zu fahren. Um ein Flugzeug in der Atmosphäre navigieren zu können, müssen Sie die Gesetze der Aerodynamik studieren und anwenden. Beim seelisch-geistigen Heilen müssen Sie die Gesetze des Geistes und deren Wirkungsweise studieren und anwenden. Das hat mich tief beeindruckt, aber was kann ich für mich tun?«

Der Rundfunkhörer berichtete, er sei 84 Jahre alt, und da er vor vier Jahren einen Schlaganfall erlitt, sei er sozusagen aus dem Verkehr gezogen gewesen. Sein Arzt hatte erklärt, es sei fraglich, ob er wieder würde gehen können. Ich schenkte ihm eines meiner Bücher, *Die Gesetze des Denkens und Glaubens* (Ariston Verlag), und ermutigte ihn, die darin beschriebenen Techniken zu beherzigen und anzuwenden. Er erfuhr, dass es eine unendliche Heilgegenwärtigkeit gibt, die allmächtig ist. Er vergegenwärtigte sich nun viele Male am Tag in gläubiger Inbrunst, diese Kraft heile ihn, Gott spreche und gehe in ihm. Sein Sohn hörte ihn oft für seine wunderbare Heilung danken. Er stellte sich auch sich selbst auf dem Golfplatz vor, spürte den Griff des Schlägers, den Golfball und hörte im Geiste das Gespräch seiner Freunde und die Gratulationen seines Sohnes. Er stellte sich das alles mit großer bildhafter Lebhaftigkeit vor, bis sein geistiges Wunschbild alle Schattierungen der Wirklichkeit aufwies. Nach zwei Monaten war er wieder auf dem Golfplatz, und er kann heute noch gehen. Der Glaube und die gesteuerte Vorstellungswelt dieses Mannes hatten die Kräfte des unendlichen, allumfassenden Geistes aus der Quelle kosmischer Energie geweckt. Ihm ist alles möglich.

Die Schritte zur Unversehrtheit und Vollkommenheit

1. Wenden Sie sich von dem hässlichen äußeren Bild Ihrer Probleme oder der Krankheitssymptome ab. Wenn Sie sich entscheiden, die unendliche Kraft des Geistes anzu-

erkennen, ist dies ein Glaubensakt, denn Sie erkennen dadurch die Allmacht des unendlichen einen Geistes an.

2. Betrachten Sie Gott vom höchsten Standpunkt und vergegenwärtigen Sie sich, dass göttliche Liebe und Harmonie Ihr ganzes Wesen durchdringen.
3. Verfügen Sie still, dass Gottes unendliche Heilgegenwärtigkeit ständig jedes Atom Ihres Wesens durchdringt und überall dort Unversehrtheit, Schönheit und Vollkommenheit erzeugt, wo Unvollkommenheit herrscht.
4. Wenn Sie dieses Verfahren anwenden, wird kosmische Energie Ihren Körper durchströmen, und es findet unterbewusst eine vollkommene Reaktion statt. Vollenden Sie Ihre Befreiung, indem Sie für die Bewirkung derselben danken; wenn Sie so beten, werden Wunder geschehen.

Der Geist sei Ihre Realität

Kosmische Energie ist die Kraft, welche die Planeten und Sterne auf ihren Bahnen lenkt. Sie ist die Kraft, die auch die Milliarden Zellen in Ihrem Körper steuert. Diese unendliche Kraft sucht sich durch Sie zu entfalten. Glauben Sie an sie, vertrauen Sie ihrer Wirkung. Erkennen Sie, dass Ihr Körper nicht nur aus Fleisch und Blut besteht, sondern wesentlich Geist ist und ohne ihn nichts ist. Lassen Sie sich von diesem Geist durchströmen. Behindern Sie diese Ihre wunderbare Kraft nicht durch Angst und Zweifel.

Sie müssen es nur wollen, und Sie sind kosmischer Energie im Überfluss teilhaftig. Sie ist weit mächtiger als die ganze Kraft, die durch Atom- oder Kernenergie oder durch den Laserstrahl oder durch alle Motoren der Welt erzeugt wird. Denken Sie nach über Gott, den Inbegriff des Geistes und Spender aller kosmischen Energie, der unseren Planeten durch den Raum schleudert und die Abermilliarden Sterne und Sonnen auf ihren Bahnen in den Galaxien des Kosmos lenkt. Überlassen Sie sich dieser Macht, lassen Sie diese Energie durch Ihren Körper strömen und – getragen von

Ihrem Denken und Glauben – durch Ihre Finanzen, Ihr Geschäft, Ihr Privatleben, durch alle Zellen und alle Regungen Ihres Daseins. Lassen Sie in Ihrem Leben Wunder geschehen.

In der Bibel heißt es: *Gott ist Geist*… (Johannes 4,24). Geist ist eben das Unsichtbare, das Ewige; er kann nicht verfallen, kann nicht alt werden oder sich erschöpfen. Er ist zeitlos, alterslos, formlos. Der Geist wurde nie geboren und kann nicht sterben. Der Geist ist Ihre Realität. Sie sind Ihrer wirklichen Natur nach unveränderlicher Geist. Die Welt, die wir um uns sehen, ist Geist, der sichtbar wurde.

Materie ist gestalteter Geist

Der verstorbene Dr. Harry Gaze, eine international anerkannte Autorität für angewandte Psychologie im Alltagsleben, erzählte mir in London, er habe einmal große Schwierigkeiten beim Sprechen gehabt. Ein Internist eröffnete ihm, er habe ein Gewächs in der Lunge, das entfernt werden müsse. Dr. Gaze dankte dem Spezialisten und sagte, er werde sich in einigen Tagen zu einer weiteren Konsultation anmelden.

Abends in seinem Hotel sann er über Gott oder den Inbegriff des Geistes nach, der unveränderlich ist, ewig, unversehrbar, vollkommen, zeitlos und alterslos. Er kam zu der Erkenntnis, dass seine Lunge ein von Gott geschaffener Gedanke sei, dass sie wesentlich geistige Substanz sei. Er betete über eine Stunde lang; er sagte sich, seine Lunge sei eine geistige Vorstellung und funktioniere perfekt.

In der Nacht trat eine leichte Blutung ein, deshalb ging er am Morgen erneut zu dem Spezialisten. Dieser sagte: »Ihre Lunge ist völlig in Ordnung. Was ist passiert?« Dr. Gaze erzählte ihm, wie er gebetet hatte, und der Facharzt war so beeindruckt, dass er Wort für Wort alles aufschrieb. Dieser Arzt hatte begriffen, dass Materie gestalteter Geist ist, aber auch, dass der Geist alle Materie beherrscht.

Lernen Sie, mit Ihrem Inneren Verbindung aufzunehmen

Der hl. Augustinus sagte: »Du hast uns für dich gemacht, und unsere Herzen sind ruhelos, bis wir in dir unsere Ruhe finden.« Der Psalmist sagte: *Wie der Hirsch schreit nach frischem Wasser, so schreit meine Seele, Gott, zu dir* (Psalm 42,2). Jeder Mensch hungert nach Vereinigung mit dem Wesen seiner Persönlichkeit. Dieser Hunger kann durch die Erkenntnis gestillt werden, dass das eigene Wachstum in der Entfaltung aller Qualitäten und Kräfte des uns innewohnenden Geistes besteht, genau wie ein Baum aus einem Wachstumsmuster und aus Lebenskräften wächst, die schon im Samen beschlossen liegen. Die Eiche beispielsweise ist in der Eichel bereits vorhanden.

Gott oder der unendliche, allumfassende Geist ist im Menschen, und der Mensch ist hier, um die Kräfte des unendlichen Geistes in seinem Inneren zu entwickeln und sichtbar zu machen. Es gibt seelisch-geistige, und es gibt physikalische Gesetze. Jedermann kann lernen, die in ihm schlummernden seelisch-geistigen Kräfte zu wecken und zu nutzen. Die Gesetze Ihres Unterbewusstseins beispielsweise sind genauso zuverlässig wie die Gesetze der Elektronik oder Chemie, und sie erbringen genauso vorhersagbare Ergebnisse.

Sie können lernen, Krankheit, Voreingenommenheit, Angst, Armut und Beschränkungen aller Art aus Ihrem Leben zu bannen, indem Sie die Verbindung mit den immensen Kräften von Geist und Seele aufnehmen und die Entfaltung derselben in Ihrem Leben verwirklichen. Niemals ist Gott, die Quelle unendlicher Weisheit und kosmischer Energie, die Ursache von Krankheit, Mangel und Beschränkung; diese sind auf unser falsches Denken zurückzuführen, das eine Folge von Unwissenheit, Gleichgültigkeit oder falscher Wahl unsererseits ist und das uns die so genannte Hölle hier auf Erden, alles Unglück und Unheil erzeugt.

Ihr Heute ist ein völlig neuer, verheißungsvoller Tag

Eine im Mutterhaus einer großen Industrieunternehmung beschäftigte junge Frau behauptete, sie werde von einer Kollegin zu Grunde gerichtet, weil diese den Vorgesetzten absichtlich Lügen über sie erzähle; als Folge davon sei sie auf einen weniger einflussreichen und weniger gut bezahlten Posten versetzt worden. Infolge ihrer von Schuldgefühlen ausgelösten schwärenden Gedanken litt sie an chronischen Geschwüren und häufiger Verstopfung.

Auf meine Empfehlung beschloss sie, sich selbst und ihrer Kollegin zu verzeihen. Verzeihen bedeutet – ich kann das nicht oft genug wiederholen –, gegenüber allen Menschen Liebe, Wohlwollen und Frieden auszustrahlen und ihnen alle Wohltaten des Lebens zu wünschen. Das ist von größter Wichtigkeit für das seelisch-geistige und körperliche Wohlbefinden. Ich erklärte der jungen Dame, solange sie an der feindseligen Einstellung und der Verdammung von anderen – oder sich selbst – festhalte, solange Sie sich an Schmerz, Kränkung oder Versagen erinnere, über die Vergangenheit nachgrüble und sich alter Missgunst und alter Untaten erinnere, werde sie bei sich selbst immer nur Verkrampfung und Verstopfung, d. h. Fehlleistungen im Leben und Krankheiten auslösen. Durch ihre Einstellung unterband sie den Strom unendlichen Lebens und der Liebe. Sie musste erkennen lernen, dass das Gestern in der vergangenen Nacht endete und dass ihr Heute ein völlig neuer, verheißungsvoller Tag ist.

Sie beschloss, sich selbst zu heilen. Da sie erkannt hatte, dass sie durch ihre negativen, destruktiven Gedanken ständig sich selbst verletzte, fasste sie folgenden Entschluss: »Ich gebe meine Arbeitskollegin frei an den unendlichen Geist und wünsche ihr Gesundheit, Glück und Frieden. Immer wenn ich an sie denke, werde ich sagen: ›Ich habe dich freigegeben. Gott sei mit dir.‹« Sie vergab auch sich selbst, indem sie ihr Denken nur noch auf die glückliche Zukunft ausrichtete, und fasste den Vorsatz, keine selbstquälerischen oder hasserfüllten Gedanken mehr zu hegen. Nach drei oder vier Tagen stellte sie fest, dass sie der Frau ohne Ressentiments geistig begegnen konnte und dass sie selbst von Frieden erfüllt war. Ihre Verstopfung verschwand nach fünf Tagen. Nach zehn Tagen ließen die schmerzhaften Symptome ihrer Geschwüre nach; heute hat sie diese vergessen. *Und ich will meinen Geist in euch geben, dass ihr wieder leben sollt…* (Hesekiel 37,14).

Ihm passierte das Erstaunliche

Die Phantasie, die Imagination, wird das Auge der Seele genannt. Tatsächlich ist die Welt der Phantasie grenzenlos. Wie Shakespeare sagt: Sie »gibt dem luftigen Nichts Wohnung und Namen«.

Ein aus Vietnam zurückgekehrter Offizier kam vor ein paar Monaten zu mir und sagte, er habe mangels eines Arbeitsplatzes auf dem Aktienmarkt investiert und dadurch sein ganzes Vermögen verloren. Außerdem hätten sich Schulden angesammelt, die ihn zu ersticken drohten; seine Frau liege im Kreiskrankenhaus, da er kein Geld habe, um sie in einer Privatklinik unterzubringen, und er laufe Gefahr, sein Haus zu verlieren. Alle diese Hindernisse sah er als unüberwindlich an.

Ich widmete ihm einige Zeit, verwies ihn auf die Gesetze des Geistes und gab ihm eins meiner Bücher, *Die Gesetze des Denkens und Glaubens* (Ariston Verlag). Besonders empfahl ich ihm, Kapitel 13 zu lesen, das von Vorstellungsmustern des Wohlergehens und geistigen Bildern des Reichtums handelt. Nach einer Woche kam er wieder, überschäumend vor Begeisterung und Vitalität.

Er erzählte mir: »Ich las das Kapitel 13 immer wieder und sagte mir, wenn geistige Bilder anderen Reichtum bringen können, dann auch mir. Da nun lud mich ein alter Freund

und ehemaliger Kriegskamerad, der sich meinetwegen Sorgen machte, auf den Rennplatz ein, um mich von meinen Problemen abzulenken. Am Abend vorher studierte ich die Rennen und begann mir vorzustellen, ich ginge siebenmal zur Wettstelle und bekäme jedes Mal eine hohe Geldsumme ausbezahlt. Mein Freund hatte mir hundert Dollar geliehen und gesagt: ›Du verstehst etwas von Pferden. Du wirst morgen ein Vermögen gewinnen.‹ Ich stellte mir immer wieder vor, dass ich zu der Wettstelle ginge, bis ich mein Erlebnis als ganz wirklich empfand. Jedes Mal stellte ich mir in meiner lebhaften Phantasie bildhaft vor, dass der Kassier mir einen hohen Geldbetrag auszahle.

Das tat ich etwa drei Stunden lang, schließlich schlief ich ein. Dann passierte das Erstaunliche. Ich träumte die sieben Sieger in den sieben Rennen und nannte meinem Freund tags darauf die Siegernamen. Er wettete auf jedes Pferd hohe Summen und sagte mir, wenn sie gewännen, bekäme ich fünfzig Prozent.

Ich selbst gewann rund 2000 Doller, er 35 000. Er gab mir die Hälfte, womit meine akuten Schwierigkeiten beseitigt waren. Und jetzt habe ich auch, was ich mir sehnlichst wünschte: eine prächtige Stellung mit einem Anfangsgehalt von 25 000 Dollar jährlich.«

Dieser Mann hatte sich ein imaginäres Erlebnisfeld geschaffen und durch häufiges Durchleben im Geiste sein Vorstellungsmuster dem Unterbewusstsein eingeprägt. Kraft höherer Weisheit und kosmischer Energie fand dieser stellenlose Kriegsveteran die Befreiung von seinen Schulden und den erwünschten Arbeitsplatz.

Rufe mich an, so will ich dir antworten, und will dir anzeigen große und gewaltige Dinge, die du nicht weißt (Jeremia 33,3).

Das Rezept eines Außenseiters

Joseph Cassidy schilderte in einem Tatsachenbericht, der am 16. September 1975 im *National Enquirer* erschien, den Aufstieg eines Mannes, der beispielhaft ist.

Die Menschen lachten ganz offen über Charles B. Darrow, einen völlig erledigten Handelsvertreter, der den größten Teil seiner Zeit damit verbrachte, davon zu träumen, was er täte, wenn er nur die Kontrolle über einige Eisenbahnlinien hätte, über eine Hotelkette, über ein oder zwei oder mehrere Banken.

Sie lachten noch mehr, als der vierzigjährige Darrow sich einen Stoß Spielgeld anfertigte und zu behaupten begann, er sei ein Millionär, der große Finanzgeschäfte tätige.

Doch der Spott seiner Umgebung schien Darrow nicht zu stören. Er sagte zu allen Leuten: »Träumen Sie nie einen kleinen Traum.«

Darrow verlor 1929 während der großen Wirtschaftskrise seine Stellung und hielt sich mit allerlei Jobs über Wasser. 1930 verschlechterte sich seine Lage derart, dass er zeitweise nicht einmal mehr die Miete bezahlen konnte. Doch er dachte weiter an die Hochfinanz und große Immobiliengeschäfte. »Mit meinem Spielgeld und einem imaginären Finanzimperium auf einem Stück Linoleum schlug ich, wenn ich keine Arbeit hatte, die Zeit tot, indem ich erdachte Investitionen vornahm«, so erinnerte sich Darrow selbst Jahre später. Freunde und Nachbarn, die Darrow in Germantown, Pennsylvanien, mit allen Vorurteilen gegenüber seinem Treiben besuchten, entdeckten in seiner Gegenwart unvermittelt bei sich selbst ein seltsames Interesse an seiner in der Hochfinanz angesiedelten Phantasiewelt.

»Bevor man sich's versah, setzten wir uns hin und versuchten aufgeregt, einander mit hohen Einsätzen auszustechen – in Spielgeld natürlich«, erzählte Darrow.

Plötzlich kam ihm ein Gedanke. Wenn dieses finanzielle

Scheinimperium seine Freunde so brennend interessierte, konnte es auch andere interessieren. Da er nicht in kleinem Rahmen zu denken vermochte, fertigte er ein paar Spiele an und ging damit in das bestrenommierte Warenhaus von Philadelphia. Sie wurden verkauft.

»Ohne dass ein Penny für Werbung ausgegeben worden wäre, bekam ich Anrufe, dass ich weitere Spiele liefern solle – und immer noch mehr, bis ich sie in meinem Keller nicht mehr herstellen konnte.«

Damit war für Charles B. Darrow die Wirtschaftskrise zu Ende. Er wurde reich und zog sich auf ein fünfzehn Hektar großes Grundstück in Bucks County zurück, wo er sorglos lebte, bis er 1967 mit achtundsiebzig Jahren starb.

Darrow hatte, als die ganze Weltwirtschaft ächzte und er völlig pleite war, aber große Träume träumte, das größte Hochfinanzspiel aller Zeiten erfunden – Monopoly.

Haben Sie hochfliegende Träume, machen Sie anspruchsvolle Pläne, stecken Sie sich Ihre Ziele hoch. Sorgen Sie aber dafür, dass Sie ein sicheres Fundament aus Glauben und Vertrauen an die Macht Gottes besitzen, damit Ihre Träume und Wünsche Wirklichkeit werden.

Merksätze

1. Von unendlicher Weisheit gesteuerte kosmische Energie erschuf den Menschen, die Welt, den Kosmos. Die unendliche Heilgegenwärtigkeit wohnt uns allen inne, auch der Tierwelt, dem Wasser, das wir trinken, dem Boden, auf dem wir gehen. Sie ist allgegenwärtig. Jeder Mensch kann die Verbindung mit der Quelle kosmischer Energie aufnehmen und dadurch Leiden heilen, Probleme lösen und das Wunder der Entfaltung kosmischer Energie an sich erfahren.

2. Eine Frau aus Nigeria glaubte, dass ein Wudu-Medizinmann in ihrer Heimat einen Fluch über sie verhängt habe. Das griff sie zutiefst an, sie wurde emotionell gestört und körperlich krank. Ihr wurde erklärt, die Suggestionen anderer hätten nur Macht, wenn wir ihnen diese Macht zugestehen; die schädigende Wirkung erfließe einzig dem Kreisen ihrer eigenen Gedanken um den Fluch. Sie war zu Forschungszwecken nach Los Angeles gekommen und war sehr gebildet, doch ein Opfer ihres Aberglaubens an die Macht der Wudu-Hexerei. Sie lernte die Gesetze des Geistes kennen und anwenden. Sie betete, dass Gottes Liebe sie umgebe und dass man mit Gott immun sei. Sie begriff, dass sich der Allmacht nichts entgegenzustellen vermag. Bald war sie frei von Angst und erfuhr zu ihrer Überraschung, dass der Medizinmann plötzlich unter großen Qualen gestorben sei. Tatsächlich hatte er sich selbst getötet – mit dem sprichwörtlichen Bumerang. Der Hass, den er ausgeschleudert hatte, war mit doppelter Wucht auf ihn zurückgefallen.
3. Jedermann kann die Gesetze der Heilung in Kraft setzen, indem er die Gesetze des Geistes lernt, genauso, wie man beispielsweise Autofahren lernt. Die unendliche Heilgegenwärtigkeit reagiert auf Ihre Gedanken und Überzeugungen.
4. Ein vierundachtzigjähriger Mann, der einen Schlaganfall erlitten hatte, begann sich viele Male am Tag zu vergegenwärtigen, die wunderbare Heilgegenwärtigkeit Gottes heile ihn; gleichzeitig dankte er stets für die stattgefundene Heilung. Obwohl er krank war, sah er sich in seiner neuen Vorstellungswelt immer wieder auf dem Golfplatz, so lebhaft, wie er nur konnte. Zwei Monate später war er tatsächlich wieder auf dem Golfplatz.
5. Die Schritte zu Unversehrtheit sind folgende: Wenden Sie sich von dem Problem oder Leiden ab. Betrachten Sie

die unendliche Heilgegenwärtigkeit, die Ihr ganzes Wesen durchdringt, Sie heilt, wieder herstellt, belebt, und danken Sie für Ihre Befreiung, die an jedem Augenblick des Tages stattfindet. Wunder geschehen, wenn Sie so beten.

6. Kosmische Energie bewegt die Welt und steuert die Galaxien im Kosmos. Diese Kraft ist größer als die ganze durch Atombomben, Kernspaltung und Laserstrahlen erzeugte Kraft. Überlassen Sie sich dieser Macht, lassen Sie kosmische Energie durch Ihren Körper strömen, durch alle Zellen und Regungen Ihres Daseins, sie wird sich in Ihrem Beruf, im Geschäft und in Ihrem Privatleben wunderbar entfalten.
7. Gott ist Geist, und Geist ist unsichtbar, zeitlos, unveränderlich, alterslos. Er wurde nie geboren und wird nie sterben. Wasser benetzt ihn nicht; Feuer brennt ihn nicht; der Wind verweht ihn nicht; Schwerter durchdringen ihn nicht. Der Geist sei Ihre Realität – insofern sind Sie unsterblich.
8. Dr. Harry Gaze hatte ein Gewächs in der Lunge. Er kam zu der Erkenntnis, der Geist oder Gott sei seine Realität und seine Lunge sei wesentlich geistige Substanz und funktioniere perfekt. In der Nacht erlitt er eine leichte Lungenblutung, doch am Morgen stellte der Arzt fest, dass die Lunge völlig in Ordnung war. Dr. Gaze hatte durch Kontemplation des göttlichen Ideals eine Veränderung entsprechend des im Geiste Gottes enthaltenen Vollkommenheitsplans herbeigeführt.
9. Der hl. Augustinus sagte: »Du hast uns für dich gemacht, und unsre Herzen sind ruhelos, bis wir in dir unsere Ruhe finden.« Gott oder der unendliche Geist ist im Menschen, und der Mensch ist hier, um alle Qualitäten, Attribute und Kräfte des unendlichen Geistes zu entwickeln und sichtbar zu machen. Die Gesetze Ihres Unterbewusstseins sind genauso zuverlässig wie die Gesetze

der Chemie oder Elektronik. Eine als wahr empfundene Idee wird Ihrem Unterbewusstsein eingeprägt und erscheint auf dem Bildschirm des Raumes als Form, Funktion, Erlebnis oder Ereignis. Deshalb schafft der Mensch sich seinen eigenen Himmel – Harmonie und Frieden – oder seine eigene Hölle – Elend und Leiden.

10. Verzeihen bedeutet, gegenüber allen Menschen und sich selbst Liebe und Wohlwollen auszustrahlen und ihnen alle Wohltaten des Lebens zu wünschen. Sie werden es genau wissen, wenn Sie jemandem verziehen haben, denn dann können Sie diesem Menschen im Geist gegenübertreten, ohne dass Ihnen das noch einen Stich versetzt. Selbstquälerisches Festhalten an Feindseligkeit, alten Kränkungen und Verfehlungen verursacht Verstopfung und Verkrampfung, d. h. Krankheit und Fehlleistungen im Leben.
11. Mit Hilfe kosmischer Energie können Sie die größten Hindernisse in Ihrem Leben überwinden, seien es Krankheit oder Geldschwierigkeiten, seien es irgendwelche andere Barrieren. Ein stellenloser Kriegsheimkehrer hatte sein Vermögen verloren und fast erdrückende Schulden. In einem meiner Bücher faszinierten ihn die Anleitungen, wie man reich werden kann. Ein Freund lud ihn zum Pferderennen ein, und am Abend vorher stellte er sich immer wieder vor, er gehe siebenmal zur Wettstelle und bekomme hohe Geldsummen ausbezahlt. Er tat dies etwa drei Stunden lang, dann schlief er ein. In einem Traum sah er die Sieger von sieben aufeinander folgenden Rennen, und er und sein Freund setzten auf die Pferde. Infolge Wettgewinns waren seine finanziellen Schwierigkeiten beseitigt. Darüber hinaus fand er eine Stellung mit ausgezeichnetem Anfangsgehalt.
12. Charles Darrow war 1929 finanziell am Ende. Er begann sich jedoch vorzustellen, dass er ungeheuer viel

Geld und Grund besitze. Er fing an, mit Spielgeld zu spielen, schuf sich ein imaginäres Finanzimperium und nahm erdachte Investitionen vor – auf einem Stück Linoleum. Freunde entdeckten sein Spiel und spielten mit, versuchten einander mit hohen Einsätzen auszustechen. Ein paar Jahre später verdiente er Millionen, denn er hatte *das* Hochfinanzspiel schlechthin erfunden – Monopoly. Seinem Traum hatte er ein Fundament gegeben: Was man sich vorstellt und als wahr empfindet, wird Wirklichkeit. Das hatte er gewusst.

Wie Sie die Wunderkraft anzapfen

Im Neuen Testament heißt es: *Wenn du könntest glauben! Alle Dinge sind möglich dem, der da glaubt* (Markus 9,23). Glauben bedeutet, etwas als wahr zu akzeptieren. Die Wahrheiten Gottes geben Ihnen Kraft, wenn Sie seelisch-geistig zutiefst von deren Wirklichkeit überzeugt sind. Dazu gehört viel mehr als nur verstandesmäßige oder theoretische Zustimmung. Es bedeutet, dass Sie die Wahrheit dessen, das Sie behaupten oder bekräftigen, in Ihrem Inneren intensiv spüren müssen. Es bedeutet, an die Ihnen innewohnende unendliche Weisheit Gottes zu glauben, die entscheidet, ob das Leben eines Menschen von Erfolg geprägt ist oder von Fehlschlägen, von Gesundheit oder Krankheit, Glück oder Unglück, Freude oder Trauer, Reichtum oder Armut. Reichtum ist ein Geisteszustand, genau wie Armut.

Wahrhaft reich sind Sie, wenn Sie mit Ihrer seelisch-geistigen Kraft vertraut sind. Wahrhaft reich sind Sie, wenn Sie wissen, dass Ihr Denken schöpferisch ist, dass Sie anziehen, was Sie denken, fühlen, glauben, und dass Sie zu dem werden, was Sie sich vorstellen. Wahrhaft reich sind Sie, wenn

Sie den schöpferischen Prozess kennen, der das Göttliche in Ihnen auslöst, das heißt, wenn Ihnen bewusst ist, dass alles, was Sie Ihrem Unterbewusstsein einprägen, als Form, Funktion, Erfahrung oder Ereignis auf dem Bildschirm des Raumes sichtbar wird, also in Ihrem Leben geschieht.

Er spürte innere Schätze auf

Ein junger Ingenieur beklagte sich bei mir: »Ich bin in einer misslichen Lage. Zwar bete ich ständig, doch ich komme nirgends hin.«

Ich machte ihm klar, dass sein Beten nur dann Sinn habe, wenn er an die Lösung seines Problems durch die unendliche Weisheit seines Unterbewusstseins glaube. Außerdem, so sagte ich, könne er den Bann seines angeblichen Festgefahrenseins brechen, wenn er zweimal täglich für jemand anderen bete, beispielsweise für einen kranken Nachbarn oder eine unglückliche Bekannte. Überdies empfahl ich ihm, um Freude zu beten: »Die Freude am Herrn ist meine Stärke, denn ich weiß, dass Freude der wahre Lebenselan und der eigentliche Ausdruck des Lebens ist.« Und ich riet ihm, gegenüber dieser seiner neuen Einstellung nach Möglichkeit keinen Zwang anzuwenden.

Einige Tage später erhielt der Ingenieur unverhofft die perfekte Lösung seiner Probleme. Er berichtete mir: »Ich war nahe daran, alles zu verlieren, da griff mir ein Freund unter die Arme und gab mir einen Vorschuss von 25 000 Dollar. Damit waren meine sämtlichen Schwierigkeiten beseitigt.«

Dieser Mann weiß jetzt, dass in der seelisch-geistigen Schatzkammer seines Inneren unendliche Reichtümer liegen.

Sie lernte die Kraft ihres schöpferischen Denkens kennen

Eine junge Frau war besorgt um ihre Mutter, die an chronischen Magenschmerzen litt. Weder die Verdauungstabletten noch die krampflösenden Mittel, die ihr der Hausarzt verschrieben hatte, zeitigten die gewünschte Besserung. Die Tochter hatte es sich zur Gewohnheit gemacht, jeden Morgen und jeden Abend eine halbe Stunde für den Magen ihrer Mutter zu beten, wobei sie bekräftigte, der Magen sei eine göttliche Idee, er sei in Ordnung, und auch die Verdauung der Mutter funktioniere einwandfrei. Die unglückseligen Folgen waren, dass sie selbst ein Magenleiden bekam.

Ich erklärte der jungen Frau, dass sie, um ihrer Mutter zu helfen, sofort aufhören müsse, sich mit dem Magenleiden der Mutter zu identifizieren. Dadurch stabilisiere sie das Leiden ihrer Mutter nur.

Nach meiner Erklärung änderte die Frau ihr Gebetsverfahren. Sie dachte nicht mehr an den Magen und den schlimmen körperlichen Zustand ihrer Mutter, sondern identifizierte sich mit der unendlichen Heilgegenwart. Ruhig, voll Gefühl, Glaube und Liebe bekräftigte sie, dass die ihr innewohnende unendliche Weisheit Gottes, die den Körper ihrer Mutter erschaffen hatte, nun das ganze Wesen der Mutter belebe, heile und darin Harmonie, Gesundheit, Frieden und Unversehrtheit herstelle. Sie meditierte täglich eine angemessene Zeit über diese Wahrheiten – in der Überzeugung, dass solch spezielles Beten im Augenblick das Beste sei, das sie für die Mutter tun könne. Mit ihrer neuen Einstellung erzielte sie ein erstaunliches Ergebnis: Die Mutter war nach kurzer Zeit völlig beschwerdefrei, und auch ihr eigener Magen funktionierte wieder normal.

Der Grund, warum die junge Frau beim Beten für ihre Mutter selber krank geworden war, lag darin, dass sie mit der Mutter gelitten und sich dadurch mit ihrem Leiden identifiziert hatte. Tatkräftiges Mitgefühl kann aber nur erfolgen, wenn man selbst körperlich, seelisch und geistig »gesund« ist. Falsches Mitleid dagegen bedeutet: Man ist mit den negativen oder unerfreulichen Aspekten eines Zustands einverstanden und leidet mit. Dies hat zur Folge, dass das

Problem gewöhnlich noch schlimmer wird, denn alles, worauf wir unsere Aufmerksamkeit konzentrieren, erfährt in unserem Unterbewusstsein eine starke Vergrößerung.

Schenken Sie Kranken die Schätze des unendlichen Geistes

Alle Schätze des unendlichen Geistes – wie Zufriedenheit, Freude, Vertrauen, Glauben, Inspiration, Liebe, Harmonie, Sicherheit und Wohlstand – befinden sich in Ihrem Inneren. Deshalb gehört es zu Ihren Aufgaben, dass Sie bei einem Krankenbesuch den Patienten durch Ihr Denken und Fühlen aufrichten, dass Sie ihm eine »Transfusion« des Glaubens an die Heilkraft seines Unterbewusstseins und des Vertrauens auf diese Heilkraft geben. Sie sollten ihm außerdem Mut machen und in ihm Verständnis wecken. Erinnern Sie ihn daran, dass für Gott nichts unmöglich ist, und stellen Sie sich ihn als unversehrt, strahlend und heiter vor.

Wenn Sie den Kranken bedauern und bemitleiden, steigern Sie nur seine Bedrücktheit, und das wirkt sich natürlich negativ aus – auch auf Sie. Dokumentieren Sie Ihr Mitgefühl dadurch, dass Sie die unendliche Heilgegenwart in seinem Unterbewusstsein anrufen, die ihn seelisch, geistig und körperlich heilen, segnen und wieder herstellen wird. *Er erquicket meine Seele …* (Psalm 23,3).

Sie sind der Herr und nicht der Diener Ihrer Gedanken

Ihr Denken ist, wie bereits gesagt, zu jeder Zeit schöpferisch. Jeder Gedanke tendiert dazu, sichtbar zu werden, und veranlasst Ihr Unterbewusstsein, entsprechend auf ihn und seine Inhalte zu reagieren. Demnach sind Gedanken reale Kräfte. Ihr gedankliches Bild beziehungsweise Ihre Vorstellung zum Beispiel von einem Radio, einem Fernseher, von Freude, Glück, Gesundheit oder Reichtum ist in Ihrem Inneren absolut wirklich. Würden beispielsweise durch eine gro-

ße Katastrophe sämtliche Automobile auf der Erde vernichtet, so könnte ein Ingenieur anhand seines gedanklichen Vorstellungsbildes ohne weiteres ein Auto nachbauen.
Ihr Denken kann Ihnen kraft der Ihrem Unterbewusstsein innewohnenden unendlichen Weisheit unvorstellbaren Lohn eintragen – wenn Sie es richtig steuern, denn es funktioniert mit mathematischer Genauigkeit: Gedanken an Armut erzeugen Beschränktheit und Mangel; Gedanken an Erfolg, Wachstum und Wohlstand erzeugen Wohlstand sowie inneren und äußeren Reichtum.

Ihr Vorstellungsbild wirkte als Magnet

Eine dreißigjährige »Karrierefrau« erzählte mir, ihre großen Erfolge als Maklerin seien einzig auf eine Tatsache zurückzuführen. »Ich lege mir bei meiner Arbeit stets ein ›geistiges Erfolgsbild‹ zurecht. Ich stelle immer wieder fest, dass dieses Bild sozusagen als Magnet wirkt und genau jene Kunden anzieht, die in ihrem Denken und Fühlen dem Bild entsprechen.«
Die Maklerin sprach jeden Morgen folgendes Gebet: »Ich bin ein seelisch-geistiger und spiritueller Magnet und ziehe jene Menschen an, die suchen, was ich zu bieten habe. Zwischen ihnen und mir findet ein göttlicher Austausch von Ideen statt; sie sind gesegnet, und ich bin es auch. Ich entscheide mich für Harmonie, Fülle, rechtes Tun und Inspiration, und ich weiß, dass mein Unterbewusstsein diese Wahrheiten akzeptiert und sichtbar werden lässt.«
Das Unterbewusstsein der Maklerin reagiert auf ihr gewohnheitsmäßiges Denken und auf ihre Vorstellungsinhalte. Da sie regelmäßig und systematisch um göttliche Führung, rechtes Tun und Fülle bittet, steht sie gewissermaßen unter einem unterbewussten Zwang, stets richtig zu handeln und zu sprechen – um somit die Fülle zu erleben, die Sie sich vorgestellt hat. Der Fall der Maklerin zeigt eindeutig, dass Gedanken wirklich Kräfte sind.

Werden Sie ein guter »Manager« Ihres Unterbewusstseins

Man muss ein guter Manager sein, um die seelisch-geistigen Schätze seines Unterbewusstseins ans Licht fördern zu können. Ein wirklich guter Manager besitzt genügend Scharfsinn und Verstand, um Arbeiten richtig zu delegieren; und er redet denjenigen, denen er Aufgaben übertragen hat, nicht in ihre Arbeit hinein, da er ihnen vertraut. Ein schlechter Manager dagegen, sei es in der Geschäftswelt, der Wissenschaft, der Industrie oder dem Bildungswesen, kümmert sich immer um das, was er anderen zur Erledigung übertragen hat, pfuscht ihnen sozusagen ins Handwerk und erreicht damit nur, dass seine Mitarbeiter unsicher werden.

Wenn Sie beten, sollten Sie ein guter Manager sein und Ihrem Unterbewusstsein, das alles weiß und alles richtig einschätzt, Autorität übertragen. Wenn Sie etwas erreichen wollen oder eine Antwort suchen, richten Sie Ihre Bitte voll Glauben und Vertrauen an Ihr Unterbewusstsein – von dem Wissen erfüllt, dass das Unterbewusstsein – das Göttliche in Ihnen – so reagieren wird, wie es für Sie am besten ist.

Wenn Ihre Bitte wirklich bei Ihrem Unterbewusstsein angekommen ist, empfinden Sie Freude und Frieden. Wenn Sie ängstlich und besorgt sind oder sich fragen, wie, wann, wo und auf welchem Weg Ihr Unterbewusstsein reagieren wird, vertrauen Sie nicht eigentlich auf seine göttliche Weisheit. Hören Sie daher auf, Ihr Unterbewusstsein zu quälen. Wenn Sie an Ihren Wunsch denken, sind Leichtigkeit und Lockerheit wichtig; sagen Sie sich immer wieder, dass die Ihrem Unterbewusstsein innewohnende unendliche Weisheit Ihren Wunsch in göttlicher Fügung erfüllen wird.

Die Wunderkraft befreite ihn vom Rauchen

Vor kurzem hatte ich ein Gespräch mit einem alten Freund, dem sein Arzt eröffnet hatte, es sei notwendig, dass er

sofort das Rauchen aufgebe. Mein Freund rauchte bis zu achtzig Zigaretten am Tag und meinte, sie auf keinen Fall entbehren zu können.
Ich erklärte ihm eine uralte Weisheit: »Wenn dein Wunsch und deine Vorstellung miteinander in Konflikt liegen, siegt immer deine Vorstellung.« Auf meine Empfehlung zog er sich zweimal täglich zurück, beruhigte sein Inneres und machte es aufnahmebereit. Dann sprach er folgendes Gebet und stellte sich dessen Inhalt bildhaft vor:
»Freiheit und Seelenfrieden sind mir jetzt beschieden. Ich weiß, dass diese Wahrheit, die ich glaube und bekräftige, in mein Unterbewusstsein sinkt und dass ich unter dem Zwang stehen werde, das Rauchen aufzugeben. In meiner Vorstellung sehe ich meinen Arzt vor mir. Er hat mich gerade untersucht und gratuliert mir zur Befreiung von der schädlichen Gewohnheit des Rauchens und zu meiner glänzenden Gesundheit.«
Dieses »Zwiegespräch« mit seinem Unterbewusstsein führte mein Freund etwa eine Woche lang zweimal täglich durch. Dann erfolgte die Reaktion: Plötzlich empfand er kein Verlangen mehr nach einer Zigarette. Es war ihm gelungen, den neuen gewohnheitsmäßigen Inhalt seines Denkens und seiner bildhaften Vorstellung in sein Unterbewusstsein zu senken. Und was er subjektiv empfand, bestätigte sein Arzt bald darauf objektiv. Auf diese Weise lernte mein Freund die göttliche Wunderkraft des Unterbewusstseins kennen.

Der Reichtum innerer Losgelöstheit

Eine Psychologin war in einen komplizierten Erbschaftsprozess verwickelt, der ihre häufige Anwesenheit vor Gericht erforderlich machte. Da nach mehreren Monaten immer noch kein Ende des Prozesses abzusehen war, wandte sie folgende Gebetstherapie an: »Ich löse mich innerlich von diesem Problem und überlasse es der göttlichen Weisheit, die Lösung zu finden. Ich gebe das Problem ab und bin frei davon.«

Wenn sie künftig mit ihrem Anwalt oder anderen Betroffenen Verbindung aufnehmen musste, verfügte sie jedes Mal stumm: »Die mir innewohnende Gottesgegenwart ist allwissend und kümmert sich in göttlicher Fügung um diese Angelegenheit.« Zu mir sagte sie: »Ich denke nicht länger darüber nach, wie, wann, wo oder auf welchem Weg die Gottesgegenwart in meinem Inneren das Problem lösen wird. Ich habe mich innerlich davon gelöst, denn mir ist bewusst, dass Gott sich darum kümmern wird.«

Diese Therapie der inneren Losgelöstheit zeitigte schon nach kurzer Zeit eine unvorhergesehene Wendung: Nach beschwörenden Appellen des Richters an die Vernunft aller Beteiligten wurde bald darauf eine Lösung gefunden, bei der sich keiner benachteiligt oder hintergangen fühlte.

Sie können sich eine Zukunft voller Wunder schaffen

Ihre Energie und Lebenskraft sind bestimmt nicht dazu da, an vergangene Kränkungen, Kümmernisse und Sorgen zu denken. Das wäre genau so, als wollten Sie ein Grab öffnen – Sie würden nichts als ein Skelett finden.

Konzentrieren Sie Ihre Aufmerksamkeit vielmehr auf die guten Dinge des Lebens und machen Sie sich bewusst, dass Ihre Zukunft wunderbar sein wird, weil Sie wissen, dass Ihre harmonischen gegenwärtigen Gedanken keimen, wachsen und herrliche Früchte wie Gesundheit, Glück, Erfüllung und Seelenfrieden tragen werden.

Es gilt, die Vergangenheit auszulöschen und nicht an negative Erfahrungen oder Traumata, die Ihnen in der Vergangenheit zugestoßen sind, zu rühren. Halten Sie beharrlich an dieser fundamentalen Einstellung fest! Denn: Durch die Änderung Ihrer gegenwärtigen Gedanken stellen Sie augenblicklich die Weichen für Ihr zukünftiges Schicksal.

Eine Meditationsübung, die Sie im Glauben an die Gotteskraft bestärkt

Denken Sie regelmäßig und systematisch an Lebenskraft, Erleuchtung, Inspiration, Harmonie, Wohlstand, Glück, Seelenfrieden und ein in jeder Weise reicheres Dasein. Denken Sie an diese Wahrheiten – nicht an irgendeinen Zustand davon – und lassen Sie sie in Ihr Unterbewusstsein sinken. Vertrauen Sie darauf, dass durch die göttliche Weisheit Ihres Unterbewusstseins alle Ideen, die Sie betrachten, in der für Sie günstigsten Weise aufgenommen und verarbeitet werden. Ist dies nicht ein wunderbarer Weg zu einem erfüllten Leben?

Durch die nachstehende Meditationsübung können Sie die Kraft Ihres Glaubens wesentlich stärken.

»*Das Gebet des Glaubens wird dem Kranken helfen, und der Herr wird ihn aufrichten.* Was immer es gestern an Negativem gegeben haben mag, ich weiß, dass mein Gebet sich heute triumphierend darüber erheben wird. Ich empfinde unverwandt die Freude des erhörten Gebets.

Heute ist der Tag des Herrn; es ist ein herrlicher Tag für mich, weil es ein Tag voll Frieden, Harmonie und Freude ist. Mein Glaube an das Gute ist mir ins Herz geschrieben, und ich fühle ihn tief in meinem Inneren. Ich bin überzeugt, dass es eine göttliche Gegenwart und ein kosmisches Gesetz gibt. Mein Wunsch wird jetzt aufgenommen. Ich setze meinen ganzen Glauben, mein Vertrauen und meine Zuversicht in die Kraft und Gegenwart Gottes, die mir innewohnen. In mir herrscht Friede.

Ich weiß, dass ich ein Gast des Unendlichen bin und dass Gott mein Gastgeber ist. Ich höre seine Einladung: *Kommet her zu mir alle, die ihr mühselig und beladen seid; ich will euch erquicken.* Ich ruhe in Gott, und alles ist gut.«

Eine Mutter überließ ihren Sohn Gott

Die Mutter eines achtzehnjährigen Jünglings war sehr erregt und verzweifelt, weil ihr Sohn nach einem Streit mit seinem Vater das Elternhaus verlassen hatte. Bald darauf brach er sein Collegestudium ab und schloss sich einer Gruppe von Hippies an. Die Frau war so außer sich, dass ihr der Arzt starke Mittel verschreiben musste, um ihre seelischen und körperlichen Qualen etwas zu lindern.

In meinem Beratungsgespräch wies ich sie auf einige einfache Wahrheiten hin: »Ihr Sohn gehört Ihnen nicht, er kam lediglich durch Sie auf die Welt. Wir alle sind Kinder des einzigen Vaters beziehungsweise des sich selbst erschaffenden Allgeistes. Ihr Sohn ist hier auf Erden, um zu wachsen, sich zu entwickeln, Schwierigkeiten und Probleme zu überwinden, Herausforderungen zu meistern, dadurch die ihm innewohnenden Kräfte zu entdecken und seine Gaben an die Welt weiterzugeben. Mit Bitterkeit und Groll helfen Sie ihm nicht.«

Auf meinen Vorschlag fasste sie den Entschluss, ihren Sohn innerlich und äußerlich freizugeben Sie sprach regelmäßig das Gebet: »Ich überlasse meinen Sohn nun vollkommen Gott. Er wird auf allen seinen Wegen von Gott geführt, und göttliche Weisheit prägt seinen Verstand. Göttliches Recht und göttliche Ordnung herrschen unangefochten in seinem Leben. Er wird zu seinem wahren Platz geführt, und verwirklicht sich auf höchster Ebene. Ich gebe ihn frei und lasse ihn gehen.«

Außerdem erbat sie täglich für sich selbst Frieden, Harmonie, Freude, Heiterkeit und göttliche Liebe.

Einige Wochen später kehrte ihr Sohn aufs College zurück. Er versteckt sich nicht mehr vor den Eltern, macht nun erfreuliche Fortschritte im Studium und hat mit beiden Elternteilen guten Kontakt. Die Mutter versucht ihn nicht mehr an sich zu fesseln, denn sie hat den Reichtum göttlicher Liebe und Freiheit gefunden.

Diese Frau hörte auf, vom Standpunkt äußerer Umstände und Bedingungen aus zu denken; stattdessen denkt sie jetzt vom inneren Standpunkt aus, wo es keine Umstände gibt und wo sie selbst verfügen kann, welche äußeren Umstände gemäß göttlichem Recht und göttlicher Ordnung eintreten sollen. Sie überlässt es der ihrem Unterbewusstsein innewohnenden unendlichen Weisheit Gottes, diese Umstände herbeizuführen.

Merksätze

1. Glauben bedeutet, etwas als wahr zu akzeptieren. Vom Glauben an die jedem Menschen innewohnende unendliche Weisheit Gottes hängt es ab, ob jemand Erfolg hat oder scheitert, reich oder arm ist, gesund oder krank. Glauben Sie an die Schätze der unendlichen Kraft in Ihrem Unterbewusstsein, dann werden Ihnen diese Schätze zuteil werden.
2. Wenn Sie sich in einer misslichen Lage befinden, können Sie den Bann Ihres augenblicklichen Festgefahrenseins brechen, indem Sie aufrichtig für jemand anderen beten, beispielsweise für einen unglücklichen Nachbarn. Nicht selten werden Ihre eigenen Probleme dann unverhofft auf wunderbare Weise gelöst.
3. Beim Beten für einen geliebten Menschen sollten Sie darauf achten, dass Sie sich nicht mit den Leiden oder Sorgen dieses Menschen identifizieren, denn Sie nehmen unweigerlich jene Leiden oder Sorgen in sich auf. Hier hilft nur tatkräftiges Mitgefühl: Geben Sie dem Kranken oder Niedergeschlagenen eine »Transfusion« an Glauben, Vertrauen und Liebe und nähren Sie in ihm das Wissen, dass für Gott nichts unmöglich ist.
4. Ihr Denken ist zu jeder Zeit schöpferisch, denn jeder Ihrer Gedanken tendiert dazu, sichtbar zu werden, und

veranlasst Ihr Unterbewusstsein, entsprechend auf seinen Inhalt zu reagieren. Das Vorstellungsbild von Erfolg und Wohlstand ist daher ein Magnet, der alle Dinge anzieht, die Ihrem Vorstellungsbild entsprechen.

5. Bewältigen Sie Ihre Probleme nicht durch Kampf! Wenn Sie Ihren Körper entspannen, werden Sie feststellen, dass nach kurzer Zeit in Ihrem Inneren eine friedliche Ruhe einkehrt und dass die unendliche Weisheit Ihres Unterbewusstseins, das alle Antworten kennt, an die Oberfläche, das heißt in Ihr Wachbewusstsein, steigt.
6. Sie können das Rauchen oder jede andere in Ihren Augen schlechte Angewohnheit aufgeben, indem Sie sich für Freiheit und Seelenfrieden entscheiden und sich gleichzeitig bildhaft vorstellen, wie Ihnen jemand zu Ihrem Freisein gratuliert. Wenn Sie sich lebhaft eine Antipathie gegen Tabak – oder gegen etwas anderes – vorstellen, wird Ihr Unterbewusstsein die Vorstellung übernehmen und Sie zwingen, Ihre schädliche Gewohnheit aufzugeben.
7. Ihre Energie und Lebenskraft sind bestimmt nicht dazu da, an vergangene Kränkungen oder Sorgen zu denken. Denken Sie regelmäßig und systematisch an Harmonie, Schönheit, Liebe, Frieden und Fülle, dann werden Sie eine wunderbare Zukunft haben.
8. Sollte eines Ihrer Kinder sein Zuhause verlassen, empfiehlt sich folgendes Gebet: »Ich überlasse mein Kind vollkommen Gott. Es wird auf allen seinen Wegen von Gott begleitet, und Gottes Liebe umhüllt es. Göttliche Weisheit wird seinen Verstand prägen und es richtig führen.« Wenn Sie dies tun, wird sich alles, was geschieht, für Ihr Kind zum Guten auswirken.
9. Denken Sie an die unendlichen Reichtümer, die Gott für Sie bereithält, an Harmonie, Frieden, Freude, Liebe, Führung, rechtes Tun und Erfolg. Damit aktivieren Sie die in Ihnen schlummernden göttlichen Kräfte. Ihr Un-

terbewusstsein wird Sie zwingen, alles dies in Ihrem Leben zur Geltung zu bringen.

10. Die angegebene Meditationsübung hilft Ihnen, die Kraft Ihres Glaubens an die Gottesgegenwart zu stärken.

Kapitel 3

Was die kosmische Kraft für Ihre Gesundheit zu tun vermag

Das Unterbewusstsein dient dem Leben!

Mehr als 90 Prozent des geistigen Lebens finden auf unterbewusster Ebene statt, so dass Männer und Frauen, die auf den Einsatz dieser wunderwirkenden Kraft verzichten, von vornherein den Rahmen und die Möglichkeiten ihres Lebens sehr fühlbar einschränken.

Das Unterbewusstsein ist immer bestrebt, dem Leben zu dienen und konstruktiv zu wirken. Es baut den Körper auf und sorgt für den ungestörten Ablauf aller lebenswichtigen Funktionen. Es arbeitet pausenlos Tag und Nacht, immer bemüht, uns zu helfen und vor Schaden zu bewahren.

Ihr Unterbewusstsein ist in stetiger Verbindung mit dem unendlichen Leben, der Allweisheit, dem göttlichen Prinzip, dem Weltgeist - wie immer Sie wollen. All seine Impulse und Gedanken dienen dem Leben. Wertvolle Strebungen, plötzliche Erleuchtungen und große Visionen steigen immer aus dem Unterbewusstsein auf. Gerade Ihre tiefsten Überzeugungen sind es, die Sie nicht in Worte kleiden oder verstandesmäßig begründen können, da sie nicht dem Bewusstsein, sondern dem Unterbewusstsein entstammen. Es spricht zu Ihnen mit der Stimme der Intuition, des Impulses, der Ahnung, des instinktiven Drangs und schöpferischer Ideen. Immer drängt es Sie voranzuschreiten, von Ziel zu Ziel, zu immer größeren Höhen. Die Eingebungen der Liebe, der Drang, das eigene Leben einzusetzen, um andere zu retten – auch sie kommen aus der Tiefe Ihres Unterbewusstseins. So erhoben sich zum Beispiel bei dem verheerenden Erdbeben und dem Brand in San Francisco am 8. April 1906 Kranke und Krüppel, die bereits viele Jahre ans Bett gefesselt waren, und vollbrachten wahre Wunder an Ausdauer und Tapferkeit. In ihnen war der unwiderstehliche Drang erwacht, ihre Mitmenschen – koste es, was es wolle – zu retten, und ihr Unterbewusstsein reagierte entsprechend.

Große Künstler, Musiker, Dichter, Redner und Schriftsteller suchen Kontakt mit den Kräften ihres Unterbewusstseins und schöpfen ihre Inspiration aus dieser niemals versiegenden Quelle. Robert Louis Stevenson beauftragte zum Beispiel vor dem Einschlafen regelmäßig sein Unterbewusstsein, für ihn im Schlaf Geschichten zu ersinnen. Er pflegte es um eine spannungsgeladene und erfolgreiche Abenteuergeschichte anzugehen, sobald sein Bankkonto erschöpft war. Stevenson berichtete, die überragenden Geistesgaben seines Unterbewusstseins hätten ihm die gewünschte Erzählung Stück um Stück eingegeben, als wäre es ein Fortsetzungsroman.

Dies beweist, dass das Unterbewusstsein über tiefe Einsichten und fruchtbare Gedanken verfügt, von denen das Bewusstsein nichts weiß.

Mark Twain gestand jedem, der es hören wollte, er habe in seinem ganzen Leben keinen Strich gearbeitet. Seinen ganzen Humor und all seine vielen Schriften verdanke er der unerschöpflichen Phantasie seines Unterbewusstseins.

Die körperlichen Reaktionen auf geistige Vorgänge

Die Wechselbeziehung zwischen Bewusstsein und Unterbewusstsein fordert eine gleichartige Wechselwirkung zweier entsprechender Nervensysteme. Dabei bildet das zerebrospinale System das nervliche Organ des Bewusstseins und das sympathische System jenes des Unterbewusstseins. Die Nerven in Gehirn und Rückgrat bilden den Kanal, durch den die fünf Sinne dem Bewusstsein ihre physischen Wahrnehmungen zuleiten; gleichzeitig stellen Sie das Instrument dar, mit dem der Mensch alle Körperbewegungen steuert. Das Zentrum dieses Nervensystems befindet sich im Gehirn und stellt die Quelle jeder willentlichen und bewussten Geistestätigkeit dar.

Das sympathische Nervensystem andererseits, das durch den menschlichen Willen nicht zu beeinflussen ist, hat seinen Mittelpunkt in der als Sonnengeflecht (Solarplexus) bekannten Masse von Ganglienzellen, die auch als »Gehirn des Unterbewusstseins« bezeichnet werden. Es bildet die Zentrale derjenigen geistigen Vorgänge, die unbewusst alle lebenswichtigen Funktionen des Körpers steuern.

Die beiden Systeme können entweder getrennt oder miteinander arbeiten. Thomas Troward sagt in *The Edinburgh Lectures on Mental Science:* »Der Vagus (Hauptnerv des parasympathischen Systems) verlässt die Gehirnregion als Teil des bewussten Nervensystems und kontrolliert an dieser Stelle die Stimmorgane. In seinem weiteren Verlauf durch die Brusthöhle sendet dieser Nerv Seitenstränge zum Herz und zur Lunge aus. Auf seinem Weg durchs Zwerchfell verliert der Vagus jene äußere Beschichtung, die die Nerven des bewussten Systems auszeichnet, und nimmt völlig das Aussehen jener des sympathischen Bereichs an. Er bildet also ein Bindeglied zwischen beiden und stellt die physische Einheit des Menschen her. Ebenso unterschiedlich beschaffene Teile des Gehirns deuten auf eine Verbindung einerseits mit den bewussten und andererseits mit den unterbewussten Geistestätigkeiten hin. Grob gesagt, ist der vordere Teil des Gehirns dem Bewusstsein zuzuordnen und der hintere Teil dem Unterbewusstsein; der mittlere schließlich nimmt auch funktionell eine Zwischenstellung zwischen beiden ein.«

Sehr vereinfacht lässt sich die Wechselwirkung zwischen Geist und Körper folgendermaßen darstellen: Das Bewusstsein fasst einen Gedanken, der im zerebrospinalen Nervensystem eine entsprechende Schwingung auslöst. Diese lässt

ihrerseits einen ähnlichen Stromimpuls im unbewussten Nervensystem entstehen, wodurch der betreffende Gedanke dem Unterbewusstsein – und damit dem eigentlich schöpferischen Medium – übermittelt wird. Auf diese Weise werden alle Gedanken verdinglicht.
Jeder von Ihrem Bewusstsein als zutreffend betrachtete Gedanke wird von Ihrem Gehirn an das Sonnengeflecht (Solarplexus), also an die Zentrale des Unterbewusstseins weitergeleitet, welches dann dafür sorgt, dass die entsprechende Vorstellung als körperliche Reaktion oder als Ereignis, äußere Lebenssituation realisiert wird.

Eine besondere Intelligenz nimmt die Interessen des Körpers wahr

Beim Studium des Zellsystems und der Struktur bestimmter Organe (wie zum Beispiel der Augen, der Ohren, des Herzens, der Leber, der Blase) erwies sich, dass sie aus Zellgruppen bestehen, die jeweils von einer eigenen Intelligenz geleitet werden, die es ihnen ermöglicht, gemeinsam zu einem bestimmten Zweck zu handeln und die Befehle der geistigen Zentrale (des Bewusstseins) auf deduktive Weise zu verstehen und auszuführen.
Die genauen Untersuchungen einzelliger Lebewesen lassen Rückschlüsse auf die weitaus komplizierteren Vorgänge im menschlichen Körper zu. Obwohl der einzellige Organismus keine Organe besitzt, lässt er doch gewisse geistige Vorgänge und Reaktionen erkennen, die die lebenserhaltenden Funktionen der Bewegung, Ernährung, Nährstoffverwertung und Ausscheidung der Abfallprodukte steuern.
Vielfach wird behauptet, es gebe eine Intelligenz, die auf die vollkommenste Weise die Interessen des Körpers wahrnehmen würde, wenn man sie nur ungestört schalten und walten ließe. Diese Anschauung ist durchaus zutreffend – das eigentliche Problem entsteht aber daraus, dass das sinnliche Wahrnehmungen verarbeitende Bewusstsein sich

immer wieder störend einschaltet und ein wildes Durcheinander von irrigen Meinungen, unbegründeten Ängsten und falschen Einstellungen hervorruft. Sobald sich aber negative Denk- und Vorstellungsmodelle dieser Art dem Unterbewusstsein durch psychologische und emotionale Reflexgewöhnung einprägen, bleibt diesem nichts anderes übrig, als die ihm vom Bewusstsein gestellten Anforderungen getreulich und bis ins Kleinste auszuführen.

Das Unterbewusstsein wirkt ständig für das allgemeine Wohl

Das Ihnen innewohnende subjektive Ich wirkt ununterbrochen für das allgemeine Wohl, da es ja das allem Geschaffenen angeborene Prinzip der Harmonie zu verwirklichen sucht. Das Unterbewusstsein besitzt seinen eigenen Willen und eine sehr reale Existenz. Es ist Tag und Nacht tätig, gleichgültig, ob Sie bewusst daran denken oder nicht. Es baut Ihren Körper auf, jedoch ohne dass Sie dies sehen, hören oder fühlen können; denn es handelt sich um einen Vorgang, der völlig unbemerkt abläuft. Ihr Unterbewusstsein führt sein eigenes Leben, das unablässig nach der Verwirklichung von Harmonie, Gesundheit, Glück und Frieden strebt. Dies nämlich ist die eigentliche göttliche Verhaltensnorm, die sich stets durch den Menschen Ausdruck zu verschaffen sucht.

Wie der Mensch das angeborene Prinzip der Harmonie stört

Wollen wir richtig, das heißt wissenschaftlich denken, so müssen wir die »Wahrheit« kennen. Dies bedeutet aber nichts anderes, als sich in Übereinstimmung mit der unendlichen Weisheit und Macht des Unterbewusstseins zu befinden, das ja immer dem Leben dient.
Wer aus Unwissenheit oder absichtlich mit Gedanken, Worten oder Werken die Harmonie stört, wird dafür mit allen

möglichen Formen von Zwietracht, Einschränkung und Leid bestraft.

Die Wissenschaft hat den Nachweis geliefert, dass sich der menschliche Organismus innerhalb von elf Monaten fast vollständig erneuert. Von einem rein physischen Standpunkt aus sind Sie also höchstens elf Monate alt. Es ist also allein Ihre Schuld, wenn Sie durch angstvolle, zornige, eifersüchtige und feindselige Gedanken Ihrem stets neu erstehenden Körper immer wieder abträgliche Tendenzen einimpfen.

Der Mensch stellt die Summe seiner Gedanken und Vorstellungen dar. An Ihnen liegt es, sich negativer Gedanken und Vorstellungen zu enthalten. Dunkelheit verscheucht man durch Licht, Kälte durch Hitze, negative Gedanken aber schaltet man am wirksamsten durch positives Denken aus. Behaupten Sie nachdrücklich das Gute, und das Böse wird verschwinden!

Warum es naturgewollt ist, gesund, vital und stark zu sein – und nicht unser Schicksal sein muss, an Krankheiten zu leiden

Die meisten Kinder kommen völlig gesund zur Welt; ein jedes ihrer Organe erfüllt seine Aufgabe aufs vollkommenste. Dies ist eben der Normalzustand, und eigentlich müssten wir das ganze Leben lang ebenso gesund, vital und stark bleiben. Der Instinkt der Selbsterhaltung ist der am stärksten ausgeprägte der menschlichen Natur und stellt ein äußerst wirksames, stets gegenwärtiges und ununterbrochen tätiges Naturgesetz dar. Es ist deshalb völlig einleuchtend, dass alle Ihre Gedanken, Ideen und Vorstellungen gerade dann ihre größte Wirkungskraft entfalten, wenn sie mit dem Ihnen innewohnenden Lebensprinzip im Einklang stehen, das ja stets bestrebt ist, Ihnen in jeder Weise zu nützen. Eben deshalb ist es natürlich auch viel leichter, den Normalzustand des Körpers wiederherzustellen, als ihn zu abweichenden Reaktionen zu zwingen.

Jede Krankheit, jedes Leiden steht im Widerspruch zur Natur: Wer gegen den Strom des Lebens anschwimmt, denkt negativ und kann erkranken. Das Gesetz des Lebens ist das Gesetz des Wachstums – die ganze Natur bezeugt das Wirken dieses Gesetzes, indem sie sich selbst in dauerndem, lautlosem Wachstum ausdrückt. Wo Wachstum und Selbstverwirklichung zu finden sind, da muss auch Leben sein. Wo aber Leben ist, da herrscht auch Harmonie, und wo Harmonie herrscht, da stellt sich vollkommene Gesundheit ein.

Solange Ihr Denken mit dem schöpferischen Prinzip des Unterbewusstseins übereinstimmt, sind Sie auch im Einklang mit dem angeborenen Prinzip der Harmonie. Weicht aber Ihr Denken von dieser Richtung ab, so werden Ihnen Ihre Gedanken zur beunruhigenden, ja schädlichen Last und ziehen Krankheit, vielleicht sogar den Tod nach sich.

Bei jeder Heilbehandlung müssen Sie für eine vermehrte Zufuhr vitaler Kräfte und deren wirksamer Verteilung im gesamten Organismus sorgen. Am besten geschieht dies durch völlige Ausschaltung aller angsterfüllten, besorgten, eifersüchtigen, feindseligen oder sonstigen negativen Gedanken, die gegenteiligenfalls Ihre Nerven und Drüsen zerstören, also eben jene Gewebe, die für die Ausscheidung aller Abfallprodukte sorgen.

Die Heilung von einer Rückenmarksschwindsucht

Die Zeitschrift *Nautilus* veröffentlichte im März 1917 einen Artikel über die außergewöhnliche Heilung eines Jungen, der an Rückenmarksschwindsucht litt. Er hieß Frederik Elias Andrews, stammte aus Indianapolis und wurde später Geistlicher und Dozent an der Unity School of Christianity in Kansas City, Missouri. Die Ärzte hatten sein Leiden für unheilbar erklärt. Darauf begann der Junge zu beten, und aus einem buckligen, missgebildeten Krüppel, der auf allen vieren dahinkroch, wurde ein starker, gerade gewachsener, wohlgestalteter Mann. Er hatte sich seinen eigenen positiven Anspruch zurechtgelegt und verschaffte sich mit geistigen Mitteln eben jene körperlichen Eigenschaften, die ihm versagt gewesen waren.

Er wiederholte oftmals am Tag die folgenden Worte: »Ich bin völlig heil und gesund, stark, mächtig, voll Liebe, Harmonie und Glück.« Er ließ sich durch nichts beirren und erzählte, dieses Gebet sei am Morgen als Erstes und am Abend als Letztes auf seinen Lippen gewesen. Er gedachte auch anderer Kranker in liebevollem Gebet. Seine Unbeirrbarkeit, sein Glaube und seine christliche Nächstenliebe trugen tausendfältige Frucht. Sobald ihn Gedanken der Beängstigung, des Ärgers, der Eifersucht oder des Neides zu übermannen drohten, kämpfte er sofort mit der ganzen Kraft seiner positiven Einstellung dagegen an. Sein Unterbewusstsein reagierte in voller Übereinstimmung mit seiner neuen, positiven Denkgewohnheit. Dies nämlich ist der eigentliche Sinn der Bibelstelle: *»Geh hin, dein Glaube hat dir geholfen.«* (Markus 10,52)

Wie der Glaube an die Macht des Unterbewusstseins heilt

Ein junger Mann, der meine Vorlesungen über die Heilkraft des Unterbewusstseins besuchte, war mit einem schweren Augenleiden behaftet, das nach dem Urteil eines Spezialisten nur operativ behoben werden konnte. Er aber sagte sich: »Das Unterbewusstsein schuf meine Augen, darum kann es sie auch heilen!«

Jeden Abend vor dem Schlafengehen versetzte er sich in einen tranceartigen Zustand. Er konzentrierte sein Denken und seine Phantasie auf den Augenarzt. Er stellte sich vor, dieser stünde vor ihm und sagte klar und deutlich: »Ein Wunder ist geschehen!« Diese Szene vergegenwärtigte er sich jede Nacht etwa fünf Minuten lang, ehe er einschlief. Nach drei Wochen suchte er den Augenspezialisten zum

zweiten Mal auf, und nach langer, sorgfältiger Untersuchung stellte dieser fest: »Das ist ein Wunder!«
Was war geschehen? Der junge Mann hatte sein Unterbewusstsein erfolgreich beeinflusst, indem er den Arzt als Mittel oder Medium benutzte, um seinen Wunsch auf die tiefen Bewusstseinsschichten zu übertragen. Durch ständige Wiederholung, unerschütterlichen Glauben und feste Zuversicht erfüllte er das Unterbewusstsein mit der Vorstellung seiner Wünsche. Es hatte ja seine Augen erschaffen; ihm war das vollkommene Modell bekannt, und deshalb brachte es ihm Genesung. Dies ist ein weiteres Beispiel für die Heilkraft des Unterbewusstseins durch den Glauben.

Merksätze

1. Ihr Unterbewusstsein hat Ihren Körper geschaffen und ist Tag und Nacht auf dem Posten. Durch negatives Denken stören Sie seine Leben spendende und Leben erhaltende Tätigkeit.
2. Beauftragen Sie Ihr Unterbewusstsein vor dem Einschlafen mit der Lösung Ihres Problems, und Sie werden nicht lange darauf warten müssen.
3. Schenken Sie Ihren Denkgewohnheiten die nötige Beachtung. Jeder als wahr angenommene Gedanke wird durch Ihr Gehirn an das Sonnengeflecht – also an das körperliche Zentrum Ihres Unterbewusstseins – weitergeleitet, und es verwirklicht sich in Ihrem Leben.
4. Nehmen Sie es als Tatsache hin, dass Sie sich körperlich und geistig von Grund auf wandeln können, indem Sie Ihrem Unterbewusstsein einen entsprechenden neuen »Bauplan« vorlegen.
5. Ihr Unterbewusstsein dient immer dem Leben. Es lässt sich aber durch das Bewusstsein beeinflussen. Halten Sie

also Ihrem Unterbewusstsein immer nur positive Voraussetzungen und wahre Sachverhalte vor. Das Unterbewusstsein reagiert ja getreulich auf Ihre Denk- und Vorstellungsmodelle.

6. Im Laufe von jeweils elf Monaten wird der menschliche Körper stofflich erneuert. Gestalten Sie also Ihren Körper neu, indem Sie Ihre Einstellung anhaltend und positiv verändern.
7. Gesund zu sein ist der natürliche Normalzustand. Krankheit ist ein Ausnahmezustand. Allem Geschaffenen wohnt das Prinzip der Harmonie inne.
8. Eifersüchtige, angsterfüllte, sorgenvolle und feindselige Gedanken zerstören sowohl Nerven wie Drüsen und bringen geistige und körperliche Leiden aller Art mit sich.
9. Was Sie bewusst behaupten und als wahr empfinden, wird in Ihrem Geist, Körper und Leben Gestalt annehmen. Behaupten Sie das Gute, und das Leben wird Ihnen zur Freude.

Die wunderbare Quelle der Heilung

Berichte über seelische und körperliche Krankheiten des Menschen, wie sie in großer Zahl in der Bibel geschildert werden, gab es seit undenklichen Zeiten und gibt es heute noch. Fast in jedem Krankenhaus können Sie dieselben Leiden und Krankheitssymptome sehen. Natürlich haben diese schon in der Bibel beschriebenen Krankheiten heute wissenschaftliche Namen, die der medizinischen Terminologie entstammen.

Heutzutage jedoch beginnen auf der ganzen Erde – mit oder ohne Berufung auf die Bibel – Männer und Frauen verschiedenster Konfessionen und Wissenszweige zu erkennen, welche ungeheuren therapeutischen Ergebnisse sich durch Anwendung geistig-seelischer Gesetze erzielen lassen. Auf dem Gebiet der Medizin, Psychiatrie, Psychologie, Parapsychologie und verwandten Gebieten werden Beweise dafür erbracht und Abhandlungen darüber geschrieben, dass geistig-seelische und gefühlsmäßige Konflikte die verborgenen Ursachen verschiedener verheerender Krankheiten sind.

Über die Grundlage jeder Heilung

Jede Heilung erfolgt gemäß dem Glauben des Einzelnen. Das Unterbewusstsein ist die schöpferische Fähigkeit in uns und macht sichtbar, was das Bewusstsein ihm einprägt; das Bewusstdenken prägt ihm seine Gedanken ein; die Gedanken sind Äußerungen des Glaubens; was also dem Unterbewusstsein eingeprägt wird, macht sich gemäß unserem Glauben in unserem Leben geltend.

Die weit verbreitete Überzeugung, dass Krankheit, als eine sekundäre Ursache nur ein Zustand, eine primäre Ursache sei, ist falsch.

Sie änderte ihren Glauben und verließ den Rollstuhl

Vor einigen Tagen führte ich ein interessantes Gespräch mit einem Taxifahrer. Er erzählte mir, seine Mutter habe die Angewohnheit gehabt zu sagen: »Ich denke, irgendwann werde ich Arthritis bekommen und dann verkrüppelt sein wie meine Mutter und meine Großmutter.« Als Junge hatte er sich nichts dabei gedacht, bis dann der Tag kam, da die Arthritis seine Mutter tatsächlich zum Krüppel machte, so dass sie ins Krankenhaus musste.

Er brachte ihr ein Exemplar meines Buches *Die Macht Ihres Unterbewusstseins* (Ariston Verlag) und bat sie: »Mutter, lies das.« Sie tat es und bat ihn: »Ich möchte, dass du für mich betest.« Der behandelnde Arzt hatte dem jungen Mann eröffnet, seine Mutter müsse für den Rest ihres Lebens einen Rollstuhl benutzen.

Nach der Lektüre des Buches und den aufbauenden Suggestionen ihres Sohnes erkannte die Frau jedoch, was ihre Arthritis verursacht hatte – ihr Unterbewusstsein. Da es unpersönlich ist und geradezu autonom verwirklicht, was ihm eingeprägt wird, hatte es ihre ständig wiederholte negative Behauptung akzeptiert: »Ich denke, ich werde Arthritis bekommen wie meine Mutter und meine Großmutter.« Tatsächlich hatte sie, wie ihr nun klar wurde, die Krankheit selbst über sich gebracht; denn das Unterbewusstsein versteht uns wörtlich.

Die Frau sah ein, dass sie ihr Denken völlig ändern musste; deshalb wiederholte sie mehrmals am Tag bestimmte Wahrheiten, die ihr Unterbewusstsein akzeptieren würde. Ich schrieb ihr folgendes Gebet auf: »Der lebendige Geist in mir ist die unendliche Heilgegenwärtigkeit. Ich impfe nun meinem Unterbewusstsein die Vorstellung von Unversehrtheit, Vitalität und vollkommener Gesundheit ein. Göttliche Liebe durchströmt mich und löst alles auf, was ihr nicht gleicht. Göttlicher Friede erfüllt meine Seele. Kosmische Energie aus der Quelle der unendlichen Heilgegenwärtigkeit durchdringt mich und dringt hinab in die größten Tiefen meines Unterbewusstseins. Ich weiß, dass ich jedes Mal, wenn ich dieses Gebet spreche, mein Unterbewusstsein in diesem neuen Glauben bestärke, bis ich wieder unbehindert und voller Freude gehen kann.«

Ihr Sohn betete in ähnlicher Weise für sie. Aus dem Krankenhaus kam sie zwar noch im Rollstuhl nach Hause, doch innerhalb eines Monats genas sie völlig.

Wir wandeln im Glauben, nicht im Schauen

Vor ein paar Monaten konnte ich persönlich beobachten, welche wunderbaren Ergebnisse eine Mutter erzielte, die an die Gegenwärtigkeit der unendlichen Heilkraft in ihrem

Unterbewusstsein glaubte. Sie brachte ihren fünfjährigen Sohn zu mir. Er erschien mir als prächtiger gesunder Junge; doch die Mutter sagte, er leide an schweren Asthma-Anfällen und die Medizin, die er einnehme, vermöge die Anfälle nicht immer zu verhindern. Der Vater des Jungen war kurz nach dessen Geburt gestorben, und die Anfälle hatten etwa sechs Monate vor dem Besuch bei mir begonnen.

Ich sagte der Frau, ihr Sohn könne gesund werden. Der hl. Augustinus hatte gefragt, wozu der Glaube diene, wenn nicht dazu, das zu glauben, was man nicht sehe. Die Frau machte es sich nun zur Aufgabe, ihren Glauben an die Quelle kosmischer Energie zu demonstrieren. Sie besaß wunderbares Wissen über die seelisch-geistigen Gesetze und erklärte mir: »Ich weiß, dass sich, obwohl das Zeugnis meiner Sinne es abstreitet, mein gläubiges Gebet, sofern ich es in den Sinnen bewahre, in meinem Unterbewusstsein ablagern und sich verwirklichen wird.«

Drei- oder viermal am Tag wurde sie ganz still und stellte sich im Geist ihren Sohn vor, sie sah ihn zu ihr treten und hörte ihn sprechen: »Mama, Gott hat mich geheilt. Es geht mir prima.« Sie hielt beharrlich an diesem geistigen Bild fest, und nach einem Monat war der Junge völlig frei von den krampfartigen Asthma-Anfällen.

Ihr Lieblingszitat lautet: *Denn wir wandeln im Glauben und nicht im Schauen* (2. Korinther 5,7). Sie schulte ihren Geist und wusste, dass ihr konstruktives Denkbild, das sie sich in Form eines unsichtbaren Modells in ihrem Geist geschaffen hatte, sich vergegenständlichen und verwirklichen würde.

Die Technik der Fernheilung

Kosmische Energie ist Ausfluss jenes Lebensprinzips, das alle Menschen beseelt. Wenn beispielsweise Ihr Bruder im Ausland ist und Sie für ihn beten wollen, müssen Sie daran denken, dass es zwischen Persönlichkeiten keine feste

Demarkationslinie gibt, denn subjektiv sind wir alle eins. Wenn Sie an Ihren Liebsten denken, dann gibt es in Ihrem Unterbewusstsein weder Zeit noch Raum; deshalb empfängt er Ihre Gedanken der Unversehrtheit, Schönheit, Vitalität und Liebe, und diese Dinge werden in ihm zum Leben erweckt.

Die Wirkung geht, indem Sie denken, von Ihrem Bewusstsein aus, und die Übertragung zu Ihrem Liebsten oder Freund erfolgt über sein Unterbewusstsein; seine Empfangsbereitschaft bezeichnet man als Rapport mit Ihnen. Der kosmische Energiespender oder der Inbegriff des lebendigen Geistes – Gott – ist in seiner Ganzheit überall gleichzeitig gegenwärtig. Wenn Sie die Technik der Fernheilung anwenden, indem Sie für einen körperlich nicht anwesenden Menschen beten, können Sie dem Unterbewusstsein des Kranken Unversehrtheit und Vitalität verordnen, als wäre es Ihr eigenes, und gemäß Ihrem Glauben und Ihrer Überzeugung werden sich Ergebnisse einstellen.

Die Wunderheilung eines fieberkranken Kindes

Während der Arbeit an diesem Kapitel erhielt ich einen Anruf aus Georgia. Die Anruferin sagte, ihr Kind liege im Sterben, die verordneten Medikamente senkten das Fieber nicht; offenbar gebe es keine Hoffnung mehr.

Ich erklärte ihr, das Kind (sechs Jahre alt) werde auf ihren Glauben und ihr Vertrauen in die Gegenwärtigkeit der unendlichen Heilkraft Gottes in dem Kind reagieren. Ich riet der Mutter, ihre Gedanken von der Betrachtung des Fiebers und der Symptome sowie von allem Körperlichen überhaupt abzuziehen und dann in bewusster Formulierung mit lebhaftem Gefühl zu beten: »Der Spender aller kosmischen Energie – der lebendige, allmächtige Gott – ist das Leben meines Kindes. Gottes Strom des Friedens durchdringt das ganze Wesen meiner Tochter. Gottes Liebe erfüllt ihre Seele. Die belebende, heilende, harmonisierende Macht Gottes

wird jetzt in ihrer Seele und ihrem Körper offenbar. Die Vitalität wird jetzt in ihr wieder erweckt, und ich danke dafür.«
Sie wiederholte dieses Gebet etwa eine halbe Stunde lang unaufhörlich; denn sie wusste, dass das Unterbewusstsein ihres Kindes ganz durchdrungen würde von der Erkenntnis der ihm innewohnenden Heilkraft und dass die Gesundheit ihrer Tochter wiederhergestellt würde. Nach einer halben Stunde sank die Temperatur des Kindes auf den Normalwert, und der Arzt sagte zur Mutter: »Eine höhere Macht hat dies bewirkt.« Das kleine Mädchen verlangte nach seinem Hund und nach etwas zu essen. *Der Schwache spreche: Ich bin stark!* (Joel 4,10)

Schritte bei der seelisch-geistigen Heilung

Der erste Schritt besteht darin, dass Sie es ab sofort ablehnen, Angst vor den sichtbaren Symptomen einer Krankheit zu haben. Der zweite Schritt muss zu der Erkenntnis führen, dass die Verfassung des Kranken nur eine Folge negativen Denkens ist, dem künftighin die Macht entzogen sein wird. Der dritte Schritt ist, die Heilkraft Gottes, den Strom kosmischer Energie in dem Kranken, zu preisen.
Auf diese Weise hört die Produktion aller Toxine in Ihnen oder in der Person auf, für die Sie beten. Bezeichnen Sie die Verfassung des Kranken als falsch; heben Sie ihn in Ihrem Geist auf, sehen Sie ihn, wie er sein sollte – glücklich, heiter, frei. Leben Sie in der Verkörperung Ihres Wunsches, und das Wort wird Fleisch, d. h. Ihr Denken und Fühlen werden sich verwirklichen.

Wie ein Geistlicher die Heilkraft freisetzte

Vor einiger Zeit erzählte mir ein Geistlicher aus New York, er erziele durch die Benutzung meines Buches *Das Wunder Ihres Geistes* (Ariston Verlag) phantastische Ergebnisse. Seine an Tuberkulose erkrankte Frau hatte nicht positiv auf die Behandlung und auf das Klima in Tucson, Arizona, angesprochen, wo sie den ganzen Sommer über gewesen war. Da hatte der Geistliche, ein Freund von mir, sich einen Absatz aus der Bibel ausgesucht: *Jesus aber hob seine Augen empor und sprach: Vater, ich danke dir, dass du mich erhöret hast. Doch ich weiß, dass du mich allezeit hörst...* (Johannes 11,41–42).

Drei- oder viermal am Tag hatte er abgeschaltet, seine Gedanken beruhigt und sich völlig entspannt. Dann hatte er sich vorgestellt, er spreche mit Gottes Heilgegenwärtigkeit in seinem Inneren; seine innere Rede lautete: »Ich danke dir, Vater, für die wunderbare Heilung meiner Frau.« Er hatte dies unaufhörlich wiederholt, bis er von tiefem Dankgefühl durchdrungen war.

Seine Frau hatte dieselbe Technik angewandt. Nach einem Monat waren das Sputum und alle anderen Untersuchungen negativ gewesen. Als die beiden ihren Geist und ihre Herzen zu der ihnen innewohnenden unendlichen Heilgegenwärtigkeit Gottes erhoben, setzten sie die Heilkraft frei. Ihre innere Rede stimmte mit ihrem Ziel überein.

Immer muss die innere Rede – das Selbstgespräch, das stumme Denken – mit Ihrem Lebensziel oder -wunsch übereinstimmen. Immer wird Ihre innere Rede äußerlich sichtbar werden, Ihr Wunsch sich verwirklichen.

Bei dem Ehepaar stimmte die innere Rede mit dem Wunsch nach Unversehrtheit, Gesundheit und Vollkommenheit überein. *Und ich, wenn ich erhöht werde von der Erde, so will ich sie alle zu mir ziehen* (Johannes 12,32).

Der Schlüssel zu seelisch-geistiger Heilung

Die ideale Bewirkung der seelisch-geistigen Heilung ist es, alle Gedanken vollständig von den körperlichen Symptomen des Krankheitszustandes abzuziehen und an den Menschen, für den man betet, als rein geistiges Wesen zu denken; mit anderen Worten, ihn seinem geistigen Wesen und der ihm innewohnenden kosmischen Energie gleichzusetzen und dann zu sagen, dass das, was im Geistigen zutreffe, auch auf die Person zutreffe, der man zu helfen versucht. Bei dieser Technik erkennen Sie an, dass der Geist aus der Quelle kosmischer Energie (Gott) allmächtig und völlig frei von Unterordnung unter irgendeinen Zustand oder eine Verfassung ist. Sie behaupten, der Patient bringe nun die Vitalität, Unversehrtheit und Macht zum Ausdruck, die Inbegriff des Geistes sind. Der Patient ist aufnahmebereit für Ihre Behauptungen der Wahrheit, er wird Ihre Gedanken von Psyche zu Psyche empfangen, und sein Unterbewusstsein wird mit dem aufbauenden Gedankeninhalt des Heilers angefüllt. Unversehrtheit, Vitalität und Kraft werden wieder erweckt, Gesundheit tritt an die Stelle der Krankheit.

Seine Umkehr an der Schwelle des Todes

Eine Frau kam vor mehreren Monaten zu mir, weil ihr Mann an Delirium tremens litt. Sein Herz flatterte, und er halluzinierte. Die Ärzte sagten, sein Tod sei nur noch eine Frage von Tagen, wenn nicht Stunden. Sie bat mich, mit ihr ins Krankenhaus zu gehen; er verlange nach mir, weil er jeden Morgen meine Rundfunksendung gehört habe.

Der Mann stand unter Morphium, sprach aber trotzdem klar und logisch. Er war Alkoholiker und bekannte bei dem Gespräch am Krankenlager alle seine Verfehlungen, die er begangen hatte – eine stattliche Zahl, selbst regelrechter Verbrechen. Er sagte: »Ich bin am Ende. Ich muss sterben. Werde ich zur Hölle fahren?« Er hatte altmodische religiöse Vorstellungen, obwohl er schon längst in keine Kirche mehr gegangen war.

Ich erklärte ihm, dass das höchste Lebensprinzip – Gott – nie verdammt; dass jedes Urteilen dem Menschen überlassen sei, womit unser Geist gemeint ist, und dass wir uns selbst verurteilen, selbst unsere Hölle (als Einengung, Fessel) und selbst unseren Himmel (als Frieden, Harmonie und

Gesundheit) machen. Des Weiteren erklärte ich ihm, er müsse sich jetzt selbst alle seine vergangenen Vergehen verzeihen und inbrünstig beschließen, sie nicht nochmals zu begehen; außerdem könne er sich nun mit mir zusammentun, und wir würden alle jene freigeben, gegen die er Groll und Hass hegte. Ich sagte ihm, oberflächliches Beten sei keine Lösung; nur eine wirkliche Änderung des Herzens vermöge die wunschgemäße Verwirklichung; er müsse aus tiefstem Inneren all jenen, die er gehasst und verabscheut hatte, Gesundheit, Glück, Frieden und alle Wohltaten des Lebens wünschen.

Er nannte etwa zehn Personen. Wir begannen in gemeinsamem Gebet jedem Einzelnen von ihnen Gottes Liebe, Frieden und Freude und alle Wohltaten des Lebens zuzudenken und fühlten den Strom kosmischer Energie. Plötzlich machte der Mann an der Schwelle des Todes einen strahlenden, glücklichen Eindruck. Der Grund war, dass er nun den tiefen inneren Glauben hatte, es gebe »dort oben«, wie er sagte, keine Macht, die ihn bestrafen werde.

Er spürte, dass er mit Gott und den Menschen versöhnt und ihm alles vergeben war. Er entspannte sich und war bereit für das, was er den »Himmel« nannte.

Der behandelnde Arzt und die Schwestern stellten eine bemerkenswerte physische Besserung fest, und die neue Prognose lautete, er werde am Leben bleiben. Nach ein paar Tagen war er völlig gesund. Dieser Mann ist jetzt voller Leben, Vitalität und schäumt über vor Begeisterung.

Die Tatsache, dass er sich selbst und den Mitmenschen vergeben hat, seine entspannte Haltung und seine Hingabe an Gott befreiten seine Seele und seinen Körper sofort von Schmerz, Angst, Schuld und Hass. Sein Körper reagierte in wunderbarer Weise auf diese neue Geisteshaltung. Sein inneres Gefühl der Freiheit und des Seelenfriedens setzte die Heilkraft des kosmischen Energiespenders frei, und er war ein neuer Mensch in Gott. Er hat an sich erfahren, dass

Selbstverurteilung die Hölle ist und Selbstvergebung der Himmel – geistig-seelischer Frieden.

Der Lohn ist Heilung

Das Ihr Unterbewusstsein bestimmende Gesetz hat nichts zu tun mit Gut- oder Schlechtsein, mit Dogmen oder religiösen Überzeugungen. Dieses Gesetz ist unpersönlich. Gott sieht die Person nicht an. Die Sonne scheint auf die Ungerechten genauso wie auf die Gerechten. Der Regen fällt auf die Guten und die Schlechten. Das Gesetz Ihres Geistes enthält keinerlei Moral. Es ist immer unparteiisch, unpersönlich und neutral. Die Moral hängt von Ihrer Motivation und davon ab, wie Sie das Gesetz des Geistes sehen. Ihr Denken trägt seinen Lohn in sich. Ihre Idee, Ihr Wunsch, Plan oder Ziel sind gut oder schlecht, je nach der Natur des Wunschs oder Plans. Wählen Sie das Gute, und Gutes wird die Folge sein.

Sie können Ihren Wunsch verwirklichen, ohne auch nur einem Lebewesen auf dieser Erde ein Haar zu krümmen. Paulus sagt: *So ist nun die Liebe des Gesetzes Erfüllung* (Römer 13,10). Dies bedeutet, dass Sie, wenn Sie richtig denken, fühlen und handeln, das Gesetz konstruktiv anwenden und jedermann Wohlwollen entgegenbringen werden. Dieses Ausgreifen Ihres Herzens nach anderen wird dazu führen, dass Ihre Mitmenschen Ihnen gegenüber in ähnlicher Weise reagieren.

Heilung auf Grund eines zwingenden Mechanismus

In der Bibel heißt es, man müsse *nicht siebenmal, sondern siebzigmal siebenmal vergeben* (Matthäus 18,22). Dies ist bildlich gesprochen und bedeutet tausendmal am Tag, wenn nötig; es bedeutet, dass man von einem Geist immer währenden Vergebens, was zugleich ein ständiges Geben bedeutet, erfüllt sein soll. Ihr Geist ist ein Prinzip, und wenn Sie das Prinzip richtig anwenden, ist in Ihrem Geist kein Platz für Groll, Schuld und Strafe. Wenn Sie beispielsweise die Prinzipien der Mathematik, Chemie oder Elektrizität unwissend oder in falscher Weise angewandt haben, würden Sie von dem Augenblick an nicht mehr verletzt oder Schädigungen erleiden, ab dem Sie nun anfingen, diese Prinzipien richtig zu benutzen. Ein neuer Anfang ist ein neues Ziel.

Gott verdammt oder bestraft nie. Tatsächlich bestrafen Sie sich selbst durch Missbrauch des Gesetzes und durch negatives Denken. Die wunderbare Wahrheit, die Sie lernen müssen, lautet: Sie vergeben sich auf der Basis eines wirksamen Geistesgesetzes, eines wissenschaftlich erwiesenen Mechanismus, auf Grund dessen Ihr Unterbewusstsein automatisch seine Aktion Ihnen gegenüber umkehrt, wenn Sie richtig zu denken beginnen. Ob Sie ein Alkoholiker, Rauschgiftsüchtiger, Räuber, Dieb, Sadist oder Mörder sind, das Gesetz Ihres Unterbewusstseins hegt keinen Groll gegen Sie, verurteilt und bestraft Sie nicht und reagiert auch nicht mehr negativ, sobald Sie den ernsten Entschluss gefasst haben, ein anderer Mensch zu werden und die Wahrheiten Gottes, die gestern, heute und immerdar dieselben sind, anzuwenden und zu leben.

Alle unsere Verfehlungen, Versäumnisse, Verbrechen, Feindseligkeiten und Hassgefühle werden ausgelöscht, wenn wir unsere Herzen ändern und bekennen, dass die Liebe und Harmonie Gottes unser Leben bestimmen. Wenn göttliche Liebe, göttliche Harmonie und göttlicher Friede Ihren Geist und Ihr Herz beherrschen, wird das Gesetz Ihres Unterbewusstseins, das zwingend ist, Sie zwingen, die Eigenschaften und Attribute Gottes sichtbar werden zu lassen; diese werden in Ihrem Leben ihren Niederschlag finden. Alle Ihre Wege werden Wege der Freude sein und zum Frieden führen.

Eines aber sage ich: Ich vergesse, was da hinten ist, und strecke mich zu dem, was da vorne ist, und jage – nach dem vorgesteckten Ziel... (Philipper 3,13–14).

Merksätze

1. Auf der ganzen Erde beginnen Männer und Frauen verschiedenster Glaubensrichtungen und Wissenszweige zu erkennen, welch ungeheure therapeutische Ergebnisse sich durch Anwendung geistig-seelischer Gesetze erzielen lassen.
2. Jede Heilung erfolgt gemäß dem Glauben des Einzelnen oder seines Behandlers. Das Unterbewusstsein ist das kreative Medium und der Heiler des Körpers. Was das Bewusstdenken dem Unterbewusstsein einprägt, wird das Unterbewusstsein gemäß unserem Glauben getreulich im Leben verwirklichen.
3. Die Mutter eines Taxifahrers las *Die Macht Ihres Unterbewusstseins* (Ariston Verlag) und erkannte, dass sie ständig gefürchtet und erwartet hatte, von Arthritis verkrüppelt zu werden, weil ihre Mutter und ihre Großmutter diese Krankheit gehabt hatten. Sie änderte ihre Einstellung und begann regelmäßig, systematisch und bewusst zu sich selbst zu sagen, kosmische Energie aus der Quelle der unendlichen Heilkraft durchströme sie als Harmonie, Vitalität und Unversehrtheit und sie werde gesund. Sie stellte sich auch sich selbst vor, wie sie ging und alle Dinge tat, als sei sie schon gesund und unversehrt. Außerdem betete ihr Sohn für sie, indem er sich immer wieder sagte, dass göttliche Liebe, göttlicher Frieden und göttliche Harmonie den Geist und das Herz seiner Mutter erfüllen. Ständig sah er ein geistiges Bild vor sich: seine lebende, vitale und vom Geist beseelte Mutter zu Hause. Sein Bild stimmte mit seinem Gebet überein, und das so genannte Wunder geschah: die Frau geht jetzt ungehindert und lebt voller Freude.
4. Die kosmische Energie ist Ausfluss jenes Lebensprinzips, von dem alle Menschen beseelt werden. Wenn Sie für einen Freund oder Verwandten beten wollen, der Tau-

sende Kilometer entfernt ist, müssen Sie daran denken, dass es im Geist weder Zeit noch Raum gibt. Geist ist allgegenwärtig, und wenn Sie Ihrem Freund helfen wollen, dann gehen Sie in sich, betrachten Sie die Unversehrtheit, Schönheit, Vitalität, Intelligenz und Macht Gottes und sagen Sie sich, dass alles, was auf Gott zutrifft, auch auf Ihren Freund zutrifft. Tun Sie dies, bis Sie ruhig und entspannt sind und das Gefühl haben, im Augenblick nicht mehr tun zu können. Später, wenn Sie den Drang haben zu beten, wiederholen Sie den Gebetsvorgang, als sprächen Sie das Gebet zum ersten Mal. Bei jedem Male dringen Sie tiefer in Ihr Unterbewusstsein und in das Ihres Freundes ein, und er wird die Verwirklichung dessen erfahren, was Sie fühlen und glauben.

5. Eine Mutter, deren Kind an Fieber zu sterben drohte und auf kein Medikament reagierte, zog alle ihre Gedanken von dem Fieber und der Krankheit des Kindes ab. Sie setzte sich zu dem Kind und betete voll Glauben und Vertrauen: »Gottes Strom des Friedens durchdringt das ganze Wesen meiner Tochter. Die belebende, heilende, harmonisierende Macht Gottes wird jetzt in ihrer Seele und ihrem Körper offenbar.« Etwa eine halbe Stunde betete sie so, dann sank die Temperatur des Kindes auf den Normalwert. Das Unterbewusstsein des Kindes war durchdrungen von den Wahrheiten, welche die Mutter bekräftigt hatte, und sofort stellten sich Ergebnisse ein.
6. Der erste Schritt bei der seelisch-geistigen Heilung besteht darin, keine Angst vor Krankheit oder deren Symptomen zu haben. Der zweite Schritt muss zu der Erkenntnis führen, dass die Verfassung des Kranken nur eine Folge negativen Denkens ist, dem künftighin kein Platz mehr eingeräumt wird. Der dritte Schritt ist, die Heilkraft Gottes, den Strom kosmischer Energie in dem Kranken, zu preisen. Diese Geisteshaltung führt zur Heilung.

7. Ein Geistlicher erwirkte die wunderbare Heilung seiner an Tuberkulose leidenden Frau, indem er über einen Bibelvers meditierte und ihn so lange wiederholte, bis sein Unterbewusstsein und das seiner Frau den Vers ganz aufgenommen hatten. Er wandte sich nach innen, als spreche er den unendlichen Geist an, und betete: *Vater, ich danke dir, dass du mich erhöret hast. Doch ich weiß, dass du mich allezeit hörst…* (Johannes 11,41–42). Er fuhr fort, Gott für die wunderbare Heilung seiner Frau zu danken; denn er wusste, dass ein dankbares Herz immer Gott nahe steht. Die Tuberkulose heilte völlig aus.
8. Der Schlüssel zu seelisch-geistiger Heilung liegt darin, nicht an die körperlichen Symptome des Kranken zu denken, sondern nur an sein geistiges Wesen und die Gegenwärtigkeit Gottes im Inneren, und dann voll Überzeugung zu beten, dass der Inbegriff von Liebe, Harmonie, Unversehrtheit und Vitalität aus der Quelle kosmischer Energie die Person, für die Sie beten, belebt, stärkt, wiederherstellt und heilt. Sie müssen sich diese Person auch so vorstellen, wie sie sein sollte – glücklich, unversehrt, vital, völlig gesund. Ihr geistiges Bild muss immer mit Ihrem Gebet übereinstimmen, und gemäß Ihrem Glauben werden Sie Ergebnisse sehen.
9. Ein Alkoholiker war krank, fühlte sich schuldig und fürchtete den Tod. Als man ihm erklärte, dass er sich selbst seinen Himmel und seine Hölle schafft, lernte er das Gesetz des Verzeihens und erkannte, dass niemand ihn bestrafte außer er selbst und dass sein Groll und Hass ihn vergifteten, weil er alles, was er über andere dachte, in seinem eigenen Leben erzeugte. Er beschloss, sich selbst und den anderen zu vergeben, und er meinte es ernst. Liebe erfüllte seine Seele und Frieden seinen Geist. Er spürte, dass er ausgesöhnt und ihm alles vergeben war. Eine erstaunliche Heilung erfolgte, er konnte das Krankenhaus nach ein paar Tagen verlassen. Heute ist er

ein anderer Mensch. Er hat erkannt, dass Selbstvergebung der Himmel ist, nämlich Frieden, und Selbstverurteilung die Hölle, nämlich Einengung und Fessel.

10. Das Gesetz der Vergebung ist ein wissenschaftlich erwiesener Mechanismus. Ihr Geist ist ein Prinzip, und wenn Sie beginnen, es richtig anzuwenden, erfolgt sofort eine automatische Reaktion Ihres Unterbewusstseins, die Ihrem Bewusstdenken entspricht. Deshalb entdeckten sogar Verbrecher, die den intensiven Wunsch hatten, neue Menschen in Gott zu werden, dass ihr Leben sich änderte. Durch oberflächliches Gebet ist dies freilich nicht zu erreichen, sondern nur, wenn eine wirkliche innere Wandlung erfolgt. Ein neuer Anfang ist ein neues Ziel.
11. Siebzigmal siebenmal vergeben ist ein bildlicher Ausdruck aus der Bibel, der bedeutet, dass Ihr Leben von einem Geist immer währenden Vergebens und damit Gebens beherrscht sein sollte. Ersetzen Sie beharrlich negative Gedanken durch aufbauende, harmonische, dann vergeben Sie ständig sich selbst. Was Sie über andere denken und anderen wünschen, das erzeugen Sie in Ihrem eigenen Körper, in Ihrer Verfassung, Ihrem Dasein und Ihren Erlebnissen.
12. Alle unsere Verfehlungen und Versäumnisse werden völlig vergeben, wenn in uns die Liebe, Harmonie und der Frieden Gottes die Oberherrschaft erlangen; dann reagiert unser Unterbewusstsein entsprechend, und da der Mechanismus unseres Geistes zwingend ist, begeben wir uns zwangsläufig auf den Weg zur Freude und zum Frieden. *Seine Gnade währet ewig und seine Wahrheit für und für* (Psalm 100,5).

Wie Sie die kosmische Heilkraft einsetzen können

Überall auf Erden beginnen Menschen aller Weltanschauungen und Glaubensrichtungen zu erkennen, welche ungeahnten therapeutischen Ergebnisse durch die einfache Anwendung der spirituellen Gesetze richtigen Denkens und Glaubens erzielt werden können. In der Medizin, der Psychiatrie und der Psychologie sowie in allen diesen verwandten Gebieten sammelt sich immer mehr Beweismaterial an und erscheinen laufend wissenschaftliche Berichte über die zerstörerischen Auswirkungen von seelischen und emotionellen Konflikten in Verbindung mit bestimmten Krankheiten. Man ist sich heute darin einig, dass ein Großteil aller Krankheiten psychogener Natur ist (psychosomatische Krankheiten) und dass solche Erkrankungen auch mit seelisch-geistigen Mitteln behandelt werden müssen und geheilt werden können.

Wenn ein Kranker sein Denken ganz bewusst in gottgefällige Kanäle umlenkt und auf diese Art sein Unterbewusstsein positiv prägt, erfolgt eine Reinigung, und unendliche Heilgegenwart kosmischer Dimension wird freigesetzt – worauf das »Wunder« der Heilung geschieht.

Eine verkrüppelte Hand wurde geheilt

Das wortwörtliche Zeugnis einer Frau veranschaulicht, wie diese unendliche Heilgegenwart tatsächlich zu heilen vermag, wenn man sie anruft:

Sehr geehrter Herr Dr. Murphy!

Ich brach mir das linke Handgelenk, und die Knochen in meinem Gelenk und in der Hand waren so zersplittert, dass der Arzt sie unter dem Röntgenbildschirm einrichten musste. Man sagte mir, meine Hand würde verkrüppelt bleiben und ich müsse lernen, dieses Handikap mit der anderen

Hand auszugleichen. Da ich Sekretärin bin, muss ich beide Hände gebrauchen können. Eine wunderbare Heilkraft erneuerte und heilte meine Knochen und Muskeln. Nach dreieinhalb Monaten konnte ich wieder arbeiten. In dieser Zeit hatte ich viele Male am Tag voll Überzeugung und im Gefühl der Freude über die vonstatten gehende Genesung gebetet: »Die schöpferische Weisheit, die mein Handgelenk geschaffen hat, heilt mich jetzt.«

Der Arzt hatte mir ferner gesagt, ich würde in meinem Handgelenk Arthritis bekommen und bei Wetterwechseln Schmerzen haben. Das alles war vor sieben Jahren. Heute kann ich meine Hand voll gebrauchen, ich habe keine Arthritis, und Wetterwechsel machen mir nichts aus. Tatsächlich sind mein linkes Handgelenk und meine linke Hand elastischer und beweglicher als die rechte Hand!

Ich danke Ihnen noch einmal für Ihre Ratschläge über den Einsatz der inneren Heilkraft, die uns innewohnt.

Ihre ergebene Frau M. D. B.

Diesem Brief möchte ich hinzufügen, dass die junge Frau das Zusammenwirken ihres Bewusstseins und Unterbewusstseins genau kennt. In einem Postskript erwähnte sie, dass sie immer wieder in meinem Buch *Die Macht Ihres Unterbewusstseins* liest. Diese Frau hat begriffen, dass die spirituelle Therapie in einem synchronen, harmonischen, zielorientierten Funktionieren der bewussten und unbewussten Geistesebenen besteht.

Bestimmt haben Sie bemerkt, dass die Frau die ärztliche Diagnose, ihre Hand würde verkrüppelt bleiben, nicht akzeptierte und voll Glauben und tiefem Verständnis behauptete, dieselbe unendliche Weisheit, von der ihre Hand geschaffen wurde, heile sie auch. Diese Überzeugung prägte sich ihrem Unterbewusstsein auf, und die Heilung erfolgte.

Eine Fünfundachtzigjährige konnte wieder gehen – sogar ohne Stock

Nachstehenden Brief erhielt ich von einer prächtigen Frau, die mir Jahre früher einmal geschrieben hatte:

Sehr geehrter Herr Murphy,
Sie haben mir so viele Male geholfen, dass es mir schwer fällt, bei der wichtigsten Gelegenheit anzuknüpfen. Ich erinnere mich, dass ich schreckliche Schmerzen hatte, während unser Hausarzt auf Urlaub war. Zwei fremde Ärzte sagten mir übereinstimmend, ich hätte eine Zyste am rechten Eierstock und einen Nierenabszess. Ich betete, und die Schmerzen verschwanden über Nacht. Eine Untersuchung zeigte, dass der Abszess und die Zyste verschwunden waren. Ich hatte gebetet: »Gottes heilende Liebe, die mein Unterbewusstsein durchströmt, löst in diesem Moment alles auf, was ihr nicht gleicht.« Ich hatte das als wahr empfunden, und das »Wunder« geschah. Ich weiß, dass auch Sie beteten, und ich danke Ihnen dafür.
Die wunderbarste Demonstration fand bei meiner Mutter statt. Als sie fünfundachtzig war, stürzte sie und brach sich den Beckenknochen und das Schulterblatt. Sie bekam eine Lungenentzündung, und der Arzt meinte, sie würde das wohl nicht überleben – und wenn doch, würde sie auf den Rollstuhl angewiesen sein. Mutter sagte: »Das ist seine Meinung, nicht meine«, und kraft Glaubens und mit Hilfe der von Ihnen empfohlenen Gebete konnte sie nach drei Monaten wieder gehen – sogar ohne Stock!
Natürlich können Sie unsere Namen nennen. Mutter hieß Bertha Sparrow.
Gezeichnet Mrs. Eric B. Marlor, Los Angeles.

Der Brief dieser Frau zeugt von einem tiefen Verständnis der jeder Heilung zu Grunde liegenden Gesetze des Denkens und Glaubens.

Die Anwendung der kosmischen Heilkraft

Die spirituelle Heilmethode besteht weder im Schwingen irgendeines Zauberstabes noch in der Beschwörung irgendwelcher okkult-magischer Kräfte, sondern in der geistigen Reaktion des Menschen auf die ihm innewohnende Kraft kosmischer Dimension, die ihn sowie alle Lebewesen am Leben hält.

Spirituelle Heilung ist nicht dasselbe wie Glaubensheilung. Ein Glaubensheiler kann ein Mensch sein, der ohne Kenntnis oder wissenschaftliches Verständnis der Kräfte des Bewusstseins und Unterbewusstseins heilt. Er kann behaupten, über eine »magische Heilgabe« zu verfügen, »schwarze« oder »weiße Magie« zu betreiben und dergleichen mehr, und der blinde Glaube der Kranken an ihn oder seine Kräfte mag durchaus zu Ergebnissen führen. So mancher »Lebensberater« oder nichtprofessionelle Heilpraktiker arbeitet auf diese Art.

Der spirituelle Therapeut muss wissen, was er tut und warum er es tut. Er stützt sich auf die universellen Gesetze des Geistes. Er weiß, dass alles, was Sie durch Ihr Denken und Glauben Ihrem Unterbewusstsein auf- oder einprägen, den Inhalten Ihres Denkens und Glaubens entsprechend in Ihrem Leben als Erfahrung und Ereignis zum Ausdruck kommen wird.

Prägen Sie Ihr Unterbewusstsein mit Gedanken des Friedens, der Harmonie, Gesundheit und Vollkommenheit, indem Sie aufrichtig und voll Interesse über diese mit dem universellen kosmischen Geist in Einklang stehenden Ideen nachdenken. Ihr Denken und Fühlen (Interesse und Überzeugung) werden innere Heilkräfte kosmischer Dimension auslösen, und Sie werden genesen.

Wie ein Schneider vor dem Erblinden bewahrt wurde

Vor kurzem kam ein Schneider zu mir, der zu erblinden drohte. Er hatte mehrere Netzhautblutungen gehabt, und sein Arzt hatte ihm empfohlen, das Schneiderhandwerk aufzugeben und aufs Land zu ziehen. Er arbeitete jedoch weiter, und seine Sehfähigkeit verschlechterte sich laufend. Der Arzt, ein alter Freund von mir, sagte zu dem Schneider, er solle doch einmal mit mir über sein häusliches Leben sprechen.

Im Laufe unserer Unterredung bekannte der Schneider, dass er den Anblick seiner Schwiegermutter nicht ertragen könne. Die Schwiegermutter wohnte seit Jahren bei ihm im Haus und war ständig verdrossen, mürrisch und streitsüchtig, kurz, ein Stein des Anstoßes, was endlose Schwierigkeiten zur Folge hatte. Ich riet dem Schneider, die Schwiegermutter sofort zum Auszug aufzufordern, was er auch tat; gleichzeitig wünschte er ihr alle Wohltaten des Lebens und merzte dadurch aus seinem Unterbewusstsein jeden Groll und jede Feindseligkeit ihr gegenüber aus.

Er meditierte nun, wie ich ihm geraten hatte, täglich zehn bis fünfzehn Minuten lang anhand des folgenden Gebetes: »Tagsüber und auch nachts sehe ich in allen Menschen und Dingen immer mehr von Gottes Liebe, Licht, Wahrheit und Schönheit. Gott heilt mich jetzt, und ich danke für meine einwandfreie Sehfähigkeit.«

Wenig später kam ein kurzer Brief von ihm:

Sehr geehrter Herr Dr. Murphy!
Ich schreibe Ihnen, um Ihnen für die Heilung meiner Augen zu danken. Sie haben mir die Augen geöffnet, als Sie mir erklärten, was die Ursache für mein Augenleiden war. Mein Arzt sagte, dass meine Sehfähigkeit jetzt normal ist, und ich muss die Schneiderei nicht aufgeben.
Gott segne Sie. E. S.

Die Ausrichtung seines Lebens auf Gottes Liebe hat diesen Schneider von seinem Gefühlskonflikt und seiner Augenerkrankung befreit.

Eine Schriftstellerin löste ihr Titelproblem

Die folgenden Absätze sind wortwörtlich aus dem Brief der Schriftstellerin J.R. Arnold übernommen und zeigen, wie sie spontan ein Problem, das sie lange belastet hatte, zu lösen vermochte. Sie hatte viel Zeit und Sorgfalt auf die Verfassung eines Manuskripts verwandt, empfand aber ihren vorläufigen Arbeitstitel als vollkommen falsch.

Lieber Herr Dr. Murphy,
... seit mehreren Wochen schreibe ich mir immer wieder Titel auf, streiche sie aus und versuche es von neuem. Am Sonntag hatte ich den starken Drang, zu Ihrem Vortrag zu gehen, und ich musste mich noch sehr beeilen, denn wegen meiner Haushaltspflichten war ich ein bisschen spät dran.
Als ich ins Ebell Theatre kam, setzte ich mich ruhig und entspannt hin und sagte zu mir selber: »Ich weiß und glaube, dass mir heute das Göttliche in mir den Titel für mein Manuskript liefern wird.« Im Laufe Ihres Vortrages sagten Sie dann: »Der Intellekt allein kann die meisten Probleme nicht lösen, denen wir uns heute gegenübersehen.« Da erkannte ich, dass ich mein Problem auf bewusster Ebene nicht lösen könnte. Und plötzlich sprang mir dann der Titel in den Sinn – »wie eine Scheibe Toast aus dem Toaster springt« – wie Sie es einmal sagten. Ich wusste, dass der Titel absolut treffend war und genau ausdrückte, was ich in dem Manuskript zu sagen versucht hatte. Ich war so selig, dass ich hätte laut lachen können – es war so einfach, »das Unmögliche war möglich geworden«, und zwar im Vertrauen auf die Antwort des Unterbewusstseins. Ich werde den Titel nicht verraten – nicht einmal Ihnen, lieber Herr Dr. Murphy. Aber er ist genau das, was ich brauchte, damit meine Begeisterung für die Arbeit an dem Manuskript neu erwachte, und ich möchte dieses Gefühl oder die Wirksamkeit der »Antwort« nicht abschwächen, indem ich zu viel darüber rede. Es sei hier nur gesagt, dass ich sehr dankbar bin.
Aufrichtig Ihre J. R. Arnold, Los Angeles.

Frau Arnold hat erkannt und weiß, dass die innere Kraft kosmischer Dimension in unserer beruflichen oder geschäftlichen Welt genauso funktioniert wie bei der Heilung des Körpers.

Eine Lehrerin heilte ihre Geschwüre und verbesserte sich beruflich

Nachstehenden aufschlussreichen Brief bekam ich von einer Lehrerin:

Sehr geehrter Herr Dr. Murphy!
Seit Monaten betete ich um Heilung meiner Beschwerden und um Erfolg in meinem Beruf. Vor etwa vier Wochen nun besuchte ich an einem Sonntagvormittag im Wilshire Ebell Theatre Ihren Vortrag über das Thema: »Wie Sie die kosmische Heilkraft nutzen können.«
Während Sie sprachen, wurde mir plötzlich klar, dass ich beim Beten unbewusst meine Schmerzen und Wehwehs aufsagte und dass ich ständig meinen Schwierigkeiten im Klassenzimmer und mit meinem Schuldirektor nachsann. Ich hatte die Angewohnheit, Schüler, Eltern und Schulbehörden ständig zu kritisieren und zu tadeln.
Außerdem hatte ich, ich muss es zugeben, die noch schlechtere Angewohnheit, mich selbst wegen meiner Krankheit zu kritisieren und zu verurteilen. Ich war überzeugt, dass mein Wunsch, als Lehrerin befördert zu werden, nicht in Erfüllung ginge.
Mir schien, dass Sie während Ihres Vortrages mit mir redeten, doch ich wusste, dass Sie von meiner Anwesenheit unter den dreizehnhundert Zuhörern nichts wussten. Noch vor dem Ende Ihres Vortrags wurde ich mir aber der Tatsache bewusst, dass ich in Wirklichkeit die Schätze des Lebens verspielte und meine Fähigkeiten an negative Gedanken und Vorstellungen verschwendete, die ausgesprochen zerstörerisch waren.

Ich befolgte im Anschluss an Ihre Lesung Ihre Anweisungen: ich begann mich mit der unendlichen Heilgegenwart zu identifizieren und sprach häufig das von Ihnen empfohlene Meditationsgebet:
»Denn Gott hat uns gegeben den Geist nicht der Furcht, sondern der Kraft und der Liebe und der Zucht *(2. Timotheus 1,7). Ich glaube fest und unerschütterlich an Gott als das mildtätige, immer gegenwärtige Gute für mich. Ich werde belebt, mit Energie erfüllt, geheilt, ganz wiederhergestellt. Eine Beförderung wird mir jetzt gewährt. Ich strahle gegenüber meinen Schülern, meinen Kollegen und allen Menschen meiner Umgebung Liebe und Freundlichkeit aus und wünsche ihnen allen aus tiefstem Herzen Frieden, Freude und Glück. Gottes Weisheit beseelen und stärken allezeit die Schüler in meinen Klassen, und ich werde inspiriert und erleuchtet. Wenn ich in Versuchung komme, destruktiv zu denken, werde ich sofort an Gottes heilende Liebe denken.«*
Ich möchte Ihnen für diesen Vortrag danken. Meine Geschwüre sind ausgeheilt, ich bin befördert worden und habe eine sehr harmonische Beziehung zu meinen Kollegen und Schülern herzustellen vermocht. Ich habe begriffen, dass der Grund für dies alles in der Tatsache zu suchen ist, dass die Kinder in meiner Klasse unbewusst meine neue Geisteshaltung und Stimmung der Liebe, der Freundlichkeit und des Vertrauens aufnahmen, und sie dankten es mir dementsprechend.
Hochachtungsvoll E. R. B.

Der Brief spricht für sich selbst. Das zitierte Gebet hat die Lehrerin mitstenografiert.

Eine Formel aus vier Wörtern heilte Epilepsie

Während ich an diesem Kapitel arbeitete, erhielt ich einen interessanten Brief über die Wirkung der kosmischen Heilkraft:

Sehr geehrter Herr Dr. Murphy,
ich höre mir jeden Morgen Ihr Rundfunkprogramm an. Heute früh verlasen Sie einen Brief von einer Hörerin über die wunderbare Heilung, die sie erlebte. Darf ich Ihnen von meiner wunderbaren Heilung berichten?
Es ist fast 14 Jahre her, dass ich an Epilepsie erkrankte. Ich kam nie dahinter, was die Anfälle verursachte. Täglich nahm ich drei oder vier Pillen Phenobarbital und war die ganze Zeit sehr schläfrig.
Eines Morgens erörterten Sie im Radio psychosomatische Forschungsarbeiten über Epilepsie und sagten, unterdrückte Gefühle, intensiver Hass und aufgestaute Feindseligkeit gegenüber den Eltern seien oft die verursachenden Faktoren. *Dies traf in meinem Fall zu. Ich begann systematisch zu beten und gedachte meiner Eltern in Liebe und Freundlichkeit, bis ich ihnen im Geist begegnen und dabei ganz friedlich bleiben konnte.*
Etwa sechs Monate lang wiederholte ich jeden Abend und Morgen ganz langsam: »Gott heilt mich jetzt.« *Eines Morgens wusste ich, dass ich geheilt war, weil ein ungeheures Gefühl der Freude in mir aufwallte. Ich nahm das Mittel nicht mehr und ging zu meinem Arzt; er machte die üblichen Hirntests – alle waren negativ. Das war vor fast vier Jahren.*
Die Formel aus vier Wörtern (Gott heilt mich jetzt), die Sie im Radio nannten, sank in meine Seele, und ich bin ewig dankbar dafür. Es ist so richtig, dass unterdrückte negative Energie ein negatives Ventil haben muss, und in meinem Fall kam sie als Epilepsie zum Ausdruck. Es ist wahr, dass die Liebe die große Heilerin ist.
Ihre sehr ergebene J. D. M.

Wenden auch Sie diese Formel an, wenn Sie Gefühlen der Feindseligkeit und Aggression gegenüber Ihren Mitmenschen unterliegen. Gott heilt Sie gleich.

»Heilwunder« in unserer Zeit und die Gesetze des Denkens und Glaubens

Was gemeinhin als ein »Wunder« bezeichnet wird, stellt keineswegs einen Verstoß gegen die Naturgesetze dar. Schon der heilige Augustinus sagte: »Ein Wunder geschieht nicht gegen die Natur, sondern gegen unser Wissen von der Natur.« Ein Wunder beweist nicht das, was unmöglich ist, sondern, ganz im Gegenteil, gerade das, was möglich ist. Ein Wunder ist etwas, das geschieht, wenn Kräfte höherer Dimension ins Spiel gebracht werden, als sie der Mensch bisher kannte.

Es handelt sich dabei um die Gesetze des Denkens und Glaubens. Glauben könnte man kurz als eine Überzeugung, die Sie in Ihrem Geiste hegen, charakterisieren. Glauben heißt, etwas als wahr zu akzeptieren. Was Ihr bewusster, überlegender Verstand als wahr akzeptiert, prägt sich Ihrem Unterbewusstsein ein, das eins ist mit der Ihnen innewohnenden unendlichen Weisheit kosmischer Dimension, und ruft in Ihnen Kräfte auf den Plan, die selbständig, sozusagen autonom, Ihre Überzeugungen im Leben verwirklichen. Ihr Unterbewusstsein wirkt auf Grund schöpferischen Gesetzes, das auf die Natur Ihres Denkens reagiert und Zustände, Erfahrungen und Ereignisse hervorbringt, die ein Spiegelbild Ihrer Denk- und Glaubensinhalte sind. Darum handelt es sich schon bei der in der Bibel so kurz und bündig ausgedrückten Wahrheit: *Des Menschen Herz erdenkt sich seinen Weg* (Sprüche 16,9). Wie der Mensch im innersten Herzen denkt, so ist er.

Merksätze

1. Die unendliche Heilgegenwart, die Ihnen innewohnt, kann Sie heilen und wiederherstellen. Es gibt nur eine einzige kosmische Heilkraft, und das ist Gott, der in Ihnen wohnt.
2. Eine Frau heilte ihre verkrüppelte Hand, indem sie die unendliche Heilgegenwart anrief; und der Frau geschah gemäß ihrem Glauben. Das so genannte »Unmögliche« wurde möglich.
3. Eine Zyste am Eierstock und ein Nierenabszess lösten sich bei einer Frau vollkommen auf, weil sie zutiefst glaubte, dass Gottes Liebe alles auflösen kann, was ihr nicht gleicht. Wenn Sie einen Tumor herbeidenken können (und das können Sie!), ist es auch möglich, ihn »wegzudenken«.
4. Bei der spirituellen Heilung müssen Sie verstehen, was Sie tun und warum Sie es tun, und sich auf die universellen Gesetze des Geistes stützen. Jeder spirituellen Heilung liegt die synchrone Verbindung Ihres Bewusstseins und Ihres Unterbewusstseins zu Grunde, durch die kosmische Kraft auf den Plan gerufen und die Heilung bewirkt wird.
5. Ein Schneider erlangte seine Sehkraft wieder, als er bereit war zu vergeben und indem er voll Überzeugung und Gefühl bekräftigte: »Tagsüber und auch nachts sehe ich in allen Menschen und Dingen immer mehr von Gottes Liebe, Licht, Wahrheit und Schönheit.«
6. Eine Schriftstellerin überwand ihr Titelproblem durch die Erkenntnis, dass die ihr innewohnende unendliche Weisheit immer die Antwort weiß und sie sofort liefern kann. Die Antwort sprang ihr in den Sinn, wie »Toast aus dem Toaster springt«.
7. Eine Lehrerin sagte beim Beten unbewusst ihre Schmerzen und Schwierigkeiten auf. Als sie sich an Gott wand-

te und um Frieden, Gesundheit, Harmonie und Beförderung bat, wurden ihre Wünsche erfüllt. In der Bibel heißt es: *Er ruft mich an, so will ich ihn erhören...* (Psalm 91,15). Gott ist die Ihnen innewohnende unendliche Weisheit, die die Inhalte Ihres Denkens und Glaubens verwirklicht.

8. Es gibt eine aus vier Wörtern bestehende Heilformel: *Gott heilt mich jetzt.* Eine Frau wandte sie an und wurde von einer zehn Jahre währenden Epilepsie geheilt.
9. Ein »Wunder« ist etwas, das ganz natürlich geschieht, wenn Kräfte höherer, nämlich kosmischer Dimension ins Spiel gebracht werden.

Die praktische Anwendung der geistigen Therapie

Jeder Fachingenieur beherrscht die zum Bau einer Brücke oder Maschine nötigen Techniken und Methoden. Ganz ähnlich verfügt auch Ihr Geist über eine bestimmte Technik, mit deren Hilfe er über Ihr Leben wacht und es in bestimmte Bahnen lenkt. Die Beherrschung dieser Methoden und Techniken ist von erstrangiger und ausschlaggebender Bedeutung.

Der mit dem Bau der Golden Gate Bridge betraute Ingenieur besaß hervorragende Fachkenntnisse. Außerdem vermochte er sich ein genaues Bild von dieser sich kühn von Ufer zu Ufer spannenden Brücke zu machen. Unter Verwendung gesicherter, wissenschaftlich erprobter Methoden baute er die Brücke, auf der wir heute die Bucht von San Francisco überqueren. Auch beim Beten sind bestimmte Regeln zu beachten, wenn Ihr Gebet erhört werden soll. Dabei handelt es sich um einen ganz bestimmten wissenschaftlichen Vorgang. In unserer auf Gesetz und Ordnung beruhenden Welt geschieht nichts rein zufällig. Die folgenden Seiten führen Sie in einige praktische Techniken ein, die Ihr geistig-seelisches Leben bereichern und vervollkommnen werden. Ihre Gebete dürfen nicht in der Luft schweben bleiben wie ein Ballon, sondern müssen ans Ziel gelangen und Ihr Leben in der gewünschten Weise beeinflussen. Eine genauere Analyse des Gebets enthüllte die überraschende Vielzahl der hier möglichen Techniken und Methoden. Die rein formellen und rituellen Gebete, die einen festen Bestandteil des Gottesdienstes bilden, werden hier ausgeklammert, da sie nur für gemeinschaftliche Andachtsübungen von Bedeutung sind. Wir beschäftigen uns in diesem Buch ausschließlich mit dem persönlichen Gebet, insoweit es im täglichen Leben als Bitte um Hilfe für sich selbst und andere Anwendung findet.

Im Gebet formulieren wir einen auf ein ganz bestimmtes Ziel gerichteten Gedanken oder Wunsch. Der Betende verleiht der brennenden Sehnsucht seines Herzens Ausdruck. Mehr noch – Wunsch und Gebet sind ein und dasselbe. Als Gebet formulieren Sie Ihre wichtigsten Bedürfnisse, Ihre dringendsten Wünsche. *»Selig, die hungern und dürsten nach der Gerechtigkeit, denn sie werden gesättigt werden.«* (Matthäus 5,6) Das ist ein wirkliches Gebet: Der Hunger und Durst des Menschen nach Frieden, Harmonie, Gesundheit, Freude und allen anderen Segnungen des Lebens.

Die Technik der gedanklichen Beeinflussung des Unterbewusstseins

Diese Technik besteht im Wesentlichen darin, das Unterbewusstsein zu veranlassen, die ihm vom Bewusstsein vermittelten Wünsche anzunehmen. Diese gedankliche Beeinflussung erfolgt am besten in einem tranceartigen Zustand. Den tiefen Schichten Ihres Geistes wohnen unendliche Weisheit und Macht inne: Überdenken Sie also Ihren Wunsch in

Ruhe und seien Sie überzeugt, dass von nun an seine Erfüllung näherrückt. Tun Sie es dem kleinen Mädchen gleich, das an einem starken Husten und einer schmerzhaften Halsentzündung litt. Es erklärte wiederholt und voll Überzeugung: »Meine Erkältung vergeht bereits. Meine Erkältung vergeht bereits.« Nach einer Stunde waren die Symptome in der Tat verschwunden. Wenden Sie diese Technik mit dem gleichen unerschütterlichen, kindhaften Vertrauen an.

Das Unterbewusstsein nimmt jeden klar gezeichneten Plan an

Falls Sie für sich und Ihre Familie ein Haus bauen wollten, würden Sie den Plan sicher bis in die kleinsten Einzelheiten ausarbeiten und sorgfältig darüber wachen, dass er von den Bauleuten genauestens eingehalten wird. Auch auf das Material würden Sie achten und nur trockenes Holz, einwandfreien Stahl – kurz, von allem das Beste verwenden. Wie aber steht es um das Heim Ihres Geistes und Ihre Pläne für ein Leben in Glück und Überfluss? Alle Umstände und Ereignisse, alles und jedes in Ihrem Leben hängt ab von der Qualität der geistigen Bausteine, aus denen Sie das Heim Ihres Geistes errichten.

Ist Ihr Entwurf verzerrt durch Furcht, Sorge, Angst und Mangel, und sind Sie selbst niedergeschlagen, voll Zweifel und Zynismus, dann wird auch Ihr Geist von Mühe, Sorge, Spannungen, Befürchtungen und Einschränkungen aller Art gezeichnet sein.

Jeder wache Augenblick, den Sie dem Aufbau Ihrer Geistes- und Wesensart widmen, ist von grundlegender und weitreichender Bedeutung für Ihr Leben. Ein nur gedachtes Wort ist unhörbar und unsichtbar – nichtsdestoweniger existiert es in Wirklichkeit. Sie sind ununterbrochen damit beschäftigt, die Heimstatt Ihres Geistes aus dem Material Ihrer Gedanken und Vorstellungsbilder zu erbauen. Jede Stunde, jede Sekunde können Sie nutzen, um auf der Grundlage

Ihrer Gedanken, Ideen und Überzeugungen, deren szenische Abfolge sich ausschließlich auf der Bühne Ihres Geistes abspielt, ein von Gesundheit, Erfolg und Glück strahlendes Leben aufzubauen. In der Werkstatt Ihres Geistes schaffen Sie Ihre Persönlichkeit und Ihre Identität auf der Ebene dieses irdischen Seins. Auf diese Weise hinterlassen Sie der Welt die Spuren Ihrer Lebensgeschichte.

Legen Sie sich einen neuen Plan zurecht. Führen sie ihn ganz in der Stille aus, indem Sie von jetzt an Ihre Gedanken auf Friede, Harmonie, Freude und Bereitschaft zum Guten richten. Indem Sie Ihr geistiges Auge auf diesen Segnungen verweilen lassen und sie als ein Ihnen zustehendes Eigentum beanspruchen, werden Sie Ihr Unterbewusstsein zur Übernahme des neuen Planes bewegen und die Grundlage zur Verwirklichung Ihrer Träume legen. *»An ihren Früchten sollt ihr sie erkennen.«* (Matthäus 7,16)

Die Wissenschaft und Kunst des richtigen Gebets

Das Wort »Wissenschaft« wird hier in der Bedeutung von Kenntnis gebraucht, und zwar eines geschlossenen Systems, das eine Reihe von Tatsachen sinnvoll vereinigt und ordnet. Wir wenden uns also der im Titel angekündigten »Wissenschaft und Kunst des richtigen Gebets« als denjenigen Vorgängen und Techniken zu, mittels derer nicht nur Sie, sondern jeder gläubige Mensch die wahre Existenz der Grundgesetze des Lebens beweisen und sie für sich und andere nutzen kann. Unter »Kunst« verstehen wir demnach die von Ihnen gewählte Methode, die auf der wissenschaftlichen Erkenntnis der Schöpferkraft des Unterbewusstseins und dessen Reaktion auf Vorstellungsbilder und Gedanken beruht.

»Bittet, und es wird euch gegeben werden; suchet, und ihr werdet finden; klopfet an, und es wird euch aufgetan werden.« (Matthäus 7,7) Diese Worte stellen Ihnen die Erfüllung all Ihrer Wünsche in Aussicht. Die Tür wird sich Ihrem

Klopfen öffnen, und Sie werden finden, wonach Sie suchen. Diese Bibelstelle lässt keinen Zweifel an der Existenz klarer geistiger und seelischer Gesetze zu. Die Allweisheit Ihres Unterbewusstseins wird immer und unmittelbar auf Ihr bewusstes Denken reagieren. Dem, der um Brot bittet, wird nicht ein Stein gegeben werden. Doch erhört wird nur das Gebet, das aus einem gläubigen Herzen kommt. Der Weg des Geistes führt vom Gedanken zum Gegenstand. Ohne ein bereits bestehendes Vorstellungsbild kann sich also die Wirkung des Geistes nicht entfalten, da ihm weder Richtung noch Ziel gegeben sind. Der Gegenstand Ihres Gebets – das ja, wie wir wissen, eine geistige Tätigkeit darstellt – muss Ihnen bereits als Vorstellungsbild gegenwärtig sein, denn andernfalls kann das Unterbewusstsein Ihren Wunsch weder erfassen noch schöpferisch verwirklichen. Ihr Geist muss sich also in einem vollkommenen, durch nichts eingeschränkten oder beeinträchtigten Zustand gläubiger Bereitschaft und williger Hinnahme befinden.
Diese geistige Betrachtungsweise muss einhergehen mit einem Gefühl innerer Freude und Ruhe, das der sicheren Erwartung des gewünschten Erfolgs entspringt. Die Kunst und Wissenschaft des richtigen Gebets beruht also auf einer unabdingbaren Voraussetzung, nämlich dem klaren Wissen und restlosen Vertrauen, dass der bewusste Denkvorgang eine entsprechende Reaktion des Unterbewusstseins hervorrufen wird und dass Letzteres eins ist mit der unendlichen Allweisheit und Allmacht. Bei genauer Beachtung dieser Methode werden Ihre Gebete Erhörung finden.

Die Technik der bildlichen Vorstellung

Die einfachste und unmittelbarste Art, sich einen Gedanken zu vergegenwärtigen, ist, ihn zu visualisieren, ihn sich bildlich vorzustellen und ihn mit dem geistigen Auge so lebendig zu erfassen, als biete sich der betreffende Gegenstand tatsächlich dem Blick. Das Auge unseres Gesichtssinns erkennt nur, was bereits in der sichtbaren Welt existiert. Ähnliches gilt für Ihr geistiges Auge, nur dass dieses die unsichtbaren Bereiche des Geistes durchdringt. Jedes Bild Ihrer Phantasie formt den Stoff Ihrer Träume und beweist die Existenz des Unsichtbaren. Die Produkte Ihrer Phantasie sind genauso wirklich vorhanden wie jeder beliebige Teil Ihres Körpers. Idee und Gedanke sind wirklich vorhanden und werden eines Tages in der körperlichen Welt Gestalt annehmen, falls Sie fest und unbeirrt an dem betreffenden Vorstellungsbild festhalten.

Der Denkvorgang hinterlässt geistige Eindrücke, die ihrerseits feste Gestalt annehmen und als Ereignis in Ihr Leben treten. Der Bauherr hat eine genaue Vorstellung des Hauses, das er sich wünscht; noch vor dem ersten Spatenstich sieht er es vollendet vor sich. Die Bilder seiner Phantasie und seine Denkvorgänge werden gleichsam zur Gussform für das Gebäude. Der Zeichenstift macht seine Ideen sichtbar. Der Bauunternehmer beschafft die nötigen Materialien, die Arbeiter errichten das Gebäude, bis es fertig dasteht – in völliger Übereinstimmung mit dem Vorstellungsbild von Bauherrn und Architekten.

Insbesondere vor öffentlichen Vorträgen wende ich gern die Technik der Visualisierung oder bildlichen Vorstellung an. Ich beruhige die sich überstürzende Flut meiner Gedanken, um dem Unterbewusstsein ungestört die gewünschten Bilder und Vorstellungen zu vermitteln. Als Nächstes stelle ich mir den Vortragssaal bis auf den letzten Platz von Männern und Frauen gefüllt vor, und alle sind sie erleuchtet und durchdrungen von der ihnen innewohnenden heilenden Kraft. Ich sehe sie vor mir: befreit von allem Leid und strahlend vor Glück.

Nachdem ich mir dieses Bild in allen Einzelheiten ausgemalt habe, halte ich an diesem Bild meiner Vorstellung fest und höre im Geiste beglückte Rufe, wie zum Beispiel: »Es geht mir wieder gut!« – »Ich fühle mich herrlich!« – »Ich wurde auf der Stelle geheilt! – »Ich bin völlig verwandelt!« Diesen Vorstellungen gebe ich mich etwa zehn Minuten lang hin, im festen Wissen und sicheren Gefühl, dass Geist und Körper meiner Zuhörerschaft durchflutet werden von Liebe, Gesundheit, Schönheit und Vollkommenheit. Dieser Bewusstseinszustand erreicht einen Grad von Lebensechtheit, dass es mir scheint, als höre ich tatsächlich eine Vielzahl von Stimmen, die laut das unerwartete Geschenk von Glück und Gesundheit preisen. Zum Schluss lasse ich dieses Bild langsam verblassen und begebe mich zum Rednerpult. Kaum ein Vortrag vergeht, ohne dass nachher einige Zuhörer glückstrahlend beteuern, ihre Gebete seien erhört worden.

Die mentale Film-Methode

Ein bekanntes Sprichwort lautet: »Ein Bild ist mehr wert (oder: sagt mehr) als tausend Worte.« William James, der Begründer der amerikanischen Psychologie, wies nachdrücklich darauf hin, dass das Unterbewusstsein jedes unbeirrt und gläubig festgehaltene Vorstellungsbild verwirklicht: *»Tue so, als ob ich bereits da wäre, und ich werde da sein.«*

Vor mehreren Jahren befand ich mich auf einer Vortragsreise durch mehrere Staaten im mittleren Westen. Oft wünschte ich mir einen zentral gelegenen Wohnsitz, von dem aus ich alle Hilfsbedürftigen schneller erreichen könnte. Weite Strecken legte ich von diesem Wunsch begleitet zurück. Eines Abends in Spokane im Staat Washington zog ich mich auf mein Hotelzimmer zurück, streckte mich entspannt aus, schaltete alle bewussten Gedanken aus und stellte mir in diesem völlig passiven Zustand der Ruhe vor, ich stünde vor einer Zuhörerschaft, die ich mit den folgenden Worten ansprach: »Ich freue mich, hier zu sein. Um diese ideale Gelegenheit habe ich gebetet.« So lebendig bot sich diese imaginäre Zuhörerschaft meinem geistigen Auge, als ob sie tatsächlich vorhanden wäre. Ich sah mich gleichsam selbst als Hauptdarsteller in einem irrealen Film und war durchdrungen von der Überzeugung, die Bilder meiner Phantasie würden somit meinem Unterbewusstsein übertragen, das auf seine eigene Weise für die Verwirklichung sorgen würde. Als ich am nächsten Morgen erwachte, erfüllte mich ein unendliches Gefühl des Friedens und der Befriedigung. Wenige Tage später erhielt ich ein Telegramm mit der Bitte, die Leitung einer Organisation im mittleren Westen zu übernehmen. Voll Freude ergriff ich die ersehnte Gelegenheit, auf Jahre hinaus einer ebenso lohnenden wie befriedigenden Tätigkeit nachzugehen.

Die hier beschriebene Methode fand großen Beifall bei vielen Ratsuchenden, die sie als die »Film-Methode« bezeichneten. Im Anschluss an meine wöchentlichen Vorträge und Radiosendungen erhielt ich zahlreiche Briefe, die mir vom außerordentlichen Erfolg dieser Technik beim Verkauf von Immobilien berichteten. Deshalb möchte ich all jenen, die Liegenschaften oder ein anderes größeres Objekt veräußern wollen, raten, sich zunächst von der Angemessenheit des gewünschten Preises zu überzeugen. Als Nächstes müssen sie den festen Glauben gewinnen, die Allweisheit führe ihnen den Käufer zu, der sich schon immer ein Haus oder Grundstück der betreffenden Art gewünscht hat und damit glücklich wird. Darauf versetzt man sich am besten in einen Zustand völliger körperlicher und geistiger Entspannung, eine Art von Dämmerschlaf, in dem alle bewussten Anstrengungen auf ein Mindestmaß beschränkt werden. In diesem Halbschlaf muss nun die Phantasie tätig werden. Man hält im Geiste voller Freude den Kauferlös in der Hand und bedankt sich aus vollem Herzen für diese günstige Wendung – man lebt sich also möglichst intensiv in diese Rolle hinein und malt sich die Erfüllung seines Wunsches mit den stärksten Farben aus. Besonders geeignet sind hierfür die letzten Minuten vor dem Einschlafen. Man muss so tun, als wäre dies alles echte Wirklichkeit. Nämlich nur dann wird das Unterbewusstsein die Vorstellung annehmen und realisieren. Eine gläubig und beharrlich im Geist festgehaltene, bildliche Vorstellung wird sich unbedingt verwirklichen.

Die Baudoin-Technik

Charles Baudoin war Professor am Rousseau-Institut in Frankreich. Er war ein hervorragender Psychotherapeut und leitete die Forschungsabteilung der neuen therapeutischen Schule in Nancy. Schon 1910 lehrte er, das Unterbewusstsein sei am leichtesten in einem schlafartigen Zustand zu beeinflussen, indem jede bewusste Anstrengung auf ein Mindestmaß beschränkt werde. Hatte er sich einmal in einen solch völlig passiven Zustand versetzt, so prägte er dem Unterbewusstsein durch rein geistige Konzentration die gewünschte Vorstellung ein. Er fasste seine Methode in der folgenden Formel zusammen: »Am einfachsten und wirkungsvollsten wird dem Unterbewusstsein die gewünschte Vorstellung suggeriert, indem man sie zu einem kurzen, einprägsamen Satz verdichtet, der dann – gleichsam als Schlaflied – ständig wiederholt wird.«

Vor einigen Jahren war eine junge Dame in Los Angeles in einen langwierigen Erbschaftsprozess verwickelt. Ihr Mann hatte ihr sein ganzes Vermögen hinterlassen, jedoch versuchten die Söhne und Töchter aus erster Ehe mit allen Mitteln, dieses Testament für ungültig erklären zu lassen. So standen die Dinge, als sie von der Baudoin-Technik hörte. Gemäß den ihr gegebenen Verhaltensregeln setzte sie sich in einen bequemen Sessel, entspannte sich körperlich und geistig, versetzte sich in einen Dämmerzustand und fasste den Kern ihres Anliegens in dem folgenden, einprägsamen Satz zusammen: »Gottes Wille schafft Ordnung.« Damit wollte sie sagen, dass die in den Gesetzen des Unterbewusstseins zu Tage tretende Allweisheit eine harmonische und gütliche Regelung herbeiführen würde. Zehn Abende hintereinander versetzte sie sich in Halbschlaf und wiederholte langsam, ruhig und gefühlsinnig immer dieselbe Feststellung: »Gottes Wille schafft Ordnung.« Und mit dem Gefühl unendlichen Friedens sank sie in tiefen, normalen Schlaf. Als sie am Morgen des elften Tages erwachte, durchströmte ihren Körper ein unsägliches Wohlbefinden. Es gab für sie keinen Zweifel mehr: Gottes Wille hatte Ordnung geschaffen. Noch am selben Tag erfuhr sie von ihrem Anwalt, die Gegenpartei wolle einen Vergleich schließen. Die ersehnte gütliche Regelung setzte bald darauf dem Prozess ein Ende.

Die Schlaf-Technik

Jede bewusste Anstrengung ist im Halbschlaf weitestgehend ausgeschaltet. Gerade in den Augenblicken vor dem Einschlafen und unmittelbar nach dem Erwachen ist das Bewusstsein am wenigsten tätig, und die Türen zum Unterbewusstsein stehen am weitesten offen. In diesem Zustand ist auch am allerwenigsten mit jenen negativen Gedanken zu rechnen, die sonst die dynamische Kraft der Wünsche aufheben und somit eine wirkungsvolle Übernahme durch das Unterbewusstsein verhindern.

Angenommen, Sie wollen sich von einer schädlichen Gewohnheit befreien. Nehmen Sie eine bequeme Lage ein und entspannen Sie Körper und Geist. Versetzen Sie sich in eine Art Dämmerschlaf und wiederholen Sie dann in völliger innerer und äußerer Ruhe ein und denselben Gedanken, als wollten Sie sich damit in Schlaf wiegen: »Ich bin völlig von meiner Gewohnheit befreit; ich habe mein inneres Gleichgewicht und meinen Seelenfrieden uneingeschränkt wiedergewonnen.« Wiederholen Sie diesen Satz jeden Morgen und Abend langsam, ruhig und gefühlsstark etwa fünf bis zehn Minuten lang. Bei jedem Mal steigert sich die emotionale Wirksamkeit der Worte. Sobald Sie versucht sind, wieder in Ihre alte, schädliche Gewohnheit zu verfallen, sprechen Sie diese Formel laut vor sich hin. Auf diese Weise bringen Sie das Unterbewusstsein dazu, den betreffenden Gedanken anzunehmen, und die Befreiung wird nicht lange auf sich warten lassen.

Die Dank-Technik

Der Apostel Paulus empfiehlt uns in der Bibel, unsere Wünsche unter Danksagung und Lobpreisung zu äußern. So einfach diese Gebetstechnik sein mag, sie führt doch immer wieder zu außergewöhnlichen Erfolgen. Das dankerfüllte Herz steht den schöpferischen Kräften des Universums besonders weit offen, und das kosmische Gesetz von Aktion und Reaktion löst eine Wechselwirkung aus, die ungeahnter Segnungen voll ist.

Ein junger Mann, dem sein Vater als Belohnung für ein schwieriges Examen ein Auto in Aussicht stellt, tut demnach recht, dankbar und glücklich zu sein, als hätte er das Geschenk tatsächlich schon erhalten. Er weiß ja, dass der Vater sein Versprechen erfüllen wird. Und in diesem Vertrauen lebt er in seliger Erwartung – rein geistig hat er das Auto bereits voll Freude und Dankbarkeit in Besitz genommen.

Lassen Sie mich an einem anderen Beispiel nun auch zeigen, welch hervorragender Erfolg dieser Technik beschieden ist. Mr. Broke, ein Bekannter, sagte sich eines Tages: »Die Rechnungen häufen sich; ich bin stellungslos, habe drei Kinder, und meine Geldmittel sind erschöpft. Was tun?« Etwa drei Wochen lang wiederholte er regelmäßig jeden Morgen und Abend die folgenden Worte: »Himmlischer Vater, ich danke dir für meinen Wohlstand.« Er tat dies völlig entspannt und innerlich ausgeglichen. Er stellte sich dabei vor, er spreche die ihm innewohnende Allweisheit und Allmacht genauso unmittelbar an wie einen menschlichen Gesprächspartner. Selbstverständlich wusste er sehr wohl, dass sich der unendliche schöpferische Geist der sinnlichen Wahrnehmung entzieht. Er richtete also sein geistiges Auge auf das lebendige Vorstellungsbild materiellen Überflusses; dieses Produkt seiner Phantasie würde ja die gewünschte Wirkung – also eine geeignete Stellung, Nahrung und genügend Geld – zwangsläufig hervorrufen. Sein Denken und Fühlen konzentrierte sich bedingungslos auf die Vorstellung eines Lebens in gesicherten Verhältnissen. Die dauernde Wiederholung »Ich danke dir, himmlischer Vater« erfüllte ihn mit fester Zuversicht und befreite ihn von dem in seiner Notlage drohenden Gefühl der Niedergeschlagenheit. Er wusste, sein Geist würde sich an materielle Sicherheit und Wohlhabenheit gewöhnen, wenn er nur unbeirrt und dankbaren Herzens an dieser Einstellung festhielt. Und genau dies geschah auch: Er traf auf der Straße einen früheren Arbeitgeber, den er seit zwanzig Jahren nicht mehr gesehen hatte. Dieser bot ihm eine sehr gut bezahlte Stellung an und streckte ihm sofort tausend Dollar vor. Heute ist Mr. Broke stellvertretender Präsident dieser Gesellschaft. Vor kurzem erst sagte er zu mir: »Niemals werde ich die Wunderkraft meines Dankgebetes vergessen, denn ich habe sie selbst erlebt.«

Die Technik der positiven Behauptung

Diese Technik ergibt sich aus dem Sinn der Worte: *»Das Gebet sei kein sinnloses Gestammel.«* Die eigentliche Macht einer Affirmation oder positiven Behauptung beruht auf der überlegten Herausstellung objektiver Wahrheiten. 3 und 3 ergibt 6 – und nicht 7, wie etwa ein Bub, der dies irrtümlich »errechnet« hatte, unter Anleitung des Lehrers einsehen musste. Die Tatsache, dass 3 und 3 die Summe von 6 ergibt, beruht nun aber nicht etwa auf der Feststellung des Lehrers, sondern ist ein mathematisches Gesetz. Der Junge beugt sich also der objektiven Wahrheit der Mathematik und nicht etwa nur der subjektiven Feststellung seines Lehrers.

Nun stellt im menschlichen Leben Gesundheit den Normalzustand dar. Krankheit aber ist ein Ausnahmezustand; Gesundheit ist der wahre Seins-Zustand. Sobald Sie also in Bezug auf sich selbst und Ihre Mitmenschen mit Festigkeit die Tatsache der Gesundheit, Harmonie und des Friedens feststellen und sich dabei vor Augen führen, dass es sich hier um die universellen Prinzipien des Seins handelt, wird die unerschütterliche Überzeugung von der Wahrheit Ihrer Feststellung die negativen Verhaltensformen Ihres Unterbewusstseins korrigieren.

Der Erfolg dieser affirmativen Methode – die der gläubige Mensch wiederum im Gebet verwirklicht – hängt davon ab, ob Sie sich ohne Rücksicht auf den äußeren Schein einzig und allein an die Prinzipien des Lebens halten. Nehmen wir einmal an, es gäbe wohl ein Gesetz der Mathematik, aber keinen Irrtum, und es gäbe ein Gesetz der Wahrheit, aber keine Unwahrheit. Stellen Sie sich vor, es würde uneingeschränkt das Prinzip der Einsicht herrschen, und es gäbe keine Unwissenheit; es gäbe das Prinzip der Harmonie, aber keine Zwietracht. So gibt es in der Tat zwar das Gesetz der Gesundheit, aber kein auf Krankheit abzielendes Prinzip; und so herrscht in der Tat das Prinzip des Überflusses, nicht aber das der Armut.

Ich selbst wandte diese affirmative Methode an, als meine Schwester in einem englischen Krankenhaus an der Gallenblase operiert wurde. Klinische und röntgenologische Untersuchungen hatten die Dringlichkeit eines solchen Eingriffs erwiesen. Sie bat mich, für sie zu beten. Rein geografisch trennten uns zwar an die 10 000 Kilometer, für das Prinzip des Geistes gibt es aber weder Zeit noch Raum. Der unendliche Allgeist ist zu jeder Zeit und an jedem Ort in seiner Gesamtheit gegenwärtig.

Ich vermied sorgfältig jeden Gedanken an die Krankheitssymptome und überhaupt an die körperliche Wesenheit meiner Schwester. Dann stellte ich folgende positive Behauptung auf: »Dieses Gebet ist für meine Schwester

Katherina. Sie ist völlig entspannt, im Frieden mit sich und der Welt, ausgeglichen, voll Ruhe und Heiterkeit. Die heilbringende Weisheit ihres Unterbewusstseins, die ihren Körper schuf, verwandelt in diesem Augenblick jede Zelle, jeden Nerv, jedes Gewebe, jeden Muskel und jeden Knochen und bringt jedes Atom ihres Organismus wieder in Übereinstimmung mit dem vollkommenen Muster und Vorbild, das in Ihrem Unterbewusstsein aufbewahrt ist. In aller Stille werden alle negativen Voreingenommenheiten ihres Unterbewusstseins spurlos verdrängt, und die Vitalität, Ganzheit und Schönheit des Lebensprinzips durchdringen ihren gesamten Körper. Ihr Sein und Wesen steht nun weit offen für die Ströme heilender Kraft, die ihren ganzen Organismus durchfluten und ihr von neuem Gesundheit, Harmonie und Frieden schenken. Alle abträglichen Gedanken und hässlichen Vorstellungen werden jetzt in der unendlichen Strömung der Liebe und des Friedens getilgt. So und nicht anders geschieht es.«

Diese meine tiefe Überzeugung vergegenwärtigte ich mir täglich mehrere Male. Zwei Wochen später stellten die Ärzte verblüfft eine außergewöhnliche Heilung fest, die auch auf dem Röntgenschirm ihre Bestätigung fand.

»Behaupten« heißt ja nichts anderes als feststellen, dass etwas so und nicht anders ist. Und dies bekräftigen – das ist die Bedeutung von »Affirmation«. Hält man an dieser Einstellung fest – selbst wenn ihr der äußere Anschein noch so sehr widerspricht –, so wird das betreffende Gebet Erhörung finden. Denkend stellt der Mensch fest, auch die Verneinung ist Feststellung. Wer eine Behauptung in bewusster Absicht ständig wiederholt und bekräftigt, versetzt den Geist in einen Bewusstseinszustand, in dem er alle gemachten Feststellungen als wahr hinnimmt. Halten Sie sich also unbeirrbar an die Wahrheiten des Lebens, und behaupten Sie diese, bis die gewünschte Reaktion des Unterbewusstseins eintritt.

Die Beweis-Methode

Der Name dieser Technik spricht für sich selbst. Sie geht zurück auf die von Dr. Phineas Parkhurst Quimby angewandte Methode. Dr. Quimby, ein Vorkämpfer der geistig-seelischen Heilkunst, lebte und praktizierte vor etwa 100 Jahren in Belfast, Maine. Seine von Horatio Dresser herausgegebenen Memoiren erschienen 1921 bei der Thomas Y. Crowell Company in New York. Dieses Buch enthält auch Zeitungsberichte über die bemerkenswerten Heilerfolge dieses Mannes, der als »Gesundbeter« galt. Quimby gelangen viele der bereits in der Bibel beschriebenen Wunderheilungen. Die Beweis-Methode nach Quimby besteht in einer logischen Beweisführung, mittels derer man sich selbst und den Patienten davon überzeugt, dass seine Krankheit nichts anderes als die Folge seines Irrglaubens, seiner grundlosen Befürchtungen sowie negativer Gedanken und Vorstellungen ist. Nur wer sich selbst vorher völlige Klarheit über die eigentlichen Zusammenhänge geschaffen hat, wird den Patienten davon überzeugen können, dass Krankheit und Leid nur allzu oft nichts anderes als die körperlichen Erscheinungsformen destruktiver Denkgewohnheiten sind, die auf Grund des verfehlten Glaubens an äußerliche Ursachen als Krankheit sichtbare Gestalt annehmen – ein Zustand, dem sich durch einen entsprechenden Gesinnungswandel leicht ein Ende setzen lässt.

Demnach erklärt man also dem Kranken, zu seiner Heilung bedürfe es nur einer geistigen Umstellung. Als Nächstes legt man dar, dass das Unterbewusstsein den Körper und alle seine Organe schuf. Wer wüsste aber besser Bescheid über sein Geschöpf als der Schöpfer selbst? Deshalb vermag das Unterbewusstsein auch am besten, den Schaden zu beheben. Seine heilende Wirkung setzt bereits ein, noch während diese Worte gesprochen werden. So plädiert man vor dem Richterstuhl des Geistes, dass eine Krankheit nur der Schatten einer krankhaften Vorstellungswelt ist. Man schmiedet eine möglichst lückenlose Beweiskette für die Existenz dieser inneren heilbringenden Macht, die ja alle Organe schuf und deshalb über ein vollkommenes Muster jeder Zelle, jedes Nervs und jedes Gewebes verfügt. Als Nächstes fällen Sie im kritischen Gericht Ihres Geistes eine Entscheidung – ein Urteil zu Ihren Gunsten oder zu Gunsten des betreffenden Kranken. Sie sprechen ihn durch Glauben und seelisches Einfühlungsvermögen von seinem Leiden frei. Ihre Beweise sind überwältigend, und da es nur einen einzigen, allen Menschen gemeinsamen Allgeist gibt, werden sich Ihre Überzeugungen auf den Patienten übertragen und ihre heilsame Wirkung entfalten. Diese Behandlungsmethode entspricht in ihren Hauptzügen der von Dr. Quimby in den Jahren 1849–1869 angewandten Therapie.

Die absolute Methode

Viele Menschen in aller Welt wenden diese Form der Gebetstherapie mit hervorragendem Erfolg an. Der Behandelnde nennt den Namen des Patienten und gibt sich der Betrachtung Gottes und der göttlichen Eigenschaften hin. Er hält sich also zum Beispiel vor Augen: »Gott ist die Quelle aller Seligkeit, Gott ist die unendliche Liebe, Einsicht, Allmacht, Weisheit, die vollkommene Harmonie, Gott ist vollkommen!« Die Kraft dieser stillen Meditationen hebt sein Bewusstsein auf eine neue Ebene und stellt seinen Geist auf eine andere Wellenlänge ein. Er fühlt, wie die göttliche Liebe alles mit ihr Unvereinbare im Geist und Körper des Patienten löscht, wie alles Böse und Negative weicht und Leid und Sorgen schwinden.

Diese absolute Gebetsmethode lässt sich mit der mir von einem Arzt in Los Angeles vorgeführten Ultraschalltherapie vergleichen. Er besitzt ein Gerät, das ungeheuer rasche Schwingungen erzeugt, deren Wellen sich auf jeden gewünschten Körperteil richten lassen. Er hatte diese Ultraschallwellen, die zu örtlicher Erwärmung und einer Art Massageeffekt führen, mit großem Erfolg eingesetzt, um arthritische Kalkablagerungen aufzulösen und Schmerzzustände zu beseitigen.

Je höher die Bewusstseinsebene ist, zu der uns die Betrachtung Gottes emporträgt, umso zahlreicher und stärker sind die geistigen Wellen, mittels derer wir Harmonie, Gesundheit und Frieden ausstrahlen. Diese Gebetstherapie führte zu vielen außergewöhnlichen Heilungen.

Eine verkrüppelte Frau kann wieder gehen

Dr. Phineas Parkhurst Quimby, von dem in diesem Kapitel bereits die Rede war, setzte die absolute Methode insbesondere in den letzten Jahren seiner Tätigkeit ein. Er war der eigentliche Begründer der psychosomatischen Medizin und der erste Psychoanalytiker. Er besaß die Fähigkeit, die den Krankheiten, Schmerzen und Leiden seiner Patienten zu Grunde liegenden Ursachen hellseherisch zu diagnostizieren.

Der folgende gekürzte Bericht von der Heilung einer verkrüppelten Frau ist den Quimby-Memoiren entnommen:

Dr. Quimby wurde in das Haus einer gelähmten, bettlägerigen alten Frau gerufen. Er betrachtete ihr Leiden als die Auswirkung eines äußerst engstirnigen Glaubens, der ihren Körper im Bann hielt und sie am Aufstehen und Gehen hinderte. Sie fristete ihr Dasein in Furcht und Unwissenheit. Darüber hinaus ängstigte sie sich infolge allzu wörtlicher Auslegungen der Bibel. Wenn diese Frau andere um die Erklärung einer Bibelstelle bat, so wurde ihr diese nicht zum fruchtbaren Saatkorn, sondern nur Anlass tiefsten Kummers. Gleichwohl hungerte sie nach dem Brot des Lebens. Dr. Quimby diagnostizierte einen umnachteten, verkümmerten Geist, dessen Erregungs- und Angstzustände auf die Unfähigkeit der Patientin zurückgingen, eine bestimmte Bibelstelle zu verstehen. Körperlich äußerte sich diese Geis-

tesverfassung als ein Gefühl der Schwere und Trägheit, das sich zu Lähmungserscheinungen steigerte.
An diesem Punkt seiner Einsicht fragte Dr. Quimby die Kranke, was ihrer Meinung nach die Bibelstelle bedeute: *»Noch kurze Zeit bin ich bei euch; dann gehe ich zu dem, der mich gesandt hat. Ihr werdet mich suchen, jedoch nicht finden, und wo ich bin, dahin könnt ihr nicht kommen.«* (Johannes 7,33–34) Sie antwortete, diese Stelle berichte von Christi Himmelfahrt. Darauf gab ihr Dr. Quimby eine sehr persönliche und auf die augenblickliche Situation zutreffende Interpretation und erklärte, *»Noch kurze Zeit bin ich bei dir«* bedeute nichts anderes als die Dauer, die er der Untersuchung der Ursache ihrer Krankheitssymptome und Gefühle widme – mit anderen Worten: er fühle jetzt Mitleid mit ihr, könne aber nicht lange in diesem Zustand verharren. Der nächste Schritt würde darin bestehen, *zu dem zu gehen, der ihn gesandt habe,* was nichts anderes bedeute als die allen Menschen innewohnende schöpferische Kraft Gottes.
Im gleichen Augenblick vergegenwärtigte sich Dr. Quimby im Geist das göttliche Ideal, das heißt, die in der Kranken wirkende Vitalität, Einsicht, Harmonie und Macht Gottes. Deshalb sagte er zu der Frau: »Wohin ich gehe, dahin können Sie nicht folgen, denn Sie sind dem Glauben an Ihr Leid verhaftet, ich aber bin gesund.« Das Gebet und diese Erklärung lösten in der Frau eine sofortige körperliche Reaktion aus, und in ihrem Geist trat eine ebenso dramatische Wandlung ein: Sie erhob sich und ging ohne ihre Krücken.
Dr. Quimby nannte dies den bemerkenswertesten aller seiner Heilerfolge. Die Frau war in einem tödlichen Irrtum befangen gewesen, so dass die Wahrheit für sie einer Auferstehung von den Toten gleichkam – gewissermaßen als habe der biblische Engel das Gewicht der Furcht, der Unwissenheit und des Aberglaubens wie den Stein von der Grabkammer ihres Lebens weggewälzt. Deshalb sprach

Dr. Quimby von der Auferstehung Christi und setzte dieses Ereignis in Beziehung zu ihrer Gesundheit.

Die Beschluss-Methode

Die Macht des Wortes hängt von Ihrem Glauben ab. Wir brauchen uns also nur bewusst zu werden, dass die Macht, die die Welt bewegt, für uns wirkt und unseren Worten Nachdruck verleiht. Dieser Gedanke lässt unser Vertrauen und unsere Selbstsicherheit wachsen. Es handelt sich ja nur darum, die eigene mit der göttlichen Macht zu verbinden – deshalb sind auch geistige Gewalt und geistiger Kampf völlig fehl am Platz.

Ein junges Mädchen wandte die Beschluss-Methode bei einem jungen Mann an, der es dauernd anrief, mit Bitten um ein Zusammensein belästigte und vor dem Büro abpasste. Sie konnte ihn auf keine Weise abschütteln. Deshalb formulierte sie eines Tages den folgenden Beschluss: »Ich gebe ihn frei und vertraue ihn Gottes Führung an. Er ist von nun an immer an dem Platz, an den er gehört. Ich bin frei, und er ist frei. Meine Worte werden Gehör finden, die Allweisheit wird meinen Beschluss ausführen. So und nicht anders ist es.« Wie sie mir später erzählte, hat sie von da an nie wieder etwas von dem jungen Mann gehört.

»Beschließt du eine Sache, wird's dir gelingen, und über deinen Lebenswegen strahlt ein Licht.« (Hiob 22,28)

Merksätze

1. Werden Sie der Baumeister Ihres Geistes, und wenden Sie beim Bau eines schöneren und besseren Lebens vielfach erprobte und bewährte Techniken an.
2. Ihr Wunsch ist Ihr Gebet. Stellen Sie sich die bereits eingetretene Verwirklichung Ihres Wunsches lebhaft vor, und Ihr Gebet wird erhört.

3. Wünschen Sie sich, auf leichte Weise ans Ziel zu gelangen mit der sicheren Hilfe der Wissenschaft des Geistes.
4. Aus den auf der Bühne Ihres Geistes geprobten Szenen können Sie ein Leben voll strahlender Gesundheit, Erfolg und Glück aufbauen.
5. Stellen Sie wissenschaftliche Experimente an, bis Sie sich selbst den Beweis geliefert haben, dass die Allweisheit Ihres Unterbewusstseins immer und unmittelbar auf Ihr bewusstes Denken reagiert.
6. Lassen Sie sich in der sicheren Erwartung, Ihren Wunsch erfüllt zu sehen, von einem Gefühl unendlicher Ruhe und Freude durchströmen. Jedes Ihrer geistigen Vorstellungsbilder bildet den Stoff Ihrer Wünsche und beweist die Existenz des Unsichtbaren.
7. Ein Vorstellungsbild ist mehr wert als tausend Worte. Ihr Unterbewusstsein wird jedes gläubig im Geist festgehaltene Bild verwirklichen.
8. Vermeiden Sie beim Beten jede gewaltsame geistige Anstrengung, und versuchen Sie nichts zu erzwingen. Versetzen Sie sich in einen Dämmerzustand, und wiegen Sie sich mit dem sicheren Gefühl und Wissen in den Schlaf, dass Ihr Gebet erhört wird.
9. Denken Sie stets daran: Das dankerfüllte Herz steht den reichen Segnungen des Universums offen.
10. Etwas behaupten heißt feststellen, dass es so und nicht anders ist. Beharren Sie darauf, auch wenn es dem äußeren Anschein noch so sehr widerspricht, und Ihr Gebet wird Erhörung finden.
11. Erzeugen Sie Wellen der Harmonie, der Gesundheit und des Friedens, indem Sie über die Liebe und den Ruhm Gottes meditieren.
12. Was Sie beschließen und als wahr anerkennen, wird sich ereignen. Entscheiden Sie sich also für Harmonie, Gesundheit, Frieden, Glück und Wohlstand.

Kapitel 4

Wie Ihr Unterbewusstsein auf Ihre Intuition und Kreativität Einfluss nimmt

Wie Sie die leise innere Stimme verstärken

Die innere Stimme, die zu Ihnen spricht, ist Ihre Intuition, eine Regung Ihres Unterbewusstseins. Ihr Unterbewusstsein steuert und kontrolliert alle lebenswichtigen Prozesse. Über Ihr Unterbewusstsein haben Sie aber auch Zugang zum unendlichen kosmischen Geist. Oder anders ausgedrückt: Sie haben an ihm Anteil. Gott – oder Geist von seinem Geiste – wohnt Ihnen inne. Das ist das Göttliche im Menschen. Allerdings prägen Sie Ihrem Unterbewusstsein tagtäglich die Inhalte Ihres Denkens, Glaubens und Fühlens ein. Deshalb ist so entscheidend wichtig, was Sie denken, was Sie glauben, was Sie fühlen; denn wie Sie schon wissen, ist Ihr Unterbewusstsein bestrebt und ständig am Werk, die ihm eingeprägten Inhalte – über Ihr Handeln – in Ihrem Leben zu verwirklichen.

Doch ständig wirkt umgekehrt auch Ihr Unterbewusstsein auf Ihr Bewusstsein ein, und zwar vor allem in Form intuitiver Ahnungen und Eingebungen, die zu erkennen und zu beachten sehr wichtig ist. Am leichtesten werden Sie solcher Eingebungen gewahr, wenn Sie körperlich und geistig entspannt sind; dann ist die innere Stimme der Intuition deutlicher zu hören oder zu spüren.

Ihre Intuition rettete den Sohn

Meine Sekretärin Jean Wright erzählte mir vor einigen Jahren die nachfolgende Begebenheit: Ihre Mutter wollte ein verlängertes Wochenende dazu benutzen, ihren Bruder zu besuchen, den sie seit Jahren nicht mehr gesehen hatte. Am Morgen ihrer geplanten Abreise jedoch wurde sie von einer dunklen Ahnung erfasst und verspürte den inneren Drang, zu Hause zu bleiben. Es war, als flüsterte ihr eine Stimme zu: »Fahre nicht.« Sie gehorchte der Stimme.

Einige Stunden später erlitt ihr Sohn am Badestrand einen schweren Unfall, bei dem er sich einen komplizierten Kieferbruch zuzog. Die Mutter konnte ihn noch rechtzeitig zu einem Chirurgen bringen, der ihn auch sofort operierte. Der Chirurg hatte übrigens gerade seine Praxis verlassen wollen, als der Anruf der Mutter ihn erreichte.

Dieses kleine Beispiel zeigt, dass das Hören auf die innere Stimme unter Umständen Menschenleben retten kann.

Woran man die Stimme der Intuition erkennt

Die beste Führung ist jenes innere Wissen, das Sie dank gezielter Anweisungen an Ihr Unterbewusstsein erlangen. Die Bewusstmachung dieses inneren Wissens ermöglicht Ihnen, Richtiges von Falschem zu unterscheiden.

Sprechen Sie daher häufig das folgende Gebet: »Die mir innewohnende unendliche Weisheit leitet mich in meinen Entscheidungen, in meinem Handeln. Ich werde die Hinweise und Warnungen, die ich von meinem höheren Selbst erhalte, sofort wahrnehmen und die innere Führung, die mir zuteil wird, bewusst erkennen. Ich weiß, dass mein Unterbewusstsein auf das reagiert, was ich ihm bewusst einpräge, und ich danke Gott für die Freude, die ein erhörtes Gebet beschert.«

Wenn Sie dieses Gebet regelmäßig sprechen und an dessen Inhalt zutiefst überzeugt glauben, so werden Sie die Stimme der Intuition erkennen können und nutzen lernen. Oft

werden Ihnen intuitiv Lösungen zuteil werden, zu denen Sie bewusst nicht haben finden können. Oft erspart Ihnen eine Eingebung schwer wiegende Irrtümer, wochenlange Mühe und vielleicht endlose Umwege.
Größte Errungenschaften unserer Zivilisation und Kultur sind, wie Wissenschaftler, Erfinder, Künstler, Schriftsteller und Ärzte bezeugt haben, auf Grund eines »plötzlichen Einfalls«, eines »Geistesblitzes«, einer »intuitiven Eingebung« entstanden.

Intuition – und was sie bedeutet

Intuition bedeutet das unmittelbare, von jeder bewussten Überlegung unabhängige Erfassen einer Wahrheit oder Tatsache und schlagartiges Erkennen derselben. Da sie viel umfassender zu sehen ist als die reine Verstandesfunktion, sollte der Verstand dazu dienen, solche Eingebungen anzunehmen und umzusetzen. Im Übrigen werden Sie nicht selten feststellen, dass die Intuition Ihnen genau das Gegenteil von dem rät, was Ihnen der Verstand sagt.
Das Bewusstsein des Menschen überlegt, hinterfragt, analysiert. Die Intuition hingegen macht sich immer spontan geltend; sie leuchtet sozusagen wie ein Signalfeuer im Bewusstsein auf. Oft warnt sie uns vor einer geplanten Reise oder irgendeinem Vorhaben.
Wir sollten auf die leise Stimme innerer Weisheit horchen und sie beachten. Zwar spricht die innere Stimme nicht jederzeit zu uns, sie »meldet« sich jedoch immer, wenn es zu unserem Wohle nötig ist.

»Steig nicht in dieses Flugzeug!«

In Japan passierte vor noch nicht allzu langer Zeit ein verhängnisvolles Flugzeugunglück, bei dem alle Insassen der Maschine ums Leben kamen.
Kurz danach erhielt ich einen Brief von einem japanischen Studenten, der die japanische Ausgabe meines Buches *Die*

Macht Ihres Unterbewusstseins gelesen hatte. Er berichtete, dass er eigentlich mit der abgestürzten Maschine habe fliegen wollen, dass er aber auf dem Weg zum Flugplatz eine innere Stimme gehört habe, die ganz klar zu ihm gesagt hatte: »Steig nicht in dieses Flugzeug!« Die Stimme war in Ton und Substanz so deutlich gewesen, dass es für den Studenten sofort klar war, auf sie zu hören und die Buchung rückgängig zu machen.

Einer so spontanen Entscheidung zum eigenen Besten ist nur ein Mensch fähig, der die Gesetze des Denkens und Glaubens kennt und auf seine innere Stimme hört.

Ein hartnäckiges Gefühl warnte sie

Eine sehr erfolgreiche Werbeleiterin bat mich um einen Rat. Sie sagte: »Ich habe ein großartiges Stellenangebot erhalten. Die Bezüge sind doppelt so hoch wie meine augenblicklichen, dazu kommen noch umfangreiche Sozialleistungen. Auch wird es sich oft ergeben, dass ich auf Firmenkosten ins Ausland werde reisen können. Das Angebot sieht in jeder Hinsicht hervorragend aus, und meine Freunde raten mir, diese einmalige Chance wahrzunehmen. Aber ich kann mich nicht entschließen, denn ein hartnäckiges Gefühl warnt mich vor dem Schritt.«

Ich empfahl ihr, diese intuitive Warnung auf jeden Fall zu beachten und in ihre Überlegungen mit einzubeziehen. Kurz darauf lehnte sie das Angebot zur Überraschung aller ab. Wenig später aber stellte sich heraus, dass das Unternehmen in einen Rechtsstreit mit der Regierung verwickelt war, und drei Monate später ging die Firma in Konkurs. Verstandesmäßig hatte die Frau zwar die Vorteile der angebotenen Stellung klar erkannt, intuitiv aber die nachteilige Situation und Entwicklung der Firma erfasst.

In intuitiven Eingebungen ist sehr oft ein präkognitives, also ein in die Zukunft weisendes Element enthalten, wie

dies ja auch bei den in diesem Kapitel geschilderten Beispielen der Fall ist.
Es ist allerdings kein Zufall, dass sich diese Frau intuitiver Einsichten erfreuen kann. Gleich zu Anfang unseres Gesprächs hatte sie mir gesagt: »Ich habe mir angewöhnt, bei allen wichtigen persönlichen Entscheidungen zu beten. Irgendetwas in meinem Inneren teilt mir dann mit, was am besten für mich ist. Und bisher konnte ich mich auf diese ›Mitteilungen‹ immer verlassen.« Dieses »irgendetwas« ist, wie immer man es nennt, die innere Stimme.

Gott lässt keinen Menschen im Stich

Eine meiner Bekannten erhielt vor einiger Zeit eine Einladung zu einem Spätsommerfest, das in der ziemlich weit entfernten Stadt Fresno stattfinden sollte. Sie hätte das Wochenende und den »Tag der Arbeit«, der in den USA am ersten Septembermontag gefeiert wird, ohne weiteres bei ihren dort lebenden Verwandten verbringen können. Auch sagte ihre Cousine, die ihr die Einladung telefonisch übermittelte, eine andere Verwandte werde mit dem Wagen kommen und könne sie nach Fresno mitnehmen. Doch noch während die Cousine sprach, drängte sich meiner Bekannten der Eindruck auf, daheim bleiben zu müssen. Warum wusste sie nicht, aber sie hörte auf die innere Stimme und sagte ihrer Cousine, dass sie nicht kommen könne.
Die Frau, mit der sie hätte fahren sollen, fand bei einem Unfall kurz vor Fresno den Tod. Meine Bekannte, die natürlich meine Bücher gelesen hat, meditiert regelmäßig über die großen Wahrheiten, auf die es im Leben ankommt, und bittet, wenn sie etwas wissen muss, Gott um spirituellen Schutz und innere Führung. Und Gott lässt keinen Menschen im Stich.

Ein Bankdirektor bediente sich seiner Sachkenntnis – und seiner Intuition

Außergewöhnlicher Erfolg kennzeichnet das ganze Leben eines Bankdirektors, mit dem ich seit langem befreundet bin. Schon seit geraumer Zeit befasst er sich intensiv mit der Vermögensanlage in in- und ausländische Goldaktien. So investiert er zuzeiten hohe Summen für sich selbst und bestimmte Kunden seiner Bank in Erfolg versprechende Aktien.

Dieser Mann, der wegen seiner Sachkenntnis und Umsicht in Bankkreisen im höchsten Ansehen steht, lässt sich oft von seiner inneren Stimme leiten. Er könne, sagte er mir einmal, wenn er deutlich höre: »Kaufen!«, kaum fehlgehen. Zahlreiche Kunden haben von seinen Eingebungen profitiert, manche ein Vermögen verdient.

Offensichtlich ist es ihm gelungen, seine intuitiven Fähigkeiten bewusst zu verstärken oder – anders gesagt – durch bewusste Zielanweisungen, die er an sein Unterbewusstsein richtet, seine außersinnliche Wahrnehmung zu aktivieren und in seiner – gemeinhin als hart und trocken bezeichneten – Berufstätigkeit erfolgreich einzusetzen.

Ein Gebet zur Erlangung innerer Ruhe

»Jesus sagte: *›Gott ist Geist, und die ihn anbeten, müssen ihn im Geist und in der Wahrheit anbeten.‹*

Ich erkenne und weiß, dass Gott der in mir waltende Geist ist. Ich weiß, dass Gott das ist, was mich als Gesundheit, Harmonie und Frieden durchpulst. Das Gefühl des Vertrauens, das mich jetzt erfasst, ist der Geist Gottes und das Wirken Gottes in mir.

Ich lebe in dem Vertrauen, dass mir das Gute, das Schöne und Wahre mein Leben lang zuteil werden; dieser Glaube an Gott und das Gute wirkt Wunder; er beseitigt alle Hindernisse.

Ich wende mich jetzt nach innen und vergesse die Außenwelt. Ich wende mich nach innen an das Eine, das Schöne, Gute und Wahre; hier wohne ich außerhalb von Zeit und Raum; hier lebe ich, hier bewege ich mich im Schutz des Allmächtigen. Ich bin frei von Angst, unabhängig von den Vorurteilen und vom äußeren Schein der Dingwelt. Ich fühle jetzt Gottes Gegenwart, und diese Gegenwart äußert sich in dem Gefühl, dass mein Gebet erhört worden ist.«

Ein höchst ungewöhnliches Erlebnis

Vor einiger Zeit kam ich mit einem soignierten Mann ins Gespräch, der mir gestand, dass er nach dem Unfalltod seiner Frau und seiner drei Kinder in tiefe Depression und vollständig dem Alkohol verfallen war. Etwa einen Monat nach dem Unglück hatte er eines Nachts seine Armeepistole hervorgeholt, um seinem »aussichtslosen Leben« ein Ende zu bereiten. Plötzlich hatte er in sich aber eine gebieterische Stimme vernommen: »Nicht! Ein langes Leben wird dich entschädigen.« Erschüttert hatte er die Pistole gesenkt und sein Vorhaben aufgegeben.

Dieses Ereignis liegt über vierzig Jahre zurück. Der Mann ist heute ein wohlhabender Geschäftsmann, und seine gute gesundheitliche Konstitution lässt nicht erahnen, dass Verzweiflung und Alkohol sein Leben einmal akut bedroht hatten.

Es ist eine erwiesene Tatsache, dass bei unmittelbar drohender Gefahr die seelisch-geistige »Immunabwehr« eines Menschen äußerste Anstrengungen unternimmt, um ihn zu retten. Das Unterbewusstsein agiert und spricht in solchen Krisenlagen in einer Weise, auf die der betreffende Mensch, wenn er seelisch nicht völlig »taub« ist, reagiert. Darin macht sich das Göttliche im Menschen geltend, das immer darauf abzielt, den gefährdeten Menschen am Leben zu halten.

Denken Sie daran: Intuitive Warnungen oder Eingebungen sind immer auf die Erhaltung und Entfaltung des Lebens ausgerichtet und sollten unbedingt beachtet werden. Die innere Stimme, die Sie vor körperlichem, finanziellem und jedem anderen erdenklichen Schaden zu bewahren versucht, kommt Ihnen selbstverständlich nicht von übernatürlichen oder körperlosen Wesen zu, sondern aus den Tiefenschichten Ihres eigenen Unterbewusstseins, das alles weiß und alles sieht, weil es als das Göttliche in Ihrem Geist von seinem Geist ist.

Merksätze

1. Das Göttliche in Ihnen versucht Sie immer zu schützen und drängt Sie, auf intuitive Warnungen und Eingebungen zu achten. Wenn Sie sich entspannen und Ihr Bewusstsein aufnahmebereit ist, können Sie die Stimme der Intuition klar und deutlich hören.
2. Die innere Stimme äußert sich oft als eine Art Ahnung. Eine Mutter beachtete ihre Ahnung und konnte so ihrem Sohn nach dessen Unfall die dringend notwendige ärztliche Hilfe verschaffen.
3. Bekräftigen Sie zutiefst überzeugt, dass die Ihrem Unterbewusstsein innewohnende unendliche Weisheit Sie zu jeder Zeit führt und dass Sie die Eingebungen Ihres höheren Selbst sofort erkennen, und Ihnen werden die Schätze inneren Wissens und höherer Führung mit Sicherheit zuteil werden.
4. Intuition bedeutet unmittelbares Erfassen einer Wahrheit oder Tatsache, und zwar schlagartig und somit unabhängig von bewussten Überlegungen. Größte Errungenschaften unserer Zivilisation und Kultur sind auf Grund eines »Geistesblitzes« oder einer »plötzlichen Eingebung« zu Stande gekommen. Wissenschaftler und Erfinder, Künstler, Schriftsteller und Ärzte haben ihren eigenen Bezeugungen zufolge Großes geleistet, weil sie auf die Stimme ihrer Intuition hörten.

5. Ein japanischer Student wurde von seiner inneren Stimme davor gewarnt, in ein Flugzeug zu steigen. Er befolgte die Anweisung, und die Maschine stürzte ab. Der Student hat die Gesetze des Denkens und Glaubens begriffen und hört auf seine innere Stimme.
6. Geben Sie Ihrem Unterbewusstsein die Zielanweisung, Sie allezeit zu führen und Ihnen sofort alles mitzuteilen, was Sie zu Ihrem Schutz wissen müssen. Wenn Sie dann Ihre innere Stimme zum Beispiel sagen hören: »Geh nicht«, sollten Sie einer solchen Warnung Rechnung tragen.
7. Ihr Unterbewusstsein verfügt über die Fähigkeit der außersinnlichen Wahrnehmung und vermag daher auch künftige Entwicklungen zu erkennen, die dem Bewusstsein verborgen sind. Erfasst Sie daher ein intuitives Gefühl, so sollten Sie sich danach richten.
8. Es ist eine erwiesene Tatsache, dass bei unmittelbar drohender Gefahr die seelisch-geistige »Immunabwehr« eines Menschen äußerste Anstrengungen unternimmt, um ihn zu retten. Denken Sie daran: Intuitive Warnungen oder Eingebungen sind immer auf Erhaltung und Entfaltung des Lebens ausgerichtet. Ihre innere Stimme bewahrt Sie vor körperlichem, finanziellem und jedem anderen erdenklichen Schaden.
9. Das angegebene Meditationsgebet führt Sie zu innerer Ruhe, die notwendig ist, um die Stimme der Intuition wahrzunehmen.

Die dynamische Quelle schöpferischer Gestaltung

Am 5. September 1973 erschien im *Wall Street Journal* ein Artikel von Richard James, der Reporter dieser Zeitung ist. Ich werde hier das Wesentliche verkürzt wiedergeben, um zu veranschaulichen, worum es mir geht.

Das Drugstore-Wirtschaftswunder von Süddakota

Der Ort Wall in Süddakota hat nur achthundert Einwohner. Dort kaufte Mr. Hustead 1931 einen Drugstore für zweieinhalbtausend Dollar. Das Geschäft ging nicht gut. Im ersten Monat betrugen die Bruttoeinnahmen dreihundertfünfzig Dollar. Da er fürchtete, sich keine Wohnung leisten zu können, wenn er in dieser Zeit der Depression vorankommen wolle, teilte er an der Rückseite des Ladens mit Vorhängen sieben Meter ab und zog mit seiner Frau Dorothy und seinem vierjährigen Sohn Bill dort hinein. Dieser Winkel war sechs Jahre lang ihre Wohnung.

Seine Frau wünschte sehnlichst, dass ihr Mann vorankomme, und wenn man nach einer schöpferischen Idee sucht, wird das Unterbewusstsein immer reagieren. Ihr kam der Gedanke, den schwitzenden Autofahrern, die auf der nahe vorbeiführenden Autostraße täglich in Massen vorbeifuhren, durch Straßenschilder zu geringem Preis Eiswasser anzubieten. Diese Idee setzten sie in die Tat um.

Dorothys Gedankenbild führte dazu, dass der Drugstore von Wall einen Aufschwung nahm, den das Paar in seinen kühnsten Träumen nicht erhofft hatte. Das Geschäft lockt jetzt während der Touristensaison täglich rund 10 000 Kunden an und hat einen Umsatz von mehr als einer Million Dollar im Jahr. Es umfasst eine Fläche von 4000 Quadratmetern, und im Sommer arbeiten dort 150 Menschen wochentags und sonntags in zwei Schichten von fünf Uhr morgens bis zehn Uhr abends.

Dorothys bildliche Wunschvorstellung hatte eine sofortige Versorgung bewirkt. Auch Sie können eine Idee haben, die ein Vermögen wert ist.

Sie verdankten ihre Erfolge der Vorstellungstechnik

Edward Harriman machte sich ein Gedankenbild von einer Eisenbahnlinie durch Amerika. Mit einer Feder zeichnete er auf der Landkarte die imaginäre Linie quer durch den Kontinent ein. Das Vorstellungsbild, das er im Geist trug, wurzelte in seinem tiefen Glauben an die Verwirklichung seines kühnen Plans.

Die Eisenbahnlinie wurde gebaut. Sie bedeutete eine Revolution für Industrie und Handel, gab Millionen Menschen Arbeit und brachte Harriman und einigen anderen riesige Vermögen ein.

Phantasie haben heißt, sich im Geiste Bilder oder Vorstellungen von dem zu machen, was für die Sinne nicht präsent ist.

Vor mehreren Jahren verriet Henry M. Flagler, der Standard-Oil-Multimillionär, in einem Artikel der Zeitschrift *Everybody's Magazine*, das Hauptgeheimnis seines Erfolgs und seines ungeheuren Reichtums sei seine Fähigkeit, sich eine Sache als fertige Form vorzustellen. Mit anderen Worten: er sah von einem Plan immer schon das Endergebnis vor sich, er vergegenwärtigte sich das ganze Projekt immer schon als beendet, als verwirklicht. Er sah im Geiste Geleise, sah fahrende, dampfende Züge, Männer, die redend und lachend zur Arbeit gingen. Er hörte die Züge pfeifen und keuchend davondampfen. Er sah die ganze Szene in bildhafter Eindringlichkeit, durchlebte im Geiste die Situationen der Realität des vollendeten Projekts, bis diese für ihn alle Züge, alle Kriterien der Wirklichkeit hatten.

Es ist ganz klar, dass sein so geprägtes Unterbewusstsein einen gewaltigen Strom kosmischer Energie und die Kraft zur Verwirklichung seiner Pläne freisetzte. Auch wirkte er wie ein unwiderstehlicher Magnet auf alle jene, die er zur Verwirklichung seiner Pläne brauchte.

Auch Ihre Phantasie lässt sich systematisch nutzen

Dr. Fenwicke Holmes, Autor, Dozent und Bruder von Dr. Ernest Holmes, die beide verstorben sind, erzählte mir von seinem Freund Arthur E. Stillwell, der seine Phantasie in hohem Maße entwickelt und geschult hatte. Er sagte, Stillwell habe mehr Kilometer Eisenbahnlinie gebaut als irgendein anderer Mensch seiner Zeit, und seine sämtlichen Leistungen seien das Ergebnis von Gedankenbildern gewesen, die er seiner Phantasie abgewann.

Der ungewöhnlichste Vorfall ereignete sich beim Bau der Kansas City and Southern Railroad. Diese Eisenbahnlinie endet im Süden in Port Arthur; die Ingenieure hatten jedoch Galveston als Endpunkt vorgeschlagen, weil sie diese Stadt für geeigneter hielten. Dr. Holmes berichtete, dass Arthur Stillwell »in einem intuitiven Geistesblitz« die Katastrophe sah, die später über Galveston hereinbrach. Eine Flutwelle überschwemmte die Stadt und hätte den Bahnhof zerstört, wäre er dort errichtet worden.

Die systematische Nutzung seiner Phantasie und das seinem Unterbewusstsein vorgegebene Wissen bewahrten Stillwell und seine Kollegen vor einem tragischen Fehler. Sein Unterbewusstes führte ihn nach seinem Glauben und seinem Vertrauen in ein Führungsprinzip, das alles weiß und alles sieht.

Die Technik, um Bewusstsein und Unterbewusstsein in Einklang zu bringen

Ein in einem Großkonzern arbeitender Verkaufsleiter erzählte mir, er sage sich immer wieder vor, er müsse ein schönes Haus besitzen, reich sein und beruflichen Erfolg haben, doch er komme kein Stück weiter. Ihn verlangte nach den Reichtümern des Lebens, doch leider hatte er die Angewohnheit, sich stets finanziellen Mangel und eine gefährdete Zukunft vorzustellen. Seine gedanklichen Angstvorstellungen von Armut und Mangel waren stärker als sein Glaube an Reichtum und seine Hoffnung auf Wunscherfüllung.

Ich wiederholte ihm, was der französische Pionier der nach ihm selbst benannten Methode autogenen Trainings Emile Coué vor Jahrzehnten schon gelehrt hatte: »Wenn der Wille (Ihr Wunsch) und die Phantasie miteinander in Konflikt liegen, gewinnt immer die Phantasie.« Mit anderen Worten: Sie können Ihr Unterbewusstsein und sein gleichsam autonomes Handeln nicht zwingen oder unterwerfen; am besten wirken Sie durch geistige Bilder auf es ein. Der Chinese sagt, ein einziges Bild sei tausend Worte wert. Coué gab eine sehr anschauliche Erklärung. Ein Mensch – so erklärte er – gehe ohne Zweifel mühelos über ein auf dem Boden liegendes Brett, weil sein Wunsch, es zu tun, und seine Phantasie in Einklang stehen; wird jedoch dasselbe Brett zwischen zwei Fenster hoher Gebäude gelegt und derselbe Mensch aufgefordert darüberzugehen, so steht seinem Wunsch, es zu tun, ein geistiges Angstbild des Fallens gegenüber – und gewöhnlich trägt das Bild den Sieg davon. Ihr Unterbewusstsein akzeptiert stets nur das dominierende zweier Gedankenbilder.

Ich stellte dem Mann eine einfache Frage: »Glauben Sie, dass es so etwas wie Reichtum gibt?« Er antwortete: »O ja. Überall, wohin ich schaue, sehe ich Reichtum; und ich bin mir auch klar, dass ich eine Idee haben könnte, die ein Vermögen wert ist.« Ich erläuterte ihm, dass sein Wunsch, reich zu sein, nur dann wirke, wenn kein Konflikt bestehe. Sein Unterbewusstsein akzeptiere, was er sich wirklich vorstelle und als wahr empfinde, nicht einfach leere Behauptungen oder Worte.

Außerdem musste ich ihn davon überzeugen, dass sein Unterbewusstsein wie Erde ist: es nimmt jeden Samen – sei es ein Gedanke, sei es ein Bild oder ein Gefühl – auf, den man hineinlegt, und bringt Entsprechendes hervor. Er sollte also in freudiger Erwartung des Besten leben. Nachdem er beispielsweise Mais, Weizen oder Hafer gesät habe, solle er einer entsprechenden Ernte freudig entgegensehen.

Mit großem Ernst stellte der Mann nun eine Übereinstimmung zwischen seinem Wunsch und seiner Phantasie her. Zu diesem Zweck ließ er sich so oft wie möglich in einen Zustand der Entspanntheit und Schläfrigkeit sinken, der alle Anstrengungen auf ein Minimum herabsetzt. Das Bewusstsein wird in diesem Zustand weitgehend ausgeschaltet. Die beste Zeit, das Unterbewusstsein zu prägen, ist vor dem Einschlafen, es ist dann – und auch gleich nach dem Erwachen – am ehesten einer gesteuerten Beeinflussung zugänglich. Negative Gedanken und Bilder, die einen Wunsch aufzuheben vermögen und so dessen Akzeptierung, also die Aufnahme und Annahme durch Ihr Unterbewusstsein, verhindern, treten in diesem Zustand nicht mehr auf.

Er stellte sich Reichtum und Erfolg vor und sagte häufig, besonders vor dem Einschlafen, mit Nachdruck: »Tag und Nacht komme ich voran. Ich habe in allen Bereichen Erfolg. Mein Verkauf steigt jeden Tag, und jeden Tag geht mehr Geld ein. In diesem entspannten Zustand sehe ich nun ganz deutlich das schöne Haus vor mir, das ich mir wünsche; es ist groß und bequem, es hat einen herrlichen Garten. Ich gehe in meiner Vorstellung durch das Haus, ich gieße den Garten. Im Geiste betrete ich alle Räume und spiele in dem behaglichen Wohnzimmer mit meinen Jungen. Ich sehe vor meinem geistigen Auge einen schönen Teppich auf dem Boden, behagliche Polstersessel und ein Klavier für meine Frau. Ich fühle die Festigkeit der Möbel, der Wände. Ich führe stolz meine Freunde durch das schöne Haus. Ich lebe jetzt in meiner Phantasie in dem Haus und genieße seine Schönheit und Bequemlichkeit. In meiner Vorstellung zähle ich große Summen Geld, und ich hinterlege hohe Beträge bei meiner Bank. Der Bankdirektor gratuliert mir. Ich lebe die Rolle in meinem Geiste und genieße die Bildhaftigkeit meines Erlebnisses. Ich freue mich über die Wirklichkeit von allem.«

Er führte diese »szenische Darstellung« regelmäßig und systematisch zwei- bis dreimal am Tag durch und stellte sicher, dass er nicht anschließend das Filmgeschehen seines Geisteskinos bezweifelte oder negierte.

Nach zwei Monaten wurde sein Traum Wirklichkeit. Er erbte ein Haus, das seinen Bedürfnissen und auch seiner geistigen Vorstellung genau entsprach. Eine Tante, die einen knappen Kilometer von ihm entfernt lebte, starb unvermutet und plötzlich im Schlaf; sie hatte ihm ihren ganzen Besitz vermacht, auch ihr schönes Haus. Der Besitz war mehr als vierhunderttausend Dollar wert.

Außerdem wurde er bald darauf Geschäftsführer einer Tochterfirma des Unternehmens, in dem er angestellt war.

Sein Unterbewusstes hatte auf seine inneren Reden und seine stummen Vorstellungsbilder reagiert und Ergebnisse auf eine Art herbeigeführt, die er sich in seinem bewussten Verstand nie ausdenken konnte.

Und alles, was ihr bittet im Gebet, so ihr glaubet, werdet ihr's empfangen (Matthäus 21,22).

Mit gesteuerter Phantasie setzte er kosmische Energie frei

Ein vierzigjähriger Mann, der Angestellter in einer Druckerei war, beklagte sich bei mir, er sei immer müde und habe dieses scheußliche Gefühl, dass »alles futsch« sei, mit dem Depressionen einhergehen.

Doch nicht sein Körper war müde; die Müdigkeit entsprang seiner Geisteshaltung. Ich erklärte ihm, nicht die Arbeit, sondern seine Gedanken über die Arbeit seien der Grund seiner Erschöpfung; der Geist ermüde durch Gedanken des Zweifels, der Angst, unterdrückter Wut und überhaupt durch jede Regung negativer Art.

Der Mann änderte sein Denken und sagte sich künftig mit Nachdruck: »Kosmische Energie durchströmt mich, belebt mich, gibt mir Kraft und erneuert mein ganzes Wesen. Ich werde vom Himmel inspiriert. Ich bin vital, begeistert und voll Wohlwollen gegenüber allen. Ich segne meinen Chef und alle meine Kollegen. Ich gieße alle Segnungen über sie aus und preise Gott in mir.«

Als er dies beharrlich tat, bemerkte er buchstäblich, wie ein konstanter Energiestrom einsetzte. Er stellte sich vor, dass der Generaldirektor seiner Firma ihn beglückwünsche, ihm die Hand drücke und sage, er sei seine rechte Hand und bekomme eine beachtliche Gehaltserhöhung. Er sah den Generaldirektor genau vor sich – obschon der kleine Druckereibetrieb, in dem er arbeitete, gar keinen Generaldirektor hatte!

Er wusste nun, dass Dinge, die er sich vorstellte und als wahr empfand, sich verwirklichen würden. Also begann er zu denken, zu sprechen und zu handeln, als sei er bereits befördert und als habe er schon ein wesentlich höheres Einkommen.

Dieser Mann machte die Erfahrung, dass durch innere Rede, Selbstgespräch und geistige Vorstellung des glücklichen Endes sich die Dinge auf dem Bildschirm des Raumes verwirklichen. Ein paar Monate verstrichen, dann wurde er auf den Posten eines stellvertretenden Generaldirektors einer Großdruckerei berufen, und er trat seine neue Funktion mit dem doppelten Gehalt und einigen weiteren Vergünstigungen an.

Depressive Vorstellungsbilder vereiteln alles

Ein aus Kanada stammender Student verbrachte im Sommer einige Zeit bei seinem Onkel in Los Angeles. Eines Tages, so berichtete der Onkel, klagte der junge Mann, er sei so erschöpft, müde und deprimiert, dass er nicht einmal Lust habe, den Garten zu spritzen; es erscheine ihm tatsächlich zu anstrengend, auch nur den Schlauch zu heben. Das Gehen empfand er als eine Art Kampf.

Nach ein paar Wochen jedoch erschien ein junges Mädchen mit Tennisschläger und bat ihn, zu einem Spiel mitzukommen. Plötzlich wallte Energie in ihm auf, seine Augen erhielten einen neuen Glanz, und er begann vor Begeisterung geradewegs zu sprühen. Nach dem Tennisspiel führte er das Mädchen zum Tanzen. Er kam etwa um Mitternacht heim, voller Leben und Liebe.

Er war in Gedanken müde gewesen, weil seine Freundin in Kanada ihm geschrieben hatte, sie treffe sich laufend mit einem anderen Jungen. Sobald ein neues Bild von Schönheit und Charme in sein Leben trat, änderte er sein Denken und setzte sofort ungeheure Energie und Vitalität frei.

Die Vorstellung des jungen Mannes, in Begleitung einer attraktiven jungen Dame Dinge zu tun, die er gern tat, verlieh ihm sofort Energie, auch neue Kraft für alle seine Aufgaben und Lebensfreude bei allem, was er tat.

Ungesunde, depressive Gedanken leiten die Energie ab. Denken Sie an Schönheit, Liebe und Wohlwollen gegenüber allen Menschen, und Ihr gesamter Organismus wird aufblühen.

Der große Unterschied

Sir Thomas Buxton sagte: »Je länger ich lebe, desto tiefer bin ich überzeugt, dass der Unterschied zwischen zwei Menschen – zwischen dem Schwachen und dem Starken, dem Großen und dem Unbedeutenden – in der Energie besteht: ungeteilte Entschlossenheit, ein einmal gesetztes Ziel, dann der unbedingte Einsatz zur Erreichung dieses Ziels sind alles. Diese Eigenschaft bewirkt alles, was auf der Welt erreichbar ist, und ohne sie macht kein Talent, kein Umstand, kein Zufall einen Mann zum Menschen.«

Johann Wolfgang von Goethe drückte sich ganz ähnlich aus. Auch er sagte, Energie vermöge alles, was auf der Welt möglich sei, und kein Talent, kein Umstand, keine Gelegenheit machten ohne Energie aus einem zweibeinigen Wesen einen Menschen.

Wie sie den richtigen Interessenten fand

Die universelle Sprache des allumfassenden, unendlichen Geistes und kosmischer Energie ist die Sprache geistiger Bilder, und sie ist auch die Sprache Gottes. Alles, was werden soll, muss zuerst im Bild einer Idee vorhanden sein. Gott hatte die Idee einer Welt und der Galaxien im Raum. Er ersann sich Sonnen, Monde und Sterne und alle Dinge, die in diesem grenzenlosen Kosmos enthalten sind.

Dieselbe vitale, kreative, göttliche Phantasie besitzt jeder Mensch. In diesem Sinne sprach ich mit einer Witwe, die nach dem Tod ihres Mannes ein Mietshaus zu verkaufen versuchte. Sie war in finanziellen Schwierigkeiten; viele Wohnungen standen leer, einige Mieter hatten die Miete nicht bezahlt, und das ganze Viertel veränderte sein Aussehen. Sie fürchtete für sich das Schlimmste. Sie hatte den Verkauf des Gebäudes Maklern übergeben, doch keine Angebote erhalten.

Ich erklärte ihr, was sie suche, das suche umgekehrt auch sie, und göttliche Weisheit werde kraft kosmischer Energie den richtigen Käufer anziehen. Sie betete wie folgt: »Die Intelligenz des allumfassenden, unendlichen Geistes weiß, wo der richtige Käufer ist, und er wird von Gott zu diesem Mietshaus gelenkt. Er will es und hat damit Erfolg. Zwischen uns findet ein gottgegebener Tausch statt, und wir sind beide zufrieden.«

Auf meine Empfehlung setzte sie auch ihre Phantasie ein und begann sich konkret vorzustellen, wie ein Käufer zu ihr ins Büro kommt und Interesse an ihrem Haus bekundet. Sie stellte sich vor, dass er zu ihr sagte: »Ich werde es kaufen.« Sie überließ sich diesem szenischen Vorstellungsablauf mehrmals am Tage und sorgte dafür, dass ihre Vorstellun-

gen durch keinerlei Zweifel an der Erfüllung ihres Wunsches beeinträchtigt wurden.
Einige Tage, nachdem sie mit dieser Technik begonnen hatte, kam ein Mann, besichtigte das Gebäude und schien echt interessiert; doch am nächsten Tag sagte er, der Preis sei zu hoch.

Die richtige und die falsche Art des Betens

Die Frau bat mich, mit ihr darum zu beten, dass der Mann das Mietshaus kaufe. Ich erklärte ihr, dies sei falsches Beten. Sie dürfe keinen geistigen Zwang anwenden, um den Verkauf zu erreichen, denn das laufe auf eine Beeinträchtigung der Rechte oder der Interessen des Käufers hinaus. Ich erklärte ihr weiter, die unendliche Intelligenz wisse schon, wo der richtige Käufer sei, und dieser werde ihr Haus haben und kaufen wollen; es habe deshalb gar keinen Sinn, jemanden zu beeinflussen, *dass* er es wolle. Einzig ihr Glaube an die Weisheit des Unendlichen und an das Wirken kosmischer Energie werde die richtigen Ergebnisse herbeiführen. Wir wirken durch Glauben, nicht indem wir andere zu zwingen versuchen, das zu tun, was wir wollen.
Der Mann, der das Haus als zu teuer abgelehnt hatte, erzählte seinem Arzt davon, da dieser ein Investitionsobjekt suchte. Der Arzt wohnte neben der Witwe. Er kaufte das Mietshaus sehr schnell und war glücklich über den Kauf. Das ganze Problem der Frau war gelöst.
Wenn du könntest glauben! Alle Dinge sind möglich dem, der da glaubt (Markus 9,23).

Merksätze

1. Ein Drogist kaufte in Wall, Süddakota, für zweieinhalbtausend Dollar ein Geschäft. Seine Einkünfte betrugen dreihundertfünfzig Dollar im Monat, und er kam finanziell nicht zurecht. Seine Frau jedoch hatte eine Idee, die ein Vermögen wert war. Sie drängte ihren Mann, entlang der Autostraße Schilder aufzustellen, durch die den Autofahrern Eiswasser angeboten wurde. Ihre Idee führte zu einem Millionengeschäft und – in einem Ort mit achthundert Einwohnern – zu zehntausend Kunden am Tag. Auch Sie können eine Idee, ein Gedankenbild, eine bildhafte Vorstellung haben, die ein Vermögen wert sind.
2. Vor einigen Jahren erschien ein Zeitungsartikel, der die ungeheure Kraft einer von unbeirrbarem Glauben untermauerten Phantasie veranschaulichte. Henry M. Flagler wurde auf Grund seiner Vorstellungstechnik – indem er jeden Plan bereits als verwirklicht ansah – zum Multimillionär. Er stellte sich Bohrtürme vor, Eisenbahngeleise, zur Arbeit gehende Männer, hörte die Züge pfeifen und davondampfen. Er durchlebte jedes Projekt der Ölgewinnung als vollendete Wirklichkeit. Sein so geprägtes Unterbewusstsein setzte einen gewaltigen Strom kosmischer Energie frei und sorgte für alles, was zur Verwirklichung seiner Pläne nötig war.
3. Arthur Stillwell entwickelte und schulte seine Phantasie in hohem Maße. Er stellte sich die Erbauung der Kansas City and Southern Railroad vor, und als seine besten Ingenieure als Endpunkt dieser Eisenbahnlinie Galveston statt Port Arthur vorschlugen, bestand er auf Port Arthur. Sein Unterbewusstsein war durch die konkrete geistige Vergegenwärtigung des Projekts geradezu hellwach und wachsam, und ihm war klar, dass seinem Unterbewusstsein eine unendliche Intelligenz innewohnt, die ihn auf allen seinen Wegen führte und leite-

te. Ein intuitiver Geistesblitz zeigte ihm, dass eine Flutwelle Galveston verwüsten werde, und diese innere Eingebung erwies sich als richtig.

4. Viele Menschen beten um Reichtum, Erfolg und Prosperität und haben gleichzeitig die Vorstellung von Mangel und Beschränkung. Wunsch und Phantasievorstellung müssen jedoch übereinstimmen. Wenn Ihr Wunsch und Ihre Phantasie im Konflikt liegen, trägt immer die Phantasie den Sieg davon.
5. Ein einfacher Weg, diese Schwierigkeit zu überwinden und Ihr Bewusstsein mit Ihrem Unterbewusstsein in Einklang zu bringen, besteht darin, wie der geschilderte Verkaufsleiter mit Nachdruck zu sagen: »Tag und Nacht komme ich voran, ich habe in allen Bereichen Erfolg. Mein Verkauf steigt jeden Tag, und jeden Tag geht mehr Geld ein.« Diese Aussage wird weder bewusst noch unbewusst bezweifelt werden können denn jedermann wird zugeben, dass er jeden Tag dazulernen, mehr verkaufen, ein paar Kunden gewinnen und mehr Geld verdienen kann.
6. In dem Augenblick, in dem Sie zugeben, dass es so etwas wie Reichtum gibt und Sie ihn überall sehen, werden Sie keine Mühe haben, in freudiger Erwartung des Besten von Gottes Reichtümern – den geistigen, seelischen und den materiellen – zu leben.
7. Mit Hilfe der Vorstellungstechnik erreichen Sie alles, was Sie sich wünschen: ein schönes Haus, ein Auto oder berufliche Beförderung. Entspannen Sie sich körperlich und geistig und lassen Sie sich in einen Zustand der Schläfrigkeit sinken. Dann ist Ihr Unterbewusstsein am empfänglichsten für Ihre Vorstellungsbilder, und negative Gedanken Ihres kritischen Bewusstseins sind auf ein Mindestmaß reduziert. In diesem Zustand müssen Sie so denken, sprechen und handeln, als besäßen Sie ein schönes Haus, als seien Sie bereits befördert.

8. Stellen Sie sich also im Geiste Ihr Wunschhaus bildlich vor. Gehen Sie durch das Haus, gießen Sie den Garten, spielen Sie mit Ihren Kindern. Vergegenwärtigen Sie sich alles lebhaft und möglichst wirklichkeitstreu. Sie müssen die Natürlichkeit von allem fühlen, die Festigkeit der Wände und Möbel. Wohnen Sie im Geiste dort, und das, was Sie sich vorstellen und als wahr durchleben, wird eintreffen. Sie können dasselbe im Hinblick auf Ihre berufliche Beförderung oder irgendetwas anderes tun. Alle Transaktionen finden zuerst im Geist statt.
9. Negative Gedanken der Angst oder Wut, des Zweifels oder Hasses leiten vitale Energie ab, und dies führt zu einem Gefühl der Hoffnungslosigkeit, der Müdigkeit und allgemeiner Unlust. Ändern Sie, wenn Sie Depressionen unterliegen, sofort Ihre Geisteshaltung, und denken Sie an Harmonie, Liebe, Freude und Wohlwollen, dann wendet sich alles zum Guten. Sagen Sie sich, spüren Sie, dass der Strom kosmischer Energie Sie durchströmt, und Sie werden erneuert und regeneriert werden.
10. Ein junger Mann klagte bei Gartenarbeit über Erschöpfung und Müdigkeit. Als ihn dann ein Anblick jugendlicher Schönheit und weiblichen Charmes in Gestalt eines Mädchens mit Tennisschläger überraschte, erwachte er plötzlich zu neuer Vitalität, als hätte er eine Bluttransfusion bekommen. Seine Müdigkeit war von der Nachricht verursacht worden, dass seine Freundin in Kanada sich mit einem anderen Jungen angefreundet hatte.
11. Alles, was werden soll, muss zuerst im Bild einer Idee vorhanden sein. Gott ersann die Welt, die Sonnen, Monde, Sterne, den Kosmos, alle darin enthaltenen Dinge; und er erschuf sie. Aus der dynamischen Quelle schöpferischer Phantasie können auch Sie unbegrenzt schöpfen.

12. Eine von Geldsorgen geplagte Witwe, die Mühe hatte, ihr Mietshaus zu verkaufen, stellte sich vor, sie zeige das Haus dem richtigen Käufer, der es haben wollte. Sie ließ dieses Filmgeschehen im Geiste mehrmals am Tage ablaufen; sie zeigte dem Interessenten mehrere Wohnungen und diverse Unterlagen und hörte ihn in ihrer Phantasie klar und deutlich sagen: »Ich werde es kaufen.« Nach kurzer Zeit meldete sich ein in ihrer Nähe wohnender Arzt, der das Haus erwarb, und ihr Problem war gelöst.
13. Sie dürfen nicht versuchen, einen Menschen durch Zwang zu einem von Ihnen gewünschten Handeln zu veranlassen. Falsch wäre, den ersten Interessenten in unserem geschilderten Fall zu beeinflussen oder darum zu beten, dass er das Haus kauft. Das wäre eine Beeinträchtigung seiner Rechte, seiner Interessen. Sie müssen vielmehr auf die Ihnen innewohnende unendliche Intelligenz vertrauen, darauf, dass sie den richtigen Interessenten für Sie zur richtigen Zeit und in der richtigen Art anzieht. Sie macht keine Fehler.
14. Falsch wäre es deshalb auch, darum zu beten, dass ein bestimmter Mann oder eine bestimmte Frau Sie heiraten solle. Vertrauen Sie darauf, dass der unendliche, allumfassende Geist in seiner Weisheit kraft kosmischer Energie alle Ihre Wünsche verwirklicht; dann besteht kein Anlass zu geistigem Zwang oder zum Versuch, andere zu beeinflussen, entsprechend Ihren Geboten zu handeln. Die Erfüllung kommt oft auf völlig andere Art, als wir denken.

Wie Sie sich der Kraft Ihrer Imagination bedienen

Imagination, also bildhaft anschauliches Denken, ist eine unserer grandiosen Fähigkeiten. Wird sie richtig entwickelt, entfaltet und gesteuert, stellt sie ein wahrhaft phantastisches Instrument dar, das aus den Tiefen unseres Unterbewusstseins Schätze ans Licht bringt. »Die Seele ohne Phantasie wäre wie ein Observatorium ohne Teleskop«, sagte H. W. Beecher. Und Pascal rühmte die menschliche Einbildungskraft mit seinem Wort: »Imagination verfügt über alles; sie erzeugt Schönheit, Gerechtigkeit und Glück, die in dieser Welt alles sind.«

Naturwissenschaftler, Erfinder, Dichter, Musiker und Künstler bedienen sich – unbewusst oder bewusst – der wunderbaren Gabe der Phantasie, mit der sie aus der Schatzkammer ihres Unterbewusstseins die Reichtümer des Unendlichen hervorholen und der Menschheit nahe bringen. »Phantasie«, so erkannte schon Shakespeare, »benennt das luftige Nichts und gibt ihm festen Wohnsitz.«

Wie Shakespeare und viele andere große Denker erkannt haben, kann jeder Mensch seine Einbildungskraft benutzen, um zu einem erfüllteren Leben zu gelangen. Auch Sie können das! Bildhaftes Denken liegt in jedermanns Reichweite. Entscheidend ist dabei nur, dass Sie positiv, also aufbauend denken.

Sie zeichnete eine »psychische Schatzkarte«

Eine erst kurz verheiratete Fremdsprachenkorrespondentin erzählte mir, dass sie ein halbes Jahr vor ihrer Hochzeit eine »psychische Schatzkarte« gezeichnet habe. Nachdem sie ein großes quadratisches Blatt in vier kleine Quadrate unterteilt hatte, schrieb sie in das erste Quadrat: »Ich danke dafür, dass Gottes Reichtum in meinem Leben frei strömt.« In das zweite Quadrat schrieb sie: »Ich danke für eine viermonati-

ge Weltreise.« Der Text in dem dritten Quadrat lautete: »Ich danke für einen wunderbaren, seelisch-geistig interessierten Mann, der vollkommen mit mir harmoniert.« Und ins letzte Quadrat schrieb sie: »Ich danke für ein herrlich gelegenes Haus.« Außerdem setzte sie unter jeder Bitte die Worte: »Ich danke für die sofortige Erfüllung dieses Wunsches. Mir ist unendliche Liebe beschieden in göttlicher Fügung.«
Jeden Morgen, jeden Nachmittag und jeden Abend ging sie nun ihre Bitten durch, bekräftigte zutiefst überzeugt deren Erfüllung und stellte sich diese bildhaft vor. Sie wusste, dass ihr jeweiliges Vorstellungsbild in ihr Unterbewusstsein eingehen und die ihm innewohnende Kraft es in ihrem Leben sichtbar machen würde.

Die Antwort auf ihre erste Bitte kam nach etwa einem Monat: Ihre Großmutter vermachte ihr testamentarisch fünfzigtausend Dollar und darüber hinaus einen fast neuen Cadillac. Bald darauf wurde ihre zweite Bitte Wirklichkeit: Ihre Eltern, die zu dieser Zeit in Kanada lebten, luden sie zu einer gemeinsamen Weltreise ein. Während jener Weltreise erfüllte sich die dritte Bitte: Sie lernte in Sydney einen jungen Wissenschaftler kennen – und nachdem sie einander näher gekommen waren, erlebten beide das wahre Glück inniger Liebe. Sechs Wochen später standen beide in Kalifornien vor dem Traualtar. Die Erfüllung der vierten Bitte erfolgte sozusagen zwangsläufig: Nach der Hochzeit zog das junge Ehepaar in eine zweistöckige Villa, die von einem herrlichen Park umgeben war.

Diese Frau hat die Erfahrung gemacht, dass das Vertrauen auf die jedem Menschen innewohnende unendliche Weisheit Gottes eine gute Investition für eine bessere Zukunft darstellt.

Um ihren Wünschen noch mehr Nachdruck zu verleihen, regte die Fremdsprachenkorrespondentin zusätzlich ihre Einbildungskraft an: Sie beantragte einen neuen Reisepass, las mehrere Bücher von bekannten Reiseautoren, und jeden

Abend vor dem Einschlafen zeichnete sie in Gedanken ihre Reiseroute nach. Außerdem stellte sie sich vor, wie sie zu ihrer Bank ging und dort einen hohen Geldbetrag einzahlte, wie sie mit einem gut aussehenden Mann in einem vornehmen Juweliergeschäft die Eheringe aussuchte und wie sie kurz darauf von ihrem Auserwählten über die Schwelle eines herrschaftlichen Hauses geführt wurde.
Das Beispiel dieser jungen Frau zeigt, wie durch die intensive Anregung der Phantasie die jeweiligen Vorstellungsbilder langsam in das Unterbewusstsein dringen, dort aufgenommen und verarbeitet werden, um dann als reale Begebenheiten auf dem Bildschirm des Raumes zu erscheinen.

»Der Ausgang stellt alle zufrieden!«

Während einer Reise nach Chichén Itzá, der berühmten Ruinenstadt der Maya im Norden der mexikanischen Halbinsel Yucatán, lernte ich einen Rechtsanwalt aus Texas kennen. Er erzählte mir, dass er nach dieser Urlaubsreise einen schwierigen Auftrag vor sich habe, und zwar sollte er in Dallas einen familiären Erbschaftsstreit beilegen, in dem es um eine Million Dollar ging. Die bevorstehende Angelegenheit belastete ihn sehr – nicht zuletzt auch deshalb, weil es für ihn um ein hohes Erfolgshonorar ging.
Ich empfahl dem Rechtsanwalt, die mit bildhaftem Denken arbeitende Form des imaginativen Gebets anzuwenden. Da es im Seelisch-Geistigen weder Raum noch Zeit gibt, solle er sich geistig in ein Konferenzzimmer nach Dallas versetzen, in dem alle Mitglieder der zerstrittenen Familie versammelt seien. Dann solle er zutiefst überzeugt bekräftigen, dass zwischen ihnen Verständnis, Harmonie und Frieden herrschten.
Auf meinen Rat hin stellte er sich mehrmals täglich bildhaft die Mitglieder der Familie vor, die bekräftigten: »Wir haben uns darauf geeinigt, die Bedingungen des Testaments anzu-

nehmen, so wie sie niedergeschrieben sind. Denn wir wollen das Testament nicht anfechten.« Immer wieder vernahm er diese Sätze in seiner Phantasie, und außerdem schlief er jeden Abend mit den Worten ein: »Der Ausgang stellt alle zufrieden!«

Einige Wochen nach meiner Reise erhielt ich von dem Rechtsanwalt einen Brief. Er schrieb, dass er meine Anweisungen genau befolgt habe, dass bei der entscheidenden Familienversammlung völlige Einigkeit erzielt worden sei und dass er für die gütliche Beilegung ein ansehnliches Honorar erhalten habe. Wo ein hässlicher Rechtsstreit zwischen Geschwistern gedroht hatte, war es dank dem positiven Einsatz seiner Imagination zu einer harmonischen Lösung gekommen.

Ein Fremdenführer wurde Archäologe

Auf der kurzen Fahrt von Chichén Itzá nach Uxmal, einer weiteren berühmten Ruinenstadt der Maya, kam ich mit unserem mexikanischen Fremdenführer ins Gespräch. Nach einiger Zeit erzählte er mir von seinem Hobby: In den ruhigeren Perioden, wenn nicht so viele Touristen kommen, betreibe er die Wassersuche mit der Wünschelrute.

Wenn ein Farmer ihn bittet, nach Wasser zu suchen, geht er mit der Rute aus gebogenem Kupferdraht über die Felder, wobei er immer wieder seinem Arm befiehlt: »Du wirst fest und steif, und der Kupferdraht zeigt genau auf die Stelle, unter der es Wasser gibt.« Wie er erzählte, hat er in den meisten Fällen Erfolg. »Zwar habe ich mich einige Male getäuscht«, berichtete er, »aber das ist darauf zurückzuführen, dass ich entweder übermüdet war oder mich nicht richtig konzentriert habe.« Im Laufe der Jahre verdiente er sich mit dem Rutengehen genügend Geld für ein Archäologiestudium. Als er es vor einiger Zeit mit Auszeichnung abschloss, bot man ihm eine Dozentenstelle an der Universität an.

Er zeigte mir auch Karten, auf denen er vermerkt hatte, wo verloren gegangene Rinder und Schafe von ihm aufgespürt worden waren. Wenn er ein Tier suchen musste, studierte er eine Karte des in Frage kommenden Gebiets und konzentrierte seine ganze Aufmerksamkeit auf das verschwundene Tier. Die Wünschelrute zeigte dann auf die Stelle, wo es sich befand.

Bereits in seiner Kindheit hatte sein Vater ihm versichert, er habe von ihm, dem Vater, die Gabe des Rutengehens geerbt, und der Junge hatte es geglaubt. Diese Überzeugung hatte sich in seinem Unterbewusstsein eingeprägt; es ist daher ganz natürlich, dass er sich auf das Rutengehen verstand. Die Rute ist ja nur ein Hilfsmittel, mit dem der sensitive Mensch – und jeder Mensch ist ein »Sensitiver« – seine seelisch-geistigen Kräfte aktiviert. Das geschieht über sein Unterbewusstsein, das alles sieht und alles weiß, weil es am unendlichen Geist kosmischer Dimension teilhat.

Wenn der junge Mexikaner mit der Rute Wasser sucht, erreicht er dank seinem tiefen Glauben und der an sein Unterbewusstsein gerichteten Zielanweisungen – die natürlich Suggestionen sind –, dass dieses über einer Wasserstelle ein Zusammenziehen der Armmuskulatur und eine Abwärtsbewegung der Rute auslöst. Ich sagte ihm, dass er seine Technik verbessern könne, indem er sich immer wieder sage, also seinem Unterbewusstsein suggeriere: »Du wirst mir genau sagen, in welcher Tiefe sich das Wasser befindet.« Auch solle er mehrmals täglich bekräftigen: »Mir geschieht, wie ich glaube.«

Imagination – die »Werkstatt Gottes«

Vor einiger Zeit suchte mich eine ziemlich mutlose und deprimiert erscheinende Witwe auf, die seit mehr als einem Jahr vergeblich versucht hatte, ihr zweistöckiges Haus zu verkaufen. Der Unterhalt des Gebäudes war ihr in den letzten Jahren zu teuer geworden, und da in einer herrlich gelegenen Altensiedlung bereits ein geräumiges Appartement für sie bereitstand, wollte sie das Gebäude so schnell wie möglich veräußern. Viele Interessenten hatten das Haus schon besichtigt, doch kein einziger hatte sich zum Kauf entschlossen, obwohl der Preis offenbar allen angemessen erschienen war.

Ich erklärte ihr genau, wie sie ihre Phantasie anregen und wirken lassen solle. Sie befolgte meine Anweisungen. Abends vor dem Einschlafen stellte sie sich in ihrer Phantasie Folgendes vor: »Ich halte einen Scheck über hunderttausend Dollar, den vollen Preis für das Haus, in der Hand. Am Tag darauf gehe ich zu meiner Bank und lasse den Scheck meinem Konto gutschreiben. Danach fahre ich zu meinem Appartement in die Altensiedlung, um dort einen neuen Lebensabschnitt zu beginnen, der mir viel Freude bereiten wird.« Kurz vor dem Einschlafen bekräftigte sie dann noch zutiefst überzeugt: »Es wird alles in göttlicher Fügung geregelt.« Dies tat sie an drei aufeinander folgenden Abenden.

Am Morgen des vierten Tages besichtigte ein weiterer Interessent, und zwar ein Manager von der Ostküste, ihr Haus. Es gefiel ihm, und er wollte sofort einziehen. Da er mit dem Preis und allen anderen Bedingungen vollkommen einverstanden war, stellte er ihr sofort einen Barscheck über hunderttausend Dollar aus.

Die Imagination wird wahrlich zu Recht als »Werkstatt Gottes« bezeichnet. Albert Einstein hielt Phantasie übrigens für bedeutsamer als Wissen. Was Sie sich bildhaft vorstellen und in Ihrem tiefen Glauben als wahr empfinden, das wird eintreffen, denn die Imagination gibt Ihren Ideen Gestalt und projiziert sie auf den Bildschirm des Raumes. So verwirklichen sich die von Ihnen gehegten Wunschvorstellungen in Ihrem Leben.

Eine Filmschauspielerin überwand ihre Konkurrenzangst

Nach sechsmonatiger Arbeitslosigkeit bekam eine ehemals sehr erfolgreiche Filmschauspielerin eine glänzende Rolle in einem neuen Film angeboten; doch außer ihr zogen die Produzenten noch drei weitere Schauspielerinnen in Betracht. Das Gespräch mit den Produzenten gab der Schauspielerin das Gefühl, dass sie sich sehr gut für die Rolle eigne. Nun wollte sie von mir wissen, was sie tun müsse, um die Rolle zu erhalten.

Ich sagte ihr, der Gedanke an Konkurrenz erzeuge oftmals starke Ängste und übermäßige Spannungen. Es könne sein, dass sie, wenn sie sich solchen Gefühlen überlasse, die Rolle nicht bekomme; deshalb solle sie zutiefst überzeugt bekräftigen: »Ich danke für meine vollkommene Selbstverwirklichung auf höchster Ebene nach göttlichem Plan und in göttlicher Fügung. Ich freue mich auf die Rolle in diesem Film oder auf eine andere schöne Rolle aus dem Reichtum des Unendlichen, die noch großartiger und besser für mich ist.« Zum Schluss empfahl ich ihr, die ganze Angelegenheit ihrem Unterbewusstsein zu überantworten und jedes Mal, wenn sie an die Rolle denke, zu bekräftigen: »Die unendliche Weisheit sorgt für das für mich Beste.«

Die Schauspielerin bekam die angestrebte Filmrolle nicht, doch kurz darauf erhielt sie von einem ausländischen Filmproduzenten einen viel vorteilhafteren Vertrag für eine weit aufregendere, bedeutendere Rolle, die, wie sie mir sagte, »Rolle meines Lebens«.

Der Lohn eines Vorstellungsbildes von Wohlstand und Glück

Vor einiger Zeit erreichte mich aus Frankreich ein überaus erfreulicher Brief einer amerikanischen Modeschöpferin, die in Begleitung ihres Mannes zu einer Modenschau nach Paris gereist war.

Noch ein paar Jahre zuvor war sie der Meinung gewesen, in ihrem Leben stehe alles gegen sie. Ich hatte ihr seinerzeit geraten, sich immer wieder persönlichen und beruflichen Erfolg vorzustellen, denn diese bildhafte Vorstellung werde, wenn sie sie regelmäßig »beschwöre«, ihre negative Einstellung überwinden. Richtig eingesetzte Imagination, so hatte ich ihr gesagt, sei unsere wirksamste Kraft, wenn wir Erfolg haben und inneren sowie äußeren Reichtum erlangen wollen.

Viele Male im Laufe der darauf folgenden Monate hatte sich die Frau vorgestellt, ich würde ihr zu ihrem großartigen Erfolg und auch zu ihrer glücklichen Ehe gratulieren. Einige Monate nach dem Beratungsgespräch war sie nach England geflogen, um Verwandte zu besuchen. Dort hatte sie einen sehr sympathischen Mann kennen gelernt; die beiden hatten sich ineinander verliebt und geheiratet.

Ihr Mann fördert sie seit dieser Zeit mit allen ihm zur Verfügung stehenden Kräften. Sie und ihr Modeteam hatten in England erstmals auf europäischem Boden einen glänzenden Erfolg, der sich jetzt, wie aus ihrem Brief zu ersehen war, in Paris wiederholte.

Sie schrieb: »Es ist wahr: Was man sich bildhaft vorstellt und innerlich überzeugt erwartet, das trifft ein, auch wenn es dem Zeugnis unserer fünf Sinne zu widersprechen scheint.«

Diese Frau vertraute der suggestiven Kraft ihrer Imagination und aktivierte somit die ihrem Unterbewusstsein innewohnende unendliche Weisheit, die nach einiger Zeit Mittel und Wege fand, ihre Vorstellungen auf dem Bildschirm des Raumes sichtbar werden zu lassen.

Der glänzende Aufstieg eines Zigarrenverkäufers

Vor fünf Jahren suchte mich ein in Detroit lebender Zigarrenverkäufer auf und bat mich um Rat. Er kam finanziell nicht zu Rande, musste mit seiner Frau und seinen zwei Söhnen in einem Wohnwagen leben, und die Hoffnung auf

einen eigenen Wagen oder gar ein eigenes Haus hegte er schon lange nicht mehr.
Ich erklärte ihm in einem einstündigen Beratungsgespräch, wie er die Kraft seiner Phantasie konstruktiv nutzen könne.
Auf meinen Vorschlag hin schrieb er sich Folgendes auf: »Ich erbitte ein schönes Haus für meine Familie. Meine Frau, meine Söhne und ich brauchen, um unseren Verpflichtungen optimal nachkommen zu können, eigene Wagen. Ich überantworte diese Wünsche meinem Unterbewusstsein. Beförderung ist mir beschieden, Erfolg ist mir beschieden. Ich danke jetzt für die Erfüllung.«
Der Mann und seine Frau machten es sich zur Gewohnheit, sich abends vor dem Einschlafen lebhaft ein Haus in einem schönen Garten, eine Garage mit vier Autos sowie ein hohes Bankkonto vorzustellen. Außerdem betete der bisher so unglückliche Mann allabendlich: »Ich bin dankbar für Gottes Reichtümer, die allgegenwärtig, unveränderlich und ewig sind. Ich danke für meinen glänzenden Aufstieg.«
Drei Monate lang geschah nichts, dann wurde er, unerwarteterweise, zum Leiter eines gut gehenden Tabakgeschäfts bestellt, und nur kurze Zeit später erbte seine Frau ein Grundstück in Texas, auf dem Öl gefunden worden war. Die Familie siedelte kurz darauf nach Texas über, und nach einigem Suchen fanden sie ein herrlich gelegenes Landhaus, das genau ihrer Vorstellung entsprach. Schnell eignete sich der ehemalige Zigarrenverkäufer, immer auf die Kräfte seines Unterbewusstseins vertrauend, die notwendigen Kenntnisse zur Führung eines Ölunternehmens an und kann nun seiner Familie einen weitaus höheren Lebensstandard bieten, als er es sich je erhofft hatte.

Suggestives Gebet zur Aktivierung Ihrer Imagination

Machen Sie sich die tägliche Gewohnheit zu Eigen, betend die unendlichen Kräfte Ihres Imaginationsvermögens zu aktivieren, indem Sie sich sagen: »Meine Vorstellung richtet sich darauf, mehr über Gott und sein Wirken zu erfahren. Ich stelle mir mich im göttlichen Zustand vollkommener Gesundheit, der Harmonie und des Friedens vor. Mein Vorstellungsbild beruht auf dem Wissen, dass das Göttliche in jedem Menschen ist, und auf meinem tiefen Glauben, dass ich jetzt auf allen meinen Wegen in göttlicher Fügung beschützt und geleitet werde.

Ich weiß, dass jede bildhafte Vorstellung, der ich treu bleibe, von meinem Unterbewusstsein aufgenommen, entwickelt und auf dem Bildschirm des Raumes sichtbar gemacht wird. Ich stelle mir zu jeder Zeit für mich selbst und für andere nur das vor, was dem Göttlichen in mir entspricht. Dies gewöhne ich mir an.

Ich stelle mir jetzt vor, dass ich tue, was ich schon lange gern tun möchte. Ich stelle mir vor, dass ich besitze, was ich gern besitzen möchte. Ich stelle mir vor, dass ich der bin, der ich gern sein möchte. Damit dies Wirklichkeit wird, empfinde ich es als vollzogene Tatsache. Ich freue mich darüber und danke dir, Gott.«

Merksätze

1. Eine Seele ohne Phantasie wäre wie ein Observatorium ohne Teleskop. Imagination ist eine Urfähigkeit des Menschen, und sie vermag jedes intensiv gehegte Vorstellungsbild auf dem Bildschirm des Raumes sichtbar werden zu lassen.
2. Zeichnen Sie sich eine »psychische Schatzkarte«, in die Sie Ihre Herzenswünsche eintragen. Studieren Sie die Karte mehrmals täglich, bekräftigen Sie zutiefst überzeugt, dass jeder Wunsch jetzt erfüllt wird, und stellen Sie sich die Erfüllung bildhaft vor. Seien Sie beharrlich, dann werden Sie erfahren, dass Ihre Vorstellungsbilder

Ihr Unterbewusstsein prägen und diese in Ihrem Leben zur Geltung kommen werden.

3. Wenn Ihnen zum Beispiel der Ausgang eines Rechtsstreits Sorgen bereitet, sollten Sie die mit Phantasie arbeitende Form der Gebetstherapie anwenden. Bekräftigen Sie zutiefst überzeugt, dass im Geist und in den Herzen aller Beteiligten Verständnis, Harmonie und Frieden herrschen. Stellen Sie sich vor, wie man Ihnen von der gütlichen Einigung berichtet. Wenn Sie mit den Worten »Der Ausgang stellt alle zufrieden!« einschlafen, so prägen Sie damit Ihrem Unterbewusstsein die bestmögliche Lösung ein.
4. Ein Fremdenführer glaubte, die Fähigkeit des Rutengehens geerbt zu haben – und hatte sie, wie seine Erfolge bewiesen. Jeder Mensch ist ein Sensitiver, wenn er es sich vorzustellen und an sein Vorstellungsbild zu glauben vermag.
5. Eine Witwe hatte enorme Schwierigkeiten beim Verkauf ihres Hauses. Auf meinen Rat hin stellte sie sich jeden Abend vor dem Einschlafen vor, sie halte einen Scheck über die volle Verkaufssumme in der Hand, gehe tags darauf zu ihrer Bank und lasse den Scheck ihrem Konto gutschreiben. Nachdem sie zutiefst überzeugt bekräftigt hatte: »Es wird alles in göttlicher Fügung geregelt«, wurde die Erfüllung ihrer Wünsche nach kurzer Zeit Realität. Sehen Sie die Imagination als »Werkstatt Gottes«.
6. Wenn Sie sich neben mehreren Konkurrenten zum Beispiel um eine Stellung oder einen Auftrag bewerben, sollten Sie jede Angst und jede Spannung vermeiden. Bekräftigen Sie zutiefst überzeugt: »Ich akzeptiere die Stellung (den Auftrag) oder auch etwas anderes aus dem Reichtum des Unendlichen, das noch großartiger und besser für mich ist.« Aufgrund dieser Haltung erlangen Sie das Angestrebte oder etwas noch Besseres.

7. Halten Sie beharrlich an Ihrem Vorstellungsbild fest und lassen Sie keine Zweifel aufkommen. Nehmen Sie die Verwirklichung Ihres Wunsches als vollzogene Tatsache vorweg. Freuen Sie sich und danken Sie Gott für die Wohltat.
8. Durch die angegebene Meditationsübung erweitern Sie die sinnvolle Nutzung Ihrer Imagination. Das Ergebnis ist ein in jeder Weise reicheres Leben.

Wie die kosmische Kraft Sie ans Ziel Ihrer Wünsche bringt

Betrachten Sie Ihre Wünsche als von Gott eingegeben. Das Göttliche sucht durch Sie zum Ausdruck zu kommen. Wenn Sie hungrig sind, haben Sie den Wunsch nach Nahrung. Wenn Sie Durst haben, begehren Sie Wasser. Wenn Sie frieren, haben Sie Verlangen nach Wärme. Wenn Sie krank sind, wünschen Sie sich nichts sehnlicher als zu genesen.

Der grenzenlose kosmische Geist, an dem Sie Anteil haben, möchte nicht in irgendeiner Form der Begrenztheit seinen Ausdruck finden. Die Wünsche, Sehnsüchte, Antriebe und Anliegen, die aus Ihrer Seele kommen, sind immer auf das Leben ausgerichtet und drängen Sie, zu wachsen, emporzusteigen und Ihr Verlangen nach Gesundheit, Glück, Wohlstand, echter Selbstverwirklichung und der Verwirklichung Ihrer Ideale in Ihrem Leben sichtbar werden zu lassen. Wünsche sind der Ansporn, der uns vorwärts drängt, aufwärts, Gott entgegen.

Die Nichtverwirklichung Ihrer Wünsche verursacht Enttäuschung, macht Sie unglücklich und krank. Chaos und Verwirrung sind die Folge. Solche Nichterfüllung ist die Ursache endloser seelisch-geistiger und körperlicher Leiden.

Ihr Schicksal liegt in Ihrer Hand

In der Bibel heißt es: *Erwählet euch heute, wem ihr dienen wollt*… (Josua 24,15). Sie können sich heute, jetzt gleich, für eine glückliche Zukunft entscheiden. Ihr Denken, Glauben und Fühlen steuern Ihr Schicksal.

Ralph Waldo Emerson sagte: »Der Mensch ist, was er den ganzen Tag über denkt.« Und ein Sprichwort lautet: Wie der Mensch im innersten Herzen denkt, so ist er. Mit dem Herzen ist hier das Unterbewusstsein gemeint; und das Ganze bedeutet, dass alle Gedanken, Gefühle, Überzeugungen und Eindrücke, denen Sie sich selbst oder andere Menschen Sie aussetzen, unterhalb der Schwelle Ihres Bewusstseins ein Eigenleben führen und Ihr bewusstes Handeln steuern.

Mit anderen, sehr einfachen Worten: Was je an Erfahrungen welcher Art immer Ihrem Unterbewusstsein eingeprägt wurde, kommt auch äußerlich in Ihrem Leben als Erfahrung und Ereignis zum Ausdruck. Vor mehr als hundert Jahren sagte Dr. Phineas Parkhurst Quimby, der seiner Zeit und aller Psychologie weit voraus war: »Der Mensch ist sichtbar gemachter Glaube.«

Ihre Zukunft ist somit durch Ihr augenblickliches gewohnheitsmäßiges Denken vorweggenommen. Der Inhalt dieses Ihres Denkens wird auf den vierdimensionalen Bildschirm des Raums projiziert. Anders ausgedrückt: Ihre Zukunft ist Ihr sichtbar werdendes Denken und Ihr sichtbar werdender Glaube von heute. Man könnte auch sagen, Ihre gegenwärtigen Denkinhalte werden als Früchte Ihres Geistes wachsen und genau wie Feldfrüchte entsprechend den in den Boden gesäten Samen reifen. Alle Samen wachsen artgetreu. Entsprechend reift die Saat Ihres Denkens und Glaubens.

Wie ein Ladenbesitzer die entscheidende Wende herbeiführte

Unlängst suchte mich ein Geschäftsmann auf und fragte mich ziemlich sarkastisch, wie er denn »um Gottes willen«

im Hinblick auf seinen »schon halb abgeräumten Laden« beten solle. »Alles geht schief«, sagte er. »Ich werde Bankrott machen. Alles ist gegen mich. Das Geschäft geht schon schlecht, aber das Schlimmste wird erst noch kommen!«

Ich erklärte ihm, dass er die ganze Situation umkehren könne, indem er seine Denk- und Vorstellungsinhalte ändere und an dieser Änderung festhalte. Als er meine weiter gehenden Erklärungen überdachte, wurde ihm klar, dass er tatsächlich selbst durch sein gewohnheitsmäßiges destruktives Denken die Gefahr dramatisierte, wenn nicht überhaupt selbst herbeiführte.

Nachdem der Geschäftsmann zu dieser Erkenntnis gelangt war, erläuterte ich ihm, dass er Erfolg, Wohlstand und innere Ausgeglichenheit – oder jedes andere Gut im Leben, auf das er ein Anrecht habe – erlangen könne, nur müsse er den geistigen Preis dafür bezahlen. »Welchen Preis?«, fragte er.

Ich empfahl ihm das folgende Gebet:

»Heute ist Gottes Tag. Ich erwähle Glück, Erfolg, Wohlstand und Seelenfrieden. Ich werde den ganzen Tag über göttlich geführt, und was ich tue, wird gelingen. Wenn ich Anwandlungen des Zweifels, der Angst und der Feindseligkeit zu erliegen drohe, vergegenwärtige ich mir sofort wieder Gottes Güte und Liebe, in dem Wissen, dass Gott für mich sorgt. Ich bin jetzt ein spiritueller Magnet und ziehe Kunden an, die suchen, was ich anzubieten habe. Ich verbessere von Tag zu Tag meinen Service. Die Kunden anerkennen meine immer besseren Dienstleistungen. Ich habe in meinen Unternehmungen den denkbar größten Erfolg. Ich segne alle, die in mein Geschäft kommen. Und alle diese Gedanken sinken jetzt in mein Unterbewusstsein. Ich führe ein Leben der Sicherheit und Fülle. Es ist wunderbar!«

Der Geschäftsmann sprach das Gebet regelmäßig jeden Morgen und jeden Abend. Noch ehe ein halbes Jahr um war, erhielt ich von ihm einen Brief:

Sehr geehrter Herr Dr. Murphy,
dies ist ein Dankschreiben, in dem ich Ihnen mitteilen möchte, wie viel mir das Gespräch mit Ihnen vor ein paar Monaten gab. Ich weiß jetzt, dass ich ein Recht auf alles habe, was gut für mich ist oder was mich gesünder, glücklicher, erfolgreicher und nützlicher machen kann.
Ich hatte nie bedacht, dass der Wunsch nach Erfolg und Wachstum von der göttlichen Gegenwart in mir kommt. Ich hatte immer ein unbestimmtes schlechtes Gewissen.
Jetzt weiß ich, dass es der Wille Gottes für mich ist, vorwärts zu gehen, aufzusteigen und in allen Bereichen das Beste aus meinem Leben zu machen.
Ich bin dankbar für Ihre nachdrückliche Betonung der Wahrheit, dass eines der Dinge, die mich hemmten, der Gedanke war, ein Recht auf etwas zu haben, das jemand anderem gehört. Ich weiß jetzt, dass es grundfalsch ist, die Rechte anderer zu verletzen. Ich erkenne voll und ganz, dass Gott mir allen Reichtum und alles Glück in meine Hand gegeben hat.
Der Preis ist nicht hoch. Ich vergegenwärtige mir ständig das Gebet, das Sie mir gaben. Ich habe eine beträchtliche Steigerung meines Absatzes feststellen können, und ich fühle mich viel glücklicher und fröhlicher. Über meinen Ladentisch habe ich eine schön gedruckte Karte gestellt: Gedenke an ihn in allen deinen Wegen, so wird er dich recht führen *(Sprüche 3,6).*
Ihr dankbarer G. F.

Der Preis, den er bezahlte, bestand in seiner geistigen Annahme und in der Anwendung der Wahrheiten dieses Gebetes.

Als er aufhörte, dem Schicksal die Schuld zu geben, hatte er Erfolg

Während meines Aufenthaltes in der Kona Inn, meinem bevorzugten Hotel auf der großen Hawaii-Insel, plauderte ich am Schwimmbassin dieses schönen Fleckchens Erde mit einem mir unbekannten Mann. Hier die Quintessenz dessen, was er zu mir sagte:

»Ich flog für eine Woche hierher, um von allem fortzukommen. Mein Leben ist eine einzige Schinderei. Ich komme nirgends hin, obwohl ich hart arbeite. Mein Leben ist Mühsal und Langeweile. Ich esse, schlafe, arbeite, abends sehe ich fern. Ich verabscheue meine Arbeit. Ein grausames Schicksal!«

Dem weiteren Gespräch entnahm ich, dass der Mann sich von seiner Schwester in San Francisco das Geld für den einwöchigen Urlaub geborgt hatte. Ich sagte, wenn er wolle, würde ich ihm eine einfache, praktische Formel an die Hand geben, die sein Schicksal wenden und ihn befähigen könne, Erfolg, Glück und die Verwirklichung all seiner Wünsche im Leben zu erreichen.

Aufmerksam hörte er sich meine Auslegung des Bibelwortes an: ... *Denn was der Mensch sät, das wird er ernten* (Galater 6,7).

»Dies bedeutet«, erklärte ich ihm, »dass Sie, wenn Sie Gedanken an Mangel, Einschränkung, Zwist, Bitterkeit, Krankheit, Armut und Streit säen, Entsprechendes auch ernten werden. Sie müssen daran denken, dass Ihr Unterbewusstsein wie der Erdboden ist: es bringt hervor, was Sie – an Inhalten Ihres Denkens, Glaubens und Fühlens – im Garten der inneren Welt Ihres Geistes säen. Sie säen, was Sie aus ganzem Herzen für wahr halten; und was Sie tief in Ihrem innersten Herzen glauben, das bringen Sie äußerlich für sich selbst und für die Welt zum Ausdruck.«

Der Bekannte vom Schwimmbassin hatte am College Ralph Waldo Emersons Philosophie studiert, sie aber nie begriffen, sondern eigentlich nur als Literatur gelesen. In seinem berühmten Essay über das Schicksal hatte Emerson geschrieben, der Mensch stelle sich sein Schicksal fremd vor, weil die Verbindung verborgen sei; doch die Seele (das Unterbewusste) enthalte das Ereignis, das ihr widerfahren werde; denn das Ereignis sei nur eine Aktualisierung des Denkens; das Ereignis sei der äußere Abdruck unserer inneren Form, es passe uns wie unsere Haut.

Ich gab dem Mann folgende Formel und riet ihm, sie morgens, mittags und abends anzuwenden:

»Gott ist mein Partner, und ich habe Anteil an der kosmischen Kraft, sie ist in mir. Ich wurde geboren, um mich zu bewähren, Erfolg zu haben und zu siegen. Ich finde es sehr aufregend, schwierige Aufgaben zu meistern. Es ist meine Freude, zu siegen und zu erlangen, was ich anstrebe, ohne in irgendeiner Weise Rechte anderer Menschen zu verletzen; ich möchte auch nicht, dass andere etwas tun, das meine Rechte verletzt.

Ich weiß, dass die mir innewohnende Kraft kosmischer Dimension mir alles, was ich zu meinem Glück benötige, zu verschaffen vermag, ohne dass die Rechte eines anderen Menschen beeinträchtigt werden. Ich stehe jetzt mit der unversiegbaren Quelle alles Guten und der Fülle in Verbindung, und die göttliche Gegenwart bringt mir Frieden, Freude, Glück, Erfolg, Wohlstand und volle Selbstverwirklichung. Gott weist mir den Weg; ich vertraue dem göttlichen Geist, und ich werde von Gott zu echter Selbstverwirklichung und zur Erfüllung meiner Herzenswünsche geführt.«

Das Gebet schrieb ich dem Mann am Schwimmbassin auf und erklärte ihm, dass diese Wahrheiten, wenn er sich diese bewusst und voll tiefem, hingebungsvollem Glauben vergegenwärtige und sie ständig bekräftige, in einer Art geistiger Osmose in sein Unterbewusstsein sinken würden – das eins ist mit Gottes kosmischer Kraft und grenzenloser Weisheit – und auf dem Humusboden der inneren Welt seines Geistes keimen und wachsen und in seinem äußeren Leben Früchte tragen würden. Er könne so, sagte ich, auf rechtmäßige und gottgegebene Weise erhalten, wonach er im Leben strebe.

Der Mann erkannte, dass er kein Opfer eines grausamen Schicksals und auch nicht zu einem Leben in geistiger Beengtheit und materieller Armut verurteilt war. Er löste sich von den falschen Überzeugungen, die ihn in Fesseln und Knechtschaft gehalten hatten. Sein Brief bezeugt das:

> *Sehr geehrter Herr Dr. Murphy,*
> *ich bin froh, in Kona mit Ihnen gesprochen zu haben. Die Formel, die Sie für mich aufgeschrieben haben, wende ich dreimal täglich an, und wenn mir Gedanken des Zweifels oder der Angst kommen, kehre ich sie sofort um. Ich habe entdeckt, dass das, was Sie mir sagten, wahr ist – dass alles Negative langsam seine Macht verliert, indem ich mich auf positives Denken umgestellt habe.*
> *Ich besuche jetzt einen Managementkurs und frische auch an drei Abenden in der Woche an der Universität mein Spanisch auf. Ich erhielt auch bereits eine bessere Arbeit und eine Gehaltserhöhung von fünfzig Dollar pro Woche. Ich befinde mich auf dem Weg nach oben! Außerdem arbeite ich* Die Macht Ihres Unterbewusstseins *durch, eine wahre Schatzkammer an Wissen.*
> *Vielen Dank! T. L.*

Der Brief zeigt, dass dieser Mann eine vollständige geistige Wandlung an sich erfahren hat.

Ein Vertreter baute seine verkaufshemmende Blockierung ab

Vor mehreren Monaten schrieb mir ein Vertreter aus New York, dass so oft, wenn er mit einem Geschäft vor dem Abschluss stehe, die Tür zuzufallen scheine und in letzter

Minute irgendetwas schief gehe. Das passiere ihm immer wieder: Wenn er meine, den Kaufinteressenten so weit zu haben, dass dieser unterschreibe, werde der Interessent krank oder seine Frau sterbe oder sein Kind erleide einen Unfall. Ein Termin im Büro des Interessenten sei vereinbart, und das Treffen falle dann aus, beispielsweise weil Nebel die Ankunft des Flugzeugs verzögere oder weil verschiedene Leute nicht erschienen und so weiter. Der Vertreter wollte von mir wissen, wie denn ein Mensch – so meinte er resigniert – gegen die »Ungunst des Schicksals«, das ihm den Erfolg »blockiert«, ankämpfen könne.
Die einzige »Blockierung«, unter der dieser Mann litt, war sein falscher Glaube an die »Ungunst seines Schicksals«. Er fürchtete eine Wiederholung solch nachteiliger Zwischenfälle, und was er am meisten fürchtete, das erlebte er. Mit anderen Worten: Ihm geschah auf sehr greifbare Weise, wie er glaubte, entsprach es doch genau seiner Erwartungshaltung!
In meinem Antwortbrief erklärte ich ihm, dass der Weg zu Harmonie, Erfolg und Wohlstand in ihm selbst beginne. Er brauche nur den Strom seiner Gedanken und Vorstellungen in eine andere, in eine positive Richtung zu lenken. Ich hob hervor, dass die Behauptungen in dem Gebet, das ich für ihn aufschreiben wollte, nur Wert hätten, wenn sein Verständnis der Gesetze des Denkens und Glaubens dahinter stünde – er könne beispielsweise auch die Unabhängigkeitserklärung und die Charta der Menschenrechte aufsagen und doch die wahre Bedeutung der Demokratie oder der Menschenrechte kaum oder gar nicht verstehen. Das Gebet lautete wie folgt:
»Ich weiß, dass es nur einen Gott gibt. Gott ist der Inbegriff des Geistes, der alle Dinge erschaffen hat, und mein Geist ist eins mit diesem kosmischen Geist. Ich meditiere über mein unlösbares Einssein mit dieser Kraft kosmischer Dimension und lasse meine Gedanken und geistigen Bilder ohne Anspannung oder geistige Verkrampfung auf meinen

tieferen Geist einwirken; ich ruhe in der Gewissheit, dass diese Gedanken wiederkommen werden. Ich weiß, dass Gott jene kosmische Geisteskraft ist, meine eigentliche Realität. Mein Werk ist Gottes Werk, denn Gott wirkt durch das Göttliche in mir, und meine Arbeit kann nicht behindert oder verzögert werden. Meine Arbeit geht in göttlicher Fügung ihrer Vollendung entgegen. Alles, was ich beginne, wird auch vollendet. Mein Denken ist jetzt ausschließlich auf Seelenfrieden, gute Leistung und Erfolg gerichtet.«

Dieses Gebet, dessen Wahrheiten sich der Vertreter voll Aufrichtigkeit und Überzeugung zu vergegenwärtigen pflegte, bewirkte bei ihm eine vollständige Veränderung seiner Persönlichkeit und seines Lebens. Er beseitigte die so genannte »Blockierung« und erreicht jetzt viel mehr Abschlüsse. Voll Vertrauen geht er den Weg einer immer größeren Nützlichkeit und Leistung im Leben.

Was Sie sich vorstellen können, das können Sie auch erreichen

Ein Ingenieur aus London erzählte mir: »Am Anfang meiner beruflichen Laufbahn scheiterte ich bei drei Aufgaben, die man mir übertrug, kläglich, und mein Chef sagte zu mir: ›Sie fürchten zu scheitern und erwarten, dass Sie scheitern; und was Sie Ihrer tiefen Überzeugung nach erwarten, das erleben Sie.‹

Dies war der Wendepunkt in meinem Leben. Was er sagte, stimmte. Ich änderte meine Geisteshaltung. Von diesem Augenblick an suggerierte ich mir bewusst Erfolg, und ich glaubte an meinen Erfolg. Mein Motto wurde: *Alles, was ich mir vorstellen und für möglich halten kann, das kann ich auch erreichen.* Meine neue Einstellung ist der Grund dafür, dass ich jetzt Direktor einer namhaften Konstruktionsfirma bin.«

Ich möchte Ihnen empfehlen, das Motto dieses Ingenieurs in Ihr Herz zu schreiben.

Der Ingenieur hat erkannt, worauf es ankommt. Er glaubt an Gott und das Göttliche im Menschen und richtet seinen Blick beharrlich auf Leistung und Erfolg. Und sein Glaube wirkt ansteckend: die Menschen, die unter ihm arbeiten, werden ebenfalls mit der Vorstellung von Erfolg erfüllt. Kein Wunder, dass er mit seinen Mitarbeitern Großes erreicht.

Lächelnd zitierte der Ingenieur mir am Ende seines bekenntnishaften Kurzberichtes über sein Leben: *Alle Täler sollen erhöht werden, und alle Berge und Hügel sollen erniedrigt werden… Macht auf dem Gefilde eine ebene Bahn unserm Gott* (Jesaja 40,3–4).

Merksätze

1. Betrachten Sie Ihre Wünsche als von Gott eingegeben. Mit den Wünschen, Antrieben und Anliegen, die aus Ihrer Seele kommen, drängt Sie das Leben, dass Sie sich erheben und entwickeln sollen.
2. Sie selbst gestalten Ihr Schicksal. Ihre Zukunft wird durch Ihr gewohnheitsmäßiges Denken, Glauben und Fühlen entschieden. Ihr Leben ist das getreuliche Spiegelbild dessen, was Sie den ganzen Tag über denken. Ändern Sie Ihr gegenwärtiges Denken zum Besseren, und Sie wenden Ihr Schicksal zum Besseren.
3. Um zu erhalten, was Sie sich im Leben wünschen, müssen Sie sich Ihren Idealen voll Aufmerksamkeit und Hingabe widmen. Alles, worauf Sie Ihre Aufmerksamkeit und Ihr tiefes Interesse konzentrieren, wird von Ihrem Unterbewusstsein vergrößert, multipliziert und auf dem Bildschirm des Raums sichtbar gemacht. Ihr Preis, den Sie bezahlen müssen, besteht in der Anerkennung der Gesetze des Geistes, in ihrer uneingeschränkten Annahme, ihrer Anwendung und dem tiefen Vertrauen, dass

Sie nie versagen. Mit anderen Worten: Der Preis besteht darin, dass Sie Gott als Inbegriff kosmischen Geistes anerkennen und wissen und glauben, dass Sie an der Kraft kosmischer Dimension Anteil haben: sie wohnt Ihnen inne.

4. Sie haben ein Anrecht auf alles, was Sie gesünder, glücklicher oder erfolgreicher im Leben machen kann. Demgegenüber ist es eine verhängnisvolle Fehlmeinung, dass Sie ein Recht auf etwas haben, das jemand anderem gehört. Es ist vom Standpunkt der kosmischen Gerechtigkeit aus grundfalsch, die Rechte anderer Menschen zu verletzen. Wünschen Sie allen Menschen, was Sie sich selbst wünschen.
5. Erkennen Sie, dass Sie ein angestammtes Anrecht auf Gesundheit, Glück, Reichtum und Erfolg haben; erkennen Sie ferner auch, dass Sie das alles haben können, ohne dass deswegen auch nur einem einzigen Lebewesen auf Erden ein Haar gekrümmt werden muss.
6. Das so genannte »grausame Schicksal«, das Mittelmäßigkeit, Mangel oder Krankheit über Sie verhängt, gibt es nicht. Was Sie geistig säen, das werden Sie im Leben ernten. Pflanzen Sie Rosen (schöne Gedanken) in den Garten der Innenwelt Ihres Geistes. Alle Erfahrungen und Ereignisse Ihres Lebens sind ganz einfach Sichtbarwerdungen Ihrer Gedanken – der bewussten wie der unbewussten.
7. Machen Sie sich frei von der verhängnisvollen Vorstellung der »Ungunst des Schicksals«, das Sie blockiere! Es gibt keine andere Blockierung außer jener, die Sie selbst auf Grund falscher Überzeugungen und Ihrer Angst vor Versagen und Misserfolg – eine destruktive Erwartungshaltung – in Ihrem Geist aufbauen. Eine Blockierung ist falscher Glaube, der den Geist eines Menschen beherrscht und Leiden aller Art nach sich zieht. Erkennen Sie Gott als Inbegriff des kosmischen Geistes und das

Göttliche in Ihnen. Erkennen Sie die universellen Gesetze des Geistes.

8. Was Sie sich vorstellen und für möglich halten können, das können Sie mit Hilfe der Ihnen innewohnenden unendlichen Kraft kosmischer Dimension auch erreichen.

Kapitel 5

Wie Sie zu innerem Reichtum und Erfolg finden

Das befreiende Prinzip inneren Wachstums

Gehen Sie von der einen großen Wahrheit aus: Gott ist Gott, derselbe gestern, heute und in Ewigkeit. Alles andere, was ist und lebt, ist der Veränderung unterworfen Eine andere große Wahrheit, die es zu erkennen gilt, ist die vielleicht noch entscheidendere: Uns allen wohnt Gott inne. *Gott ist Geist, und die ihn anbeten, müssen ihn im Geist und in der Wahrheit anbeten* (Johannes 4,24).

Dieser Geist ist grenzenlose Liebe und absolute Harmonie; er ist allgegenwärtig, allmächtig, allwissend und unvergänglich. Geist vom Geiste Gottes kann nicht verletzt, verwundet oder vernichtet werden. Er ist Ihr eigentliches Leben. Mit der Gottesgegenwart in Ihrem Inneren nehmen Sie kraft Ihres Denkens und Glaubens Verbindung auf. Doch es muss sich, wie schon erörtert, um ein Denken und Glauben »im innersten Herzen« handeln, wenn die Gotteskraft im Leben eines Menschen sichtbaren Ausdruck finden soll. *Des Menschen Herz erdenkt sich seinen Weg*... (Sprüche 16,9). Die Gültigkeit dieser Wahrheiten erweist sich im Leben eines jeden von uns.

Wachstum und Entfaltung sind verwirklichte Ideen Gottes

Unsere bewussten und unterbewussten Ansichten und Überzeugungen bestimmen unsere äußeren Erfahrungen, unsere Lebensumstände. Wir erschaffen die Welt, in der wir leben.

Alles ist andererseits in ständigem Wandel begriffen. Das bedeutet, dass nichts beständig ist. Es bedeutet aber auch, dass Veränderung Ausdruck des Wachstums ist. Und Wachstum und Entfaltung sind verwirklichte Ideen Gottes, des lebendigen Geistes, der das Leben ist.
Erkennen Sie, dass es ohne Veränderung kein Wachstum gibt. Haben Sie deshalb keine Angst vor Veränderungen. Hören Sie vor allem auf, an falschen Ansichten, an zur Gewohnheit gewordenen unüberprüften Überzeugungen, an überholten Dogmen und starren Ideologien festzuhalten, die Sie in Ihrem Wachstum einschränken. Machen Sie sich klar, dass Sie zu dem einzigen Zweck hier auf Erden sind, immer mehr der Ihnen innewohnenden Gotteskraft freizusetzen und sichtbar zu machen. Gott drückt sich durch Sie aus.
Denken Sie über diese einfachen Wahrheiten nach. Sie – die Sie auf Grund solchen gottgewollten natürlichen Wachstums heute geistig und körperlich ja auch kein Kind mehr sind, obwohl Sie das einmal waren – sollten jede Veränderung, die sich abzeichnet oder die Ihnen im Leben bevorsteht, als gut, ja sogar als sehr gut begreifen. Verfügen Sie: »Diese Veränderung ist gut, sie wird sich für mich als Segen erweisen.« Sehen Sie in der Veränderung die Gotteskraft am Werk, dann wird für Sie alles neu werden, und es kann nur besser sein als zuvor.

Seelenfrieden ist die Voraussetzung allen Wachsens

Das Bewusstsein, dass Sie die schöpferische Kraft Gottes in sich tragen, verleiht Ihnen jene Sicherheit und Festigkeit, die eine unabdingbare Voraussetzung für Seelenfrieden ist. In der Erscheinungswelt, die uns umgibt und in der sich alles ständig verändert, brauchen Sie einen festen, dauerhaften Anker, an dem Sie sich anhalten können. Diesen Anker finden Sie in der Gewissheit, dass Ihnen Gott innewohnt, dass Gott der unendliche Geist ist und dass dieser Geist auf die Inhalte Ihres Denkens, Glaubens und Fühlens reagiert. Ehren und preisen Sie darum die Gottesgegenwart in Ihrer Mitte, die erhaben und allmächtig ist. Nehmen Sie Ihre Zuflucht vertrauensvoll bei Gott als der Quelle aller Segnungen und Wohltaten. Wenn irgendetwas Sie aufwühlt, ärgert oder deprimiert, sollten Sie sofort in ruhiger, fester Überzeugung bekräftigen: *Seid stille und erkennt, dass ich Gott bin* (Psalm 46,10).

Die Erzfeinde unseres Seelenfriedens und somit auch jeglichen inneren und äußeren Wachstums sind Angst und Hass.

Wachsen Sie geistig über sich selbst hinaus

Angst und Hass sind immer negativem Denken zuzuschreiben. Niemand ist bisweilen dafür nicht anfällig. Das macht aber auch nichts. Es kommt nur darauf an, dass man solche Anfechtungen nicht akzeptiert; man darf sich ihnen nicht ergeben. Dies geschieht aber, wenn man solche Regungen längere Zeit mit sich herumträgt und widerstandslos hinnimmt. In diesem Fall gehen Angst und Hass bald unter die Haut, ja noch viel tiefer, nämlich bis auf den Grund des Gefühlslebens. Sie infizieren das Gemüt und führen zu ernst zu nehmenden Gefühlskonflikten, die sich im Leben unweigerlich auswirken. Lassen Sie es nie so weit kommen.

Die Angst ist ein aggressives, zu Zwangsgewalt und Terror drängendes Prinzip; sie liegt immer auch dem Hass zu Grunde. Die Angst ist aber nur mächtig jenen gegenüber, die sich von ihr einschüchtern lassen und sich ihr in die Hand geben.

Stellen Sie sich darunter einen ebenso aufgeblasenen wie gewalttätigen Eindringling vor, der sich auf der Ebene Ihres Geistes- und Gefühlslebens zu Unrecht Respekt anmaßt und von Ihnen Unterwerfung fordert. Vielleicht schrecken Sie vor der Vorstellung zurück, besagten Unhold innerhalb der Bannmeile Ihres Geistes anzutreffen. Vielleicht auch zau-

dern Sie, dem Eindringling zu begegnen und ihn unschädlich zu machen, weil Sie nicht sicher sind, welche Folgen Sie dafür würden in Kauf nehmen müssen.
Angst gedeiht im dunklen Schlagschatten geistiger Unaufgeklärtheit und Unwissenheit. Wer die Gesetze des Geistes kennt, zieht diese Angst mit einem Griff empor ins Licht aufgeklärter Vernunft. Da zeigt es sich denn, dass sie das Licht scheut: im Licht zerstreut sie sich wie Spreu im Wind. Sie sind Ihr eigener Herr und Meister. Einzig und allein in Ihrer Hand liegt es, Ihr Geistes- und Gefühlsleben zu steuern. Es ist sinnwidrig, gefährlich und dumm, ein unwissendes, blindes und stupides Ungeheuer – wie dies die Angst ist – sozusagen als Sturmbock Ihrer Unternehmungen wüten und Ihr Leben verheeren zu lassen. Das darf Ihnen nicht passieren. Sie sind ganz einfach zu aufgeklärt, zu überlegen, als dass Ihnen so etwas passieren könnte. Ihr Gottvertrauen ist stärker als jede Furcht. Furcht ist ins Gegenteil verkehrter Glaube, ist eine Anballung nächtig-unheilvoller Schatten, die Ihren Geist, Ihr Gemüt verfinstern. Kurzum: Angst ist ins Gegenteil verkehrter Glaube an das Falsche. Wachsen Sie geistig über sich selbst hinaus. Rufen Sie Ihr Vertrauen auf Gott wach. Bieten Sie die Ihnen innewohnende Gotteskraft auf.
Nichts und niemand ist dem ebenbürtig, der mit Gott eins ist. Wenn Sie in der Sicherheit, die Ihnen diese Gewissheit gibt, leben, werden Sie sich zu jeder Zeit auf allen Ihren Wegen beschützt und geführt fühlen, unangefochten von jeglicher Angst und siegreich in jeder Gefahr.

Sie befreite sich mit dem Hass von ihrer Krankheit

In einem Krankenhaus unserer Stadt besuchte ich vor einiger Zeit eine Frau, die an Bluthochdruck und akuter Kolitis litt. Sie schilderte mir geradezu beflissen frühere Fehler und Irrtümer und beklagte »ihre Dummheit«. Dann gestand sie, dass sie eine Kollegin hasse, die im Büro ihre Stellung untergrabe, und dass sie diese »Nebenbuhlerin im Geschäft« regelrecht vor Wut verschlingen könnte.

Ich blieb eine Weile ruhig neben ihr sitzen und erzählte ihr dann, was William James, der große Pionier der amerikanischen Psychologie, einst gesagt hatte: »Das Kennzeichen des Genialischen ist es zu wissen, was man übersehen muss.« Dazu gehört nicht zuletzt, dass man sich von der Vergangenheit abwenden, also verzeihen und vergessen muss, wenn man sich der wünschenswerten Gesundheit erfreuen und seine Seelenruhe haben will.

Dann nannte ich der Frau eine Bibelstelle und wies sie auf die Tatsache hin, dass dies eines der noch heute wirksamsten aller verfügbaren therapeutischen Mittel sei, um körperliche und geistig-seelische Gesundheit zu erlangen: *Ich vergesse, was dahinten ist, und strecke mich zu dem, was da vorne ist, und jage – nach dem vorgesteckten Ziel* (Philipper 3,13–14).

Ich erklärte der Frau: »Das Ziel, das Sie anstreben, ist Seelenfrieden. Und wenn Sie Seelenfrieden haben, werden Sie sich auch der Ausgeglichenheit Ihres Körpers erfreuen. Friede bedeutet Ausgeglichenheit und Gleichgewicht, Gleichmut, Heiterkeit, die aus einem Gefühl des Einsseins mit Gott, dem Unendlichen und dem Leben schlechthin erwachsen.«

Jesus sagte zu Kranken: *Dein Glaube hat dir geholfen. Gehe hin mit Frieden!* (Lukas 8,48). So sprach er mit Menschen, deren Gemüter zerrissen waren, die in Verwirrung, innerem Hader und Zorn lebten.

Der kranken Frau machte ich klar, dass sie einen Frieden finden könne, der über jedes Begreifen hinausgehe, und dass Seelenfrieden weder eine Flucht noch ein Rückzug aus dem Leben sei. Ganz im Gegenteil: innerer Friede sei eine konstruktive Haltung, aus der heraus man Interesse am Wohlergehen der Mitmenschen habe und ein dynamisches

Leben führe, das von schöpferischer Kreativität und wohlwollender Freundlichkeit gegenüber allen Menschen geprägt sei.

Zum Schluss schrieb ich der Frau ein Gebet auf, das sie möglichst oft am Tag sprechen sollte:

»Ich verzeihe jedem gern und ganz, der mich je verletzt hat. Ich gebe alle diese Menschen frei, und zwar ein für alle Mal. Wann immer mir so jemand einfällt, segne ich ihn. Ich vergesse die Vergangenheit und wende meine Aufmerksamkeit meiner verheißungsvollen Zukunft zu, die von Gesundheit, Harmonie und Frieden bestimmt ist. Mein Gemüt ist ruhig, ausgeglichen, heiter. In dieser Atmosphäre des Friedens und der Freundlichkeit, die mich umgibt, empfinde ich eine tiefe, beständige Stärke und die Freiheit von jeglicher Angst. Ich empfinde und fühle nun die kosmische Heilgegenwart von Liebe und Schönheit.

Mit jedem Tag werde ich mir der Liebe Gottes stärker bewusst; alles, was falsch ist, verschwindet und vergeht. Ich lasse jetzt den Strom des Friedens und der Heilkraft Gottes durch meinen ganzen Körper fließen. Ich ruhe in diesem Bewusstsein des Friedens. Mein Friede ist die tiefe, unveränderliche Ruhe unendlichen Friedens, des Friedens Gottes.«

Als ich die Frau nach etwa zwei Wochen wieder besuchte, war sie ganz glücklich, weil es ihr viel besser ging. Sie war gesundgeschrieben und sollte am nächsten Tag aus dem Krankenhaus entlassen werden. Zu mir sagte sie: »Ich weiß, dass meine ganzen Schwierigkeiten meinem aufgestauten Hass erwuchsen. Ihm bin ich jetzt entwachsen und innerlich rein. Es ist wahr: Frieden bedeutet Gesundheit und Glück.«

Gefühle, die die Medizin registriert

Alarmiert durch die Erkenntnisse der modernen Schule der psychosomatischen Medizin, deren Feststellungen zufolge an die neunzig Prozent aller Krankheiten auf psychische

Ursachen zurückzuführen sind, sind heutzutage viele Ärzte Verfechter der Ganzheitsmedizin. Sie behandeln ihre Patienten im Hinblick sowohl auf körperliche als auch auf geistig-seelische Aspekte.

Ihre besondere Aufmerksamkeit gilt – über die Behandlung von Funktionsstörungen und Schädigungen von Organen hinaus – den psychogenen Krankheitsursachen, die sehr oft in der Gesamtpersönlichkeit, den Lebensverhältnissen und dem Schicksal des Kranken ihre Erklärung finden.

Immer wieder betonen sie die abträglichen Folgen destruktiver Emotionen. Ein angesehener Verfechter der Ganzheitsmedizin ist Dr. Frank Varese aus Laguna Hills, Kalifornien. Er unterstreicht nachdrücklich, dass positive Gefühle wie Heiterkeit und Freude die Immunabwehr des Körpers stärken und die Aktivität der Lymphozyten steigern, also der weißen Blutkörperchen besonderer Art, die eindringende Mikroben oder Viren vernichten, wogegen Angst und Hass zur Verminderung der roten Blutkörperchen führen und sie sogar zerstören können. Sie hemmen die Entwicklung von Antikörpern und Antitoxinen, machen also den Körper krankheitsanfällig. Dr. Varese und andere Ärzte beten stumm für ihre Patienten, um den Heilvorgang zu unterstützen.

Wasserbomben verwandelten »Luxusängste« in Gottvertrauen

Von Zeit zu Zeit besucht ein ehemaliger U-Boot-Kommandant meine Vorträge in Laguna Hills. Einmal kamen wir ins Gespräch, und er erzählte mir eine überaus interessante, lehrreiche Geschichte.

Er hatte früher als Apotheker in New York für eine Ladenkette gearbeitet und fünfzig Dollar in der Woche verdient. Sein Arzt hatte ihm damals gesagt, sein hoher Blutdruck sei darauf zurückzuführen, dass er sich ständig wegen allem Sorgen mache und in Angst lebe. Das tat er wahrhaftig. Er machte sich Sorgen um seine beiden Söhne und fürchtete, es nicht zu schaffen, sie auf ein College zu schicken. Er machte sich Sorgen, weil er seiner Frau keinen Pelzmantel kaufen konnte. Er fürchtete, dass in der Apotheke ein Raubüberfall passiere oder dass er entlassen werde, weil die Geschäfte schlecht gingen. Er machte sich Sorgen wegen der langen Arbeitszeit und wegen seiner Zukunft. Er fürchtete, es nie zu einer eigenen Apotheke zu bringen und nie genügend Geld zu haben, um ein Auto zu kaufen.

Als der Zweite Weltkrieg ausbrach, trat er in die Marine ein und wurde rasch befördert. Er sagte, dass es ihm bei der Marine gefallen habe. »Gegen Ende des Krieges«, erzählte er, »gerieten wir in eine Falle der Japaner. Ich tauchte mit meinem U-Boot unter. Von allen Seiten wurden Wasserbomben geworfen. Wir blieben 20 Stunden auf Tauchstation. In dieser Lage konnten wir nichts tun als warten und beten. Jeden Augenblick konnten wir ausgelöscht werden. Einer meiner Männer sagte bereits jenseits militärischer Usance: ›Boss, das ist das Ende.‹ Ich sagte: ›Gott, steh uns bei.‹ Und zu ihm: ›Der Herr ist unser Hirte.‹ Dies war das Einzige, was mir an spirituellem Anhalt einfiel. In meiner Not wiederholte ich die Worte ein ums andere Mal laut.

Mir gingen aber auch alle die Befürchtungen durch den Kopf, derentwegen ich mir in meinem Leben als Apotheker Sorgen gemacht hatte. Es waren Belanglosigkeiten im Vergleich zu dem, was meine Männer und ich jetzt erlebten. Das sah ich nun. Stumm schwor ich mir: Wenn ich die Sonne und die Sterne je wieder sehe, werde ich mir an keinem Tag meines Lebens mehr Sorgen machen. Der Herr ist mein Hirte!

Mein Gebet wurde erhört, meine Männer und ich kamen mit dem Leben davon.«

Seither hat er sich, so versicherte er mir, in der Tat keine Sorgen mehr gemacht. Alle seine früheren Ängste – »private Luxusängste eines Unwissenden«, sagte er – waren angesichts des Entsetzens und der ungeheuren Gefahr während der in dem getauchten U-Boot durchlebten 20 Stunden verblasst und ein für alle Mal verschwunden. Heute ist er von unerschütterlichem Glauben an Gott und alle guten Dinge erfüllt, und längst hat er auch seine eigene Apotheke.

Weichen Sie Herausforderungen nicht aus

Nehmen Sie Ihre Ängste unter die Lupe und prüfen Sie, ob sie überhaupt begründet sind oder nur Produkte Ihrer Phantasie. Haben Ihre Ängste eine wirkliche Ursache oder sind sie lediglich eine Ansammlung finsterer Schatten, die Ihr fehlgeleiteter Geist erzeugt hat?

Ralph Waldo Emerson sagte einmal: »Tun Sie genau das, vor dem Sie Angst haben, dann können Sie sicher sein, dass die Angst stirbt.« Wenn Sie zum Beispiel Angst haben, vor Zuhörern zu sprechen, sollten Sie bei nächstbester Gelegenheit aufstehen und eine oder zwei Minuten lang vor mehreren Leuten sprechen; nach einigen solchen Übungen wird Ihre Angst verschwinden. Sie werden entdecken, dass Ihnen eine Kraft zu Hilfe kommt, die Ihnen Mut, Glauben und Vertrauen gibt. Sobald Sie diese Kraft in sich spüren, verfliegt Ihre Redeangst.

Bekräftigen Sie vor einer Rede oder einem Vortrag: »Gott denkt, spricht und handelt durch mich. Es ist wunderbar!« Gott ist Ihr Partner, darum sind Sie immer für alle Eventualitäten gerüstet.

Edwin Markham, der amerikanische Lyriker und Schriftsteller, sagte: »Im Herzen des Zyklons, der den Himmel zerreißt, ist eine Stätte der Stille.« Jeder Pilot weiß, dass er, wenn er in die Mitte eines heftigen Hurrikans oder Zyklons fliegt, in eine Zone der Ruhe und Stille gelangt.

Gott befindet sich in Ihrer Mitte. Er ist Ihre unendliche Kraft kosmischer Dimension, die absoluter Friede, reine Seligkeit, grenzenlose Liebe, vollkommene Harmonie und unerschöpfliche Freude ist. Stimmen Sie sich geistig und see-

lisch auf diese Eigenschaften der unendlichen Weisheit ein, dann werden Sie geistig-seelisch erfrischt und heiter sein.
Sie sind ständig, in jeder Stunde Ihres Lebens, der Propaganda, den Meinungen, Überzeugungen und Eindrücken, die aus der Außenwelt kommen, ausgesetzt. Einige derselben sind gut, die meisten jedoch sind destruktiver Art. Wenn Sie geistig nicht auf das Unendliche eingestimmt sind, wenn Sie nicht bewusst und klug die Spreu vom Weizen scheiden, dann werden die zerstörerischen Überzeugungen und Eindrücke in Ihnen Wurzeln schlagen und Schwierigkeiten jeder Art verursachen; so entstehen Krankheit, Verwirrung, Angst und Mangel da, wo Gesundheit, Freude und Fülle sein könnten.
Der Geist der Massen dieser Welt glaubt an gute und an böse Kräfte, sieht in Krankheit, Elend und Katastrophen unvermeidliche Wechselfälle menschlicher Erfahrung. Wenn Sie in solchen, einer durch und durch negativen Weltsicht verhafteten Überzeugungen verharren und es versäumen, sich auf die Gotteskraft in Ihnen einzustimmen, werden Sie endlosen Prüfungen und Problemen ausgesetzt bleiben.
In der Bibel heißt es: *Seid getrost, ich habe die Welt überwunden* (Johannes 16,33). Mit der »Welt« ist der Geist der Massen gemeint. Überwinden Sie im Bewusstsein der Kraft des unendlichen Geistes Ihre Probleme. Beginnen Sie jetzt gleich damit. Wenden Sie sich Vorstellungen von Harmonie, Frieden, Freude, Liebe und rechtem Tun zu. Werden Sie sich der Ihnen innewohnenden Gotteskraft bewusst, die Sie befähigt, sich voll Aufmerksamkeit, Hingabe und Liebe jenen Ideen zuzuwenden, die Ihre Seele heilen, inspirieren, erheben, würdigen und mit Freude erfüllen.
Sie bewegen sich unweigerlich in der Richtung dessen, was Sie denken, glauben, fühlen. Ihr bewusstes, vertrauensvolles Wissen um die unendliche Kraft und die Heilgegenwart Gottes, an der Sie teilhaben, versetzt Sie in die Lage, sich

über alle Hindernisse hinwegzuschwingen und in Ihrem eigenen Inneren eine Bastion des Friedens zu sichern, wo Sie in der Überzeugung verweilen können, dass mit Hilfe der Ihnen innewohnenden Kraft Gottes »kein Ding unmöglich ist«.

Die Beibehaltung einer solchen Einstellung angesichts von Schwierigkeiten wird Ihnen helfen, die Welt, das heißt falsche Überzeugungen und zersetzende Ängste, zu überwinden. Sie werden sein wie jener, von dem der Psalmist sagte: *Der ist wie ein Baum, gepflanzt an den Wasserbächen, der seine Frucht bringt zu seiner Zeit, und seine Blätter verwelken nicht; und was er macht, das gerät wohl* (Psalm 1,3).

Seine Absicht war gut, die Methode verfehlt

Vor Jahren hielt ich in Palm Springs eine Reihe Vorträge. Eines Abends kam ein Mann zu mir ins Hotel und bat mich, einen von ihm verfassten »Aufruf zur Ächtung des Krieges« zu unterschreiben. Er sagte, er habe für diese Volksinitiative bereits hunderte Unterschriften beieinander und rechne damit, mehrere Millionen zusammenzubekommen; diese wolle er dem Kongress vorlegen und verlangen, dass ein Gesetz zur Ächtung des Krieges erlassen würde mit der an alle Völker ergehenden Aufforderung, ein gleiches Gesetz zu erlassen. Was er mir da vortrug, war jedoch nichts anderes als ein ziemlich verworrenes Gerede.

In dem anschließenden Gespräch erklärte ich ihm, selbst wenn in jedem Parlament auf Erden alle nur denkbaren Dokumente für den Frieden unterzeichnet würden, sei dies vergebens. Die Geschichte beweist hinlänglich, dass trotz der von vielen Nationen beziehungsweise deren Regierungen abgeschlossenen offiziellen Friedensabkommen immer wieder Kriege ausbrachen, bisweilen sogar, noch bevor die Tinte auf den Abkommensprotokollen richtig trocken war. Parlamente oder welche gesetzgebenden Volksvertretungen auch immer können im Wege der Gesetzgebung weder Frieden noch Glück, noch Harmonie, Sicherheit, Wohlstand, Liebe zum Nächsten anordnen; denn diese Dinge werden ausschließlich im Geist und in den Herzen der Menschen verfügt. Frieden beginnt beim Einzelnen, und wenn der Mensch in seinem Inneren Frieden hat, wird er auch mit seiner Frau, seinen Freunden und Kollegen, wird er mit allen Menschen in Frieden leben.

Ist ein Mensch voll Feindseligkeit und unterdrückter Wut, liegt er mit sich selbst und seiner Welt im Krieg. Ein Volk ist ja eine Summe von Einzelmenschen. Deshalb besteht die einzige Möglichkeit, den Frieden zu sichern, darin, dass jeder Einzelne sich auf das ihm innewohnende Göttliche einstimmt und fühlt, wie der Strom des Friedens, der Liebe und Harmonie durch sein ganzes Wesen fließt. Wenn der Mensch erkennt, dass er auf Grund seines Denkens und Glaubens im Einklang mit der unendlichen Kraft verwirklichen kann, was er sein möchte, was er tun und haben möchte, dann wird er auch feststellen, dass er alle seine Wünsche zu verwirklichen vermag, ohne einem einzigen Lebewesen auch nur ein Haar zu krümmen: dann herrscht Frieden.

Abschließend sagte ich zu dem Mann, er solle sich vor einem »aggressiven Kreuzzug für den Frieden« hüten. Das sei eine verfehlte Methode. Kriege würden ja ausschließlich auf dem Gefühlsboden von Angst, Hass, Gier, Neid und Aggressivität der Menschen entstehen, und nur wegen solcher Fehlhaltungen des Menschen gegenüber seinen Mitmenschen müssten tausende trauern.

Was Sie für den Weltfrieden tun können

Diese Frage wird mir immer wieder gestellt. Erst unlängst wieder sagte nach einem meiner Vorträge eine Frau: »Wenn Gott die Liebe und Güte ist, wenn er allwissend ist, warum unterbindet er dann Kriege und Verbrechen nicht? Warum lässt er zu, dass Millionen Kinder verhungern und zahllose andere infolge kriegerischer Gräuel zu Krüppeln werden? Dagegen kann ich doch nichts tun!« Ganz offensichtlich lag die Frau nicht nur mit dem Krieg, sondern auch mit Gott »im Krieg«.

Die Antwort auf diese Fragen ist einfach. Gott als Inbegriff des unendlichen Geistes beherrscht die Welt durch sein Wirken auf kosmischer Ebene – als Einheit, Harmonie, Rhythmus, Ordnung, Schönheit und Ausgewogenheit – und kann auf Erden nur zum Ausdruck kommen kraft Denkens, Glaubens und Fühlens des Menschen, und zwar jedes Einzelnen.

Ausführlich erklärte ich das der aufgebrachten Frau und sagte dann zu ihr: »Sie verfügen über Willensfreiheit. Sie können wählen, Sie haben jede Freiheit. Sie haben die Freiheit, eine Mörderin oder eine Heilige zu werden; wäre dem nicht so, wären Sie kein Individuum. Nichts zwingt Sie, gut oder heilig zu sein; nichts zwingt Sie zu Glück, zu Ihrem Glück. Sie haben einfach die Freiheit, sich für Harmonie und Frieden, für Freude, Liebe, Fülle und alle Segnungen des Lebens zu entscheiden.«

Und was ich dieser Frau sagte, möchte ich natürlich mit Nachdruck auch Ihnen sagen: Nichts zwang Sie, Ihren Mann oder Ihre Frau zu lieben. Sie wählten, und Sie haben Ihren Partner buchstäblich unter allen anderen auf Erden möglichen Partnern erwählt. *Erwählet euch heute, wem ihr dienen wollt* (Josua 24,15). Wenn Sie einen Menschen lieben, ist schon viel getan. Lieben Sie Gott in jedem Menschen! Dann wirken Sie für den Weltfrieden.

Solange der Mensch in emotioneller Unreife verharrt und in seinem Inneren Feindseligkeit, Neid, Eifersucht und Hass beherbergt, liegt er mit sich selbst und mit allen anderen Menschen im Krieg; multiplizieren Sie diesen, den einen Menschen, und es liegt Volk mit Volk im Krieg.

Sie müssen also zunächst in Ihrem eigenen Geist, in Ihrem

eigenen Herzen Frieden schaffen, damit in *Ihrer* Welt Frieden herrscht. Niemand außer Ihnen selbst muss sich ändern. Beginnen Sie sofort damit:
... *Was wahrhaftig ist, was ehrbar, was gerecht, was keusch, was lieblich, was wohllautet, ist etwa eine Tugend, ist etwa ein Lob, dem denket nach* (Philipper 4,8).
Wenn Sie dies tun, wird Ihre ganze Welt wie durch Zauber in dem Bild und Gleichnis aufgehen, das Sie von sich selbst haben, Ihre Wüste wird erblühen und schön sein wie ein Rosengarten. Wahrlich, auf solche Weise lassen Sie die unendliche Gotteskraft für Sie Wunder wirken.

Ein Gebet um Frieden und inneres Wachstum

Versetzen Sie sich, sooft Sie können, in einen Zustand körperlicher Entspannung und seelisch-geistiger Ruhe und vergegenwärtigen Sie sich die nachstehenden Wahrheiten:
»Friede beginnt in mir selbst. Heiterkeit und Friede erfüllen jetzt mein Gemüt; der Geist der Freundlichkeit geht von mir aus. Ich wünsche voll Aufrichtigkeit und Überzeugung, dass alle Mitglieder meiner Familie, meine Kollegen und Bekannten sowie alle Menschen auf Erden in göttlicher Weise zu echter Selbstverwirklichung geführt werden – an ihren Platz in dieser Welt, wo sie glücklich sind und in jeder Hinsicht gedeihen. Gottes Friedensstrom fließt durch das Universum meines Geistes und meiner Seele, und ich strahle gegenüber allen Menschen Frieden und Freundlichkeit aus.
Ich wende ab sofort die ›goldene Regel‹ an, die besagt, dass ich denke, spreche und anderen gegenüber handle, wie ich wünsche, dass andere über mich denken, von mir sprechen und mir gegenüber handeln. Ich gehe heiter meines Weges, und ich bin frei, denn ich gewähre allen Freiheit. Ich wünsche allen Menschen, denen ich begegne, aufrichtig Frieden, Wohlergehen und Erfolg.

Ich weiß: Die anderen Menschen schätzen und achten mich, wie ich mich selbst schätze. Das Leben zeichnet mich über die Maßen aus, denn es sorgt reichlich für mich. Die kleinen Dinge des Lebens ängstigen oder ärgern mich nicht mehr. Wenn Angst, Zweifel oder Kritik seitens anderer mich erreichen, wird der Glaube an das Gute, an Wahrheit und Schönheit den Raum meines Geistes erfüllen und nichts Abträgliches einlassen. Die Aussagen und Suggestionen anderer haben über mich keine Macht. Wenn ich Gutes denke, ist Gottes Macht mit mir und unendliche Kraft in meiner Entfaltung des Guten.
Ich weiß auch, dass der Geist Gottes in seiner unendlichen Weisheit über mir waltet. Von ihm werde ich inspiriert. Ich sehe Harmonie, wo Zwietracht herrscht, Frieden, wo quälender Schmerz ist, Liebe, wo Hass, Freude, wo Angst und Trauer ist, und ich sehe Leben, wo der Tod auftritt. Meine Lieben und Bekannten sind in mein Gebet eingeschlossen, und der Schirm der Liebe Gottes dehnt sich über ihrer aller Wesen aus. Wenn ich mit einem anderen Menschen Schwierigkeiten hatte, so vergebe ich ihm jetzt sofort. Ich löse mich aus jedweder Bitterkeit und Feindseligkeit. Ich sehe in jedem Menschen das Göttliche, auch in mir. Gott, ich danke dir.«

Wie Sie das Prinzip des Wachstums richtig anwenden

Die Bibel verweist uns auf *Gott, der uns dargibt reichlich, allerlei zu genießen* (1. Timotheus, 6,17).
Reichtümer erwachsen aus Ihrem Geist, der vom Geiste Gottes ist. Denn in Ihnen ist ein Führungsprinzip beheimatet, das Ihnen zur Erfüllung all Ihrer Herzenswünsche verhelfen kann. Wohlstand ist demnach eine Geisteshaltung, ein Bewusstseinszustand – beinhaltet in dem Glauben an die Schätze des Unendlichen.

Die ganze Welt war bereits da, als Sie geboren wurden. Durch die Geburt wurde Ihnen von Gott das Leben geschenkt. Und da das Leben etwas Göttliches ist, ist es Ihre Aufgabe, diesem Göttlichen Ausdruck zu verleihen – durch die Entfaltung Ihrer Fähigkeiten und Talente.
Wenn Sie wissen, wie das Unterbewusstsein angezapft wird, werden Sie wahrhaft reich sein an Segnungen wie Seelenfrieden, echter Selbstverwirklichung, Gesundheit oder Reichtum. Der Schlüssel zu dem unendlichen Geist kosmischer Dimension und folgerichtig auch zu der Ihnen innewohnenden Kraft, die bewirkt, dass sich Ihr Leben wahrhaft angenehm und erfreulich darstellt, liegt in Ihrem eigenen Denken. Ihr Denken ist schöpferisch! Beginnen Sie regelmäßig und systematisch an Fülle, Wohlstand, Erfolg und das Gute des Lebens zu denken. Wenn Sie das tun, wird Ihr Leben in jeder Beziehung erfolgreich verlaufen.

Das Vorstellungsbild einer Sekretärin verwirklichte sich

Vor einigen Jahren unternahm ich mit einer Gruppe, die etwa dreißig Personen umfasste, eine Reise, deren Ziel die Iberische Halbinsel war. Es war eine sehr eindrucksvolle Reise, und so außergewöhnliche Städte wie Lissabon, Malaga, Madrid oder Barcelona waren nur einige erlebnisreiche Stationen unserer Fahrt.
In Salamanca erzählte mir eine junge Frau aus der Gruppe, dass es schon immer ihr Wunsch gewesen sei, Spanien zu besuchen, da ihre Vorfahren aus Malaga stammten. Der jungen Frau, einer Sekretärin, war es nicht möglich gewesen, die Reise zu finanzieren. Sie hatte jedoch mein Buch *Die Gesetze des Denkens und Glaubens* (erschienen im Ariston Verlag, Genf) gelesen und sich daraufhin alle erhältlichen Prospekte über die touristischen Attraktionen Spaniens besorgt. Die Technik, die sie anwandte, war faszinierend und sehr wirksam.

Jeden Abend vor dem Schlafengehen konzentrierte sie sich auf das »Palacio Hotel« in Malaga, das in einem der Prospekte abgebildet war. Sie stellte sich vor, dass sie tatsächlich in dem Hotel schlafe und dass sie morgens auf dem Balkon ihres Hotelzimmers stehe, um die herrliche Umgebung zu betrachten.

Nachdem sie das Verfahren eine knappe Woche lang angewandt hatte, erwähnte einer ihrer Bürokollegen wie aus heiterem Himmel, er wolle eine Reise auf die Iberische Halbinsel machen. Bald darauf zeigte sich, dass ihr beiderseitiges Interesse sich nicht nur auf Spanien und Portugal beschränkte: sie verliebten sich, und der junge Mann schenkte seiner Braut die Reise zur Verlobung.

Dieses Ereignis veranschaulicht, wie wunderbar die Gesetze des Denkens und Glaubens funktionieren. Die Sekretärin bekam nicht nur eine Reise geschenkt, sondern fand bald darauf auch ihr Eheglück. Und es zeigt noch etwas anderes: Das Unterbewusstsein vervielfacht das in ihm deponierte »Kapital«.

Er beschwor die Macht seines Unterbewusstseins

Auf der erwähnten Reise besuchten wir auch Sevilla, das mehr als jede andere spanische Stadt das wirkliche Spanien verkörpert, denn Phönizier, Römer und Mauren hinterließen dort ihre Spuren. Die Universität Sevillas, das heute über eine halbe Million Einwohner zählt, wurde 1502 gegründet, und die Stadt gab der Welt zwei ihrer größten Maler: Murillo und Velázquez.

Als ich im Hotel mit einem unserer Reiseleiter sprach, erzählte er mir, dass er als vierzehnjähriger Junge den brennenden Wunsch gehabt hatte, die Stadt seiner Väter, nämlich Sevilla, zu besuchen und dort Sprachen zu lernen, um dann Reiseleiter zu werden, durch Europa zu reisen, Touristen zu betreuen und für sie zu dolmetschen. Er hatte die

Kräfte seines Unterbewusstseins auf ganz einfache Weise beschworen, ohne etwas über ihre Funktion zu wissen.
Als Junge bekräftigte er viele Male am Tag, dass er nach Spanien wolle, um dort Spanisch, Französisch und Deutsch zu lernen, und dass er dort arbeiten wolle, um sein Sprachenstudium zu finanzieren. An seinem fünfzehnten Geburtstag, so erzählte er, geschah etwas Erstaunliches: Seine Tante, die in Boston lebte, schrieb seinem Vater (ihrem Bruder) und bat darum, den Jungen zu einem Verwandtenbesuch nach Sevilla mitnehmen zu dürfen, weil sie nicht allein reisen wollte. Der Vater hatte keine Einwände. Als die beiden etwa eine Woche in Sevilla waren, erklärte die Tante sich bereit, das Studium des Jungen an der Universität und seinen Aufenthalt in Sevilla zu finanzieren, wenn sein Vater damit einverstanden sei. Und er war einverstanden.
Der Reiseleiter, der als kleiner Junge nach dem Aufkommen seines Wunsches diesen auf einen Zettel geschrieben hatte, hat ein Lieblingsgebet: *Der Gott des Himmels wird es uns gelingen lassen* (Nehemia 2,20). Durch beharrliche Vergegenwärtigung der aufgeschriebenen Bitten war es ihm gelungen, sie seinem Unterbewusstsein »einzugravieren«, das dann reagiert und seinen Wunsch auf einmalige Art erfüllt hatte.

Die schöpferische Kraft Ihres Denkens

Der Herr macht arm und macht reich; er erniedrigt und erhöht (1. Samuel 2,7). Mit dem Herrn ist die Allmacht des unendlichen Geistes gemeint, an dem Ihr schöpferisches Unterbewusstsein Anteil hat, das alles bewirken kann, und zwar vermöge der beherrschenden Inhalte Ihres Denkens und bildhaften Vorstellens. Wenn Sie der Überzeugung sind, dass Sie ein Anrecht auf die guten Dinge des Lebens haben, als da sind Wohlstand, Gesundheit, echte Selbstverwirklichung, Liebe und ein erfülltes Dasein, werden Sie das alles erleben. Wenn Sie dagegen glauben, es sei Ihr Schicksal, arm zu sein, und wenn Sie überzeugt sind, die guten Dinge des Lebens stünden Ihnen nicht zu, bringen Sie selbst Einengung, Mangel und Enttäuschung über sich.

Seien Sie stets dessen eingedenk, dass Ihr Denken Kraft hat, dass es schöpferisch ist. Jeder Gedanke, den Sie fassen, neigt dazu, sichtbar zu werden, außer Sie neutralisieren ihn sogleich durch einen stärkeren, intensiveren Gedanken. Menschen, die mehr irdische Güter ansammeln als andere, haben sozusagen ein »Reichtumsbewusstsein« und sind von der freudigen Erwartung des Besten erfüllt. Alle Ihre Erlebnisse und Erfahrungen erwachsen aus den Gesetzen Ihres Denkens und Glaubens. Wer die Vorstellung von guten Dingen in sich nährt und beharrlich daran festhält, zieht unweigerlich Reichtümer in sein Leben.

Wer hingegen ständig an Mangel und Einschränkung denkt, vergrößert seine Armut. Ihr gesetzmäßig reagierendes Unterbewusstsein vergrößert jede Vorstellung, die ihm eingegeben wird. Somit zieht der negative Denker immer größere Verluste an.

Bedenken Sie, dass alles, dem Sie besondere Aufmerksamkeit widmen, in Ihrer Erfahrung vergrößert Ausdruck findet. Aufmerksamkeit ist einer der Schlüssel zum Leben, zur Erfüllung Ihrer Wünsche. Denken Sie deshalb beharrlich an Wachstum in *allen* Bereichen. Nähren Sie in sich das Gefühl, dass Sie Erfolg haben und gedeihen werden, denn das Gefühl, reich zu sein, erzeugt Reichtum. Achten Sie aber auch darauf, dass Sie allen Menschen Ihrer Umgebung Erfolg, Glück und Fülle wünschen. Denn wer anderen aufrichtig Glück wünscht, erhält selbst wahrhaft reichen, und zwar göttlichen Lohn. *Gebt, und es wird euch gegeben werden* … (Lukas 6,38).

Die Anwendung des Wachstumsprinzips in Geschäft und Beruf

Indem Sie ruhig, voll Liebe und Glauben die Erkenntnis in sich nähren, dass Gedanken an Reichtum, Erfolg, Wohlergehen und Gesundheit in der Ihnen innewohnenden unendlichen Weisheit Gottes begründet sind, schaffen Sie zwangsläufig die Bedingungen und Voraussetzungen für Ihren geschäftlichen oder beruflichen Erfolg. Außerdem werden Sie feststellen, dass Sie immer mehr Menschen anziehen, die zu Kunden, Freunden und Geschäftspartnern werden, die Ihnen bei der Verwirklichung Ihrer Wünsche helfen. Unterbewusst ziehen Sie Männer und Frauen an, die ihr Bewusstsein ebenfalls auf die Reichtümer Gottes ausgerichtet haben.

Ein Lebensmittelhändler in Beverly Hills vertraute mir vor längerer Zeit das Geheimnis seines verblüffenden Erfolges und seiner großen Beliebtheit bei Kunden an. Jeden Morgen, wenn er sein Geschäft öffnet, bekräftigt er: »Wer in meinen Laden tritt, ist gesegnet und inspiriert, gedeiht und wird in jeder Weise reicher.«

Er kennt die Wahrheit, die da lautet: *Was du wirst vornehmen, wird er dir lassen gelingen; und das Licht wird auf deinem Wege scheinen* (Hiob 22,28).

Warum die Reichen reicher und die Armen ärmer werden

In meiner Nachbarschaft drängte eine Frau ihren Mann ständig, nicht an harte Zeiten, Geldverlust, Bankrott und Ähnliches zu denken. Doch er ließ nicht davon ab, sich den Bankrott seines Geschäfts und den Verlust seines Hauses vorzustellen. Immer wieder sagte er: »Ich kann die Hypothek nicht bezahlen, wir werden das Haus verlieren. Ich weiß, dass wir Bankrott gehen werden, denn das Geschäft läuft schlecht. Ich habe nie Glück ...«

Er redete also ständig von Not, Geldknappheit und Niederlagen, und schließlich traf ein, was er befürchtet hatte: Der Hypothekargläubiger erklärte mangels Zahlung der Amortisierungs- und Zinsraten die Hypothek für verfallen, übernahm das Haus, und der Mann musste den Konkurs anmelden. Ein Nachbar kaufte das Haus zu einem sehr niedrigen Preis und erwarb auch das Geschäft, das der Mann aufgegeben hatte. Unter seiner Führung geht es jetzt glänzend.

Der Grund, warum die Reichen immer reicher und die Armen immer ärmer werden, ist: *Denn was ich gefürchtet habe, ist über mich gekommen, und was ich sorgte, hat mich getroffen* (Hiob 3,25). Das Gesetz des Geistes ist gut, sogar sehr gut. Man kann nicht regelmäßig an Verlust, Armut, Bankrott und Fehlschläge denken und dann erwarten, dass man erfolgreich ist und vorankommt. Der Reiche, der in dem Bewusstsein lebt, dass er Erfolg haben und gedeihen wird, für den Reichtum so selbstverständlich ist wie die Luft, die er atmet, zieht unweigerlich Erfolg und Wohlstand an. Man kann nicht an Böses denken und Gutes ernten, genau wie man nicht an Gutes denken und Böses ernten kann.

Das Gesetz Ihres Denkens und Glaubens funktioniert perfekt. Es bringt hervor und macht sichtbar, was dem Unterbewusstsein eingeprägt wird. Daher kann jeder Mensch sofort damit beginnen, das Prinzip der Fülle anzuwenden. Und dann wird auch er Wohlstand, Erfolg und Reichtümer aller Art anziehen.

Entdecken Sie das Prinzip der Fülle

Die geschmacklichen Qualitäten einer Speise stellen Sie fest, indem Sie die Speise kosten. Die Qualität und damit die Schätze Ihres Unterbewusstseins können Sie feststellen, indem Sie das Prinzip der Fülle entdecken.

Ein Drogist sagte zu mir, die Versorgungsquelle für alles, was er brauche, befinde sich in seinem Inneren und reagiere auf seinen Glauben an die grenzenlosen Vorräte und

Reichtümer seines Unterbewusstseins, des Göttlichen in ihm. Jeden Morgen und jeden Abend betet er: »Ich bin zu jeder Zeit dankbar für die Reichtümer Gottes, die allgegenwärtig, immer aktiv, unveränderlich und unerschöpflich sind.«

Muss ich noch hinzufügen, dass der Drogist mehrere gut gehende Filialen besitzt und mit seiner Familie ein glückliches Leben führt?

Beherzigen Sie die beglückende Wahrheit

Der unendliche, allgegenwärtige Geist Gottes, der Ursprung unserer Welt, alles Sichtbaren und Unsichtbaren, ist gegenwärtig auch in Ihrem Inneren. Ihnen gehört nichts auf dieser Erde; alles gehört Gott. Sie sind aber der Verwalter des Göttlichen und dazu da, die Reichtümer des Universums klug, gerecht und aufbauend zu nutzen. Erbitten Sie darum für den Umgang mit Ihren irdischen Besitztümern die Weisheit Gottes. Wenn Sie sterben und Ihr Geist in die höhere Dimension des Geistes eingeht, können Sie nichts anderes mitnehmen als das, was Sie an Weisheit, Wahrheit und Schönheit in Ihrem Leben geistig erworben haben.

Ihr vertrauensvoller Glaube an die Güte Gottes und Ihre Freude am Herrn, der Ihre Stärke ist, stellen Ihre wirklichen Reichtümer dar, und nur diese können Sie in die höhere Lebensdimension des Geistes mitnehmen.

In der dreidimensionalen Welt, in der wir leben, ist alles für Sie da, alles für Sie erschaffen. Nehmen Sie daher wirklich alles in sich auf, was sich Ihnen darbietet: Erfreuen Sie sich am Gesang der Vögel, leben Sie auf, indem Sie die Sterne am Himmel, den Morgentau, den Sonnenaufgang und den Sonnenuntergang betrachten, indem Sie den süßen Duft der Rose oder das würzige Aroma frischen Heus einatmen oder Ihren Blick bewundernd über Berge und Täler schweifen lassen. Alle Reichtümer der Erde, des Meeres und der Luft gehören Ihnen. Die Natur ist üppig, ja verschwenderisch;

sie hat genügend für uns alle, wenn wir weise damit umgehen.

Es ist Gottes Absicht, dass Sie ein erfülltes, glückliches Leben führen. Sie sollen ein gemütliches, schönes Heim und schöne Kleider haben. Sie sollen an die unendliche, unbeschreibliche Schönheit, Ordnung, Symmetrie und Ausgewogenheit des Unendlichen denken und sich hiermit eins fühlen. Außerdem sollen Sie immer genügend Geld haben, es soll in Ihrem Leben frei zirkulieren und Sie in die Lage versetzen, genau das zu tun, was Sie tun wollen.

Ihre Kinder sollen in einer schönen Umgebung und in einer harmonischen, gottgefälligen Atmosphäre aufwachsen. Vor allem aber sollen sie schon früh mit den unerschöpflichen Quellen der Kraft in der Tiefe ihres eigenen Wesens vertraut gemacht werden, damit sie die unendlichen Schätze ihres Unterbewusstseins anzapfen können.

Ein Gebet um Wachstum und Fülle

Die tägliche Durchführung der nachstehenden Meditationsübung wird Ihnen schneller und leichter zu einem reichen, erfüllten Leben verhelfen.

»Schauet die Lilien auf dem Felde, wie sie wachsen: sie arbeiten nicht, auch spinnen sie nicht… Auch Salomo in aller seiner Herrlichkeit ist nicht bekleidet gewesen wie derselben eins. Ich weiß, dass Gott mich in jeder Weise gedeihen lässt. Ich führe jetzt ein reiches Leben, weil ich an die Reichtümer Gottes glaube. Ich werde mit allem versorgt, was zu meiner Schönheit, meinem Wohlbefinden, meinem Fortschritt und meinem Frieden beiträgt. Täglich ernte ich die Früchte, die die mir innewohnende unendliche Weisheit Gottes reifen lässt.

Ich akzeptiere jetzt das Gute, denn ich bin überzeugt, dass alles Gute mein ist. Ich bin ausgeglichen, heiter, ruhig und voller Frieden. Ich bin eins mit der Quelle des Lebens; alle meine Bedürfnisse werden in jedem Augenblick der Zeit und an jedem Punkt des Raumes erfüllt. Gottes Fülle und Reichtum werden in allen Bereichen meines Lebens sichtbar. *Alles, was der Vater hat, das ist mein.* Ich freue mich auf das erfüllte Leben, das mir dargeboten wird.«

Erschließen Sie ihren inneren Reichtum

Erkennen Sie die unerschöpfliche Quelle Ihrer Kraft, die Ihrem Unterbewusstsein zuteil ist, und vertrauen Sie auf das Prinzip der Fülle und des Wachstums auf ganzer Linie. Vergegenwärtigen Sie sich immer wieder die nachstehenden Leitgedanken:

»Gott ist die Quelle alles dessen, was ich brauche, seien es Frieden, Liebe, Schönheit, schöpferische Ideen, rechtes Tun, Energie, Vitalität oder Wohlstand. Ich weiß, dass es für die schöpferischen Kräfte meines Unterbewusstseins einfach ist, mir diese Quellen zu erschließen.

Ich eigne mir jetzt Gesundheit, Harmonie, Schönheit, rechtes Tun, großartiges Gedeihen und sämtliche Reichtümer meines tieferen Geistes an, und ich werde sie erleben. Ich strahle gegenüber allen Menschen Freundlichkeit und Liebe aus.

Ich leiste jeden Tag bessere Dienste. Gottes Reichtümer strömen für alle Zeiten in mein Dasein, und es herrscht immer gottgewollter Überfluss davon. Diese Gedanken sinken jetzt in mein Unterbewusstsein, und sie kommen als Sicherheit, Seelenfrieden und Wohlstand in meinem Leben zur Geltung. Es ist wunderbar.«

Was Sie in Ihr Unterbewusstsein säen, das werden Sie unweigerlich ernten. In der Bibel heißt es: *Aber die Wüste und Einöde wird lustig sein, und das dürre Land wird fröhlich stehen und wird blühen wie die Lilien* (Jesaja 35,1).

Merksätze

1. Die Erwartung des Guten zieht das Gute geradezu magisch an. So wurde auch das Vorstellungsbild einer jungen Frau von einer Reise verwirklicht. Sie konzentrierte sich jeden Abend auf ein Hotel in Spanien und stellte sich vor, dass sie tatsächlich dort schlafe. Ihr Unterbewusstsein öffnete ihr den Weg nach Spanien und vergrößerte das, was sie ihm eingeprägt hatte; denn außer der Reise fand sie bald darauf auch ihr Eheglück. Dieses Beispiel zeigt, dass das Unterbewusstsein immer alles vergrößert.
2. Ein vierzehnjähriger Junge schrieb auf ein Stück Papier seinen Herzenswunsch: Er wollte in Spanien Sprachen studieren und ein guter Reiseleiter und Dolmetscher für Touristen werden. Er bekräftigte beharrlich das Niedergeschriebene und übertrug so seinen Wunsch ins Buch des Lebens (in sein Unterbewusstsein). Die unendliche Weisheit seines Unterbewusstseins bewirkte, dass seine Tante den Wunsch des Jungen erfüllte.
3. Wecken Sie in sich das Bewusstsein für die Reichtümer Gottes, von denen Sie umgeben sind. Kraft des Gesetzes der Anziehung werden Sie die Schätze der unerschöpflichen Vorratskammer in Ihrem Unterbewusstsein anzapfen. Denken Sie beharrlich an Wohlergehen, Fülle und Sicherheit, dann ziehen Sie unweigerlich diese Reichtümer in Ihr Leben.
4. Jene Dinge, denen Sie Ihre Aufmerksamkeit zuwenden, werden Eingang in Ihre Erfahrung finden. Konzentrieren Sie Ihre Aufmerksamkeit auf erstrebenswerte Dinge. Wünschen Sie auch anderen aufrichtig Glück – und Sie werden selbst wahrhaft reichen Lohn ernten.
5. Für einen wahrhaft reichen Menschen, der in dem Bewusstsein lebt, dass er Erfolg haben und gedeihen wird, ist Reichtum so selbstverständlich wie die Luft, die

er atmet. Weil er diese Geisteshaltung hat, zieht er immer mehr Reichtümer an. Der Arme hingegen stellt sich ständig Mangel, Misserfolg und schwere Zeiten vor und redet von nichts anderem. Automatisch stellt sich über kurz oder lang das ein, was er befürchtet hat.

6. Sie können sich mit den Schätzen der unerschöpflichen Vorratskammer in Ihrem Inneren vertraut machen, indem Sie gläubig beten: »Ich bin zu jeder Zeit dankbar für die Reichtümer Gottes, die allgegenwärtig, immer aktiv, unveränderlich und unerschöpflich sind.«
7. Gott gab Ihnen alle Dinge auf dieser Welt, damit Sie sich an ihnen erfreuen. Auch das Leben ist ein Geschenk an Sie. Das ganze Universum existierte bereits, als Sie geboren wurden. Glauben Sie an die Reichtümer dieser Welt, und Ihnen wird es an nichts mangeln.
8. Die angegebene Meditationsübung verhilft Ihnen zu einem reicheren Leben, zu Wachstum und Fülle.

Die geheimnisvolle Quelle innerer Führung

Jeder Mensch hat Zugang zur Quelle göttlicher Weisheit und kosmischer Energie. Setzen Sie Ihr Denken und Glauben in Einklang mit den universellen Gesetzen des Geistes, und Ihnen wird wunderbare innere Führung zuteil. Die Antworten kommen manchmal in nächtlichen Träumen oder Visionen, bisweilen noch in symbolischen Verkleidungen, manchmal in Form von sich aufdrängenden Ahnungen, manchmal als blitzartige Erkenntnisse.

Im Vertrauen auf das Wunder innerer Führung lösen Sie jedes Problem.

Wie sie den verlorenen Ring wieder fand

Unlängst kam in Beverly Hills eine Frau zu mir und sagte, ihr fehle ein wertvoller Brillantring, der viele tausende Dollar wert sei. Sie hatte überall gesucht, ihn jedoch nicht gefunden, und meinte, er könne gestohlen worden sein.

Ich empfahl ihr, sich geistig und gefühlsmäßig völlig zu beruhigen, sich zu entspannen und zu dem ihr innewohnenden unendlichen Geist, der Quelle der Weisheit und kosmischer Energie, folgendermaßen zu sprechen: »Du bist allwissend; du weißt alles; du weißt, wo der Brillantring ist; du wachst über ihn, und ich weiß, du wirst mir offenbaren, wo er ist.«

Sie wandte dieses Verfahren jeden Abend vor dem Einschlafen an, und mit ihrer Vorstellung fühlte sie gleichzeitig in großer Freude den Ring am Finger, seine Greifbarkeit, seine Natürlichkeit und Festigkeit. Sie lullte sich mit den Worten in den Schlaf: »Ich danke dir, Vater, für meinen Ring.«

In der fünften Nacht erwachte sie plötzlich, und ihr klangen die Worte im Ohr: »Sieh in deinem Wagen nach.« Sie tat es und fand den Ring auf dem Boden des Autos unter dem Teppich.

Seither weiß sie, dass es immer eine Antwort gibt, wenn man dem höheren Wissen in seinem Inneren vertraut und sich seiner Führung überlässt.

Die Symbolsprache des Traums enthüllte die Krankheit

Vor mehreren Jahren erzählte mir eine junge Lehrerin von einem häufig wiederkehrenden Traum, dessen Hauptepisode immer dieselbe war. Mehrmals in der Woche, wenn sie schlief, hatte sie folgenden Traum: Ein Hund biss sie in die Brüste, und sie musste einen schrecklichen Kampf ausfechten, um das Tier mit den Bettlaken abzuwehren. Einmal fiel sie dabei aus dem Bett und verletzte sich ziemlich schwer.

Ich erklärte ihr, zweifellos warne ihr Unterbewusstsein sie, und der Traum habe bestimmt eine besondere Bedeutung, da er immer wiederkehre. Ich riet ihr, einen Arzt aufzusuchen, was sie auch tat. Er fand zwei kleine Knoten in einer Brust, die nach Auskunft des Pathologen beide nicht bösartig waren. Der Arzt sagte jedoch, sie sei gerade noch rechtzeitig gekommen, denn die Knoten hätten durchaus bösartig werden können. Sie wurden operativ entfernt und bildeten sich nicht wieder. Die Lehrerin war glücklich, das Leiden im Anfangsstadium entdeckt zu haben.
Der Hund, der sie im Schlaf in die Brüste biss, zeigte eine akute emotionale Beunruhigung an; der Hund war in diesem Fall als Symbol eines treuen Freundes zu verstehen. Die Symbolsprache des Traumes enthüllte die Krankheit.
Mit anderen Worten: Das ihr aus der Quelle der Weisheit und kosmischer Energie innewohnende höhere Wissen vermochte sie zu schützen und zu führen.

Sie betete nicht vergeblich um göttliche Führung

Ganz ähnlich liegt der Fall einer Filmschauspielerin, die regelmäßig um göttliche Führung und richtiges Tun im Leben betete. Sie hatte etwa sechs Nächte hintereinander einen Warntraum. Sie ritt auf einem Pferd einen Berg hinauf. Das Pferd hielt mehrmals an und kämpfte darum, den Gipfel zu erreichen, vermochte es aber nicht.
Ich erklärte ihr, dass ein Pferd ein Symbol sei, das für Emotionen und Instinkt stehe, und dass die Unfähigkeit des Pferdes, den Gipfel zu erreichen, auf einen Gefühlskonflikt oder eine drohende Krankheit, die mit ihrer physischen Kraft zu tun habe, verweisen könne. Auf meine Empfehlung ging sie zum Arzt, der ein EKG machte und ein Leiden der Herzkranzgefäße diagnostizierte. Es wurde durch Ruhe und Verabreichung von Nitroglyzerin zur Gefäßerweiterung kuriert.

Ihr Traum hatte sie vor einer drohenden Angina pectoris gewarnt, die sie durch rechtzeitiges Handeln verhindern konnte. Seit diesem Erlebnis spricht sie jeden Morgen das große Schutzgebet des 91. und jeden Abend den Aufruf zum Lob Gottes des 100. Psalms. In den letzten sechs Monaten hatte sie keine Beschwerden, sie benötigt keine Medikamente mehr, und ihr EKG ist in Ordnung.
Wirst du dich bekehren zu dem Allmächtigen, so wirst du aufgebaut werden (Hiob 22,23). Sie hält jetzt an diesem Gedanken fest: Jede Heilkraft kommt von Gott, aus dem Geist von seinem Geist, der uns führt.

Glieder in der Kette des Wachstums

Als ich vor ein paar Monaten mit einem selbständigen Geschäftsmann sprach, sagte er mir, er begreife nicht, wieso er nicht vorankomme. Seine Verkäufe nahmen ständig zu, dennoch wiesen die Jahresabschlüsse der letzten zwei Jahre Verluste aus. »Gerade jetzt sind wieder die Bilanzarbeiten im Gang«, sagte er und fügte kleinlaut hinzu: »Ich habe Angst.«
Ich empfahl ihm, folgendermaßen um Führung zu beten: »Unendliche Intelligenz offenbart mir, was ich über mein Geschäft wissen muss, und die Antwort dringt klar in meinen bewussten Verstand. Ich beachte den Hinweis, den ich erhalte.«
Nach einigen Tagen verspürte er den Drang, einen Wirtschaftsprüfer zu bitten, den Jahresabschluss und seine Bücher zu kontrollieren. Dabei stellte sich heraus, dass der Buchhalter – ein naher Verwandter von ihm, dem er voll und ganz vertraute – seit etwa zwei Jahren bedeutende Gelder unterschlagen hatte.
Seit diesem unheilvollen Vorfall betet er nun jeden Tag darum, dass er und alle seine Verkäufer göttliche Führung bekämen und göttliche Weisheit alle ihre geschäftlichen Unternehmungen leite. Sein regelmäßiges Gebet enthält die

Bitte, alle seine Mitarbeiter sollten Glieder in der Kette des Wachstums, Wohlstands und Erfolgs seines Unternehmens sein. Diese neue Einstellung erbrachte glänzende Ergebnisse, finanziell und in jeder anderen Hinsicht.

Innere Führung geleitete zu kostbaren Altertümern

»Faszinierende Funde kostbarer indianischer Altertümer, die jetzt in einem Museum untergebracht wurden, sind geistiger Führung zu verdanken«, schrieb ein Journalist aus Tennessee im *National Enquirer,* einer der auflagenstärksten Zeitungen Amerikas.

Über denselben Fall berichtete *Psychic News,* eine in London erscheinende Zeitschrift. Dort heißt es in der Ausgabe vom 2. Juni 1973:

> Kenneth Pennington, ein dreißigjähriger Künstler aus Rock City Gardens bei Chattanooga, gibt an, seine Vorfahren »und ihre führenden Hände« würden ihn leiten. Seine Familie stammt von den Irokesen ab.
>
> Vor jeder Suche singt Pennington ein rituelles, selbst komponiertes Gebetslied.
>
> »Ich habe oft den überwältigenden Drang, in einem bestimmten Gebiet, an einem bestimmten Ort zu graben«, sagt er. »Einmal legte ich ein paar Minuten nach dem Singen meines Gebets die Ränder von acht schönen Tongefäßen frei.«
>
> Andere Funde umfassen Schmuck, Muscheln, steinerne Tabakspfeifen, Knochen, Werkzeug und Waffen, von denen manche aus grauer Vorzeit stammen.
>
> »Ich bin sicher, meine Vorfahren wissen, dass ich versuche, wissenschaftliche Kenntnisse über ihre Vergangenheit zu erlangen, und sie wollen mir dabei helfen«, meint Pennington.
>
> Im Museum sind die tausende seltener Dinge ausgestellt, zu deren Fundstellen er und seine Freunde geführt wurden.

Anfangs lachten seine Kollegen über seine Gebete und sein »Glück«. Doch als Pennington ständig gute Ergebnisse erzielte, baten sie ihn, in den Gebieten zu singen, wo sie gruben. Das Glück seiner Freunde nahm daraufhin ebenfalls zu.

Eines Nachts, nachdem er zwei mehrere tausend Jahre alte Schädel gefunden hatte, träumte Pennington etwas Seltsames.

Er »sah« einen der Schädel mit eigenartigen Markierungen auf der Stirn. Als er ihn am nächsten Morgen säuberte, kamen tatsächlich seltsame, diamantenförmige Markierungen auf der Braue zu Tage. Sie konnten nie erklärt werden. Seine Funde wurden von E. Raymond Evans gepriesen, dem Vizepräsidenten der Archäologischen Gesellschaft von Tennessee. »Viele Menschen dürften den Nutzen von Penningtons Ritual anzweifeln, aber seine hervorragenden Ergebnisse sprechen für sich«, sagt Evans.

Dieser Mann glaubte, seine Vorfahren würden ihn zu verborgenen Schätzen geleiten. Ob dies nun zutrifft oder nicht, tut wenig zur Sache. Maßgebend ist, dass er von der Tatsache geistiger Führung überzeugt ist, und da er darum bittet, wird sie ihm zuteil. *Und alles, was ihr bittet im Gebet, so ihr glaubet, werdet ihr's empfangen* (Matthäus 21,22). *Wenn du könntest glauben! Alle Dinge sind möglich dem, der da glaubt* (Markus 9,23).

Es trieb ihn auf den Dachboden

Ein Rechtsanwalt, der eines meiner Bücher gelesen hatte, erzählte mir »zur Bestätigung meiner Ansichten« – so sagte er –, auf welche interessante Art er dank innerer Führung einen Schatz fand, den er suchte. In Kanada war plötzlich seine Mutter gestorben. Sie hatte allein gelebt, aber Nachbarn hatten die Polizei verständigt und auch ihn in San Francisco angerufen. Er flog hin und kümmerte sich um

alles, da sie ihn in ihrem Testament zum Alleinerben eingesetzt hatte.
Er erinnerte sich, dass sie ihm – er selbst ein passionierter Numismatiker – einmal erzählt hatte, sie besitze eine große Sammlung ausländischer Goldmünzen, von denen die ältesten aus dem Jahr 1898 stammten, und er werde sie einmal erben. Im Testament waren die Münzen aber nicht erwähnt, und er fand weder im Haus noch im Banksafe eine Spur von ihnen. Am Abend vor dem Einschlafen wandte er sich jedoch mit folgenden Worten an sein Unterbewusstsein: »Ich richte nun diese Bitte an mein Unterbewusstsein. Es weiß, wo der Goldschatz ist, es enthüllt mir den Ort in göttlicher Fügung, und ich erkenne die Antwort.« Er schlief mit dem Wort »Antwort« auf den Lippen ein.
Am nächsten Morgen trieb es ihn auf einmal, auf dem Dachboden nachzusehen, und dort fand er prompt die Münzen in einer alten Schachtel, auf der ein Stoß Zeitschriften lag. Als Numismatiker war ihm bald klar, dass die Goldmünzen ein Vermögen wert waren.

Das Geheimnis göttlicher Führung

Nehmen wir an, Sie suchen wie dieser Anwalt nach einem verlorenen Schatz, oder Sie fragen sich, ob Sie Ihr Geschäft verkaufen, ein bestimmtes Haus, Aktien oder Schuldverschreibungen erwerben sollen, ob Sie eine Partnerschaft auflösen, in eine andere Stadt übersiedeln oder an Ihrem derzeitigen Wohnort bleiben sollen. Was auch das Problem sein mag, das der Lösung harrt, tun Sie Folgendes: Beruhigen Sie Ihren Geist, Ihr Gefühl und entspannen Sie Ihren Körper. Denken Sie daran, dass es in der Natur der Ihnen innewohnenden Weisheit und kosmischen Energie liegt, auf Ihre Gedanken und Gefühle zu reagieren. Der Aktion folgt die Reaktion. Die Aktion, das ist Ihr Denken und Fühlen, und die Reaktion, das ist die Antwort des Ihnen innewohnenden unendlichen Geistes. Die Antwort mag eine Erkenntnis sein, oder ein Zwang zum Handeln, eine Bewirkung. Ihr Unterbewusstsein ist reaktiv und reflexiv; es antwortet und reagiert in genauer Entsprechung zu Ihren Denkmustern, es vergilt in barer Münze. Wenn Sie richtig denken – dazu gehören natürlich auch Ihr Glauben und Ihr Wünschen – und auch die richtigen Ergebnisse in Ihren Gedanken und Gefühlen anvisieren, so prägt sich dies Ihrem Unterbewusstsein ein, und Sie werden von Ihrem tieferen Geist im Einklang mit dem unendlichen Geist Gottes, der die von Ihnen gesuchte Führung verkörpert, eine Reaktion erhalten.

Denken Sie daran, wenn Sie Führung suchen. Sie nutzen die unendliche Intelligenz Ihres Unterbewusstseins bis zu dem Punkt, wo es die Führung übernimmt und Sie zu beherrschen beginnt. Es agiert dann sozusagen autonom. Von da an werden Sie von einer höheren Weisheit gesteuert, die alles weiß und alles sieht. Und wenn Ihr Denken richtig ist und Ihre Motivation stimmt, werden Sie unter einem inneren Zwang stehen, das Richtige zu tun. Bedenken Sie aber auch: Was immer Sie Ihrem Unterbewusstsein einprägen – ob Gutes oder Schlechtes –, das Gesetz von Aktion und Reaktion ist zwingend; so wird, je nach Ihrem Denken, die Bewirkung ein Gutes oder Schlechtes sein – ein glückliches, erfülltes Leben oder ein Dasein in Kummer und Not.

Die Antwort kommt oft in nächtlichen Träumen oder Visionen, Ahnungen, bestimmten Symbolen oder Bibelversen. Wenn Sie das *I Ging*, das Buch der Wandlungen aus dem 7. oder 6. Jahrhundert v. Chr., studieren, erhalten Sie die Antwort möglicherweise in einem bestimmten Hexagramm. Die Wege Ihres Unterbewussten sind unerklärlich. Ordnen Sie sich geistig der richtigen Antwort unter, und die Reaktion wird erfolgen. Sie nutzen die Weisheit Ihres tieferen Geistes bis zu dem Punkt, wo er Sie zu benutzen beginnt. Wenden Sie die beschriebenen Techniken an, und Sie werden an sich erfahren, dass alle Ihre Wege voll Freude und Glück sein werden.

Merksätze

1. Bringen Sie Ihr Denken in Einklang mit den universellen Gesetzen des Geistes, so wird Ihnen aus der Quelle göttlicher Weisheit und kosmischer Energie wunderbare innere Führung zuteil.
2. Eine Frau verlor einen wertvollen Brillantring und sprach folgendermaßen zu ihrem Unterbewusstsein: »Du weißt, wo der Ring ist… Du wirst mir offenbaren, wo er ist.« Daraufhin empfand sie den Drang, in ihrem Auto nachzusehen, wo sie den Ring unter dem Teppich fand.
3. Häufig offenbart sich die Führung in einem nächtlichen Traum oder einer Vision. Ein öfters wiederkehrender Traum ist höchst bedeutsam. Eine Lehrerin träumte immer wieder, ein Hund beiße sie in die Brüste und sie wehre ihn mit dem Bettlaken ab. Tatsächlich warnte ihr Unterbewusstsein sie vor einer drohenden Krankheit. Ihr Arzt fand in ihrer Brust zwei kleine Knoten und entfernte sie noch rechtzeitig.
4. Eine Filmschauspielerin betete regelmäßig um göttliche Führung und richtiges Tun in allen Phasen ihres Lebens. Sie hatte sechs Nächte hintereinander einen Warntraum, worin sie auf einem Pferd einen Berg hinaufritt und darum kämpfte, den Gipfel zu erreichen, es aber nicht vermochte. Ihr Unterbewusstsein warnte sie in symbolischer Form vor einem Leiden der Herzkranzgefäße, das ihr Arzt heilte. Sie erstickte eine drohende Angina pectoris im Keim und hält sich nun bei bester Gesundheit, indem sie ihrem Unterbewusstsein jeden Morgen das große Schutzgebet des 91. Psalms und jeden Abend den Aufruf zum Lob Gottes des 100. Psalms einprägt.
5. Ein Geschäftsmann wusste nicht, warum seine letzten Bilanzen Verluste auswiesen. Er bat sein Unterbewusstsein, ihm zu offenbaren, was er über sein Geschäft wissen müsse. Ihn erfasste ein Drang, seine Bücher von

einem Wirtschaftsprüfer durchsehen zu lassen. Dieser überführte seinen Buchhalter, einen nahen Verwandten, der seit zwei Jahren Gelder unterschlug. Seither bittet der Geschäftsmann regelmäßig um göttliche Führung für sich und alle seine Angestellten.

6. Ein Indianer verspürte immer wieder den starken Drang, an bestimmten Stellen zu graben, und entdeckte archäologische und ethnologische Kostbarkeiten ersten Ranges. Er schrieb den Fund dieser verlorenen Schätze der geistigen Führung seiner Vorfahren zu. Es gibt nur den einen Geist aus der Quelle kosmischer Weisheit und Energie, und dieser reagiert auf alle Menschen gemäß deren Glauben.
7. Ein Anwalt befand sich im Haus seiner Mutter in Kanada, weil sie plötzlich gestorben war. Sie hatte ihm von alten Goldmünzen erzählt und sie ihm als Erbe versprochen. Im Testament wurden die Münzen nicht erwähnt, und sie fanden sich nirgends. Er wandte sich an sein Unterbewusstsein und fand die Münzen dank seiner Intuition auf dem Dachboden.
8. Das Geheimnis göttlicher Führung besteht darin, sich mit der Ihnen innewohnenden Weisheit in Einklang zu bringen, erfüllt von dem Wissen, dass es in Ihrem Unterbewusstsein eine unendliche Intelligenz gibt, die gemäß der Natur Ihrer Bitte antwortet und reagiert. Wenn Ihr Denken richtig ist und Ihre Motivation stimmt, werden Sie eine Antwort erhalten und unter einem inneren Zwang stehen, das Richtige zu tun.

Wie Sie ein erfolgreiches Leben zu führen vermögen

Das Leben jedes Menschen ist vom Anfang bis zum Ende ein Plan Gottes. Goethe sagte, das Leben sei ein Quader, aus dem wir den Charakter formen und meißeln müssten. Und in der Bibel heißt es: *Ich bin gekommen, dass sie das Leben und volle Genüge haben sollen* (Johannes 10,11).

Sie sind hier auf Erden, um ein erfülltes, glückliches, herrliches Leben zu führen. Sie sind hier, um Ihre verborgenen Talente für die Welt freizusetzen, Ihren wahren Platz im Leben zu finden und sich auf höchster Ebene zu verwirklichen. Wenn Sie Ihren wahren Platz im Leben gefunden haben, werden Sie automatisch sehr erfolgreich sein. Sie werden vollkommen glücklich sein, und als Folge davon werden Ihnen Gesundheit, Reichtum und alle Wohltaten des Lebens beschieden sein. Ihr Erfolg oder Scheitern in der Kunst, ein herrliches, wunderbares Leben zu führen, hängen von der Art Ihrer Denkgewohnheiten und von der Echtheit und Intensität Ihres Wunsches ab, die Inhalte Ihres Denkens und Glaubens entscheidend zu ändern. Gewinnen Sie eine neue Perspektive, eine neue Einstellung zum Leben, zu Gott, zu sich und zum Universum!

Bedenken Sie, dass es eine richtige und eine falsche Weise gibt zu denken, zu sprechen, zu handeln – wie es eine richtige und eine falsche Weise gibt zu singen, ein Auto zu fahren, ein Geschäft zu betreiben und einem Beruf nachzugehen. Lernen Sie, wie man gestützt auf kosmische Weisheit richtig denkt, richtig fühlt, richtig handelt, sich richtig verhält und – richtig betet, dann werden alle Ihre Wege angenehm und Ihre Tage von Glück und Frieden erfüllt sein.

Eine Frau erlangte besondere Führung

Nachfolgender Brief stammt von Vera Radcliffe, einer namhaften Organistin:

Lieber Herr Dr. Murphy,
vor drei Jahren kam ich im Zuge einer ausgedehnten Indien-Reise nach Kaschmir. Ich lernte in Srinigar einen bekannten Juwelier kennen, den mir gemeinsame Freunde empfohlen hatten. Da ich dort weit unter dem amerikanischen Marktpreis einkaufen konnte, kaufte ich für achthundert Dollar von ihren Spezialitäten, die gleichwertigen Edelsteinen aus anderen Ländern weit überlegen sind, darunter Sternrubine, einen Topas und einen Saphir. Ich erkundigte mich nach der Bonität des besagten Juweliers, und weil ich gute Auskünfte erhielt, gab ich ihm einen Scheck über den Kaufpreis. Da ich unbeschwert weiterreisen wollte, ließ ich die Ware an meine Heimatadresse schicken.
Als ich wieder zu Hause war, traf die Sendung zur vereinbarten Zeit nicht ein. Im Laufe des nächsten Jahres erhielt ich keine Antworten aus Kaschmir auf meine acht höflichen, aber bestimmten, drängenden Briefe. Nachdem mir meine bewussten Handlungsmöglichkeiten erschöpft zu sein schienen, begann ich um göttliche Führung zu beten; ich gewann dabei die Überzeugung, dass der Auftrag voll und ganz ausgeführt würde.
Ich habe eine Freundin, die ich sehr gerne mag, aber nur selten sehe, weil wir etwa fünfzig Meilen voneinander entfernt leben. Nun rief Gene mich an und sagte, wir hätten uns seit mehr als zwei Jahren nicht mehr gemütlich unterhalten und ob ich nicht zum Mittagessen kommen könne. Also trafen wir uns in einem hübschen Lokal, das für uns beide auf halbem Weg gelegen war. Nachdem wir wieder gegenseitig »auf dem Laufenden« waren, fragte sie mich, wie mir Indien gefallen habe. Ich antwortete, dass ich dort eine wunderbare Zeit verlebt hätte, mit dem einen einzigen Makel – der geschilderten Transaktion. Sie verriet mir, dass sie mit dem Vizepräsidenten Indiens befreundet sei; er hatte vor vielen Jahren als Austauschstudent bei ihr im Haus gewohnt. Das alles kam völlig überraschend für mich.

Gene erbot sich, für mich brieflich um Hilfe zu bitten. Innerhalb von fünf Wochen wurden die Steine komplett geliefert – mit Entschuldigungen! Bitte nehmen Sie meinen aufrichtigen Dank dafür entgegen, dass Sie mir bei diesem Problem geholfen haben.
Mit freundlichen Grüßen
Vera Radcliffe, Studio City, Kalifornien

Dank ihres überzeugten Glaubens wurde ihr Gebet erhört.

Verborgene Talente wurden offenbart

Eine junge Frau, die mich vor mehreren Monaten aufsuchte, klagte: »Ich bin eine Eigenbrötlerin. Niemand will mich haben. Ich bin ein Mensch am falschen Platz.«
Ich erklärte ihr, dass jeder Mensch einmalig ist und dass keine zwei Menschen gleich sind, genauso wenig wie zwei Schneekristalle oder zwei Blätter eines Baumes. Gott wiederholt sich niemals; eine unendliche Differenzierung ist dem Gesetz allen Lebens eigen, und so etwas wie einen überflüssigen Menschen gibt es nicht. Ich zitierte für sie Emerson, der gesagt hatte: »Ich bin ein Organ Gottes, und Gott braucht mich, wo ich bin, sonst wäre ich nicht hier.«
Sie fragte: »Was wünscht Gott, dass ich tue?«
Die Antwort ist einfach, und auch das Gebet, das sie sprach, um Gottes Willen zu folgen, ist einfach, klar und direkt:
»Gott offenbart mir meine verborgenen Talente und gibt meinem Herzen ein, was ich nach seinem Wunsche tun soll. Ich weiß, dass Gott die Summe unendlicher Weisheit ist und durch mich Ausdruck sucht. Ich bin ein Brennpunkt des unendlichen Lebens, genau wie die Glühbirne ein Brennpunkt für die Sichtbarmachung der Elektrizität ist. Gott durchströmt mich als Harmonie, Gesundheit, Friede, Freude, Wachstum und Weiterentwicklung auf der ganzen Linie. Ich erkenne die *Führung,* die in mein überlegendes Wachbewusstsein tritt, und danke jetzt für die Antwort.«

Einige Tage später überkam sie das heftige Verlangen, einen bestimmten Handelskurs zu machen, und jetzt arbeitet sie in einem Reisebüro und ist von ihrer Tätigkeit, wie sie mir kürzlich sagte, sehr begeistert.

Sichern Sie sich Gesundheit, Reichtum und Glück jetzt

Vor einigen Jahren hielt ich am Unity Center in New Orleans, Louisiana, mehrere Vorträge. Ein dort tätiger Journalist erzählte mir, er habe einmal den Auftrag gehabt, einer bestimmten Anzahl Menschen die Frage zu stellen: »Wozu leben Sie?« Er sagte, ein Teil der Antworten habe ihm den Atem verschlagen, bei anderen hätten sich ihm die Haare gesträubt.

Viele der Befragten gaben Antworten, für die die folgende typisch ist: »Ich bin da, um zu essen, zu trinken und fröhlich zu sein, denn morgen bin ich tot.« Ein großer Prozentsatz der Interviewten sagte, sie warteten darauf, mit fünfundsechzig in Rente gehen zu können, und dann wollten sie verschiedene Länder der Welt bereisen. Einige erklärten, sie warteten auf den Tod, sie seien gute Christen, darum würden sie in den Himmel kommen und ewig bei Gott weilen.

Unter den Befragten meinten etwa zehn Prozent, sie wüssten nicht, wozu sie hier seien und wohin ihr Leben führe, und ihr Tod sei das Ende: sie würden einfach zu Erde zerfallen, ein künftiges Leben in welcher Form immer gebe es nicht. Rund fünf Prozent warteten darauf, dass ihre Kinder erwachsen würden und heirateten; dann wollten sie reisen und alles das tun, was sie schon immer hatten tun wollen. Einige wenige warteten auf den Tod der Eltern und wollten dann über ihr weiteres Tun entscheiden.

Alle diese Leute warteten auf etwas, anstatt sich klar zu machen, dass Gott das *ewige Jetzt* ist.

Die richtige Zeit ist immer *jetzt*. Zahllose Menschen hoffen auf bessere Zeiten in der Zukunft. Sie sagen ständig, dass sie eines Tages glücklich, erfolgreich und wohlhabend sein werden.

Unlängst in einem Restaurant hörte ich einen Mann zu seinem Gefährten sagen, er werde irgendwann das große Los ziehen und eine Menge Geld machen. Der andere erwiderte: »Ich hoffe, dass ich eines Tages von meiner Arthritis geheilt werde.« Die beiden schieben das Gute hinaus und erwarten die Erfüllung ihrer Wünsche erst in der Zukunft.

Doch der Mensch trägt die immensen Kräfte des universellen kosmischen Geistes in sich. Friede herrscht jetzt; Sie können um Frieden bitten und bekräftigen, dass Gottes Friedensstrom durch Ihr ganzes Wesen fließt. Heilung findet jetzt statt; fühlen und glauben Sie, dass Gottes endliche Heilgegenwart jetzt jedes Atom Ihres Seins verwandelt, heilt und wiederherstellt. Behaupten und bekräftigen Sie, dass Gottes schöpferische Weisheit, die Sie erschaffen hat, genau weiß, wie Sie zu heilen sind, und dass göttliche Ordnung in Ihrem Geist, Ihrem Gemüt und Ihrem Körper herrscht.

Wohlstand steht jetzt in Ihrer Reichweite; er ist ein Vorstellungsbild, das Sie sich im Geiste machen. Wenn Sie sich jetzt vergegenwärtigen, dass Sie wohlhabend sind, und sich jetzt darüber freuen, wird Ihnen eine neue schöpferische Idee kommen, die vielleicht ein Vermögen wert ist. Bekräftigen Sie: »Gottes Reichtum ist jetzt in meinem Leben im Umlauf. Ich präge meinem Unterbewusstsein diese Vorstellung ein, und ich weiß, dass alles, was ich meinem Unterbewusstsein einpräge, sich verwirklichen wird.« Ihr Unterbewusstsein wird selbständig reagieren, und Sie werden geradezu gezwungen sein, in Ihrem Leben Reichtum sichtbar zum Ausdruck zu bringen. Warum noch länger darauf warten?

Stärke ist jetzt erreichbar. Rufen Sie die unendliche Kraft Gottes, Ihre innere Kraft kosmischer Dimension, an, und diese Kraft wird Sie beleben, mit Energie erfüllen und Ihr ganzes Wesen erneuern.

Liebe ist jetzt zu gewinnen. Seien Sie überzeugt und glauben Sie, dass Gottes Liebe Ihren Geist, Ihr Gemüt und Ihren Körper vollkommen durchdringt, dass diese göttliche Liebe nach außen ausgestrahlt und sich in allen Phasen Ihres Lebens geltend machen wird.

Führung ist jetzt zu erlangen. Gottes unendliche Weisheit, an der Sie in Ihrem Geiste Anteil haben, kennt die Antwort auf jede Frage und löst jedes Problem gemäß der Art Ihrer Bitte.

Fordern Sie das Gute *jetzt* für sich. Sie erschaffen nichts; Sie verleihen lediglich dem, was immer war, was jetzt ist und was immer sein wird, Form und Ausdruck. Moses hätte, wenn er es sich im Geiste vergegenwärtigt hätte, einen Lautsprecher oder einen Fernseher benutzen können. Die Idee oder das Prinzip, nach welchem diese Dinge hergestellt sind, existiert seit jeher im unendlichen Geist kosmischer Dimension. Platon sprach von »Archetypen des göttlichen Geistes«, womit ganz einfach gemeint ist, dass hinter der erschaffenen Dingwelt des Universums, hinter allen Dingen ein Gedanke oder ein Muster im göttlichen Geist steht.

Wie Sie eine erfüllte, beglückende Zukunft planen

Ist Ihnen je der Gedanke gekommen, dass Sie, wenn Sie etwas für die Zukunft planen, dies jetzt planen? Dass Sie, wenn Sie vor irgendetwas Künftigem Angst haben, jetzt Angst haben? Dass Sie, wenn Sie an die Vergangenheit denken, jetzt daran denken? Um eine erfüllte, beglückende Zukunft zu haben, müssen Sie lediglich Ihr gegenwärtiges Denken ändern. Sie sind sich der Inhalte Ihres gegenwärtigen Denkens und Glaubens, Ihrer Überzeugungen, bewusst – gut. Nun können Sie aber einzig und allein die Ihnen jetzt gegenwärtigen Inhalte Ihres Denkens und Glaubens in Ihrem Leben verwirklichen: das für Sie Gute, wenn dies der Inhalt ist, oder das für Sie Abträgliche, wenn Sie destruktive Überzeugungen hegen.

Vergangenheit und Zukunft sind Diebe, alle beide. Wenn Sie sich der Selbstkritik und übertriebenen Reue wegen früher begangener Fehler oder erlittener Verletzungen hingeben, bringen Sie sich um Ihren Seelenfrieden; die geistige Agonie, die Sie durchmachen, erwächst Ihrem gegenwärtigen Denken.

Wenn Sie sich wegen der Zukunft sorgen, berauben und bestehlen Sie sich der Freude, Gesundheit und des Erfolges. Zählen Sie die Ihnen jetzt zufallenden Wohltaten des Lebens und machen Sie sich frei von den beiden Dieben.

Das Nachdenken über eine fröhliche, glückliche Episode aus Ihrer Vergangenheit ist eine gegenwärtige Freude. Bedenken Sie: Vergangene Ereignisse und deren Folgen – ob gute oder schlechte – sind nichts anderes als Verkörperungen Ihres Denkens. Lenken Sie Ihr gegenwärtiges Denken in die richtigen Kanäle. Erheben Sie in Ihrem Geist Frieden, Harmonie, Freude, Liebe, Glück und Wohlstand auf den Thron. Sinnen Sie häufig und ganz bewusst über diese Begriffe und Vorstellungen nach, fordern Sie sie für sich – und vergessen Sie alles andere.

Weiter, liebe Brüder, was wahrhaftig ist, was ehrbar, was gerecht, was keusch, was lieblich, was wohl lautet, ist etwa eine Tugend, ist etwa ein Lob, dem denket nach! (Philipper 4,8)

Nehmen Sie diese spirituelle Medizin möglichst oft ein, und Sie haben eine herrliche Zukunft vor sich.

Ein Dienstmädchen schrieb sich selbst einen Brief und bekam das erträumte Auto

Ein Dienstmädchen legte von ihrem mageren Wochenlohn jeweils drei Dollar beiseite, um sich ein Auto zu kaufen. Eines Tages gab ihre Schwester ihr eines meiner Bücher, *Die Macht Ihres Unterbewusstseins*, das sie voll Aufmerksamkeit und Eifer las.

Später erzählte sie meiner Sekretärin, Mrs. Jean Wright, dass sie sich eines Abends hingesetzt und sich selbst einen

Brief geschrieben habe, um ihrem Unterbewusstsein die Vorstellung von einem Auto einzuprägen. Der Kern ihres Briefes war, dass sie Gott für das schöne Auto dankte, das sie jetzt besitze, dass sie es gern angenommen habe und sich darüber freue, dass es ganz bezahlt sei und einwandfrei funktioniere. Sie legte den Brief in eine Schreibtischschublade, nachdem sie den Umschlag so gekennzeichnet hatte: »Mein erhörtes Gebet. Danke, Vater.«

Der Fortgang der Geschichte ist interessant. Sonntags darauf ging das Dienstmädchen wie üblich in die Kirche, und bei einem Gespräch mit einem der Kirchendiener machte sie eine Bemerkung über einen schönen Cadillac. Da mischte sich ein Mann in ihr Gespräch und sagte: »Ich möchte eines meiner Autos verkaufen. Wissen Sie niemanden, der einen Wagen sucht?« Sie antwortete: »Ich suche einen, aber ich habe erst 45 Dollar gespart.« Worauf der Mann erklärte: »Ist in Ordnung; ich habe keinen Abstellplatz dafür. Nehmen Sie den Wagen für 45 Dollar.« Was sie auch tat. Der Wagen lief über zwei Jahre lang einwandfrei.

Ursprünglich hatte sie gemeint, dass sie drei Jahre brauchen würde, um bloß die Anzahlung für einen Wagen zusammenzusparen. Doch dann hatte sie den Wagen gleich erbeten, *jetzt*.

Ein achtjähriger Junge kriegte den ersehnten Hund

Shakespeare sagte, alle Dinge stünden bereit, wenn der Geist bereit sei. Und in der Bibel heißt es: *Sagt ihr nicht, es sind noch vier Monate, so kommt die Ernte? Siehe, ich sage euch: Hebet eure Augen auf und sehet in das Feld; denn es ist schon weiß zur Ernte* (Johannes 4,35).

Diese beiden Worte beziehen sich auf Ihre geistige und spirituelle Welt. Wie ich schon erwähnte, sind alle Dinge im unendlichen Allgeist als Ideen, geistige Muster und Prinzipien vorhanden.

Ein knapp achtjähriger Junge wurde von seiner Mutter zu mir gebracht, weil er ungehorsam, eigensinnig und aufsässig war. Offenbar hatten alle seine Spielgefährten Hunde, die meisten Irische Terrier, und er wollte unbedingt auch einen haben. Er grollte seinen Eltern, weil sie gegen einen Hund waren. Seine Mutter hatte ihm erklärt, Hunde seien schmutzig und sie wolle keinen im Haus haben, aber wenn er achtzehn und erwachsen sei, könne er einen haben und selbst dafür sorgen.

Der Junge konnte nicht einsehen, dass er zehn Jahre auf einen Hund warten sollte. Auf meine Bitte ließ die Mutter uns beide etwa eine halbe Stunde allein, und er schüttete mir sein Herz aus. Ich sagte ihm, er solle sich den Hund genau vorstellen, den er sich wünschte, und ihn jeden Abend vor dem Einschlafen in seiner Phantasie streicheln und hätscheln, er solle einfach das Gefühl haben, dass ein Hund bei ihm im Zimmer sei und er die Arme um das Tier lege. Ich riet ihm, das jeden Abend zu tun.

Ein paar Wochen danach hatte der Junge Geburtstag. Sein Großvater kam und schenkte ihm einen Scheck über 3000 Dollar für seine spätere Ausbildung – dazu einen Welpen, einen Irischen Terrier! Der Großvater wurde von der ganzen Familie begeistert empfangen, und jeder Widerstand gegen den Hund schmolz im Applaus für die Geschenke dahin.

Der Junge brauchte also doch nicht zehn Jahre auf seinen Hund zu warten. Er hatte durch die Intensität seiner Gedanken bei der empfundenen Freude darüber, den Hund *jetzt* zu haben, die Zeit verkürzt. Im Buch der Sprüche heißt es: *Die Hoffnung, die sich verzieht, ängstet das Herz …* (Sprüche 13,12). Die Ernte ist *jetzt* in Ihrem Geist reif. Machen Sie Ihren Geist bereit dafür, das Gute *jetzt* zu empfangen, ohne weiteren Aufschub.

Wie eine Witwe den neuen Partner fürs Leben fand

Eine Rat suchende Witwe erzählte mir, sie bete seit drei Jahren um einen Ehemann, habe aber bisher nicht den richtigen kennen gelernt. Im Gespräch mit ihr fand ich heraus, dass sie in ihrem Geiste Hindernisse und Barrieren errichtet hatte, denn ihr Wunsch lief auf den Gedanken hinaus: »Wenn ich in Rente gehe, möchte ich heiraten, dann könnte ich mit meinem Mann reisen und das Leben unbeschwert genießen.« Sie hatte die Heirat gedanklich in die Zukunft verlegt und so selbst ihrem Ziel entgegengearbeitet.

Ich erklärte ihr, wie man die Zeit verkürzt. Dann riet ich ihr, abends vor dem Schlafengehen den Ring an ihrem Finger zu spüren, ganz greifbar und natürlich; bedeuten solle dies für sie, dass die Heirat mit einem ideal zu ihr passenden Mann bereits stattgefunden habe und sie sich jetzt über die Wirklichkeit der Ehe freuen könne.

Sie tat dies eine Zeit lang jeden Abend. Sie weckte dadurch tatsächlich in sich das starke Glücksgefühl, das sie empfunden hätte, wäre sie bereits verheiratet gewesen. Ein paar Wochen später lernte sie den Pfadfinderführer ihres Sohnes, den sie von gesellschaftlichen Veranstaltungen her schon flüchtig kannte, näher kennen und lieben, und er machte ihr bald darauf den ersehnten Heiratsantrag.

Im Geiste kann man seinen Herzenswunsch ohne Aufschub verwirklichen. Das von dieser Witwe gehegte geistige Bild und ihr als lebensecht empfundenes Gefühl, den Ring am Finger zu haben, wurden ihrem Unterbewusstsein vermittelt, und die ihrem Unterbewusstsein innewohnende unendliche Weisheit führte die Frau und den für sie idealen Partner zusammen. Die Frau nannte ihr Unterbewusstsein scherzhaft ihren »unsichtbaren Ehevermittler«. Und Scherz beiseite: Sie hat Recht!

Ein Ingenieur beseitigte geistige Barrikaden und stieg sprunghaft empor

Unlängst erzählte mir ein Ingenieur, er arbeite hart, um befördert zu werden, doch weil andere in der Firma ihm viele Dienstjahre voraus hätten, würde er vermutlich noch manche Jahre warten müssen. Der Ingenieur hatte auch den Flugzeugführerschein und flog zu Forschungszwecken oft Maschinen von Los Angeles nach New York und in andere Städte. Ich fragte ihn, wie lange ein Flug nach New York dauere. »Oh«, sagte er, »mit dem Jet knapp fünf Stunden.« Dies bedeutet, dass er jeweils mehr als viereinhalbtausend Kilometer in fünf Stunden oder weniger überbrückte. Mit den alten Pferdefuhrwerken hätte man eineinhalb Jahre gebraucht.

Unsere Mathematiker und Physiker weisen darauf hin, dass Raum und Zeit eins sind, sie sprechen von Raumzeit und sagen, dass wir, wenn wir die Zeit abkürzen, auch den Raum verkürzen. Ich erklärte dem Ingenieur, dass nur er selbst sich befördern könne, dass er aber, wenn er dies tun wolle, zuerst die Barrikaden und Stolpersteine in seinem eigenen Geist abbauen müsse Hemmnisse wie: »Andere haben mir viel voraus«, und »ich werde warten müssen.«

Auf Grund meiner Ratschläge entspannte sich nun der Mann jeden Morgen und Abend für etwa fünf Minuten und meditierte. Er stellte sich seine Frau vor, wie sie zu ihm sagte: »Mein Lieber, ich bin ja so glücklich über deine Beförderung und die schöne Gehaltserhöhung. Es ist einfach wunderbar.« Er fühlte lebhaft ihre Umarmung und empfand ihre Gesten, ihre Stimme und Freudensäußerungen als wirklich. Schon wenige Wochen später ging sein Wunsch in Erfüllung. Er arbeitet nun an einem großen Projekt, leistet Arbeit, die strengster Geheimhaltung unterliegt, und stieg sowohl im Ansehen als auch in seinem Einkommen sprunghaft empor.

Ein Mann gewann neue Lebenszuversicht

Ein Mann aus Texas, der mir am Telefon des Langen und Breiten seine vielen Schwierigkeiten schilderte, schloss damit, dass er Gott die Schuld an all seinen Rückschlägen gab. Ich erwiderte ruhig, dass im Universum Gesetz und Ordnung herrschen, dass Gott der Inbegriff aller Lebensprinzipien ist und dass ein Mensch, wenn er gegen diese Prinzipien verstößt, eben entsprechend leidet.

Hier ist jedoch nicht die Rede von einer Bestrafung durch einen zornigen Gott. Im Gegenteil, es geht um eine *unpersönliche* Angelegenheit von Ursache und Wirkung. Wenn ein Mensch die Gesetze des Geistes falsch anwendet, ist seine Erfahrung negativ; wendet er sie dagegen richtig an, dann kommt er voran. Ich erläuterte dem Texaner am Telefon, wie er ein freier Kanal für den Strom göttlichen Lebens werden könne, und nannte ihm ein Gebet, das er möglichst oft sprechen sollte:

»Ich bin ein freier, offener Kanal für das Göttliche. Unendliches Leben durchströmt mich ungehindert und kommt in meinem Leben in Form von Gesundheit, Frieden, Wohlergehen und richtigem Tun zum Ausdruck. Ich setze ständig neue schöpferische Ideen, die ganze gefesselte Herrlichkeit in meinem Inneren frei.«

Der Mann gewann dadurch neue Lebenszuversicht und sagte mir bei einem zweiten Anruf, dass er eigentlich erst jetzt zu leben beginne. Voll Freude fügte er hinzu: »Ich habe aufgehört, mich dem Guten zu verschließen. Ich habe sozusagen den Fuß vom Schlauch genommen, und das Lebenswasser fließt nun reichlich in mein Leben.«

Er hat gelernt, sich zu entspannen und locker zu sein, und er drückt den unendlichen Lebensstrom nicht mehr mit den Gewichten negativen Denkens ab. Als Folge dieser Änderung seiner Geistes- und Gefühlshaltung geht es ihm jetzt auch in materieller Hinsicht wieder besser.

Die richtige Steuerung Ihrer Geistes- und Gefühlshaltung

Es gibt nur eine einzige universelle kosmische Kraft, und diese belebt das gesamte Universum. Gott ist das Leben, und zwar auch Ihr Leben, hier und jetzt. Doch dieses Lebensprinzip kann sich konstruktiv oder auch destruktiv auswirken – einfach weil Sie die Fähigkeit haben, zu wählen und sich zu entscheiden.

Wenn Sie sich auf das Göttliche in Ihnen, auf die immense Kraft kosmischer Dimension einstimmen und sie harmonisch, in einer friedlichen und freudigen Grundhaltung durch Ihr ganzes Sein strömen lassen, wenn Sie richtig denken, richtig fühlen und richtig handeln, werden Sie ein Leben des Glücks und Erfolges auf ganzer Linie führen – hier und jetzt.

Destruktiv verhalten Sie sich, wenn Sie sich Gefühlen der Angst überlassen, des Bedauerns, der Reue oder irgendeiner Form negativen Denkens. Besonders unheilvolle Auswüchse der falschen Gefühlseinstellung sind Ärger, Bitterkeit und Feindseligkeit, des Weiteren anmaßender Stolz, verbohrter Eigensinn sowie die Kritik und Verurteilung anderer Menschen.

Wenn wir seelisch-geistig mit Gedanken und Gefühlen der Angst, des Ärgers, des Hasses oder der Eifersucht zusammenleben, verfilzt sich unsere ganze Lebenskraft in diesem Nährboden der Destruktion und Aggression, und die Wirkung ist genau so, wie wenn Sie den Fuß auf Ihren Gartenschlauch stellen und das Fließen des Wassers unterbinden. Negative Emotionen, die in unserem Unterbewusstsein angestaut werden, machen sich früher oder später in unserem Leben als körperliche oder seelisch-geistige Krankheiten geltend.

Sie sind auf Erden, um alle Attribute, Kräfte und Aspekte Gottes sichtbar zu machen. Da dies der wahre Grund und Sinn Ihrer Existenz ist, sollten Sie alles ablehnen, was nicht zu innerer Harmonie, Gesundheit und Freude verhilft. Innere Unruhe oder Rastlosigkeit infolge erlittener Enttäuschungen oder bestehender Mängel und Eingeengtheit sollten für Sie zum großen Ansporn werden und Sie befähigen, alle Schwierigkeiten vermittels der Ihnen innewohnenden immensen Kraft kosmischer Dimension zu überwinden. Überwinden bringt echte Freude. Probleme und Konflikte, Schwierigkeiten und Herausforderungen des Lebens helfen Ihnen, Ihre geistigen und spirituellen Werkzeuge zu gebrauchen, Ihre verborgenen Kräfte anzuzapfen und die Reichtümer der unendlichen Schatzkammer Ihres Inneren freizulegen.

Was Sie sich auch wünschen, es ist als Gedanke vorweggenommen, in Ihrem Geist bereits vorhanden. Vergegenwärtigen Sie sich, was Sie sich wünschen, und empfinden Sie die Wirklichkeit des Gewünschten, stellen Sie es sich als verwirklicht vor. Ihre geistige Realität kennt weder Raum noch Zeit. Hören Sie auf, sich selbst einzuengen. Entfernen Sie alle in Ihrem Geist vorhandenen Schranken und treten Sie *jetzt* in die Freude des von Gott erhörten Gebetes ein.

... Hebet eure Augen auf und sehet in das Feld; denn es ist schon weiß zur Ernte (Johannes 4,35). Die Ernte ist die Frucht Ihres Einklangs mit der Kraft kosmischer Dimension.

Merksätze

1. Der Mensch ist auf Erden, um ein erfülltes, glückliches, herrliches Leben zu führen.
2. Es gibt eine richtige und eine falsche Weise zu denken, zu sprechen, zu handeln – wie es eine richtige und eine falsche Weise gibt zu singen, ein Auto zu fahren, ein Geschäft zu betreiben und einem Beruf nachzugehen. Sie sollten den Unterschied jetzt kennen.
3. Rufen Sie die Ihnen innewohnende göttliche Weisheit

an, und sie wird Ihrem Herzen eingeben, was Sie nach ihrem Wunsche tun und wissen sollen.

4. Sie können Gesundheit, Stärke und Reichtum jetzt haben, Liebe und Führung jetzt erlangen. Gott ist das *ewige Jetzt*. Wenn Sie etwas für die Zukunft planen, planen Sie jetzt. Wenn Sie an die Vergangenheit denken, denken Sie an sie jetzt.
5. Ein guter Weg, dem Unterbewusstsein eine Idee oder einen Wunsch einzuprägen, besteht darin, sich selbst einen Brief zu schreiben. Kennzeichnen Sie einen solchen Brief mit: »Mein erhörtes Gebet.« Nehmen Sie die Freude des erhörten Gebetes vorweg, jetzt.
6. Ihr Unterbewusstsein ist auch Ihr »unsichtbarer Heiratsvermittler«. Wenn Sie den lebhaft vorgestellten Ehering vor dem Schlafengehen an Ihrem Finger fühlen und ihn als natürlich und greifbar empfinden, wird Ihr Unterbewusstsein Ihnen den für Sie idealen Lebenspartner zuführen.
7. Jeder Mensch befördert sich selbst. Stellen Sie sich immer wieder vor, dass Ihnen ein geliebter Mensch zu Ihrer großartigen Beförderung gratuliert. Tun Sie dies mit Ausdauer! Das beharrliche Festhalten an Ihrem Vorstellungs- und Wunschbild bringt Sie an das Ziel.
8. Im Universum herrschen Gesetz und Ordnung, und wenn jemand gegen das universelle Lebensprinzip verstößt, wird er entsprechend darunter leiden. Vertrauen Sie dem Göttlichen in Ihnen.
9. Die Auswüchse destruktiver Geistes- und Gefühlshaltung, die sich im Unterbewusstsein anstauen, kommen in unserem Leben unfehlbar als Krankheiten und Fehlleistungen zum Ausdruck.

Die Hilfe des Unterbewusstseins bringt Erfolg

Erfolg haben heißt erfolgreich leben. Auf menschlicher Daseinsebene ist ein langer Zeitraum ungetrübten Friedens, unbeeinträchtigter Freude und uneingeschränkten Glücks als großer Erfolg zu betrachten. Die unendliche Verherrlichung dieses Zustandes ist den Seligen in jenem ewigen Leben gegönnt, von dem Jesus sprach. Der wahre Reichtum und beglückende Inhalt des Lebens – Friede, Harmonie, Makellosigkeit, Sicherheit und Glück –, sie alle sind geistigen Ursprungs. Sie entstammen dem tiefen Ich des Menschen. Die geistige Betrachtung macht diese himmlischen Seinszustände zum festen Bestandteil unseres Unterbewusstseins. Hier nämlich werden die Schätze verwahrt, *»wo weder Motte noch Rost sie verzehren und wo Diebe nicht einbrechen und stehlen«* (Matthäus 6,20).

Die drei Schritte zum Erfolg

Es sind drei Schritte, die unfehlbar zum Erfolg führen. Der *erste Schritt* besteht darin, sich Klarheit darüber zu verschaffen, zu welcher Aufgabe man sich von ganzem Herzen hingezogen fühlt; diese müssen wir mit Freude übernehmen und erfüllen. Nur wer seine Arbeit liebt, hat darin auch Erfolg. Wer zum Beispiel Arzt werden will, darf sich nicht damit begnügen, die entsprechenden Prüfungen abzulegen, sondern muss vor allem das Wohl der Menschen zum Ziel haben, er muss sich stets auf dem Laufenden halten, Kongresse besuchen und niemals müde werden, den menschlichen Organismus und seine Arbeitsweise zu studieren. Der erfolgreiche Arzt besucht immer wieder Kliniken und liest Fachzeitschriften, um sich begeistert mit den neuesten Erkenntnissen auf seinem Gebiet vertraut zu machen. Mit anderen Worten: Er ist stets auf der Höhe der wissenschaftlichen Forschung und somit bestens vorbereitet, um menschliches Leid zu lindern. Dem erfolgreichen Arzt muss, wie gesagt, vor allem das Interesse seiner Patienten am Herzen liegen.

Nun mag jemand einwenden: »Das ist alles schön und gut, aber ich kann ja nicht einmal den ersten Schritt zum Erfolg vollziehen, denn ich habe nicht die geringste Ahnung, zu welcher Tätigkeit ich wirklich berufen bin.« Leser, auf die dies zutrifft, tun gut daran, in etwa folgenden Worten um göttliche Führung und Erleuchtung zu bitten: »Die Allweisheit meines Unterbewusstseins wird mir meinen wahren Platz im Leben offenbaren.« Dieses Gebet muss voll Ruhe, Zuversicht und Gefühl ständig wiederholt werden. Nach einiger Zeit werden Beharrlichkeit und gläubige Zuversicht mit einer Eingebung oder einer Neigung belohnt, die in eine ganz bestimmte Richtung weist. Die so erflehte Antwort wird Ihnen das beseligende Gefühl völliger Klarheit und innerlicher Zuversicht schenken.

Der *zweite Schritt* zum Erfolg besteht in der Spezialisierung auf ein bestimmtes Gebiet und dem Bemühen, darin besser Bescheid zu wissen als alle anderen. Hat zum Beispiel ein junger Mensch erkannt, er sei zum Chemiker berufen, so sollte er sich auf einen der vielen Zweige dieser Wissenschaft konzentrieren. Diesem Spezialgebiet hat er dann seine ganze Zeit und Aufmerksamkeit zu widmen. Er muss mit Begeisterung an seine Aufgabe herangehen und bestrebt sein, das erwählte Wissensgebiet bis in den letzten Winkel auszuloten und darin besser Bescheid zu wissen als jeder andere. Neben diesem brennenden Interesse an seiner Aufgabe muss der Betreffende auch den ehrlichen Wunsch empfinden, der Menschheit zu dienen.

»Wer unter euch der größte ist, der soll euer Diener sein.« Welch himmelweiter Unterschied besteht doch zwischen dieser Einstellung und jener eines Menschen, der nur seinem Broterwerb nachgehen und eben so »durchkommen« will. Wahrer Erfolg besteht keinesfalls im »Gerade-so-Durchkommen«. Die Tätigkeit eines Menschen muss von

einem größeren, edleren und uneigennützigeren Beweggrund inspiriert sein. Er muss sich dem Dienst am Nächsten widmen, um nicht nur zu verdienen, sondern auch verdienstvoll zu wirken.
Der *dritte Schritt* aber ist der wichtigste. Sie müssen sich innerlich restlos darüber im Klaren sein, dass die von Ihnen gewählte Tätigkeit nicht nur darauf abzielt, Ihren persönlichen Erfolg zu sichern und zu vergrößern. Sie dürfen sich keinesfalls von nur egoistischen Strebungen irreleiten lassen, Ihr Leitstern muss vielmehr der Wunsch sein, der Menschheit zu dienen. Ihr Denken, Fühlen und Streben muss wie ein Kreis in sich geschlossen sein. Ihr Gebet, die Allweisheit möchte Ihnen Augen und Herz für Ihre wahre Berufung öffnen, muss von dem Wunsch getragen sein, der Welt und Ihren Mitmenschen zu nützen. Der Segen dieser Einstellung wird Ihnen selbst hundertfach zugute kommen. Trachtet aber jemand nur nach seinem eigenen Vorteil, so würde eben dieser vollkommene Kreis nicht geschlossen sein und leicht ein Kurzschluss entstehen, der Krankheit und Not in das Leben des Selbstsüchtigen bringt.

Der wahre Maßstab des Erfolgs

Vielleicht wendet nun mancher ein: »Aber Herr Müller hat mit einer Schwindelfirma ein Riesenvermögen verdient.« Nun, auch Betrüger können dem äußeren Anschein nach durchaus eine Weile großen Erfolg haben – doch unrechtes Gut gedeiht nicht. Wenn wir einen anderen bestehlen, berauben wir uns selbst, denn eine solche Verhaltensweise verrät innere Unsicherheit und Unzufriedenheit, eine durchaus negative Einstellung, die sich zum Schaden unserer Gesundheit, unseres Familienlebens und unserer geschäftlichen Beziehungen auswirken wird. All unsere Gedanken und Gefühle verwirklichen sich ja und nehmen sichtbare Gestalt an. Wir schaffen das, woran wir glauben. Und selbst wenn ein Mensch durch Betrug vermögend

geworden ist, kann man nicht von Erfolg sprechen. Wer nicht in Frieden lebt mit seinem Gewissen, kann seinen Scheinerfolg nicht genießen. Was hilft selbst märchenhafter Reichtum, wenn der Betreffende nachts nicht schlafen kann, krank ist oder von Gewissensbissen geplagt wird?
In London lernte ich einmal einen Mann kennen, der mir seine Lebensgeschichte erzählte. Er war berufsmäßiger Taschendieb gewesen und hatte auf diese Weise ein beträchtliches Vermögen angehäuft. Er besaß ein Landhaus in Frankreich und lebte auch in seinem eigenen Land auf großem Fuß. Er gestand mir aber ein, er sei ständig von der Furcht verfolgt worden, er könne in jedem Augenblick von einem Beamten von Scotland Yard verhaftet werden. Er litt an einer Reihe von Beschwerden, die zweifellos auf diesen dauernden Angstzustand und sein schlechtes Gewissen zurückzuführen waren. Er war sich der Unrechtmäßigkeit seiner Handlungsweise völlig bewusst. Und eben dieses tiefe Schuldbewusstsein zog Leid und Unglück geradezu an. Eines Tages stelle er sich freiwillig der Polizei, legte ein umfassendes Geständnis ab und nahm ohne Murren Gefängnisstrafe und Wiedergutmachung des Schadens auf sich. Nach seiner Entlassung suchte er Rat und Hilfe bei einem Nervenarzt und einem Geistlichen. Von innen heraus völlig gewandelt, ergriff er einen Beruf und wurde zu einem ehrlichen, loyalen Bürger. Er hatte eine ihm zusagende Beschäftigung gefunden und war zufrieden und glücklich.
Ein erfolgreicher Mensch liebt seine Arbeit und findet in ihr einen Ausdruck seiner selbst. Zum Erfolg gehört mehr als nur der Wunsch, Reichtümer anzusammeln. Nur derjenige ist erfolgreich zu nennen, der über ein tiefes seelisches und geistiges Verständnis verfügt. Viele leitende Männer der Wirtschaft haben ihren Erfolg auf dem richtigen Einsatz ihres Unterbewusstseins begründet.
Vor etlichen Jahren erschien ein Zeitungsartikel über einen Ölmagnaten namens Flagler. Der Interviewer ließ keinen

Zweifel daran, dass er seine Erfolge der Fähigkeit zuschrieb, sich in Gedanken ein geplantes Projekt als bereits verwirklicht vorzustellen. Mit geschlossenen Augen sah er sich im Geist an der Spitze eines Ölimperiums, hörte Güterzüge vorüberdonnern, begleitet vom schrillen Pfeifen der Lokomotiven. Sobald er solchermaßen die Erfüllung seines Wunsches gesehen hatte, war es bis zur Verwirklichung nur noch ein Schritt. Wenn es Ihnen also gelingt, ein bestimmtes Ziel mit restloser Deutlichkeit vor Ihrem geistigen Auge erstehen zu lassen, so werden von Ihrem Unterbewusstsein auf eine Weise, die sich unserem Verständnis entzieht, die nötigen Voraussetzungen geschaffen.

Bei der Betrachtung der drei Schritte zum Erfolg dürfen Sie niemals die allem Streben zu Grunde liegende schöpferische Kraft Ihres Unterbewusstseins außer Acht lassen; sie ist es nämlich, die die nötige Energie zur erfolgreichen Durchführung jedes Planes liefert. Ihr Denken ist eine schöpferische Macht. Sobald sich Ihre Gedanken und Gefühle zu einer Einheit verschmelzen, entsteht der subjektive Glaube. *»Euch geschehe nach eurem Glauben!«* (Matthäus 9,29)

Das Wissen um die Ihnen innewohnende unendliche Macht, die all Ihre Wünsche erfüllen kann, verleiht Ihnen unerschütterliches Selbstvertrauen und ruhige Zuversicht. Auf welchem Gebiet Sie auch tätig sein mögen, Sie dürfen nicht länger zögern, sich mit den Gesetzen Ihres Unterbewusstseins vertraut zu machen. Sobald Sie diese seelischen Kräfte anzuwenden verstehen, sobald Sie Ihr wahres Ich zu verwirklichen gelernt haben und Ihre Fähigkeiten im Dienst für den Nächsten einsetzen, sind Sie auf dem sicheren Weg zum wahren Erfolg. Wenn Sie nach Gottes Willen handeln, so wird die Hand Gottes Sie führen und schützen – und wer oder was sollte Ihnen da noch widerstehen können? Keine Macht auf dieser Welt kann dem seinen Erfolg streitig machen, der sich zu diesem tiefen Verständnis durchgerungen hat.

Wie man einen Traum verwirklichen kann

Ein Filmschauspieler erzählte mir einmal, er habe schon als Junge auf dem väterlichen Bauernhof davon geträumt, ein Star der Leinwand zu werden, obwohl er wusste, dass es mit seinen Schulkenntnissen nicht weit her war. Nie – weder beim Mähen noch beim Melken – ließ ihn dieser Gedanke los. Er sagte wörtlich: »Immer sah ich meinen Namen in großen, hell leuchtenden Lettern über dem Eingang eines Filmpalastes. Jahrelang hing ich diesem Traum nach, bis ich endlich von zu Hause fortlief. Ich nahm jede noch so unbedeutende Beschäftigung an, die mir in der Filmindustrie geboten wurde. Ich spielte in der Komparserie und avancierte vom Statisten zu immer größeren Sprechrollen, bis ich eines Tages in der Tat meinen Namen in eben dem hellen Licht erstrahlen sah, wie ich es mir als kleiner Junge erträumt hatte!« Er schloss mit den Worten: »Ich habe an mir selbst erfahren, dass zielstrebiges Wunschträumen Erfolg bringt!«

Eine Traumdrogerie wurde Wirklichkeit

Vor Jahren kannte ich einen jungen Drogisten, der sich wöchentlich 30 Dollar zusätzlich mit einer geringfügigen Verkaufsprovision verdiente. »In 35 Jahren«, sagte er zu mir, »bekomme ich meine Rente und setze mich zur Ruhe.« Darauf erwiderte ich dem jungen Mann: »Warum wollen Sie nicht ein eigenes Geschäft gründen? Bleiben Sie hier doch nicht kleben! Stecken Sie sich größere Ziele! Denken Sie an die Zukunft Ihrer Kinder. Vielleicht will Ihr Sohn Medizin studieren, oder Ihre Tochter hat das Talent zu einer großen Pianistin.«

Seine Antwort war, er habe kein Geld. Immerhin aber hatte ihm diese Überlegung den Blick für völlig neue Möglichkeiten geöffnet und ihn stark beeindruckt.

Er ließ sich von mir die Art und Wirkungsweise der ungeheuren Kräfte seines Unterbewusstseins erklären. Dem folgte bald der zweite Schritt: die Erschließung dieser Kräfte. Nun fing er an, sich vorzustellen, er stehe in seinem eigenen Laden. Im Geiste richtete er ihn ein, ordnete die Regale, schrieb Bestellzettel aus, überwachte seine Angestellten, die die Kunden bedienten, und sah sein Bankguthaben phantastisch wachsen. Wie ein guter Schauspieler lebte er sich völlig in seine Rolle ein.

Handle, als ob es Wirklichkeit wäre, und es wird Wirklichkeit werden! Entsprechend diesem Grundsatz ging der junge Drogist völlig in der Vorstellung des selbständigen Geschäftsinhabers auf.

Sein weiteres Leben nahm eine interessante Entwicklung. Er wurde aus seiner untergeordneten Beschäftigung entlassen, fand eine neue Stelle bei einer im ganzen Land verbreiteten Drogerie-Kette, wurde mit der Leitung einer Filiale und schließlich mit der Verwaltung eines ganzen Verkaufsbezirks betraut. In vier Jahren sparte er genug Geld, um die Anzahlung für ein eigenes Geschäft leisten zu können. Er nannte es seine »Traumdrogerie«.

»Das Geschäft«, so berichtete er mir, »entsprach bis ins Kleinste meinen Traumvorstellungen.« Er war überaus erfolgreich und bewahrte sich stets die Liebe zu seiner Arbeit.

Der Einsatz des Unterbewusstseins im Geschäftsleben

Vor einigen Jahren hielt ich vor einer Gruppe von Geschäftsleuten einen Vortrag über die Macht der Phantasie und des Unterbewusstseins. Unter anderem wies ich darauf hin, dass auch Goethe in schwierigen Lagen Zuflucht zu seinem reichen Vorstellungsvermögen gesucht hatte.

Bekanntlich hatte er sich stundenlang mit Gesprächspartnern unterhalten, die nur in seiner Phantasie vorhanden waren. Auch wissen wir von seiner Gewohnheit, sich mit äußerster Lebendigkeit die Gegenwart, körperliche Erscheinung, Gesten und Stimme eines vertrauten und bewährten

Freundes vorzustellen, der ihm die gewünschten Antworten gab und die besten Lösungen zeigte.
Unter meinen damaligen Zuhörern befand sich auch ein junger Börsenmakler. Er beschloss, es selbst einmal mit Goethes Technik zu versuchen. Er malte sich Unterhaltungen mit einem befreundeten, millionenschweren Bankier aus, der seinem klaren Blick für aussichtsreiche Kapitalanlagen und andere geschäftliche Möglichkeiten Beifall spendete. Diese imaginären Gespräche führte er so lange, bis Vorstellung und Wirklichkeit ineinander verschmolzen.
Die Selbstgespräche und die wissenschaftlich gesteuerte Phantasie dieses jungen Börsenmaklers befanden sich in vollem Einklang mit seinem Lebensziel, das darin bestand, das Geld seiner Klienten sicher und Gewinn bringend anzulegen. Noch heute lässt er sich in allen geschäftlichen Fragen von seinem Unterbewusstsein leiten und gilt als einer der scharfsinnigsten und erfolgreichsten Börsenmänner.

Ein Sechzehnjähriger verwandelt Fehlschläge in Erfolg

Ein Schüler beklagte sich einmal bei mir: »Ich bekomme lauter schlechte Noten. Mein Gedächtnis taugt nichts. Ich weiß nicht, was mit mir los ist.« Es dauerte nicht lange, und ich hatte die Wurzel des Übels entdeckt: Er begegnete einer Reihe seiner Lehrer und Klassenkameraden bestenfalls mit Gleichgültigkeit, vielfach sogar mit Neid und Feindseligkeit. Meinem Rat folgend wiederholte er mehrere Male am Tag – insbesondere aber vor dem Einschlafen und nach dem Erwachen – aus tiefster Überzeugung die folgenden Feststellungen: »Ich weiß, dass mein Unterbewusstsein auch das Schatzhaus meiner Erinnerungen ist. Es hält alles fest, was ich in meinen Schulbüchern lese oder von meinen Lehrern höre. Ich besitze ein vollkommenes Gedächtnis, und die unendliche Weisheit meines Unterbewusstseins enthüllt mir jederzeit die Antwort auf alle Fragen, die mir in mündlichen und schriftlichen Prüfungen gestellt werden. Ich fühle mich zu allen meinen Lehrern und Mitschülern hingezogen, und meine Zuneigung wird von ihnen erwidert. Ich wünsche ihnen von ganzem Herzen Erfolg und alles Gute!« Der junge Mann war nach kurzer Zeit so frei von schulischen Sorgen wie noch nie zuvor und schnitt bei allen Prüfungen ausgezeichnet ab.

Wie man erfolgreich kauft und verkauft

Wer etwas kaufen oder verkaufen will, muss sich vor Augen halten, dass das Bewusstsein wie ein Anlasser und das Unterbewusstsein wie ein Motor wirkt. Um letzteren in Gang zu setzen, muss man zunächst einmal den Starter betätigen. Man könnte das Bewusstsein auch mit einem elektrischen Schalter vergleichen, der den Strom des Unterbewusstseins steuert.

Um dem Unterbewusstsein einen klar umrissenen Wunsch, einen bestimmten Gedanken oder ein deutliches Vorstellungsbild zu übermitteln, muss man sich – wie gesagt – innerlich und äußerlich entspannen und jede bewusste Anstrengung vermeiden. Locker und entspannt braucht man nicht zu befürchten, dass das vorgestellte Wunschbild gestört wird. Darüber hinaus wird jede schädliche Gewaltanstrengung vermieden, denn wir wissen ja: Der leichteste Weg ist immer der beste. Nur so gelingt es, sich sein Wunschbild als bereits verwirklicht vorzustellen.

Wollen Sie zum Beispiel ein Haus kaufen, so entspannen Sie sich und sagen Sie sich: »Neben seinen anderen, unendlich großen Kräften besitzt mein Unterbewusstsein auch die Gabe der Allweisheit. Es enthüllt mir nun, wo sich das ideale Haus befindet, das verkehrsgünstig und schön gelegen ist, allen meinen Vorstellungen und Ansprüchen genügt und meinem Einkommen entspricht. Ich betraue nunmehr mein Unterbewusstsein mit der Aufgabe, dieses Objekt zu finden, und weiß, dass es in diesem Sinne reagiert. Ich überantwor-

te ihm diese Bitte mit der uneingeschränkten Zuversicht, dass sie erfüllt wird – mit dem gleichen Vertrauen, mit dem der Bauer sät und weiß, dass seine Saat Früchte tragen wird.«
Ihr Gebet kann in Form einer Zeitungsannonce, eines freundschaftlichen Hinweises oder der persönlichen Entdeckung des gesuchten Hauses Erhörung finden. Ihr Wunsch kann also auf vielfältige Weise in Erfüllung gehen. Das Wichtigste aber ist Ihre unerschütterliche Zuversicht, dass sich die Lösung Ihres Problems unfehlbar einstellen wird, wenn Sie der gesetzmäßigen Wirkungsweise Ihres Unterbewusstseins vertrauen.
Vielleicht aber wollen Sie ein Haus nicht kaufen, sondern verkaufen. Einigen Immobilienmaklern, die mich privat konsultierten, erzählte ich, auf welche Weise ich seinerzeit für mein Haus in der Orlando Avenue in Los Angeles einen Käufer fand. Meine Technik wurde seitdem oft und mit bemerkenswert raschem Erfolg angewandt. Ich stellte in meinem Garten vor meinem Haus ein Schild auf, mit der Aufschrift: »Zu verkaufen, direkt vom Eigentümer.« Am Abend stellte ich mir unmittelbar vor dem Einschlafen die Frage: »Angenommen, du hättest einen Käufer gefunden – was würdest du tun?«
Ich antwortete mir selbst: »Ich würde das Hinweisschild entfernen und wegwerfen.« Darauf malte ich mir im Geiste aus, wie ich den Pfosten mit dem Plakat fasste, aus dem Boden herauszog, das Ganze auf die Schulter nahm und mit den Worten »Ich brauche dich nicht mehr!« in die Mülltonne warf. Und ein Gefühl tiefer Befriedigung erfüllte mich. Mein Wunsch schien bereits verwirklicht.
Bereits am nächsten Tag gab mir ein Interessent eine Anzahlung von 1000 Dollar und sagte mir: »Entfernen Sie doch das Schild, ich werde mir unverzüglich den Rest der Kaufsumme beschaffen.«
Sofort verfuhr ich mit meinem Hinweisplakat, wie ich es mir bereits im Geist vorgestellt hatte – die äußere Handlung

entsprach somit der innerlich bereits verwirklichten Vorstellung. Daran ist absolut nichts Neues. *Wie drinnen, so draußen* – das heißt, das Ihrem Unterbewusstsein eingeprägte Bild drückt sich auch in den äußeren Lebensumständen aus. Das Außen spiegelt das Innen wider. Die äußere Handlung folgt auf die innerlich bereits vollzogene Aktion. Hier sei noch eine weitere erprobte Methode geschildert, die beim Verkauf von Häusern, Grundstücken oder anderen Besitztümern angewendet wird. Stellen Sie bedachtsam, ruhig und mit Gefühl die folgende Behauptung auf: »Die Allweisheit führt mir den Käufer zu, der dieses Haus wünscht und in ihm glücklich wird. Die unfehlbare, schöpferische Weisheit meines Unterbewusstseins sendet ihn zu mir. Wie viele andere Häuser er auch in Betracht ziehen mag, meines ist das einzige, das er wirklich kaufen will, weil ihm die klare Einsicht seines eigenen Unterbewusstseins diesen Entschluss eingibt. Ich weiß mit Sicherheit: Es ist der richtige Käufer, die richtige Zeit und der richtige Preis. Alles an dieser Transaktion hat seine Richtigkeit. Die göttliche Ordnung führt jenen und mich auf den Strömen des Unterbewusstseins zusammen. Ich weiß, dass es so ist.« Denken Sie immer daran, dass das, was Sie suchen, seinerseits zu Ihnen hinstrebt, und dass es für alles, was Sie verkaufen wollen, immer auch jemanden gibt, der es kaufen will. Durch den richtigen Einsatz Ihres Unterbewusstseins befreien Sie Ihren Geist bei Kauf und Verkauf von aller Unruhe und jeglicher überflüssiger Angst vor Konkurrenten. In Kapitel 6 schilderte ich Ihnen auch bereits die mentale Film-Methode als »Verkaufshilfe«.

Wie man zu einem Auto kommen kann

Eine junge Dame, die meine Kurse besuchte, brauchte, da sie mit dem Autobus fahren und dreimal umsteigen musste, regelmäßig eineinhalb Stunden, um das Institut zu erreichen. Eines Tages erzählte ich ihr, wie ein junger Mann zu

dem Auto gekommen war, das er zur Arbeit benötigte – und sie tat es ihm gleich.
Das Folgende ist ein Auszug aus ihrem Brief, in dem sie mir von ihrem Erfolg berichtete und den ich mit ihrer Erlaubnis hier veröffentliche:

Lieber Dr. Murphy,
lassen Sie mich Ihnen erzählen, wie ich zu einem Auto kam – ich brauchte ja eines, um beweglicher zu werden. Ich suchte im Geist einen Autoverkäufer auf, und dieser lud mich zu einer Probefahrt ein. Nach einiger Zeit setzte ich mich selbst auf den Führersitz und steuerte den Wagen im stärksten Verkehr. Immer wieder stellte ich mir dies in allen Einzelheiten vor und lebte in der Überzeugung, dieses Auto gehöre mir.
Wie konnte ich wissen, dass ein entfernter Verwandter, von dem ich viele Jahre nichts gehört hatte, mir testamentarisch sein Auto vermachen würde? Er verstarb kürzlich, und mein Wunsch ging in Erfüllung.

Eine von vielen hervorragenden Geschäftsleuten angewandte Erfolgstechnik

Es gibt eine große Anzahl prominenter Geschäftsleute, die viele Male am Tag still den abstrakten Begriff »Erfolg« so lange vor sich hin sagen, bis sie die vollkommene Überzeugung gewonnen haben, dass sie erfolgreich sind – dies im Bewusstsein, dass die Vorstellung bereits alle wesentlichen Bestandteile des wirklichen Erfolgs enthält. Warum wollen nicht auch Sie sich das Wort »Erfolg« voll Glauben und Zuversicht immer von neuem einprägen? Ihr Unterbewusstsein wird Ihnen daraufhin, von diesem Gedanken durchdrungen, unfehlbar den Weg zum Erfolg weisen.
Jeder Mensch hat das Bedürfnis, seine subjektiven Meinungen, Eindrücke und Vorstellungen zu verwirklichen. Was verstehen nun Sie unter Erfolg? Zweifellos gehören dazu

ein glückliches Familienleben und gute Beziehungen zu Ihrer Umgebung. Auch werden Sie sicher in Ihrem Beruf Erfolg haben wollen. Sie werden von einem schönen Haus und dem für die sonstigen Annehmlichkeiten des Lebens notwendigen Geld träumen. Letztlich ersehnen Sie ein glückliches geistiges Leben und die wirkungsvolle Anwendung der Kräfte Ihres Unterbewusstseins.

Nicht nur geschäftliche Probleme wollen gelöst werden, auch Ihr Privatleben verlangt Lösungen. Werden Sie also in jedem Sinn ein Erfolgsmensch! Stellen Sie sich vor, Sie übten bereits Ihre Lieblingstätigkeit aus und besäßen alles, was Ihr Herz begehrt. Bedienen Sie sich Ihrer Phantasie, und versetzen Sie sich in die Lage eines in Glück und Wohlstand lebenden Menschen. Machen Sie sich diese Einstellung zur Gewohnheit. Legen Sie sich jeden Abend in der tiefen Überzeugung schlafen, Sie würden von Glück und Erfolg verwöhnt – und es wird nicht lange dauern, bis Ihr Unterbewusstsein von dieser Vorstellung durchdrungen ist. Glauben Sie fest daran, Sie seien zum Erfolg geboren, und Ihre Gebete werden Wunder wirken!

Merksätze

1. Erfolg haben bedeutet erfolgreich leben. Wenn Sie im Frieden mit sich selbst und der Welt leben, wenn Sie voll Glück und Frohsinn sind und Ihrer Lieblingstätigkeit nachgehen, dann sind Sie ein erfolgreicher Mensch.
2. Entdecken Sie Ihre innere Berufung und folgen Sie ihr. Ist Ihnen unbekannt, welcher Tätigkeitsbereich Ihnen die ideale Möglichkeit bietet, Ihr Wesen zu entfalten und Ihren Talenten Ausdruck zu verleihen, so beten Sie um Erleuchtung, und Sie werden einen Fingerzeig erhalten.
3. Wählen Sie ein Spezialgebiet und versuchen Sie, darin besser Bescheid zu wissen als jeder andere.

4. Ein erfolgreicher Mensch ist nicht selbstsüchtig. Er bleibt dem Dienst an der Menschheit verpflichtet.
5. Ohne inneren Frieden gibt es keinen wahren Erfolg!
6. Ein erfolgreicher Mensch besitzt großes psychologisches und emotionales Einfühlungsvermögen.
7. Sobald Sie sich von Ihrem Ziel ein klares Bild machen können, wird die wunderwirkende Kraft Ihres Unterbewusstseins die nötigen Voraussetzungen zu seiner Verwirklichung schaffen.
8. Sobald Vorstellungs- und Gefühlswelt zu einer untrennbaren Einheit verschmelzen, entsteht daraus der subjektive Glaube. *»Euch geschehe nach eurem Glauben!«*
9. Die Macht des gezielt und beharrlich eingesetzten Vorstellungsvermögens erweckt die wunderwirksamen Kräfte des Unterbewusstseins.
10. Wer sich eine berufliche Verbesserung erträumt, sollte sich im Geiste vorstellen, wie ihn sein Arbeitgeber, Vorgesetzter oder Lebenspartner dazu beglückwünscht. Dieses Bild der Phantasie muss der Wirklichkeit so nahe kommen wie nur irgend möglich: Man muss die Stimme des Gratulanten deutlich hören, seine Gesten sehen und sich von dem Gefühl der Wirklichkeit dieser Szene durchdringen lassen. Werden Sie dieser Vorstellungen nicht müde, und Ihr Gebet wird erhört werden.
11. Ihr Unterbewusstsein ist gleichzeitig das Schatzhaus Ihrer Erinnerungen. Wer sein Gedächtnis vervollkommnen will, muss sich die Überzeugung aneignen: »Die unendliche Weisheit meines Unterbewusstseins enthüllt mir jederzeit und überall alles, was ich wissen muss.«
12. Wollen Sie ein Haus oder anderes Besitztum veräußern, so wiederholen Sie voll Ruhe und Gefühl immer wieder: »Die unendliche Weisheit führt mir den Käufer dieses Hauses (oder was es sonst sei) zu, einen Interessenten, der sich von Herzen danach sehnt und da-

mit glücklich wird.« Halten Sie an dieser Überzeugung fest, und Sie werden den idealen Geschäftspartner finden.

13. Die Vorstellung des Erfolgs enthält alle seine wesentlichen Bestandteile. Wiederholen Sie das Wort »Erfolg« zuversichtlich und gläubig, dann wird Ihnen Ihre innere Stimme den sicheren Weg zum Ziel zeigen.

Wie Sie unendlichen inneren Reichtum erlangen

Vor einigen Jahren unternahm ich im Mai eine Reise nach Irland, England und in die Schweiz. Während meines Aufenthaltes in Irland besuchte ich Verwandte in Killarney. Killarney, im Südwesten gelegen, ist von einer herrlichen Landschaft umgeben, die zu den schönsten Fleckchen Erde gehört, die ich kenne. Dichter, Schriftsteller und Maler preisen überschwänglich die Großartigkeit, die üppige Formen- und mannigfaltige Farbenpracht dieses einzigartigen Landes mit seinen grünen Bergen und mit seinen von Birken, Eichen und schönen Hecken umsäumten Seen. Wahrlich ein Ort, der Ruhe und Harmonie ausstrahlt.

Der Reichtum der Liebe

Inmitten dieser bezaubernden Umgebung schüttete mir ein Verwandter sein Herz aus; er machte sich große Sorgen um seine Tochter Mary. Sie verlor rapide an Gewicht und lehnte jede Nahrungsaufnahme ab. Nur wenn ihr Vater oder ihre Stiefmutter sie buchstäblich zwangen, aß Mary etwas. Der Hausarzt gab ihr Leber- und Vitaminspritzen; doch er hielt ihren Fall für hoffnungslos. Mary war schon in Dublin bei einem Psychiater in Behandlung gewesen, hatte sich aber geweigert, mit ihm zu sprechen. Ihr Vater war außer sich und kritisierte sie sehr.

Ich führte mit Mary drei Gespräche, und beim dritten fragte ich sie direkt: »Mary, ist es nicht so, dass du versuchst, mit deinem Vater abzurechnen, dass du dich an ihm rächen willst, weil er deinem Stiefbruder mehr Aufmerksamkeit als dir widmet?« Sie stieß hervor: »Ja, ich hasse ihn. Er findet nie einen Fehler an meinem Bruder, aber mich kritisiert er ständig. Ich werde schon erreichen, dass ihm das Leid tut.«

Ich machte Mary klar, dass sie langsam Selbstmord beging, was strikt gegen ihre religiöse Überzeugung verstieß. Dann sagte ich, dass ihr Körper ein Tempel des lebendigen Gottes und dass sie auf Erden sei, um ein glückliches, erfülltes Leben zu führen. Mit der Zerstörung ihres Körpers löse sie kein einziges Problem.

Meine Erklärungen erschreckten Mary, sie begann zu schluchzen und ihren Vater bitterlich zu beschimpfen.

Daraufhin erörterte ich Marys Fall in ihrer Gegenwart mit dem Vater. Er brach weinend zusammen und gab zu, dass er sich einen Sohn gewünscht und ihr gegenüber nie Liebe oder Zuneigung gezeigt hatte. Marys Mutter war bei ihrer Geburt gestorben.

Der Vater bat seine Tochter um Vergebung und gelobte, ihr künftig voll Liebe, Wertschätzung und Zärtlichkeit zu begegnen. Tatsächlich suchte das Mädchen nichts anderes als Zuwendung; sie wollte, dass man sie schätzte, brauchte und liebte. Als der Vater ihr gegenüber nun Liebe ausstrahlte, wendete sich alles.

Mary hatte bis dahin stumm zu sich gesagt: »Niemand will mich, niemand liebt mich. Ich hungere und muss sterben. Aber so erreiche ich wenigstens, dass mein Vater sich um mich sorgt.« Jetzt jedoch, angesichts der veränderten Haltung ihres Vaters, veränderte auch sie ihre Einstellung.

Liebe befreit und gibt: sie ist der Geist Gottes. Liebe lässt alle frei, die durch Angst, Feindseligkeit und Hass gefesselt

sind. Mit Hilfe des folgenden Gebets änderte Mary ihr Leben: »Ich weiß, dass mein Körper der Tempel ist, in dem Gott wohnt. Ich ehre und preise die Gegenwart Gottes in meiner Mitte. Göttliche Liebe erfüllt meine Seele, der Friedensstrom Gottes fließt zu jeder Zeit durch mein Herz, durch mein Gemüt. Ich nehme jede Speise auf in dem Wissen, dass diese gut ist, da sie von Gott kommt. Ich weiß, dass Gott mich dort braucht, wo ich bin. Ich werde von meinem Vater und auch von anderen Menschen geschätzt, geliebt und gebraucht. Ich strahle gegenüber allen Menschen zu jeder Zeit Liebe, Freundlichkeit und Frieden aus. Gottes Ideen sind meine Speise und mein Trank, sie entfalten sich in mir, machen mich stark und gesund und erfüllen mich mit göttlicher Energie.«
Mary prägt jetzt ihr Unterbewusstsein mehrmals täglich mit diesen Wahrheiten. In ihrem letzten Brief teilte sie mir mit, dass sie in Kürze einen benachbarten Großbauern heiraten wird und dass sie vor neuer Lebenslust und innerer Freude überschäumt. Sie hat den Reichtum des unendlichen Geistes in Form von Seelenfrieden, Liebe und Freude an sich erfahren.

Der Reichtum des Glaubens

Während des Aufenthaltes in Irland bat ich meinen irischen Fahrer, mich nach Glendalough zu bringen, der zwischen zwei romantischen Seen gelegenen alten Klostersiedlung. Der Einsiedler Sankt Kevin hatte das Kloster im sechsten Jahrhundert gegründet; es hatte sich rasch zu einem bedeutenden religiösen Zentrum entwickelt, und die baulichen Überreste des nun verfallenen Klosters werden noch heute von vielen Kranken aufgesucht, die Heilung erhoffen.
Mein Fahrer erzählte mir, er habe als Kind arg gestottert, sei in der Schule deswegen ausgelacht und mit Spottnamen bedacht worden. Die Behandlungen durch Sprachtherapeuten hatten weder in Dublin noch in Cork City eine Besse-

rung gezeitigt. Sein verzweifelter Vater war schließlich mit ihm nach Glendalough gefahren, hatte ihn in die Zelle geführt, in der Sankt Kevin angeblich gelebt hatte, und zu ihm gesagt: »Wenn du eine Stunde lang in dieser Zelle schläfst, wirst du geheilt sein.«

Der Fahrer berichtete: »Ich glaubte meinem Vater und befolgte seine Anweisungen. Als ich nach einer Stunde aufwachte, war ich geheilt, und von diesem Tag an, seit 20 Jahren, habe ich nie mehr gestottert.«

Der unerschütterliche Glaube des jungen Mannes hatte die Heilkraft seines Unterbewusstseins aktiviert und freigesetzt. Natürlich waren Geist und Gemüt des acht- oder neunjährigen Knaben leicht zu beeinflussen gewesen: Seine Phantasie war angeregt worden, und er hatte felsenfest geglaubt, dass Sankt Kevin ihm helfen würde.

Es gibt nur eine einzige Heilkraft: die in Ihrem Unterbewusstsein beheimatete unendliche Heilgegenwart.

Der Reichtum wahren statt blinden Glaubens

Wahrer Glaube beruht auf der Einsicht, dass Gottes unendliche Gegenwart, die uns aus einer Zelle erschaffen hat, alle Prozesse und Funktionen unseres Körpers kennt und zweifellos weiß, wie sie uns heilen kann. Wenn Sie sich bewusst auf die Heilkraft Ihres Unterbewusstseins, des Göttlichen in Ihnen, einstimmen – in der Einsicht und dem Glauben, dass sie reagieren wird –, werden Sie mit Sicherheit die unendliche Heilgegenwart erfahren. Kurz: Wahrer Glaube beruht auf der Erkenntnis der dem Menschen innewohnenden Gotteskraft und auf dem Verständnis, wie sie aktiviert und entfaltet werden kann.

Blinder Glaube dagegen ist der Glaube an unheilabwehrende Amulette, zauberkräftige Talismane, heilige Reliquien, geweihte Schreine, geheiligte Kultstätten oder heilendes Wasser. Blinder Glaube ist Glaube ohne Verständnis der einem Phänomen zu Grunde liegenden seelisch-geistigen

Mechanismen und ohne Kenntnis der universellen Gesetze des Geistes. Deshalb hat blinder Glaube meist nur vorübergehenden therapeutischen Wert.

Einem kranken Menschen empfehle ich, sich in ärztliche Behandlung zu begeben und nicht nur für sich selbst, sondern auch für seinen Arzt zu beten.

Ehre den Arzt mit gebührender Verehrung, dass du ihn habest zur Not; denn der Herr hat ihn geschaffen, und die Arznei kommt von dem Höchsten, und Könige ehren ihn… Der Herr lässt die Arznei aus der Erde wachsen, und ein Vernünftiger verachtet sie nicht… Und er [der Herr] hat solche Kunst den Menschen gegeben, dass er gepriesen würde in seinen Wunderwerken.

Mein Kind, wenn du krank bist, so verachte dies nicht, sondern bitte den Herrn, so wird er dich gesund machen… Darnach lass den Arzt zu dir, denn der Herr hat ihn geschaffen; und lass ihn nicht von dir, weil du sein doch bedarfst. Es kommen Zeiten, da dem Kranken auch durch jene [die Ärzte] muss geholfen werden; denn auch sie werden den Herrn bitten, dass er's ihnen gelingen lasse, auf dass es mit ihm besser werde und er Gesundheit kriege, länger zu leben… (Jesus Sirach 38,1–14).

Wenn irgendein Leiden Sie befällt und Sie um Gesundheit beten, müsste die Heilung rasch erfolgen. Geschieht das nicht, sollten Sie sofort handeln und den entsprechenden Facharzt aufsuchen. Denken Sie aber immer daran: Die Liebe und der Friede Gottes sind allgegenwärtig.

Der Reichtum der unendlichen Heilgegenwart

Ein Freund von mir, der im südostirischen Waterford lebt, arrangierte für mich einen Besuch in der berühmten Glashütte seiner Heimatstadt. Ich beobachtete meisterliche Handwerker bei der Herstellung des Kristalls, schaute zu, wie aus dem Rohmaterial glänzende, funkelnde Glasgegenstände wurden. Einer der Handwerker ließ einen Lichtstrahl

auf geschliffenen Kristall fallen, und die Facetten, Rauten und Ovale leuchteten in unbeschreiblich ebenmäßiger Pracht.
Doch dies nur nebenbei. Eigentlich geht es hier um meinen Freund, der nur mühsam unter Zuhilfenahme eines Stocks gehen konnte. Ich fragte ihn, ob er sich in ärztlicher Behandlung befinde. Mein Freund nickte und sagte, er bekomme Kortison und nehme Schmerztabletten. Dann fuhr er fort: »Kannst du mir etwas erklären? Als ich in Schottland bei einer Heilversammlung war, an der mehrere hundert Menschen teilnahmen, warfen in der Kirche einige Gehbehinderte ihre Krücken weg, Taube hörten angeblich wieder, und ich spürte bei der Berührung durch den Heiler eine starke Vibration, die meinen ganzen Körper erfasste, und konnte zum ersten Mal seit langem ohne Stock, dazu noch schmerzfrei, gehen. Aber schon am nächsten Tag ging es mir genauso schlecht wie zuvor. Wie kommt das?«
Ich erklärte ihm den Grund. Die Handauflegung und Behandlung seines Beines durch den so genannten »Heiler«, der zu ihm gesagt hatte, er sei geheilt und könne gehen, dazu die ganze Atmosphäre mit den Lichtern, dem Gesang, der Musik und der geballten Massenhysterie hatten in ihm Gefühle erregt, die ihm die Kraft gegeben hatten, vorübergehend ohne Stock zu gehen, zumal ihn die hypnotischen Suggestionen für mehrere Stunden von seinen Schmerzen befreit hatten. Doch solche durch hypnotische Suggestionen dem Unterbewusstsein eingepflanzte Gefühlserregungen haben nur zeitlich begrenzte Wirkung; daher der »Rückfall«.
Meine weiteren Ausführungen brachten meinen Freund zu der Einsicht, dass er bisher nicht zur Ursache seines Zustandes vorgedrungen war. Er begriff, dass wirkliche, dauernde Heilung mit Verzeihen einhergeht, mit Liebe und Wohlwollen gegenüber allen Menschen, mit spiritueller Erkenntnis. Zerknirscht bekannte er, dass in seinem Inneren Feindselig-

keit und Hass gegenüber vielen Menschen vorherrschten. Ihm wurde klar, dass seine negativen, zerstörerischen Gefühle wesentlich zu seinem Leiden beitrugen.

Ich riet ihm, einen guten Arzt aufzusuchen und für diesen zu beten. Gleichzeitig empfahl ich ihm ein Gebet, durch das er Zugang zu der seinem Unterbewusstsein innewohnenden unendlichen Heilgegenwart Gottes finden konnte.

»Ich verzeihe mir, dass ich negative, zerstörerische Gedanken und Gefühle gegen mich und andere Menschen gehegt habe. Ich gebe alle diese Menschen frei und wünsche ihnen aufrichtig Gesundheit, Glück, Frieden und sämtliche Wohltaten des Lebens. Gegenüber jedem Menschen bekräftige ich: ›Ich habe dich freigegeben, Gott sei mit dir.‹ Ich kenne das Gesetz der Liebe: Indem ich anderen vergebe, entziehe ich meinem Inneren den Stachel des Hasses und der Feindseligkeit.

Die unendliche Heilgegenwart Gottes durchdringt mich, und Gottes Friedensstrom fließt durch mein Inneres. Ich weiß, dass göttliche Liebe mein ganzes Wesen erfüllt und alles auflöst, was ihr nicht gleicht.

Das heilende Licht Gottes erhellt jetzt, in diesem mir geschenkten großen Augenblick, allgegenwärtig die zerstörerischen Kräfte in meinem Inneren. Sie werden aufgelöst durch den Geist der Unversehrtheit, damit dieser jedem Gedanken und jeder Zelle innewohnen kann. Ich danke für die Heilung, die jetzt stattfindet, denn ich weiß, dass jede Heilung vom Allerhöchsten kommt. Weiter weiß ich, dass Gott meinen Arzt führt und dass alles, was der Arzt tut, gut sein wird.«

Mein Freund versprach mir beim Abschied, meine Ratschläge zu befolgen. Bei der Heimkehr fand ich dann einen Brief von ihm vor, in dem er schrieb, dass er das Gebet morgens und abends langsam, ruhig, aufrichtig und voll Gefühl spreche in dem Wissen, dass die darin enthaltenen Wahrheiten spirituelle Schwingungen sind, die in sein Unterbe-

wusstsein eingehen und dort die als Folge seines jahrelangen zerstörerischen Denkens entstandenen Negativmuster auslöschen.
In einem zweiten Brief berichtete er, dass sein Hausarzt über seine Fortschritte staune, dass die Kalkablagerungen, die Entzündung und das Ödem in seinen Beinen zunehmend verschwänden. Er befindet sich auf dem Weg zu echter Heilung. Jedwede Heilung kommt vom Allerhöchsten. *Ich bin der Herr, dein Arzt* (2. Mose 15,26).

Glaubensreichtum und seine erstaunliche Wirkung

Acht Kilometer nordwestlich der irischen Stadt Cork steht die Burgruine Blarney, in der es einen sagenumwobenen Stein gibt. Wer ihn küsst, erlangt angeblich die Gabe der Beredsamkeit. Um den in eine Mauer eingelassenen Stein küssen zu können, muss man sich an einer Eisenstange festhalten und den Oberkörper neigen.
Ein Geistlicher, der die Ruine besichtigte, erzählte mir, früher seien seine Predigten immer temperamentlos, fade und uninteressant gewesen; doch nachdem er den Stein geküsst habe, sei er ein mitreißender Redner geworden. Seine Kirche sei fast immer bis zum letzten Platz gefüllt, wenn er die heilige Messe vollziehe. Sein Erfolg veranschaulicht die immense Stärke seines Glaubens. In der Bibel heißt es: *Alle Dinge sind möglich dem, der da glaubt* (Markus 9,23).
Natürlich kann ein Stein nicht die Gabe der Beredsamkeit verleihen, aber Glaube und Erwartung eines Menschen wecken die in seinem Unterbewusstsein schlummernden Kräfte, die die Kräfte Gottes sind, die immer da sind und nur darauf warten, erkannt und genutzt zu werden. Dieser beglückenden Tatsache war sich auch der Geistliche bewusst geworden, und er hatte entsprechend gehandelt. *Um solcher Ursache willen erinnere ich dich, dass du erweckest die Gabe Gottes, die in dir ist…* (2. Timotheus 1,6).

Auf meinem Ausflug zu der Schlucht von Dunloe bei Killarney begleitete mich ein Mann, den wir Johnny nennen wollen. Ein Ritt auf kräftigen Ponys zu dieser Schlucht mit ihren drei kleinen Seen ist ein beliebtes Vergnügen für Touristen. Die hoch aufragenden Berge, die wechselnden Schatten, die Stille und Einsamkeit der oft an steilen Hängen entlangführenden Straße beeindrucken jeden Besucher. In dieser herrlichen Umgebung erlitt mein Gefährte plötzlich einen Asthmaanfall. Er gab sich sofort eine Adrenalininjektion und verschaffte sich mit einem Inhalierspray etwas Erleichterung. Keuchend stieß er hervor, dass er jeden Tag um die Mittagszeit einen Anfall bekomme. Weil oftmals diese Anfälle ziemlich stark auftreten, muss sofort etwas dagegen unternommen werden. Sein Arzt hatte ihm deshalb gezeigt, wie er in solchen Fällen die Spritze ansetzen musste.

Als er wieder normal atmete, sagte er: »Kein Wunder, dass ich Asthma habe. Mein Vater hatte es sein Leben lang, und ich war dabei, als er an einem Anfall starb.« Er glaubte, die Krankheit geerbt zu haben, teilte mir jedoch kurz darauf mit, dass er ein Adoptivkind sei – was natürlich eine Vererbung ausschloss.

Bei einem vertraulichen Gespräch nach der Rückkehr von unserem Ausflug gestand mir Johnny, dass sein Adoptivvater einmal im Zorn zu ihm gesagt hatte: »Du bist nicht mein richtiger Sohn. Ich hab dich aus der Gosse geholt und dir ein Heim gegeben. Du bist ein uneheliches Kind.« Das bewirkte bei Johnny einen furchtbaren Schock. Allmählich entwickelte sich bei ihm ein abgrundtiefer Hass gegenüber seinem Vater. Doch obwohl er diese Sünde oft gebeichtet hatte, hatte sich der Hass in der Tiefe seines Unterbewusstseins festgesetzt. Weil Hass ein negatives, zerstörerisches Gefühl ist, musste Johnnys Hass früher oder später negativ zum Ausdruck kommen. Als nun der Adoptivvater starb,

»übernahm« Johnny die Krankheit als eine Art Selbstbestrafung.
Ich erklärte ihm, nach welchen Gesetzen die unbewussten Mechanismen ablaufen. Dann sagte ich, seine uneheliche Geburt sei offenbar ihm selber peinlich und unangenehm, aber in den Augen Gottes gebe es so etwas wie ein uneheliches Kind nicht. Ein wirklich illegitimes Kind dagegen sei ein Mensch, der negativ denke und es an Liebe mangeln lasse. Johnny hatte das Asthma einzig deshalb bekommen, weil er der Meinung gewesen war, er müsse wegen seines Hasses auf den Adoptivvater bestraft werden. Ich machte ihm klar, dass sein Adoptivvater zweifellos versucht hatte, ihm nicht nur den Vater, sondern auch die Mutter zu ersetzen. Der eine zornige Ausbruch ändere daran nichts.
Johnny begriff, dass er sich die ganze Zeit über selbst bestraft hatte. Er brachte mich ins Hotel zurück. Dort gab ich ihm ein Exemplar meines Buches *Die Macht Ihres Unterbewusstseins* (erschienen im Ariston Verlag, Genf), schrieb ihm ein besonderes Gebet auf und empfahl ihm, sich von seinem Arzt weiter behandeln zu lassen und dreimal täglich das folgende Gebet zu sprechen.
»Ich gebe meinen Adoptivvater und meine leiblichen Eltern, die nur der Allmächtige kennt, vollkommen frei und überlasse sie Gott. Ich verzeihe mir, dass ich über mich selbst und über andere negative, zerstörerische Gedanken und Gefühle hegte, und ich beschließe jetzt, keine solchen Gedanken und Gefühle mehr aufkommen zu lassen. Sollten mir solche doch wieder kommen, werde ich sofort gläubig bekräftigen: ›Gottes Liebe erfüllt meine Seele.‹ Ich bin entspannt, gefasst, heiter und ruhig. Gott führt meinen Arzt bei jeder Behandlung, die er an mir vornimmt. Der Atem des Allmächtigen gab mir Leben, und ich weiß, dass Gott, als er mir den Lebensodem einhauchte, mich zu einer lebendigen Seele machte, in der alle Kräfte und Attribute Gottes ruhen. Ich atme den Frieden Gottes ein und atme die Liebe Gottes

aus, und Gott durchströmt mich in Form von Harmonie, Freude, Liebe, Seelenfrieden, Unversehrtheit und Vollkommenheit.«

Die in dem Gebet enthaltenen großen Wahrheiten sollte er morgens, mittags und abends etwa fünf Minuten lang bekräftigen. Vor allem sollte er darauf achten, dass er nicht gefühlsmäßig verneinen oder bezweifeln würde, was er bewusst bekräftigte. Wenn ihn Anwandlungen der Angst überfallen oder die ersten Anzeichen für einen drohenden Anfall auftreten würden, sollte er sofort ruhig sprechen: »Ich atme den Frieden Gottes ein und atme die Liebe Gottes aus.«

Kurz nach meiner Rückkehr von der Europareise bekam ich einen ausführlichen Brief von ihm. Er schrieb mir, dass er völlig frei sei von den Krankheitssymptomen und keinen einzigen Anfall mehr erlitten habe.

Der Reichtum des Verzeihens

Auf einer Fahrt durch das England Shakespeares, die mich auch an den Geburtsort dieses großen Dichters und Denkers führte, nach Stratford-upon-Avon, kam ich mit einer jungen Frau, die aus London stammte, ins Gespräch. Im Laufe der Unterhaltung erzählte ich ihr, dass ich psychologisch und spirituell ausgerichtete Bücher schreibe, die sich mit den Problemen des Menschen befassen. Die Frau war Krankenschwester und litt seit zwei Jahren an einem Hautausschlag. Der Dermatologe des Krankenhauses, an dem sie arbeitete, hatte ihr verschiedene Tinkturen und Salben verschrieben; doch eine Besserung war nicht eingetreten.

Wir sprachen über körperlich-seelische Zusammenhänge, die bei Krankheiten am Werk sind, und ich machte die junge Frau auf die Forschungsarbeit von Frau Dr. Flanders Dunbar aufmerksam. Die Forscherin bezeichnet die Haut als jene Stelle, an der »sich die inneren und äußeren Welten begegnen«, und sie rügt ihre ärztlichen Kollegen, die nicht

sehen wollen, dass sehr viele Hautleiden durch destruktive Gefühle wie Eifersucht, Feindseligkeit und Hass und ähnliche unserem Wohlbefinden abträgliche Emotionen verursacht werden. Mit anderen Worten: Die Haut ist ein Ausscheidungsorgan, und seelisch-geistige Gifte, die aus verdrängten Gefühlen wie Schuld, Angst und Reue entstehen, können leicht als Hautkrankheit zu Tage treten.
Die Krankenschwester fragte, ob sie mich zu einer Beratung aufsuchen dürfe, bevor ich London verließe, und ich stimmte gerne zu.
Ich sprach ganz offen mit der jungen Frau und sagte ihr auf den Kopf zu, dass sie wegen irgendetwas Schuldgefühle habe und glaube, bestraft werden zu müssen. Ins Unterbewusstsein verdrängte Gefühle, so erläuterte ich, kämen früher oder später als körperliche Symptome zum Ausdruck. Dann erklärte ich ihr, dass ihr Hautausschlag in dem Maße zurückginge, in dem sie sich von den belastenden Schuldgefühlen frei mache.
Nach einiger Zeit gestand sie mir, sie habe schon seit Jahren ein Verhältnis mit ihrem Zahnarzt, da ihr Mann oftmals mehrere Monate beruflich unterwegs sei. Reue und Gewissensbisse quälten sie deswegen, und sie war innerlich überzeugt, Gott bestrafe sie mit dem Ausschlag für ihre Sünde.
Ich machte ihr klar, dass Gott – als das Prinzip allen Lebens – nie bestraft, sondern dass sich der Mensch durch die falschen Inhalte seines Denkens und Glaubens selbst bestraft. »Die göttliche Heilkraft ist immer am Werk«, erklärte ich ihr, »Sie zu heilen, wiederherzustellen, unversehrt zu halten. Sie erzeugt, wenn Sie sich beispielsweise in den Finger schneiden, neues Gewebe, sie heilt, wenn Sie sich verbrennen, Ihre Haut. Wenn Sie etwa verdorbene Speisen zu sich nehmen, bewirkt dasselbe Lebensprinzip, dass Sie sich erbrechen, denn es ist bestrebt, Sie gesund zu erhalten.«
Da die Frau Krankenschwester war, verstand sie mich sehr rasch. Ich stellte ihr nun die entscheidende Frage: »Wollen

Sie wirklich aufrichtig an die unendliche Heilgegenwart glauben, um von Ihrem Ausschlag befreit zu werden?« Ohne zu zögern bejahte sie meine Frage. Darauf sagte ich: »Dann ist das kein Problem. Sie müssen lediglich aufhören, das zu tun, was Sie jetzt tun, und sich selbst verzeihen. Damit sind Ihre Schwierigkeiten behoben.«

Die junge Frau beschloss auf der Stelle, den Zahnarzt nicht wieder zu sehen und sich nicht länger selbst zu verurteilen. Selbstverurteilung und Selbstbestrafung sind zerstörerische seelisch-geistige Gifte, die dem Menschen seine Vitalität, Kraft und Stärke rauben und ihn sogar zu einem körperlichen und seelischen Wrack machen können.

Die Krankenschwester fasste den Entschluss, ihr Denken, Glauben und Fühlen so zu ändern, dass es dem göttlichen Gesetz von Harmonie und Liebe entsprach. Wir beteten zusammen und bekräftigten, dass göttliche Liebe, Frieden und Harmonie nun ihr ganzes Wesen erfüllen würden und dass die alles umgreifende göttliche Gegenwart stets über sie wache. Stumm meditierten wir etwa fünf Minuten lang über die heilende Kraft der Liebe Gottes, und danach erinnerte ich die Frau an die große Wahrheit, die jeder Mensch unauslöschlich in seinem Inneren tragen sollte: *...Eines aber sage ich: Ich vergesse, was da hinten ist, und strecke mich zu dem, was da vorne ist, und jage nach dem vorgesteckten Ziel – nach dem Kleinod...* (Philipper 3,13–14).

Das Kleinod, nach dem die junge Frau suchte, setzte sich aus Gesundheit, Glück und Seelenfrieden zusammen. Gegen Ende unserer Meditation begann ein inneres Licht in ihren Augen zu leuchten, und sie spürte, dass ihr in der Stille Göttliches widerfuhr – der Ausschlag verschwand spurlos. Zusammen sprachen wir abschließend: *»Vater, ich danke dir, dass du mich erhöret hast. Doch ich weiß, dass du mich allezeit hörst«* (Johannes 11,41–42).

Ein Gebet um inneren Reichtum

Sprechen Sie täglich voll Glauben und Vertrauen das nachstehende Gebet, durch das Sie den inneren Reichtum entdecken, der Sie zu Wohlergehen und Erfolg führt.

»*Wandelt auf allen Wegen, die ich euch gebiete, auf dass es euch wohl gehe.* Ich präge mir jetzt Bilder von Wohlergehen und Erfolg ein. Zugleich identifiziere ich mich mit der unendlichen göttlichen Gegenwart in mir und höre auf die ruhige, leise Stimme Gottes. Diese innere Stimme führt mich, sie lenkt mein ganzes Tun. Ich bin eins mit der Fülle Gottes. Ich glaube fest, dass es neue, bessere Wege für die Verwirklichung meiner Vorstellungen gibt, da die meinem Unterbewusstsein innewohnende unendliche Weisheit mir diese neuen Wege offenbart.

Ich wachse an Verständnis und Weisheit. Meine Unternehmungen sind Gottes Unternehmungen. Ich gedeihe und entwickle mich in jeder Weise. Die mir innewohnende unendliche Weisheit Gottes offenbart mir die Mittel, mit deren Hilfe ich erreiche, was ich mir bildhaft vorgestellt habe. Ich bin zutiefst überzeugt, dass ich das erreiche. Ich sehe, wie sich die Türen zu Erfolg und Wohlergehen vor mir öffnen, und freue mich. Ich weiß, dass Geist von seinem Geiste alles, was mich betrifft, vollkommen werden lässt. Ich bin ein Kind des lebendigen Gottes.«

Der Reichtum inneren Wissens

Während meines Aufenthalts in London besuchte mich auch eine liebe alte Bekannte mit ihrem zwölfjährigen Sohn in meinem Hotel. Seit über zwei Jahren fürchtete sich der Junge vor jeder kommenden Nacht. Offensichtlich weckte die Dunkelheit in ihm eine Assoziation, der er sich nicht erwehren konnte. Ich fragte die Mutter, ob vor zwei Jahren irgendetwas Außergewöhnliches geschehen war, das in dem Jungen vielleicht einen Schock bewirkt haben konnte, der unter Umständen noch tief in seinem Inneren nachwirkte.

»Das Unterbewusstsein vergisst kein Erlebnis«, erklärte ich, »und hier geht es darum, eine möglicherweise intensive, sehr tief sitzende Verdrängung ans Licht zu bringen.« Die Mutter lehnte sich zurück und dachte angestrengt nach. Dann erinnerte sie sich: »Vor zwei Jahren, als wir noch in Liverpool wohnten, brach um Mitternacht ein Brand in unserem Hause aus. Mein Mann schlug sofort seinen Mantel um den Jungen, um ihn vor dem Rauch zu schützen.« An diesem Punkt weiteten sich plötzlich die Augen des Jungen, Entsetzen ergriff ihn, und erregt stieß er hervor: »Papi wollte mich ersticken!« Das war natürlich die Lösung des Problems.
Behutsam erklärten wir nun dem Jungen, dass sein Vater aus großer Sorge um ihn und aufrichtiger Liebe für ihn so handeln musste, um Schaden von ihm abzuwehren und ihn unversehrt ins Freie bringen zu können. Dann erklärte ich der besorgten Mutter: »Was in der Vergangenheit geschehen ist und den Jungen jetzt quält, kann geändert werden, indem er sein Unterbewusstsein mit Leben spendenden Inhalten füllt. Die Änderung ist immer möglich.«
Ich riet nun der Mutter, ihren Sohn weiterhin ärztlich behandeln zu lassen. Gleichzeitig sei es aber unbedingt notwendig, durch das nachfolgende Gebet die unendliche Heilkraft Gottes, die der Junge in sich trägt, zu wecken. Dann bemerkte ich noch, dass beide das Gebet morgens und abends sprechen sollten.
»Mein Junge ist Gottes Sohn. Gott liebt ihn und sorgt für ihn. Gottes Frieden erfüllt seine Seele. Er ist gelassen, heiter, ruhig und entspannt, er fühlt sich wohl. Die Freude am Herrn ist seine Stärke. Gottes unendliche Heilgegenwart durchströmt ihn und gibt ihm Harmonie, Frieden, Freude, Liebe und Vollkommenheit. Gott *ist,* seine Gegenwart belebt, verleiht Energie und stellt im ganzen Wesen Unversehrtheit, Schönheit und Vollkommenheit wieder her. Mein Junge schläft in Frieden ein und erwacht in Freude.«
Die Mutter bat ich, das Gebet für ihren Sohn umzuformu-

lieren, und zwar auf die erste Person gestellt, also: »Ich bin Gottes Sohn. Gott liebt mich …« und so fort.
Zu meiner Freude bekam ich kurz nach meiner Heimkehr einen Brief, in dem es hieß: »Mein Junge ist geheilt. Er hatte im Schlaf eine Vision. Ein Weiser erschien ihm und sagte zu ihm: ›Du bist frei. Sage das deiner Mutter.‹ Die Vision war äußerst lebendig.« Auf diese Weise – in Form eines Traumbildes – informierte das Unterbewusstsein den Jungen von seiner Heilung. In der Bibel heißt es, der Herr wolle sich *kundmachen in einem Gesicht oder … reden in einem Traum* (4. Buch Mose 12,6).

Merksätze

1. Eifersucht, Feindseligkeit und Hass sind seelisch-geistige Gifte, die Ihnen Ihre Vitalität, Begeisterung und Energie rauben. Oft geschieht es, dass ein Mensch aus Hass einem anderen gegenüber jede Nahrung verweigert, um dessen Aufmerksamkeit auf sich zu ziehen. Auf diese Weise begeht er langsamen Selbstmord. Doch jeder Mensch vermag eine Verwandlung in seinem Inneren hervorzurufen, indem er Seele und Geist dem Zustrom göttlicher Liebe öffnet, um sich dann bewusst zu werden, dass man von anderen geliebt, geschätzt und gebraucht wird.
2. Wenn Sie das Göttliche in Ihnen und jedem Menschen erkennen und akzeptieren, dass Gott Sie dort benötigt, wo Sie sich gerade befinden, wird mit Ihnen eine Veränderung vorgehen, und Sie werden die Schätze des Unendlichen in Form von Liebe, Freude, Seelenfrieden und Fülle freisetzen.
3. Wahrer Glaube besteht in der Einsicht, dass Gott als Inbegriff und Allgegenwart des Geistes, der Sie erschaffen hat, alle Prozesse und Funktionen Ihres Körpers

kennt und zweifellos weiß, wie er Sie heilen kann. Vertrauen Sie der göttlichen Heilkraft in Ihnen.

4. Wenn Sie krank sind, sollten Sie sich in äztliche Behandlung begeben und nicht nur für sich selbst, sondern auch für Ihren Arzt beten, denn: *Ehre den Arzt mit gebührender Verehrung ... denn der Herr hat ihn geschaffen* (Jesus Sirach 38,1–2).
5. Manche Kranke erleben bei öffentlichen Heilversammlungen starke, sich bis zur Hysterie steigernde Gefühle, die oft eine vorübergehende Schmerzlinderung zur Folge haben, so dass zum Beispiel Gehbehinderte eine Zeit lang ohne Krücken gehen können. Eine wirkliche, dauernde Heilung setzt jedoch den inhaltlichen Einklang von Geist, Seele und Gemüt voraus oder – anders ausgedrückt – die Übereinstimmung der Inhalte von Bewusstsein und Unterbewusstsein. Dieser Zustand ist nur zu erreichen, wenn Sie aus ganzem Herzen an die unendliche Heilgegenwart in Ihrem Inneren glauben. Beim Beten um Heilung muss das Verzeihen gegenüber sich selbst und allen anderen Menschen lebendig sein.
6. Negative, das heißt zerstörerische Gedanken oder Gefühle prägen sich dem Unterbewusstsein ein und sind oft die Ursache von Krankheiten. Wenn sich ein Mensch schuldig fühlt, meint er, bestraft werden zu müssen. Doch er bemerkt nicht, dass er sich in Wirklichkeit selbst bestraft. Gott als das Prinzip allen Lebens bestraft nie. Die in jedem Menschen vorhandene göttliche Heilkraft ist da, um zu heilen und ihn unversehrt zu halten.
7. Ein wunderbares Gebet, um die Kraft zum Verzeihen zu erlangen, lautet: »Ich verzeihe mir, dass ich über mich selbst und gegenüber anderen negative, zerstörerische Gedanken und Gefühle hegte, und ich beschließe jetzt, solchen Anwandlungen nicht mehr zu erliegen. Sollten mir solche gleichwohl wieder kommen, werde ich sofort gläubig bekräftigen: ›Gottes Liebe erfüllt meine Seele.‹«

8. Fassen Sie einen Entschluss: Vergessen Sie die Vergangenheit und speisen Sie Ihr Inneres mit der Liebe, dem Frieden und der Harmonie Gottes. Erkennen Sie, dass die Liebe Gottes alles auflöst, was ihr nicht gleicht. Was immer in der Vergangenheit geschehen ist, Sie können es jetzt ändern. Füllen Sie Ihr Unterbewusstsein mit Leben spendenden Inhalten, dann löschen Sie alles aus, was Gott nicht ähnlich ist.
9. Die angegebene Meditationsübung hilft Ihnen, den inneren Reichtum zu entdecken und somit Wohlergehen und Erfolg zu erlangen.

Kapitel 6

Wie Sie mit der Hilfe Ihres Unterbewusstseins Ängste und andere Barrieren aus dem Weg räumen können

Wie die kosmische Kraft Ihre Probleme löst

Ändern Sie Ihre Denkweise, und Sie ändern Ihr ganzes Leben! Ein Ingenieur erklärte mir vor kurzem, neunzig Prozent der Probleme der Leute in einem Betrieb seien eine Folge ihrer Persönlichkeitsdefekte und ihrer Unfähigkeit, mit anderen Menschen zurechtzukommen. Nur zehn Prozent seien technischer Natur.

Es gibt eine richtige Weise zu sprechen, zu gehen, ein Auto zu fahren oder einen Kuchen zu backen. Für alles, was man tut, gibt es eine richtige und eine falsche Weise.

Um ein erfülltes, glückliches Leben führen zu können, müssen Sie bestimmte unveränderliche, ewig gültige Prinzipien einhalten. Sie würden nie auf den Gedanken verfallen, ein Rad unzentriert benutzen zu wollen oder gar gegen die Gesetze der Elektrizität und Chemie zu verstoßen. Genauso verhält es sich mit Ihrem Leben. Wenn Sie vom Standpunkt der Ihnen innewohnenden unendlichen Weisheit kosmischer Dimension denken, sprechen und handeln, werden Sie feststellen, dass Ihr ganzes Leben von Freude, Glück, Erfolg und Seelenfrieden begleitet sein wird.

Verändertes Denken führte zur Heilung von Geschwüren und Bluthochdruck

Eine Frau, die auf ihre Vorgesetzte im Büro eifersüchtig war und sie hasste, litt unter Geschwüren und hohem Blutdruck. Dann jedoch begann sie sich für das spirituelle Prinzip des Vergebens und der Freundlichkeit zu interessieren. Sie erkannte, dass sich in ihr viel Ärger und Unmut angestaut hatten und dass ihre zerstörerischen, hasserfüllten Gedanken sie selbst krank machten. Sie versuchte mit ihrer Chefin zu sprechen, um die Angelegenheit zu bereinigen; doch die Chefin wies sie ab.

In dem Bemühen, die Situation trotz allem zu ändern, vergegenwärtigte sich die Frau jeden Morgen, bevor sie ins Büro ging, zehn Minuten lang die Prinzipien der Freundlichkeit und Harmonie, indem sie nachdrücklich bekräftigte: »Ich umgebe meine Chefin mit Harmonie, Frieden, Freude und Freundlichkeit. Zwischen uns herrschen Harmonie, Frieden und Verständnis, und wenn ich an meine Chefin denke, werde ich immer sagen: ›Gottes Liebe durchtränkt dein Gemüt.‹«

Ein paar Wochen später bestieg die Frau ein Flugzeug, um übers Wochenende nach San Francisco zu fliegen. In der Maschine war nur noch ein einziger Platz frei – der neben ihrer Chefin! Sie grüßte freundlich und bekam eine höfliche, ja herzliche Antwort. Die beiden Frauen trafen sich in San Francisco des Öfteren und verlebten miteinander eine harmonische, fröhliche Zeit. Jetzt besuchen sie oft zusammen meine Vorträge.

Die Einstimmung auf kosmische Weisheit schuf eine Bühne für die Bereinigung des Problems der Frau. Ihr verändertes Denken änderte alles, es heilte unter anderem auch ihre Geschwüre aus und senkte ihren hohen Blutdruck auf das Normalmaß.

Sie änderte ihr Denken und wurde befördert

Eine junge Frau, die bei mir Rat suchte, klagte: »Niemand im Büro mag mich. Einige wollen sogar, dass ich entlassen werde.«

Ich fragte sie: »Warum kündigen Sie nicht und suchen sich eine andere Stellung?«

»Was soll das nützen?«, erwiderte sie. »Ich bin schon in der sechsten Stellung.«

Die Frau war klug, gebildet und eine tüchtige Anwaltssekretärin. Der Großteil ihrer Probleme erwuchs aus ihrer Persönlichkeit.

Ich gab ihr ein spirituelles Rezept und empfahl ihr, sich die nachstehende Suggestivformel – ihr tägliches Gebet – mehrere Monate lang jeden Morgen und Abend zu vergegenwärtigen. Sie möge, sagte ich ihr, täglich vor dem Aufbruch zur Arbeit im Hinblick auf jeden Mann und jede Frau in ihrem Büro sich vorsagen:

»Ich sende gegenüber allen in meinem Büro freundliche Gedanken und Gefühle des Wohlwollens und Frohsinns aus. Ich behaupte, bekräftige und glaube zutiefst, dass meine Beziehungen zu jedem meiner Kollegen harmonisch, angenehm und befriedigend sein werden. Göttliche Liebe, Harmonie, Schönheit und Frieden strömen durch meine Gedanken, Worte und Taten, und ich setze die Summe der in mir eingeschlossenen Herrlichkeit frei. Ich bin glücklich, fröhlich und frei, ich schäume über vor Begeisterung und freue mich an der Güte Gottes, die sich in allen Lebenden ausdrückt, ich freue mich an der allen Menschen angeborenen Güte.«

Nach ein paar Monaten war sie eine neue Frau, und der Erfolg fiel ihr von selbst zu. Sie verstand sich gut mit ihren Kolleginnen und Kollegen und stieg zur Kanzleileiterin des Anwaltsbüros auf.

Wie eine Mutter dem Sohn zum Erfolg verhalf

Eine Frau in Beverly Hills hatte Sorgen wegen ihres Sohnes. Sie fürchtete, er würde beim medizinischen Abschlussexamen durchfallen. Auf meine Empfehlung hörte sie auf, sich zu quälen und zu zermartern, sondern begann sich in allen Details ein geistiges Bild von der Promotionsfeier zu machen, bei der ihr Sohn sein Diplom erhalten würde.

Mehrmals am Tag stellte sie sich die Szene bildhaft vor; sie ließ sie wie einen Film vor ihrem inneren Auge abrollen und freute sich über das Ereignis. Sie empfand die Natürlichkeit des Vorgangs – wie ihr Sohn zum Doktor der Medizin promoviert wurde und sie ihm gratulierte. Sie machte es sich zur Gewohnheit, diesen Film des innerlich Geschauten jeweils mindestens zehn Minuten lang ablaufen zu lassen. Wenn die Sorgen sie wieder zu bedrängen drohten, ließ sie sofort den Film abrollen. Beharrlich sah sie die vollendete Tatsache vor sich, sah sich selbst bei der Feier und durchlebte die Erfüllung ihres Traums.

Kurz nach der Änderung ihrer Einstellung begann ihr Sohn ernsthafter denn je zu arbeiten und erzielte schließlich bei allen Prüfungen überraschend gute Ergebnisse.

Die Überzeugtheit dieser Mutter, verbunden mit dem Gefühl der Freude über den Erfolg ihres Sohnes, übertrug sich auf ihn und führte ihn zur Verwirklichung des von ihr geistig vorweggenommenen Erfolges.

Ein Mann veränderte seine Persönlichkeit auf wunderbare Weise

Vor einiger Zeit gestand mir ein Rat suchender Mann: »Ich bin ganz durcheinander und regelrecht blockiert. Ich komme mit anderen nicht zurecht; ständig stoße ich sie, ohne es zu wollen, vor den Kopf.«

Der junge Mann war überempfindlich, egozentrisch und ziemlich verschroben. Trotzdem wollte er gute Beziehungen zu seinen Kollegen haben und sich mit ihnen in jeder Hinsicht gut vertragen.

Ich erklärte ihm, dass seine gegenwärtige Persönlichkeit die Gesamtsumme seines gewohnheitsmäßigen Denkens, seiner Erziehung und Schulung, seiner Gefühlshaltung und, auf Grund der ihm eingeflößten Überzeugungen, seiner Geisteshaltung sei. Ich machte ihm klar, dass er sich ändern könne. Er müsse erkennen, dass ihm wie allen Menschen Gott innewohne, dass göttliche Eigenschaften, dass kosmische Kräfte in ihm vorhanden seien, dass diese nur geweckt und in seinem urpersönlichen Leben sichtbar gemacht werden müssen.

Dann gab ich ihm ein besonderes Gebet. Dieses Gebet, sagte ich ihm, werde seine ganze Persönlichkeit verwandeln und ihn zu einem strahlenden, heiteren und erfolgreichen Menschen machen; er müsse es nur voll Gefühl und Hingabe mehrmals am Tag beten:

»Gott ist die Allmacht und das einzige Leben, das durch mich zum Ausdruck gebracht wird. Gott ist, und seine Gegenwart durchströmt mich jetzt als Harmonie, Freude, Liebe, Schönheit und Kraft; ich bin ein Kanal für das Göttliche. Gottes Unversehrtheit, Schönheit und Vollkommenheit werden ständig durch mich sichtbar gemacht. Heute werde ich spirituell wieder geboren! Ich löse mich vollständig von meinen früheren Denkgewohnheiten und bringe ein für alle Mal göttliche Liebe, göttliches Licht und göttliche Wahrheit in meine Erfahrung. Ich empfinde ganz bewusst Liebe für jeden Menschen, dem ich begegne. Geistig sage ich zu jedem, mit dem ich in Berührung komme: ›Ich sehe Gott in dir, und ich weiß, dass du Gott in mir siehst.‹ Ich erkenne die Qualitäten Gottes in jedem Menschen. Ich übe mich darin morgens, mittags und abends; es ist eine lebendige Erfahrung meines Seins.

Ich werde jetzt spirituell wieder geboren, weil ich mir den ganzen Tag über der Gegenwart Gottes bewusst bin. Was ich auch immer tue – ob ich auf der Straße gehe, einkaufe oder meine täglichen Pflichten erfülle –, sobald mein Denken vom Gottgefälligen oder dem Guten abwandert, lenke ich es durch geistige Betrachtung der göttlichen Gegenwart dorthin zurück. Ich fühle mich edel, würdig, ein Ebenbild Gottes. Ich wandle in gehobener Stimmung durch meine Tage, ich spüre mein Einssein mit Gott. Sein Friede erfüllt meine Seele.«

Dieser Mann machte es sich tatsächlich zur Gewohnheit, seine Gedanken auf die Eigenschaften und Qualitäten des kosmischen Guten auszurichten, und es ging mit seiner Persönlichkeit eine geradezu wunderbare Veränderung vor. Er wurde ein liebenswürdiger Mensch, umgänglich und gewandt, und natürlich verständnisvoller gegenüber seinen Mitmenschen. Heute strahlt er Freundlichkeit aus, wo immer man ihm begegnet. Und er ist auch in seinem Beruf blendend vorangekommen.

Ralph Waldo Emerson sagte, Religion beinhalte die Vergegenwärtigung Gottes. Gott ist der Inbegriff des Wahren und Schönen, der Inbegriff der Liebe und Freude, des Friedens, der Harmonie, des Glücks und der Kraft; Gott ist der heitere Rhythmus der Ordnung, und Gott ist auch das kosmische Gesetz. Wir bringen unsere gottgegebene Persönlichkeit, das Göttliche im Menschen zum Ausdruck, wenn wir bekräftigen, fühlen und wissen, dass Gottes Eigenschaften und Qualitäten uns durchströmen. Dann werden wir jeden Tag dem Ebenbild Gottes ähnlicher.

Ihr Einfühlungsvermögen machte eine Feindin zur Freundin

Den Ausdruck Einfühlungsvermögen könnte man umschreiben als »geistiges Versenken des eigenen Bewusstseins in einen anderen Menschen« oder als »mitfühlendes Verständnis«.

Mrs. Wright, Sekretärin und eine meiner engsten Mitarbeiterinnen, erzählte mir, wie sie ihr Einfühlungsvermögen gegenüber einer Arbeitskollegin in dem Büro entwickelt hatte, wo sie früher beschäftigt gewesen war. Das Mädchen war sehr abweisend, geradezu feindselig und widerspenstig gewesen; zwischen den beiden war es zu immer größeren Spannungen und Missverständnissen gekommen.

Um dem abzuhelfen, hatte sich Mrs. Wright jeden Tag mehrmals still hingesetzt, sich geistig in das Mädchen versetzt und sich selbst mit dessen Augen betrachtet. Dann hatte sie korrigiert, was sie sah, und gebetet: »Gottes Frieden, Harmonie und Verständnis herrschen jederzeit zwischen uns. Sobald ich an Miss S. denke, bekräftige ich: ›Sie ist liebenswürdig und freundlich, arbeitet mit und stimmt mit mir überein.‹«

Zwei Wochen später hatte das Mädchen Mrs. Wright zu sich nach Hause zum Abendessen eingeladen, und bei dieser Gelegenheit hatten die beiden Frauen zu ihrer Überraschung entdeckt, dass viele gemeinsame Interessen sie verbanden. Im Laufe der Zeit wurden sie gute Arbeitskolleginnen und enge Freundinnen.

Zwei Schwestern fanden wieder zueinander

Während eines Aufenthaltes in San Francisco, wo ich unter der Schirmherrschaft des Institute of Religious Science mehrere Vorträge hielt, frühstückte einmal eine alte Bekannte mit mir im Hotel. Sie erzählte, dass ihre einzige Schwester nicht mehr mit ihr rede; wenn sie die Schwester anrief, legte diese nach einem barschen Satz auf: »Ich habe zu tun, lass mich in Ruhe.«

Meine Bekannte konnte die Haltung der Schwester nicht verstehen, sie fand sie unvernünftig und dumm. Ich fragte sie, ob sie ihrer Schwester böse wäre, wenn diese Tuberkulose hätte. Meine Bekannte antwortete: »Natürlich nicht. Ich hätte großes Mitleid mit ihr.«

Daraufhin erklärte ich ihr, wie ich die Sache sah: »Ihre

Schwester hat eine Art geistige Tuberkulose. Sie müssen verstehen, dass viele Menschen eine verdrehte und krankhafte Denkweise haben, man könnte sagen, einen geistigen Buckel.«

Mit einem Mal begriff meine Bekannte, dass sie nicht für den Geisteszustand ihrer Schwester verantwortlich war, genauso wenig wie sie für irgendeinen Trinker, Schizophrenen, Psychotiker oder Paranoiker verantwortlich gewesen wäre. Sie sagte: »Oh, ich verstehe! Ich kann nichts für ihre geistige Krankheit und ihre Feindseligkeit mir gegenüber, und ich schulde ihr, wie Paulus sagte, nichts anderes als Liebe. Ich liebe sie wirklich und wünsche ihr alle Wohltaten des Lebens.«

Sie betete von nun an folgendermaßen: »Ich überantworte meine Schwester voll und ganz Gott. Ich strahle ihr gegenüber Frieden, Freundlichkeit und Liebe aus, und zwischen uns herrschen Harmonie und göttliches Verständnis. Ich gebe sie frei und lasse sie in Frieden gehen.«

Nach einigen Tagen rief die Schwester bei ihr an und entschuldigte sich wegen ihrer Grobheit und Feindseligkeit. Sie gestand ihr, dass sie die über die Auflösung ihrer Verlobung angestaute und nie mehr überwundene Bitterkeit auf sie als ihre Schwester und auf viele andere Menschen projiziert habe.

Ich sollte vielleicht hinzufügen, dass meine Bekannte ein geistig und emotionell reifer Mensch war, aber sich übergroße Sorgen wegen der verschrobenen, ungesunden Denkweise ihrer Schwester gemacht hatte.

Verständnis bewahrt Sie vor Ärger, destruktiver Kritik und Hass oder auch vor eventuellen Rachegelüsten gegenüber Menschen mit verschrobener Denkweise. Führen Sie sich vor Augen, dass Sie niemanden wegen eines körperlichen Gebrechens hassen würden, beispielsweise wegen eines Buckels; Sie wären vielmehr dankbar, dass Sie von solchem Unglück verschont blieben.

Ein Mensch mit einer gestörten Persönlichkeit ist innerlich sehr unglücklich, in ihm brodelt und siedet es. Oft schlägt er gerade nach jenen, die am freundlichsten und großzügigsten zu ihm sind, weil ihre innere Heiterkeit, Ruhe und Gelassenheit seinen eigenen gestörten Gemütszustand enthüllen; und weil er sie in ihrer Ruhe nicht erreichen kann, versucht er unbewusst, sie in seinen eigenen Gemütswirrwarr zu ziehen. Das Elend wünscht Gefährten!

Die Anwendung der goldenen Regel führte zu der gewünschten Beförderung

Vor einigen Monaten sprach ich mit einem jungen Mann, der nach dem Erwerb seines Doktortitels in Philosophie geglaubt hatte, dieser sei eine Garantie für Erfolg, Ansehen und Anerkennung. Er hatte jedoch feststellen müssen, dass in dem Verlag, in dem er unterkam und nun arbeitete, Männer ohne jeden akademischen Grad weit mehr verdienten als er und größere Verantwortung trugen.
Ich wies den jungen Mann darauf hin, dass es viele Doktoren der Philosophie, Sprachwissenschaftler, Schriftsteller und andere Menschen mit glänzenden Fähigkeiten, auch ehemalige Dozenten, Professoren, gibt, die heute in den Slums leben. Gewöhnlich schreiben diese Männer ihre Schwierigkeiten dem Alkohol oder Frauen zu; die wirkliche Ursache liegt jedoch in Selbsterniedrigung, Selbstverurteilung, Selbsthass und in dem fehlenden Kontakt zur Schatzkammer ihrer kosmischen Kräfte, die sie auf den sicheren Weg zu Glück, Freiheit und Seelenfrieden führen könnten. Diese Männer sind sich selbst gram, sie akzeptieren sich nicht und können sich deshalb nicht verwirklichen. Ihre Denkweise bringt Elend, Leiden und Armut über sie. Dabei waren sie vielleicht einst auf ihren Fachgebieten durchaus anerkannt. Alkoholismus, Drogenabhängigkeit und abnormes Verhalten sind bei ihnen lediglich Symptome für ihre gestörte Persönlichkeit.

Der Mann, von dem hier die Rede ist, war neidisch und eifersüchtig auf seine Kollegen und ihnen gegenüber überkritisch. Sein Problem lag darin, dass er die goldene Regel nicht anwandte.

Auf meinen Rat begann er die anderen zu behandeln, wie er selbst gern seitens der anderen behandelt worden wäre. Er übte sich darin, freundlich zu sein, zu lächeln, seinen Kollegen nett und liebenswürdig gegenüberzutreten. Diese Haltung wurde bei ihm nach und nach zur Gewohnheit, und heute ist er einer der umgänglichsten, freundlichsten, wohlwollendsten Menschen, die man sich denken kann. Erfolg ist ihm gewiss, er hat bereits eine großartige Beförderung erfahren, indem man ihm das Lektorat eines wichtigen Sachgebietes des Verlages anvertraut hat. Das bestätigt auf anschauliche Weise, dass man sein ganzes Leben ändern kann, wenn man seine Denkweise ändert.

Jeder wird in jedem Alter gebraucht

Ralph Waldo Emerson sagte: »Die große Überseele braucht ein Organ, wo ich bin, sonst wäre ich nicht hier.«

Immer wieder begegnen mir Menschen, die klagen: »Ach, meine Kinder sind alle erwachsen, sie wollen mich nicht haben und besuchen mich nicht mehr.«

Denken Sie daran, Gott und seine kosmische Welt brauchen Sie. Einen unnötigen oder ungewollten Menschen gibt es nicht! In der großen Symphonie der Schöpfung ist jeder Mensch eine Note. Auch Sie haben einen ganz bestimmten, eigenen Part zu spielen. In der Bibel steht: *Es ist eine Stimme eines Predigers in der Wüste: Bereitet dem Herrn den Weg, macht auf dem Gefilde eine ebene Bahn unserm Gott!* (Jesaja 40,3).

Die Wüste der Verwirrung, des Mangels und der Eingeschränktheit – das ist Ihr eigener Geist. Aber Sie können der inneren Stimme lauschen, die zu Ihnen in Form Ihres Herzenswunsches spricht und Ihnen sagt, dass Sie sich erheben und höher steigen sollen, weil Gott Sie braucht. Sagen Sie zu sich selbst: »Gott gab mir diesen Wunsch ein, und er offenbart mir den vollkommenen Plan für dessen Erfüllung in göttlicher Fügung.«

Wenn Sie an dieser Wahrheit festhalten, wird sich Ihnen der Weg eröffnen, und an Ihrem Wegrand wird die Wüste erblühen und prächtig sein wie ein Rosengarten.

Die Bibel rät: *Eure Rede aber sei: Ja, ja; nein, nein. Was darüber ist, das ist vom Übel* (Matthäus 5,37). Sagen Sie »Ja« zu allen Ideen und Vorstellungen, die heilen, aufbauen, inspirieren, erheben und in Ihrem Leben eine Stärkung bedeuten. Sagen Sie »Nein« zu allem, was Sie herabsetzt und schwächt. Fassen Sie den klaren Entschluss, nur die ewig gültigen Wahrheiten und die spirituellen Werte des Lebens zu akzeptieren, und bauen Sie diese dann zielbewusst in Ihr Leben ein. Genießen Sie das Gefühl des Einsseins mit der unendlichen Weisheit und der unendlichen Kraft kosmischer Dimension und betrachten Sie das Wunder Ihrer Gotteskindschaft. Sagen Sie entschieden und kühn »Nein« zu allen Lehren, Ideen, Überzeugungen und Dogmen, die hemmen, beschränken und Ihrem Gemüt Angst einflößen. Mit anderen Worten: Akzeptieren Sie geistig nichts, was Ihre Seele nicht mit Freude erfüllt.

Machen Sie sich klar, dass Gott das Leben ist und dass er – jetzt und hier – Ihr Leben ist. Gott ist Liebe, und seine Liebe erfüllt Ihre Seele. Gott ist Freude, und Sie bringen die ganze Fülle dieser Freude zum Ausdruck. Gott ist Weisheit, und Ihr Verstand wird ständig mit seinem Licht gespeist. Gott ist Friede, und in Ihren Gedanken, Worten und Taten scheint immer mehr von seinem Frieden auf.

Wenn Sie es sich zur täglichen Gewohnheit machen, sich diese Wahrheiten zu vergegenwärtigen, dann werden Sie im Laufe der Zeit eine immer strahlendere Persönlichkeit entwickeln, und Sie schaffen eine »ebene Bahn«, die Sie in allen Belangen zum Guten hinführt.

Überwinden Sie Depressionen und alle Hindernisse

In der Bibel heißt es: *Alle Täler sollen erhöht werden, und alle Berge und Hügel sollen erniedrigt werden, und was ungleich ist, soll eben, und was höckericht ist, soll schlicht werden* (Jesaja 40,4).

Wenn Sie sich in den Talniederungen der Verzweiflung, Mutlosigkeit und Melancholie befinden, sollten Sie sich an die Gottesgegenwart in Ihrem Inneren wenden und sich klar machen, dass materielle Begebenheiten und die gegebenen Umstände niemals kausal sind, also nichts zu verursachen vermögen. Alle Dinge vergehen, und Umstände schaffen keine weiteren Umstände.

Die grundlegende Ursache für alles, was in Ihrem Leben geschieht, ist Ihr Denken und Fühlen, das heißt Ihre seelisch-geistige Haltung, die Art Ihres Denkens und Glaubens. Dagegen sind Zustände und Umstände lediglich in ihrer suggestiven Wirkung bedeutsam, und Sie haben die Macht, sie zu akzeptieren oder zurückzuweisen.

Sagen Sie sich deshalb voll Überzeugung, dass unendliche Weisheit kosmischer Dimension Ihnen den Ausweg offenbaren wird. Stellen Sie sich die Dinge vor, wie sie nach Ihrem Wunsch sein sollen, und betrachten Sie sie geistig. Dann wird der Berg – das Problem – abgetragen und der Hügel – das Hindernis oder die Schwierigkeit – beseitigt werden. Wenn Sie bekräftigen, dass göttliches Recht und göttliche Ordnung Ihr Leben beherrschen, werden Ungleichheiten – das Auf und Ab im Leben bzw. das wechselnde Glück – »eben« oder ausgeglichen, und »Höckerichtes«, also alles Bucklige, wird »schlicht« und glatt, das heißt, Sie werden ein ausgewogenes Leben ständigen Wachstums, zunehmender Leistung und zwingenden Erfolges führen, in dem es keine Umwege infolge Krankheiten, Unfällen, Verlusten und törichter Verschwendung von Energie, Zeit und Mühe mehr geben wird.

Sofern Sie Ihre Bestrebungen stets auf die Fülle kosmischer Kraft ausrichten, sofern Sie beharrlich auf die Ihnen innewohnende universelle Weisheit kosmischer Dimension eingestimmt bleiben und durch Ihr Denken und Fühlen mit ihr Verbindung halten, werden alle Schranken, Beeinträchtigungen, Verzögerungen und Schwierigkeiten verschwinden, und die Wüste Ihres jetzigen Lebens wird tatsächlich erblühen und prächtig sein wie ein Rosengarten.

Merksätze

1. Ändern Sie Ihre Denkweise, und Sie ändern Ihr Schicksal. Es gibt eine richtige und eine falsche Weise, zu denken und zu handeln. Um ein erfülltes, glückliches Leben zu führen, müssen Sie im Einklang mit den Prinzipien kosmischer Weisheit denken und leben.
2. Wenn Sie die unendliche Weisheit kosmischer Dimension anrufen, wird sie reagieren und die richtige Bühne für die Lösung Ihres Problems schaffen.
3. Ein wunderwirkendes spirituelles Rezept besteht darin, für alle zu beten, mit denen Sie zusammenarbeiten, und ihnen sämtliche Wohltaten des Lebens zu wünschen. Was Sie anderen wünschen, das bringen Sie auch über sich selbst.
4. Lassen Sie vor Ihrem inneren Auge einen geistigen Film ablaufen und sehen Sie darin das glückliche Ende oder den guten Ausgang einer Sache. Stellen Sie sich die Erfüllung Ihres Wunschtraums so häufig wie nur möglich vor, dann wird er in Ihrer Erfahrung zur Wirklichkeit werden.
5. Wenn Sie es sich zur Gewohnheit machen, Gottes Liebe und Gottes Eigenschaften durch Ihren Geist und Ihr Gemüt strömen zu lassen, werden Sie eine neue, einmalige, begeisternde Persönlichkeit werden.

6. Falls Sie mit einem anderen Menschen nicht auskommen, sollten Sie Einfühlungsvermögen aufbringen und mitfühlendes Verständnis beweisen. Betrachten Sie die Situation mit den Augen des anderen.
7. Machen Sie sich keine zu großen Sorgen wegen der verschrobenen Mentalität eines Verwandten, denn Sie sind nicht dafür verantwortlich. Strahlen Sie vielmehr ihm gegenüber Frieden, Liebe und Freundlichkeit aus, dann wird sich zwangsläufig bald alles regeln und sich zwischen Ihnen ein harmonisches Verständnis einstellen.
8. Die große Überseele kosmischer Weisheit, ein anderes Wort für Gott, braucht Sie an dem Ort, wo Sie sich befinden, sonst wären Sie nicht dort. Sie werden jetzt und immer gebraucht und sind erwünscht. Sagen Sie »Ja« zu allen Ideen, die heilen, aufbauen, inspirieren, erheben und Ihre Seele und Ihre Persönlichkeit würdigen.
9. Wenden Sie sich, wenn Sie melancholisch oder deprimiert sind, an die Ihnen innewohnende kosmische Kraft und lassen Sie Gottes Strom der Heiterkeit und Liebe in Ihre Seele fließen. Machen Sie sich klar, dass alles Nächtige vergeht, dass immer ein neuer Tag anbricht und die Schatten weichen.

Wie die Kräfte des Unterbewusstseins die Furcht vertreiben

Einer meiner Studenten erzählte mir einmal, er sei zu einem Bankett eingeladen und müsse dort eine Rede halten. Der Gedanke an seine zahlreiche und hochkarätige Zuhörerschaft erfüllte ihn mit Panik. Trotzdem gelang es ihm, seine Furcht zu überwinden. Mehrere Abende hintereinander setzte er sich etwa fünf Minuten lang in einen bequemen

Sessel und prägte sich langsam, ruhig und mit Bestimmtheit die folgenden Sätze ein: »Ich werde dieser Furcht Herr werden. Sie wird bereits jetzt schwächer. Ich werde meine Rede unbeirrt und vollkommen sicher halten. Ich bin äußerlich und innerlich völlig entspannt.« Das gezielt angesprochene Unterbewusstsein sorgte für die erwünschte Wirkung.
Unser Unterbewusstsein ist jederzeit der Beeinflussung durch Suggestion zugänglich. Sobald Sie sich körperlich und geistig entspannen, sinken Ihre bewussten Gedanken ins Unterbewusstsein ab (ein der Osmose vergleichbarer Vorgang), und kraft seiner schöpferischen Dynamik erfüllt sich Ihr Wunsch. So erlangen Sie über Nacht Selbstvertrauen und Sicherheit.

Der größte Feind des Menschen

Man hat die Furcht als den größten Feind der Menschheit bezeichnet. Sie ist häufig die Ursache von Misserfolgen, Krankheit und gespannten menschlichen Beziehungen. Millionen von Menschen fürchten sich vor der Vergangenheit und Zukunft, vor dem Alter, der Geisteskrankheit und dem Tod. Furcht jedoch ist nur Inhalt und Folge Ihrer Gedanken: Sie fürchten sich vor Ihren eigenen Gedanken!
Ein kleiner Junge ist vor Furcht gelähmt, wenn er glaubt, der »Schwarze Mann« liege unter seinem Bett und werde ihn mitnehmen. Sobald aber der Vater das Licht andreht und ihm erklärt, dass die Gefahr nur in seiner Phantasie bestand, verliert er seine Angst. Diese hätte aber auch nicht echter und nicht größer sein können, wenn es den gefürchteten »Schwarzen Mann« wirklich gäbe und dieser ihn heimgesucht hätte. Die Wahrheit aber befreit ihn: Was er fürchtet, existiert gar nicht.
Die meisten menschlichen Beängstigungen entbehren jeder wirklichen Grundlage und sind einfach die Schlagschatten eines kranken Geistes.

Tun Sie das, wovor sie Angst haben

Emerson sagte zu diesem Thema: »Tun Sie das, wovor Sie sich fürchten, und das Ende Ihrer Furcht ist gekommen.«
Auch ich selbst litt früher an Lampenfieber, das ich aber ganz einfach dadurch überwinden konnte, dass ich mich immer wieder zwang, öffentlich zu sprechen. Ich tat das, wovor ich mich fürchtete – und meine Furcht war bald verschwunden.

Sobald Sie mit innerer Überzeugung feststellen, dass Sie Ihre Angst überwinden werden, und eine entsprechende bewusste Entscheidung treffen, bringen Sie die sich in Übereinstimmung mit Ihrer Denkweise einstellende Heilwirkung Ihres Unterbewusstseins zur Wirkung.

Wie man das Lampenfieber überwinden kann

Eine gute Stimme allein ist nicht alles! Die schon erwähnte, zum Vorsingen aufgeforderte Debütantin fand die ihr gebotene Chance zwar höchst willkommen, doch hatte sie schon bei drei vorhergehenden Gelegenheiten aus Lampenfieber völlig versagt. Sie war daher überzeugt, die Angst würde auch diesmal ihre Stimmbänder lähmen und eine ihrem Können entsprechende Darbietung unmöglich machen. Befürchtungen dieser Art werden aber vom Unterbewusstsein als Aufforderung missdeutet, die es vollstreckt. Wie Sie nunmehr bereits aus anderem Zusammenhang wissen, handelt es sich hier um eine typische unfreiwillige Autosuggestion. Die junge Frau selbst führte infolge ihrer übertriebenen Angst ihr Versagen herbei.

Dank der uns bekannten Technik gelang es ihr, sich von ihrem Lampenfieber zu befreien: Dreimal am Tag zog sie sich in ihr Zimmer zurück. Sie setzte sich in einen bequemen Sessel, schloss die Augen und entspannte sich geistig und körperlich. Physische Ruhe macht den Geist aufnahmebereiter für Suggestionen. Sie bekämpfte ihre Furcht durch eine geeignete Gegensuggestion: »Ich singe wunderschön. Ich bin völlig ausgeglichen, ich bin ruhig, zuversichtlich und heiter.« Diese Worte wiederholte sie dreimal täglich und nochmals vor dem Einschlafen langsam, ruhig und gefühlsinnig zwischen fünf- und zehnmal. Schon nach einer Woche hatte sie eine unerschütterliche Ruhe und Zuversicht gewonnen. Als sie diesmal dann tatsächlich vorsang, wurde sie sofort engagiert.

Wer die gleiche Methode auf seinen besonderen Fall anwendet, wird Angstkomplexe und Beängstigungen jeder Art überwinden.

Die Angst vor dem Misserfolg

Gelegentlich suchen mich Studenten unserer Universität auf, die bei Prüfungen an suggestiver Amnesie (Gedächtnisschwund durch Prüfungsangst) leiden. Ich höre sie immer wieder klagen (und auch den Lehrern ist das Problem bekannt): »Sobald das Examen vorbei ist, fallen mir die Antworten ein. Während der Prüfung selbst aber kann ich mich auf nichts besinnen.«

Bei allen meinen Patienten stellte ich fest, dass sie unverhältnismäßig große Angst hatten, zu versagen. Die Furcht ist die eigentliche Ursache eines solchen vorübergehenden Gedächtnisschwundes. So kannte ich zum Beispiel einen jungen Medizinstudenten, der zu den Begabtesten seines Jahrganges zählte, und doch war er bei mündlichen und schriftlichen Examen unfähig, auch nur die einfachsten Fragen zu beantworten. Ich erklärte ihm, worin der eigentliche Grund seines Versagens läge. Er machte sich schon lange Zeit vor dem Examen Sorgen, und seine furchtbedingte negative Erwartung steigerte sich jeweils zu einem Dauerzustand geradezu unüberwindlicher Beängstigung.

Jeder Gedanke aber, der ein so machtvolles Gefühl auslöst, wird vom Unterbewusstsein in die Tat umgesetzt. Das Unterbewusstsein des jungen Mannes musste seine panische Examensangst als Aufforderung deuten, einen Misserfolg herbeizuführen – und genau das tat es auch. Am Tag der Prüfung befand sich daher der Kandidat jeweils in einer geistigen Verfassung, die vom Psychologen als suggestive Amnesie bezeichnet wird.

Wie man seine Furcht überwinden kann

Ich erklärte ihm, sein Unterbewusstsein stelle das Schatzhaus seines Gedächtnisses dar, das alles, was er während seines medizinischen Studiums gehört und gelesen habe, sorgfältig bewahre. Als Nächstes überzeugte ich ihn davon, dass das Unterbewusstsein reaktionsfähig und reaktionsbereit sei, unterbewusst seinem Funktionieren allerdings Zuversicht sowie geistige und körperliche Entspannung voraussetze.

Darauf begann er, sich jeden Abend und Morgen vorzustellen, seine Mutter beglückwünsche ihn zu seinen hervorragenden Zeugnissen. In seiner Phantasie hielt er einen Brief von ihr in der Hand. Sobald er sich dieses glückliche Ende lebendig vorstellte, führte er eine entsprechende Reaktion herbei. Die Allweisheit des Unterbewusstseins wurde wachgerufen, sein bewusstes Denken wurde in die gewünschte Bahn gelenkt, und dann fiel ihm der Weg an sein Ziel leicht: Er bestand alle Examen ohne Mühe. Anders ausgedrückt: Sobald sein Unterbewusstsein die Leitung übernommen hatte, zwang es ihn, sich aufs Beste zu bewähren.

Furcht vor dem Wasser

Viele Menschen haben Angst davor, einen Aufzug zu betreten, über hohe Brücken zu gehen, bergzusteigen oder zu schwimmen. Häufig geht dies auf ein unangenehmes Jugenderlebnis zurück, sei es, dass der Betreffende ins Wasser geworfen wurde, ohne schwimmen zu können, sei es, dass ein von ihm benutzter Aufzug stecken blieb und so die Furcht vor geschlossenen Räumen entstehen ließ.

Im Alter von etwa zehn Jahren fiel ich in einen Teich. Ich

erinnere mich noch deutlich an meinen verzweifelten Kampf, wie ich in Todesangst nach Luft rang und wie sich schließlich das immer dunkler werdende Wasser über meinem Kopf zusammenschloss. Im letzten Augenblick erst wurde ich gerettet. Dieses Erlebnis grub sich tief in mein Unterbewusstsein ein, und noch Jahre danach empfand ich eine unüberwindliche Angst vor dem Wasser.
Ein älterer Psychologe riet mir: »Gehen Sie zu dem Teich, schauen Sie das Wasser an, und sagen Sie mit lauter und starker Stimme: ›Ich bin stärker als du, ich kann deiner Herr werden.‹ Lernen Sie dann schwimmen, gehen Sie ins Wasser und besiegen Sie es.«
Genau das tat ich auch. Sobald ich eine neue geistige Einstellung gewonnen hatte, reagierte die Allmacht des Unterbewusstseins und verlieh mir die Kraft, die Zuversicht und das Selbstvertrauen, mittels derer ich meine Furcht überwand. Lassen auch Sie sich niemals einschüchtern – weder vom Wasser noch von irgendeinem anderen Umstand. Denken Sie immer daran: Sie – ob Mann oder Frau – sind der »Herr«!

Die unfehlbare Methode, jede Furcht zu überwinden

Die folgende Methode, mit jeder Angst fertig zu werden, habe ich schon vielen Menschen gelehrt. Sie wirkt wie ein Zauber. Ob Sie sich nun vor dem Wasser, Abhängen in den Bergen, geschlossenen Räumen oder vor einem Vortrag oder Interview fürchten – die Methode hilft immer. Versuchen Sie es selbst!
Nehmen wir an, Sie haben Angst vor dem Schwimmen. Setzen Sie sich drei- oder viermal täglich je fünf bis zehn Minuten völlig entspannt in einen Sessel, und stellen Sie sich vor, Sie seien im Begriff zu schwimmen. In Ihrer Phantasie schwimmen Sie tatsächlich. Es handelt sich hier um ein subjektives Erlebnis: Mit Hilfe Ihrer Vorstellungskraft haben Sie sich in ein Schwimmbad oder einen See versetzt.

Sie fühlen die Kühle des Wassers und die rhythmischen Bewegungen Ihrer Arme und Beine. Sie geben sich einer lustbetonten Tätigkeit hin, die Sie mit Freude erfüllt. Es handelt sich hier keineswegs um leere Träumereien, denn Sie wissen ja: Jedes Erlebnis Ihrer Phantasie teilt sich dem Unterbewusstsein mit. Über kurz oder lang werden Sie den inneren Drang empfinden, das Ihrem Unterbewusstsein eingeprägte Bild zu verwirklichen. Dies ist eines der Grundgesetze des Geistes.
Dieselbe Technik können Sie auf jede wie immer motivierte Angst anwenden. Wer leicht vom Schwindel ergriffen wird, braucht sich nur lebhaft vorzustellen, er balanciere sicher über einen schmalen Steg oder er erklimme einen Berg und erfreue sich der wundervollen Landschaft tief unter ihm sowie seiner sicheren Körperbeherrschung. Je wirklichkeitsnäher die Vorstellungsbilder, umso schneller wird sich die gewünschte Reaktion einstellen und jede Furcht ist genommen.

Die Segnung des Aufzugs

Ich kannte einen Direktor eines großen Unternehmens, der es nicht über sich brachte, einen Aufzug zu benutzen. Jeden Morgen pflegte er die fünf Stockwerke zu seinem Büro zu Fuß hinaufzusteigen. Eines Tages aber begann er, seine Furcht zu bekämpfen. Er gedachte mehrere Male während des Tages und noch einmal vor dem Schlafengehen der Wohltat dieses Aufzuges, und zwar mit folgender Formulierung: »Der Aufzug in unserem Bürogebäude ist eine fabelhafte Sache. Die Idee dazu entstammt dem Allgeist. Er ist eine Wohltat und ein Segen für alle unsere Angestellten. Er leistet uns hervorragende Dienste. Auch er gehorcht dem göttlichen Gesetz. Wie alle anderen benutze ich ihn, und das macht mir Freude. Ich spüre den Strom des Lebens, der Liebe und des Verständnisses in meiner Seele. Ich sehe mich im Aufzug: mit dem Rücken leicht angelehnt und im Bei-

sein mehrerer unserer Angestellten. Ich spreche mit ihnen, und sie geben mir freundlich und freudig Antwort. Es ist ein wundervolles Erlebnis der Selbstbefreiung, der Zuversicht und des Selbstvertrauens. Ich danke von ganzem Herzen dafür.«
Dieses Gebet wiederholte er etwa zehn Tage lang, um seine als Klaustrophobie bezeichnete Angst vor der Enge des Liftes zu überwinden; am elften betrat er den Aufzug zusammen mit einer Reihe von Mitarbeitern und fühlte sich völlig frei von Furcht.

Normale und abnormale Furcht

Dem Menschen sind nur zwei Ängste angeboren: die Furcht vor dem Fallen und die Furcht vor bedrohlichen Geräuschen. Die Natur hat uns zum Zweck der Selbsterhaltung eine Art von Alarmsystem mitgegeben. Normale Furcht ist etwas Gutes. Sie hören ein Auto auf sich zukommen und springen zur Seite, um Ihr Leben zu retten. Die Furcht, überfahren zu werden, löst spontan die entsprechende Abwehrhandlung aus. Aus diesem Beispiel wird ersichtlich, wie dieses naturgewollte Alarmsystem funktioniert.
Dagegen ist das menschliche Dasein von so vielen Ängsten und unbegründeten Befürchtungen überschattet, die eine reine Folge fehlgeleiteter Erziehung sind und für die – so bedauerlich diese Tatsache ist – Eltern, Verwandte, Lehrer und alle sonst die Psyche eines Kindes beeinflussenden Faktoren verantwortlich gemacht werden müssen.

Abnormale Furcht

Abnormale Furcht ist eine Folge unkontrollierter Phantasie. So begann zum Beispiel eine Dame, die zu einem Flug rund um die Welt eingeladen war, aus den Zeitungen alle Berichte über Flugzeugkatastrophen auszuschneiden. Sie sah sich bereits abstürzen, im Ozean ertrinken, verbrennen. Dies sind selbstverständlich Schreckensbilder einer abnormalen

Furcht. Hätte sie aber ihrem Wahn nicht Einhalt geboten, so wäre sicher noch gerade das eingetreten, was sie am meisten fürchtete.

Ein ehemals erfolgreicher und wohlhabender New Yorker Geschäftsmann lieferte uns ein weiteres Beispiel derartiger abnormaler Befürchtungen. Obwohl es ihm in jeder Hinsicht gut ging, verfiel er düsterster Schwarzseherei, die er in seiner Phantasie in lebensechten Szenen ausschließlich des Misserfolges geradezu kultivierte. Er sah sich leeren Geschäftsräumen und Kassen gegenüber, ja sogar im Bankrott enden. Trotz aller Warnungen konnte er sich von diesen morbiden Vorstellungen nicht befreien, und er machte seiner Frau gegenüber immer wieder Bemerkungen wie »So kann es nicht weitergehen«, »Es gibt bestimmt eine Krise«, »Wir machen sicher noch Konkurs«.

Kein Wunder, dass seine Geschäfte immer schlechter gingen und sich schließlich seine schlimmsten Befürchtungen bewahrheiteten. Er ging in der Tat Bankrott. Dazu hätte es nach der objektiven Geschäftslage nie kommen müssen – hätte er nicht das Unglück einfach dadurch herbeigeschworen, dass er sich völlig unbelehrbar und ungehemmt im Gefälle seiner Schwarzseherei treiben ließ. Wie Hiob sagte: *»Was ich am meisten fürchtete, ist über mich gekommen.«*

Manche fürchten, ihren Kindern könnte etwas Schreckliches geschehen, und auch sie selbst könnten irgendeiner fürchterlichen Katastrophe anheim fallen. Sobald sie von einer Epidemie oder seltenen Krankheit lesen, leben sie in dauernder Angst vor einer Ansteckung oder glauben sich bereits davon befallen. Und Sie?

Das Mittel gegen abnormale Furcht

Fassen Sie Mut! Wer sich seinen Beängstigungen ergibt, zerstört alles: sein Leben, seine Aussichten, seinen Körper und Geist. Sobald uns Furcht befällt, tritt gleichzeitig ein dringendes Verlangen nach einem unserem Angstbild entgegengesetzten Erlebnis oder Zustand ein. Konzentrieren Sie sich unverzüglich auf dieses Ihr Reaktionswunschbild. Beschäftigen Sie sich ausschließlich mit dieser positiven Vorstellung, denn Sie wissen ja, Ihre subjektive Vorstellung wird sich durchsetzen dank der unendlichen Macht Ihres Unterbewusstseins. Diese geistige Einstellung wird Ihnen Mut einflößen und Ihre Stimmung heben. Sie werden deshalb in Frieden und Sicherheit leben. Ihnen kann nichts geschehen.

Schauen Sie der Furcht ins Antlitz

Der Generaldirektor eines großen Unternehmens erinnert sich noch heute daran, wie er in seiner ersten Zeit als Vertreter regelmäßig ein halbes Dutzend Mal um das Haus eines jeden Kunden herumging, ehe er den Mut fand, einzutreten. Als ihn eines Tages der Verkaufsleiter begleitete, sagte dieser: »Sie fürchten sich doch nicht vor dem Schwarzen Mann. Es gibt keinen Schwarzen Mann. Ihre Angst ist völlig grundlos.«

Seither hatte er sich daran gewöhnt, jeder Furcht ins Antlitz zu blicken und so weit ihr nicht eine wirkliche Gefahr zu Grunde lag, hatte sie sich noch jedes Mal ins Nichts aufgelöst.

Landung im Dschungel

Ein Feldgeistlicher erzählte mir einmal von seinen Erlebnissen im Zweiten Weltkrieg. Eines Tages musste er mit dem Fallschirm aus einem brennenden Flugzeug abspringen und landete im Dschungel. Er hatte große Angst, doch wusste er, dass es zwei Arten von Furcht gibt, die normale und die abnormale, deren Wesen wir im Vorhergehenden bereits erläutert haben.

Er beschloss, seine Lage ruhig zu durchdenken, und sagte sich: »John, du darfst deiner Furcht nicht nachgeben. Deine Angst ist nichts anderes als der Wunsch nach einem Ausweg, nach Rettung und Sicherheit.«

Dann stellte er voll Vertrauen fest: »Die unendliche Weisheit, die die Bahn der Planeten bestimmt, führt und leitet mich nun aus diesem Dschungel heraus.«
Diese Sätze sprach er laut vor sich hin. »Dann«, so fuhr er fort, »begann sich etwas in mir zu regen. Zuversicht überkam mich. Und ich machte mich auf. Nach einigen Tagen war ich den Gefahren des Dschungels wie durch ein Wunder entronnen und wurde von einem Rettungsflugzeug in Sicherheit gebracht.«
Seine geistige Einstellung hatte ihn gerettet. Vertrauen und unerschütterlicher Glaube an die ihm innewohnende Macht der subjektiven Weisheit hatten ihm aus einer scheinbar ausweglosen Situation herausgeholfen.
Er schloss: »Hätte ich einmal damit angefangen, mein Schicksal zu beklagen und meiner Furcht nachzugeben, so wäre ich sicher ein Opfer der Angst geworden und wahrscheinlich vor Elend und Hunger gestorben.«

Wie man sich selbst entlassen kann

Ein Bekannter, Prokurist eines großen Unternehmens, erzählte mir, dass er seinerzeit etwa drei Jahre lang in der dauernden Furcht gelebt habe, entlassen zu werden. Er habe bei allem nur an mögliche Misserfolge gedacht. Seine Befürchtungen hatten keinerlei wirkliche Grundlage und waren nur der Ausfluss morbider Gedanken. Seine äußerst lebendige Phantasie aber dramatisierte die Situation so lange, bis er vor Angst, seine Stellung zu verlieren, nervös und unsicher wurde. Schließlich wurde er tatsächlich gebeten, seinen Posten zur Verfügung zu stellen.
Genau genommen aber hatte er sich selbst entlassen. Seine dauernden negativen Vorstellungen und Selbstsuggestionen hatten eine entsprechende Reaktion des Unterbewusstseins herbeigeführt. Einzig aus diesem Grunde machte er nun auf einmal wirklich Fehler und traf Fehlentscheidungen, die ihn als Prokuristen schließlich untragbar erschei-

nen ließen. Er hätte niemals seine Stellung eingebüßt, wenn er seine Gedanken sofort auf seinen Angstvorstellungen entgegengesetzte Wunschbilder konzentriert hätte.

Immun gegen negative Gedanken

Während einer Vortragsreise rund um die Welt führte ich ein zweistündiges Gespräch mit einem hohen Regierungsbeamten. Er strahlte unerschütterliche Ruhe und Heiterkeit aus. Er erklärte mir, alle Angriffe der Zeitungen und Anwürfe seiner politischen Gegner hätten ihn niemals aus der Ruhe gebracht. Er pflegte sich jeden Morgen eine Viertelstunde lang geistiger Betrachtung zu widmen, insbesondere der Vorstellung, dass sein Herz einen ganzen Ozean stillen Friedens in sich berge. Aus diesem Gedanken ziehe er die unerschöpfliche Kraft, alle Schwierigkeiten und Befürchtungen zu überwinden.

Vor nicht allzu langer Zeit nun hatte ihn mitten in der Nacht ein Kollege angerufen, um ihn vor einer gegen ihn gerichteten Verschwörung zu warnen. Er antwortete darauf: »Ich werde jetzt in Ruhe und Frieden schlafen. Sie können die Angelegenheit morgen Vormittag um zehn Uhr mit mir besprechen.«

Er fuhr fort: »Ich weiß eben, dass sich kein negativer Gedanke je verwirklichen kann – außer ich lasse mich zu starken Gefühlsreaktionen hinreißen und nehme ihn geistig als Tatsache hin. Ich weigere mich strikt, mir irgendwelche Befürchtungen suggerieren zu lassen. Deshalb kann mir auch nichts Böses geschehen.«

Wie unerschütterlich, ruhig, zuversichtlich und friedvoll war doch dieser Mann! Es wäre ihm nie eingefallen, sich aufregen zu lassen, sich die Haare zu raufen oder verzweifelt die Hände zu ringen. Im innersten Mittelpunkt seines Wesens befand sich ein ozeantiefes stilles Kraftreservoir, aus dem er seine unerschütterliche Ruhe schöpfte.

Befreien Sie sich von aller Furcht

Wenden Sie folgende, unbedingt zuverlässig wirkende Formel an, um sich von aller Furcht zu befreien: *»Als ich den Herrn suchte, da erhörte er mich und machte mich frei von allen meinen Ängsten.«* (Psalm 34,5) Das Wort »Herr« ist auszulegen als die Allmacht und die unendlichen Kräfte Ihres Unterbewusstseins.

Vertiefen Sie sich in die wundervollen Geheimnisse Ihres Unterbewusstseins, in seine Arbeits- und Wirkungsweise. Lernen Sie, die in diesem Kapitel beschriebenen Techniken zu beherrschen. Wenden Sie sie noch heute an!

Ihr Unterbewusstsein wird reagieren und Sie von aller Furcht befreien. *»Als ich den Herrn suchte, da erhörte er mich und machte mich frei von allen meinen Ängsten.«*

Merksätze

1. Tun Sie das, wovor Sie Angst haben, und alle Furcht wird vergehen. Sagen Sie sich aus voller Überzeugung: »Ich werde diese Furcht überwinden«, und es wird Ihnen gelingen.
2. Angst ist ein negativer Gedankeninhalt. Ersetzen Sie ihn durch konstruktive Vorstellungen. Die Furcht hat schon Millionen von Menschen getötet. Hoffnung und Selbstvertrauen sind stärker als die Furcht. Nichts ist mächtiger als der Glaube an Gott und das Gute.
3. Die Furcht ist die größte Feindin der Menschheit. Sie ist die eigentliche Ursache vieler Fehlschläge, Krankheiten und gespannter menschlicher Beziehungen. Die Liebe vertreibt alle Furcht. Liebe bedeutet emotionale Bindung an die guten Dinge des Lebens. Lernen Sie, Ehrlichkeit, Offenheit, Gerechtigkeit, Gutwilligkeit, Glück, Freude und Erfolg zu lieben. Leben Sie in der freudigen Erwartung des Besten, und das Beste wird Ihnen zuteil werden.

4. Wirken Sie jeder suggestiven Kraft irgendwelcher Angstvorstellungen mit positiven Feststellungen entgegen, wie zum Beispiel: »Ich bin völlig ruhig, gefasst und sicher.« Diese Methode wird Ihnen reichen Gewinn bringen.
5. Angst ist die eigentliche Ursache des Gedächtnisschwunds während mündlicher/schriftlicher Examen. Sie können diesen Zustand überwinden, indem Sie sich wiederholt und überzeugt sagen: »Ich besitze ein vollkommenes Gedächtnis, das alles Wichtige festhält und mir bei Bedarf sofort zur Verfügung steht.« Stellen Sie sich einen Freund vor, der Ihnen zum hervorragend bestandenen Examen gratuliert. Lassen Sie sich durch nichts von diesem positiven Wunschbild abbringen, und Sie werden Erfolg haben.
6. Falls Sie sich vor dem Wasser fürchten, gehen Sie schwimmen. Versetzen Sie sich im Geist an den Strand oder in ein Schwimmbad. Fühlen Sie, wie das kühle Wasser Ihre Glieder umspült und Ihren Körper trägt. Spüren Sie Ihre rhythmischen Bewegungen. Ihre kraftvoll ausholenden Züge. Wer sich im Geiste lange genug in diese Tätigkeit hineinsteigert, wird bald den Drang zur Verwirklichung verspüren. Er wird furchtlos ins Wasser gehen und schwimmen können. Dies ist das Gesetz des Geistes.
7. Wer sich vor geschlossenen Räumen, wie zum Beispiel Aufzügen, fürchtet, tut am besten daran, sich geistig in einen Lift zu versetzen, mit ihm zu fahren und sich dabei die Wohltat dieser Einrichtung und ihre Funktionen zu vergegenwärtigen. Mit Überraschung wird man feststellen, wie schnell diese Methode alle Furcht zerstreut.
8. Dem Menschen sind nur zwei Ängste angeboren: die Furcht vor dem Fallen und die Furcht vor bedrohlichen Geräuschen. Alle anderen Beängstigungen sind das Ergebnis ungünstiger Einflüsse. Werfen Sie solche Befürchtungen über Bord.

9. Normale Furcht ist etwas Gutes. Die abnormale Furcht jedoch stellt eine ernste Bedrohung dar. Wer sich ständig irgendwelchen Angstvorstellungen hingibt, wird zum Schluss das Opfer abnormaler Furcht, von fixen Ideen und Komplexen. In dauernder Furcht vor einer imaginären Gefahr zu leben führt zu Panik und lähmendem Entsetzen.
10. Sie können jede abnormale Furcht überwinden, indem Sie sich ins Gedächtnis rufen, dass Ihr Unterbewusstsein alle Umstände zu Ihren Gunsten wandeln und Ihre Herzenswünsche erfüllen kann. Wenn Sie irgendeine Angstvorstellung heimsucht, konzentrieren Sie sich sofort auf ein derselben entgegengesetztes Wunschbild. Generell ist es die Liebe, die die Furcht vertreibt.
11. Wer sich vor Misserfolg fürchtet, muss sein Denken auf Erfolg konzentrieren. Wer sich vor Krankheit fürchtet, muss sein Denken auf völlige Gesundheit richten. Wer in Angst vor einem Unfall lebt, soll seine Gedanken auf die Güte und die schützende Hand Gottes lenken. Wen der Tod in Schrecken versetzt, soll des ewigen Lebens gedenken. Gott ist Leben – und Sie leben in Gott.
12. Das große Gesetz der Substitution ist ein wirksames Heilmittel gegen jede Furcht. Jeder Befürchtung steht eine bestimmte Hoffnung gegenüber. Wenn Sie krank sind, hoffen Sie auf Gesundheit; wenn Sie in den Sklavenketten der Angst leben, ersehnen Sie sich Befreiung – erwarten Sie stets das Beste. Konzentrieren Sie sich geistig unausgesetzt auf das Gute, und Ihr Unterbewusstsein wird entsprechend reagieren. Es lässt Sie nie im Stich.
13. Furcht ist letzten Endes nichts anderes als ein Gedankeninhalt. Gedanken besitzen aber schöpferische Kraft. Dies ist der Grund, warum Hiob sagte: *»Was ich am meisten fürchtete, ist über mich gekommen.«* Denken Sie das Gute, und das Gute wird eintreten.

14. Schauen Sie Ihrer Furcht ins Antlitz. Untersuchen Sie Ihre Ängste im Licht der Vernunft. Lernen Sie, über Ihre Befürchtungen zu lachen, das ist die beste Medizin.
15. Nichts kann Ihnen irgendetwas anhaben mit Ausnahme Ihrer eigenen Gedanken. Von anderen ausgehende Suggestionen, Feststellungen oder Drohungen haben keinerlei Macht über Sie. Diese Macht ruht nur in Ihnen selbst – und wer seine Gedanken auf das Gute richtet, wird von der Hand Gottes geschützt. Es gibt nur eine einzige schöpferische Kraft, die sich in Harmonie entfaltet und durch Harmonie wirkt. Zwist und Streit sind ihr fremd, ihre einzige Quelle ist die Liebe. Deshalb auch schützt Gottes Allmacht den, der seinen Geist auf das Gute richtet.

Die Heiterkeit oder das Freisein von Angst und Hass

Fast täglich hören wir heutzutage irgendjemanden gequält sagen: »Ich mache mir schreckliche Sorgen.« Die Menschen, die das sagen, sind sich der Folgen solcher oder ähnlicher Äußerungen meist nicht bewusst. Doch die Folgen bleiben nicht aus. Wenn Gedanken- und Gefühlsinhalte dieser Art, zumal noch in der durch sprachlichen Ausdruck erhärteten Form, zur Gewohnheit werden, kann es nicht ausbleiben, dass ein Mensch, der immer wieder davon redet, dass er sich »Sorgen macht«, zum chronisch Besorgten wird.
Mütter sorgen sich ständig um ihre Söhne oder Töchter, Väter um ihren Posten oder ihre Aufstiegschancen, Geschäftsleute um die Firma. Millionen Menschen sind in Sorge um ihre Gesundheit, ihre finanzielle Sicherheit oder auch um ihr Land, um die Menschheit.

Die Last unheilvoller Fixierung

In meinen Gesprächen mit chronisch Besorgten fand ich heraus, dass nur selten eine wirklich schwere Last oder die Folge einer großen Tragödie sie bedrückt, meist handelt es sich um geringfügige, eigentlich unbedeutende Anlässe. Es sind... *die kleinen Füchse, die die Weinberge verderben...* (Hohe Lied Salomos 2,15).

Die Ärzte wissen mittlerweile, dass chronische Besorgnis die Verdauung stört, Geschwüre verursacht und den ganzen Organismus schwächt. Sorgen um noch so belanglose Kleinigkeiten können die Lebenskräfte eines Menschen aufzehren.

Gewöhnlich machen wir uns Sorgen nicht wegen dem, was ist, sondern wegen dem, was sein könnte – was heute oder morgen sein könnte. Wenn Sie auf Ihr Leben zurückblicken, werden Sie erkennen, dass die meisten Befürchtungen, die Sie früher einmal beunruhigt haben, überhaupt nicht eingetroffen sind. Doch Sie haben sich selbst Ihres Seelenfriedens und Ihrer Kraft beraubt. Viele Menschen haben deswegen die Harmonie ihres Lebens zerstört und sich sogar zu einem seelischen und körperlichen Wrack gemacht – völlig sinnloserweise, wie sie dann im Nachhinein feststellen mussten.

Besorgtheit, Beunruhigung, Angst, diese einander verwandten Gefühle sind stets auf die gleiche Ursache zurückzuführen, nämlich auf den Mangel an Gottvertrauen, und das heißt, da die Gotteskraft im Menschen ist, auf den Mangel an Selbstvertrauen. Wer dieses Urvertrauen hat, vermag in freudiger Erwartung des Besten zu leben und braucht keine Angst zu haben. Angst aber ist das Gegenteil dieses entscheidend wichtigen Vertrauens.

Wer sich Sorgen macht, konzentriert seine Aufmerksamkeit auf unheilvolle Vorstellungen und schneidet sich somit von aufbauenden Gedanken und ihn bestärkenden Gefühlen ab. Chronische Besorgtheit kann man als Symptom einer Art

Besessenheit betrachten, denn sie bedeutet, dass ein Mensch von falschen Vorstellungen beherrscht wird. Der Zustand, in dem er sich befindet, ist gekennzeichnet durch eine Fixierung auf das Negative, und das ist die Folge ständiger destruktiver Selbstsuggestionen, die natürlich im Laufe der Zeit das Unterbewusstsein dementsprechend prägen. Die Psychologen sprechen angesichts chronischen Besorgtseins eines Menschen von einer Zwangsneurose; das bedeutet nichts anderes, als dass ein durch und durch krankhafter Zustand unheilvoller Fixierung erreicht ist. Der Mensch nagt wie ein Hund an einem Knochen, an dem kein Fleisch mehr ist! Die Fixierung kann so weit gehen, dass chronisch besorgte Menschen oft sogar böse reagieren, wenn man ihnen rät, ihre Haltung zu ändern und einen konstruktiven Standpunkt einzunehmen.

Sie befürchtete ein Erdbeben

Eine ältere Frau, die in meiner Nähe wohnt, kam mit allerlei Statistiken über die auf der ganzen Erde aufgetretenen Erdbeben zu mir und legte mir auch diverse Zeitungsartikel vor, in denen von Erdbeben die Rede war, die angeblich Kalifornien in nächster Zeit drohen würden. Sie schien mir von dem Gedanken an Erdbeben regelrecht besessen.

Da sie eine gebürtige Französin war, fragte ich sie, ob sie denn Ausdruck und Sinn von Laisser-faire ganz vergessen habe. »Ja wirklich«, sagte ich, »nonchalantes Geschehenlassen ist der einzig richtige Standpunkt in Angelegenheiten, an denen Sie nichts ändern können. Aber Sie können Ihr Denken und Glauben ändern.« Und ich schenkte ihr eines meiner Bücher, *Die unendliche Quelle Ihrer Kraft* (Ariston Verlag), weil ich mich zu erinnern glaubte, in diesem Buch einen ähnlichen Fall beschrieben zu haben.

So begann die Frau, sich nun mit den Gesetzen des Denkens und Glaubens zu beschäftigen. Das fiel ihr umso leichter, als schon ihr Arzt, Dr. Frank W. Varese, ein Verfechter der

Ganzheitsmedizin, ihr geraten hatte, sich in die Psalmen zu vertiefen und vor allem über den 27. und den 91. Psalm zu meditieren. Und ihr dämmerte bald auf, was sie sich antat, indem sie den ganzen Tag lang nach Schwierigkeiten suchte, die es nicht gab und die nie eintrafen. Sie erkannte, warum ihr Blutdruck beängstigend gestiegen war und sie an Schlaflosigkeit litt.

Der Glaube an Gott als Inbegriff alles Guten löscht Angst und Sorgen aus. Eine veränderte Haltung ändert alles. Als die Frau wieder zu mir kam, freute ich mich zu sehen, dass sie auf einem guten Weg war. Ich schrieb ihr ein Gebet auf und bat sie, sich dessen Inhalt mehrmals am Tag zu vergegenwärtigen und voll Überzeugung zu bekräftigen, denn auf diese Weise würde sie ihre Angst durch Gottvertrauen ersetzen und ihre Sorgen bald lossein. Das Gebet lautete:

»Ein Schutzmantel der Liebe Gottes hüllt mich ein. Ich bin unverwundbar, und nichts als das Gute und sehr Gute kann mich berühren. Ich hülle mich in das Gewand unendlicher Liebe und unendlichen Friedens. Gott wacht über mich, und wo ich bin, da ist Gott. Seine Allgegenwart schützt mich, so bin ich gegen jede Unbill gefeit. Sobald mir ein Gedanke der Sorge oder der Angst kommt, werde ich bekräftigen: ›Gott wacht über mich.‹ Es ist wunderbar!«

Da sich die Frau solches Beten zur Gewohnheit machte, veränderte sich bald auch ihr Zustand. Ihr Blutdruck ist wieder normal, und sie schläft gut. Sie nimmt jetzt gegenüber Ereignissen, über die sie keine Kontrolle hat, eine heitere und gelassene Haltung ein. Als ich ihr kürzlich zufällig begegnete, begrüßte sie mich lachend: »Je laisse faire! Sie auch?«

Gelassen und heiter oder seelisch bucklig

Unlängst kam ich auf einem Flughafen mit einem Mann ins Gespräch, dessen Flug überraschend gestrichen worden war. Er hätte am Bestimmungsort einen überaus wichtigen

Vertrag unterschreiben sollen, so bedeutete der Ausfall des Flugs für ihn eigentlich eine schlimme Panne. Doch er sagte zu mir: »Gott kennt wohl einen besseren Weg zu diesem Vertragsabschluss.« Er blieb gelassen; heiter und ruhig nahm er die nächste Maschine, nachdem er seinen Partnern die Lage telefonisch erklärt hatte.

Später berichtete er mir, dass sich für ihn alles bestens gefügt habe. Kurz vor seinem verspäteten Eintreffen sei ein neuer, für ihn vorteilhafter Umstand zu Tage getreten, der ihn für die Flugpanne reichlich entschädigt habe.

Die Panne war ohne Bedeutung; wichtig war nur, was der Mann über diese dachte. Er hatte die richtige Einstellung; sein positives Denken führte dazu, dass für ihn alles nach Wunsch ging.

Ich hatte, während ich in der Schlange wartete, beobachten können, wie der neben ihm stehende Mann auf die Annullierung des Flugs höchst ungehalten reagierte und den Angestellten der Fluggesellschaft beschimpfte. Dieser Fluggast kochte innerlich. Dabei hätte er nur die Situation zu akzeptieren und zu bekräftigen brauchen: »Ich bin heiter und ruhig, und wenn solche Dinge geschehen, sage ich mit Paulus: *Aber ich achte der keines …«* (Apostelgeschichte 20,24).

Von den Vertretern der psychosomatischen Medizin wird immer wieder darauf hingewiesen, dass Ärger, Zorn, Groll und Hass eine vermehrte Ausschüttung von Hormonen des Adrenalintyps auslösen und dass diese Hormone zu hohem Blutdruck sowie zu einem beschleunigten Puls führen – ganz abgesehen von anderen den Organismus schädigenden Auswirkungen.

Sie können immer selbst bestimmen, wie Sie auf eine gewisse Situation reagieren. Denken Sie daran: Sie haben die Kontrolle über Ihre Gedanken. Sie sind Herr über Ihre Gedanken und somit auch über Ihre Gefühle. Sie lassen sich von destruktiven Anwandlungen nicht forttreiben. Bekräftigen Sie möglichst oft: »Mich erschüttert nichts; ich bin gelassen, ruhig, entspannt und gelöst. Gottes Frieden ist in mir.«

Es gibt eine große Zahl Menschen, die unser Mitleid verdienen: es sind seelisch Bucklige. Diese Menschen fühlen sich minderwertig, sind unsicher, vom Leben enttäuscht und verbittert. Gewöhnlich machen sie sich selbst herunter und leiden unter den unvermeidlichen Folgen ihrer Selbstverurteilung. In der Regel neigen sie dazu, ihre Mängel auf andere Menschen zu projizieren.

Ihre Ansichten und Überzeugungen spiegeln ihre negative Einstellung wider. Die Reden solcher enttäuschter Menschen können Sie innerlich abwehren, denn Sie verstehen deren Problem, das eine Folge ihres fehlgeleiteten Denkens und Glaubens ist. Wünschen Sie den seelisch Buckligen alles Gute und gehen Sie unbeirrt Ihren Weg. Halten Sie sich an das nachstehende alte Gebet:

»Gott, schenke mir die Heiterkeit, all das zu akzeptieren, was ich nicht ändern kann, den Mut, all das zu ändern, was ich ändern kann, und die Weisheit, zwischen beidem zu unterscheiden.«

Die »vom Pech verfolgte« Journalistin wurde Schriftstellerin

Eines Tages suchte mich eine fünfzigjährige Frau auf, die einen unglücklichen Eindruck machte. Sie erzählte, sie sei dreimal geschieden, habe in ihrem Leben sehr viele Artikel geschrieben und werde von Frauenclubs gern als Rednerin eingeladen. »Doch alle meine Buchmanuskripte sind abgelehnt worden.« Und traurig schloss sie: »Vielleicht bin ich vom Pech verfolgt. Jedenfalls weiß ich, dass mit mir etwas nicht stimmt.« Ihr ganzer Bericht war von negativen Äußerungen durchzogen. Sie glaubte tatsächlich, ihr Leben stünde unter keinem guten Stern.

Ich machte der bedrückten Journalistin klar, dass es für sie am allerwichtigsten sei, ihre ungesunde Angst vor imaginären, gegen sie arbeitenden bösen Mächten aufzugeben. Es sei doch viel interessanter, sagte ich, in ein wahrhaft schönes Leben einzutreten und wirkliche Erfüllung kennen zu lernen. Um ihre Situation zum Guten zu wenden, müsse sie ihre Aufmerksamkeit auf all das lenken, was gut, aufbauend, harmonisch und förderlich ist.

Die Frau erklärte sich bereit, zwei Monate lang ein Experiment zu machen und mir dann die Ergebnisse zu berichten. Ganz bewusst konzentrierte sie ihre Aufmerksamkeit auf das, was sie sich in ihrem Leben wünschte. Nachdrücklich bekräftigte sie: »Die unendliche Weisheit öffnet den Weg für die Veröffentlichung meiner Buchmanuskripte. Ich bin glücklich verheiratet, ich bin von dynamischer Aktivität erfüllt und erhalte in göttlicher Fügung meinen Lohn. Ich habe ein hervorragendes Einkommen, das ich mir ehrlich und in Würde verdiene. Ich setze meine Talente und Fähigkeiten in wunderbarer, nützlicher Weise ein. Man schätzt mich, ich bin gefragt und werde gebraucht. Ich freue mich. Gott, ich danke dir.«

Sie wiederholte diese aufbauenden Bekräftigungen regelmäßig und widmete so ihre Aufmerksamkeit der freudigen Erwartung des Guten. Noch vor Ablauf der vereinbarten Frist teilte sie mir mit, dass sie plötzlich, aus heiterem Himmel, Anerkennung gefunden habe. Sie hatte eine Anstellung als Verlagsassistentin gefunden. Der Verleger hatte ihre Manuskripte gelesen und beschlossen, ihre sämtlichen Schriften nacheinander zu veröffentlichen. Infolge ihrer veränderten Geistes- und Gefühlshaltung erhielt sie nun tatkräftige Unterstützung seitens vieler Menschen, die sie zuvor kaum gekannt hatte.

Sie führt nicht länger ein Leben der Einschränkung, denn sie ist jetzt beherrscht von der Vorstellung eines reichen und erfüllten Lebens. Inzwischen, rund ein Jahr später, ist sie auch verheiratet und sehr glücklich in ihrer Ehe. Sie hat sich in eine Begeisterte verwandelt. Begeisterte sind alle die Menschen, die sich zuerst geistig einem Wunschtraum, einem Anliegen, einem Ideal verschrieben haben und dann ihr Leben der Verwirklichung ihres Wunschtraums, ihres Anliegens, ihres Ideals verschreiben. Solche Menschen »versetzen Berge«.

Beten für andere befreite sie

Die Chefsekretärin eines angesehenen Unternehmens beklagte sich bei mir über das »unmoralische, ausschweifende Leben«, das die meisten Firmenangehörigen angeblich führten. Nicht wenige verheiratete Frauen hatten nebenher ihre Freunde; von den verheirateten Männern unterhielten viele Verhältnisse und rühmten sich noch ungeniert ihrer Untreue. Die Chefsekretärin war ein sehr selbstgerechtes Wesen, sie schaute auf die anderen herab und hielt für tugendsam nur sich selbst.
Ich erklärte ihr, dass sie das Leben ihrer Arbeitskollegen nicht beherrschen könne und auch nicht zu beherrschen versuchen dürfe. Wenn die einen oder anderen ihrer Kollegen Krebs oder Tuberkulose hätten, verkrüppelt oder gelähmt wären, so sagte ich, würde sie ihnen sicher nicht zürnen, sondern ihnen voll Mitleid alles Gute, vor allem Gesundheit wünschen. Ich machte ihr klar, dass manche Menschen eben eine ungesunde Einstellung, eine verdrehte Denkweise oder ein gestörtes Gefühlsleben haben und dass sie in einem solchen Fall nur eines tun könne, nämlich für diese Menschen beten statt sie verurteilen. Einzig dadurch könnte sie ihren Zorn und ihre Feindseligkeit überwinden. Von dem großen römischen Kaiser und Philosophen Mark Aurel stammt das wahre Wort: »Wo kein Urteil ist, da ist kein Schmerz.«
Die Frau sah ein, dass sie aufhören musste, Urteile über andere zu fällen, weil alles Bittere, das sie ihren Kollegen zudachte, ihrem eigenen Gefühlsleben sehr schadete und

als Folge davon auch zu körperlichen Störungen führte. Ab sofort betete sie jeden Morgen und jeden Abend für die Kollegen: »Ich sehe in meinen Kollegen das Göttliche, das jeder Mensch kraft Geistes in sich trägt. Gott führt sie. Göttliche Liebe erfüllt ihren Geist und ihre Herzen. Gottes Frieden durchströmt sie und erfüllt ihr ganzes Wesen. Gott liebt sie und sorgt für sie. Ich strahle ihnen gegenüber Liebe und Wohlwollen, Frieden und Freundlichkeit aus.«
Wenn Gedanken oder Gefühle des Ärgers oder Zorns in ihr aufstiegen, was, wie sie mir gestand, anfangs natürlich noch oft geschah, begegnete die Frau solchen Anwandlungen sofort mit dem spirituellen Gedanken: »Gott liebt euch und sorgt für euch.«
Ihre neue Einstellung heilte sie von ihrer selbstgerechten Arroganz, andere zu kritisieren und zu verurteilen. Die Migräne, unter der sie jahrelang gelitten hatte, verschwand, sie litt auch keine Seelenqualen mehr. Sie wurde ein gesunder, ausgeglichener Mensch und erfuhr an sich, wie wertvoll es ist, für andere zu beten. Indem sie für andere betete, vermochte sie aus sich selbst herauszugehen und sich geistig-seelisch zu befreien.
Schon der englische Dichter Alfred Tennyson kannte die befreiende Wirkung des Betens für andere, wie die nachstehenden Verse deutlich machen:

Wie wollen Menschen besser sein als Schafe oder Ziegen,
Wenn sie, Gott kennend, nicht die Hände heben zum Gebet
Für jene, die sie lieben und denen sie als Freunde gelten,
Ist doch auf solche Weise unsre ganze runde Erde
Mit goldnen Ketten an den Füßen Gottes festgemacht.

Und Kaiser Mark Aurel, den seine philosophischen Neigungen der Stoa nahe brachten, gelangte zu der Erkenntnis: »Was irgendein Mensch auch tut oder sagt, du musst gut sein; nicht um irgendeines Menschen willen, sondern um deiner eigenen Natur willen; so, wie der Smaragd zu sich sagen würde: Was immer irgendein Mensch tut oder sagt, ich muss trotzdem ein Smaragd sein, und ich muss meine Farbe behalten.«

Seien Sie heiter, denn Sie sind wunderbar!

Wenn Sie jemanden aufsuchen müssen, den Sie für eine für Sie wichtige oder große Persönlichkeit halten, sollten Sie unbedingt »geistige Boten« vorausschicken, die Ihnen den Weg ebnen. Wenden Sie folgende Gebetsformel an: »Göttliche Liebe geht mir voraus und macht mir den Weg eben, den ich heiter und froh gehen werde. Ich sende die Boten Friede, Harmonie, Freude und Freundlichkeit vor mir her, die meine Anweisungen getreulich ausführen. Der göttliche Geist in mir grüßt den göttlichen Geist in ... (nennen Sie den Namen), und zwischen uns herrschen Harmonie und göttliches Verständnis. Wir sind beide gesegnet.«

Bekräftigen Sie diese Suggestionen, bis Sie im innersten Herzen von deren Wahrheit überzeugt sind. Sie spüren es, wenn dies der Fall ist, weil dann eine heitere Gemütsruhe Sie erfüllt.

Epiktet, der im ersten Jahrhundert nach Christus lebte, verstand seine Philosophie – er wird den Stoikern zugerechnet – in praktische Lebensweisheiten umzusetzen. »Wenn du zu einer großen Persönlichkeit gehst, denke daran, dass ein Anderer [Gott] von oben sieht, was geschieht, und dass du eher Ihm gefallen solltest als deinem Großen.«

Epiktet war es auch, der uns die weisen Worte hinterließ: »Soll ich nicht den verletzen, der mich verletzt hat? Überlege zunächst einmal, was verletzen bedeutet. Denn wenn das Gute und ebenso auch das Böse in meiner Wahl des Handelns besteht, siehe, ob das, was du sagst, nicht heißt: Was denn? Soll ich, nachdem dieser Mensch sich selbst verletzt hat, indem er Unrecht an mir handelte, mich auch selbst verletzen, indem ich Unrecht an ihm handle?«

Wenn Sie Hass- und Rachegelüsten nachgeben, schaden Sie tatsächlich nur sich selbst und vergeuden Ihre Kräfte. Haben Sie sich schon einmal vergegenwärtigt, welche ungeheuren Möglichkeiten unerschlossen in Ihnen ruhen, wie wunderbar Sie im Grunde sind? Ja, Sie *sind* wunderbar! Göttliche Fähigkeiten und Kräfte schlummern in Ihnen und warten nur darauf, von Ihnen erschlossen und genutzt zu werden. Sie leben hier auf Erden, um das Göttliche in Ihnen zu erkennen, und das ist wunderbar. Und wenn Sie das Göttliche im Leben zur Geltung bringen, dann erfüllen Sie das Gesetz des unendlichen Geistes, nämlich ein glückliches, erfülltes Leben zu führen.

Lösen Sie sich von falschen alten Überzeugungen. Werfen Sie die alten Kleider ab und seien Sie nicht länger ein armer Mensch, ein kranker Mensch, ein leidender Mensch. Verlassen Sie die ausgefahrenen Geleise, auf denen Sie sich in Ihrer Kindheit bewegten. Singen Sie etwa noch die gleichen Lieder wie damals? Glauben Sie etwa noch immer alles, was Großmutter und Großvater Ihnen damals über Gott, das Leben und das Universum erzählten? Hegen Sie etwa heute noch die überlebten Überzeugungen längst toter Menschen, Ideen, die sich im Lichte neuer wissenschaftlicher Erkenntnisse als falsch erwiesen haben?

Leider beharren die meisten Menschen auf abwegigen alten Vorstellungen von Gott und der Bestimmung des Menschen, obwohl jedermann bei nur geringster Aufgeschlossenheit wissen könnte, dass diese Vorstellungen absolut falsch sind.

Öffnen Sie sich der Wahrheit Gottes! Öffnen Sie sich der Sonne aller Energie, der Liebe Gottes, und werden Sie ein neuer Mensch! Entfalten Sie sich zu dem wunderbaren Wesen, das Sie kraft des Ihnen innewohnenden göttlichen Geistes sein können!

Achten Sie immer auf Ihre Worte

Der verstorbene Dr. Frederick Bailes, viele Jahre lang einer der großen geistigen Lehrer von Los Angeles, erzählte mir, dass ein Freund von ihm mehrmals sagte: »Frederick, alle Mitglieder meiner Familie sind mit zweiundsiebzig Jahren gestorben. Ich werde nächstes Jahr zweiundsiebzig, und das wär's dann wohl gewesen.«

Dr. Bailes wies seinen Freund nachdrücklich auf die Gefahren einer solchen Aussage hin, die bei ständiger Wiederholung vom Unterbewusstsein akzeptiert und zur inneren Gewissheit wird. Doch der Freund hörte nicht auf ihn, er redete, wohl um seine Unerschrockenheit zu demonstrieren, im gleichen Stil weiter, und an seinem zweiundsiebzigsten Geburtstag brach er auf der Straße tot zusammen.

Der Mann hatte sein Ableben selbst verfügt. In der Bibel heißt es: *Aus deinen Worten wirst du gerechtfertigt werden, und aus deinen Worten wirst du verdammt werden* (Matthäus 12,37).

Unlängst sagte mir ein Geschäftsmann: »Ich bin alt, mit mir geht es bergab. Schließlich bin ich schon fünfundsechzig.« Ähnliches sagen viele. Solche Suggestionen der Schwäche, der Hinfälligkeit und der Alterskapitulation sinken ins Unterbewusstsein und werden von diesem unweigerlich zur Geltung gebracht. Sorgen sie dafür, dass Ihre Worte, die ja Ansichten und Überzeugungen ausdrücken, Sie und alle Ihre Mitmenschen stets inspirieren, heilen und den Wohltaten Gottes und des Lebens gerecht werden.

Als ich vor kurzem im Krankenhaus unseres Viertels Kranke besuchte, sagte eine Frau zu mir: »Ich werde hier sterben! Das weiß ich ganz sicher. Hier sterben jeden Tag Leute.«

Darauf entgegnete ich: »Sie müssen keineswegs hier sterben. Sie brauchen nur Ihre Haltung zu ändern und zu bekräftigen: ›Ich lebe, denn mich erfüllt das Leben Gottes. Ich bin jetzt zu Hause bei meinem Mann und beschäftige mich mit dem, was ich gern tue.‹«

Der Arzt dieser Patientin erklärte, es bestehe kein Grund zur Besorgnis, die Frau könne wieder ganz gesund werden und noch viele Jahre leben. Ich setzte den Ehemann der Patientin über ihre Ängste ins Bild. Daraufhin suchte er den Arzt auf, und dieser willigte ein, die Frau nach Hause zu entlassen. Der Mann brachte sie heim, und sie genoss es sichtlich, wieder in ihrem »eigenen Reich« zu sein.

Indem ihr Mann sie heimholte, setzte er ihrer zerstörerischen, angsterfüllten Einstellung ein Ende. Hätte die Frau weiter solche negativen Äußerungen gemacht, wäre sie höchstwahrscheinlich in dem Krankenhaus gestorben. Oft sind derartige Reden nicht ganz ernst gemeint, doch das Unterbewusstsein versteht keinen Spaß, es verwirklicht immer, was ihm eingeprägt wird. *Denn wer leben will und gute Tage sehen, der hüte seine Zunge, dass sie nichts Böses rede…* (1. Petrus 3,10).

Wie sie ihre Redeangst überwand

Während der Arbeit an diesem Kapitel erhielt ich einen sehr schönen Weihnachtsbrief von einer Frau aus dem Mittelwesten Amerikas. Sie schrieb, dass ich ihr auf einem internationalen Kongress zur Verbreitung positiven Denkens geraten hätte, anderen ihre Erkenntnisse zu lehren. Das hatte ich seinerzeit vermutlich infolge einer intuitiven Wahrnehmung ihrer Fähigkeiten getan. Wie sie berichtete, war es ihr Herzenswunsch zu lehren. Sie hatte schon vor dem erwähnten Kongress viele Kurse absolviert, jedoch ihre Schüchternheit, ihre Scheu und die Angst, vor einer Gruppe zu sprechen, nicht überwinden können; trotzdem war sie bereits damals als Sozialhelferin und Beraterin recht erfolgreich gewesen.

Dann habe sie begonnen, über meine auf dem Kongress vorgetragenen Ausführungen nachzudenken. »Sie haben«, schrieb sie, »unter anderem gesagt, dass das Leben von innen nach außen strömt, vom Gedanken zur Vergegenständlichung, vom Geist zur Sichtbarwerdung. Wir alle tragen das universelle Lebensprinzip, Gott, den unendlichen Geist, in uns, und dieses Prinzip versucht sich immer durch uns auszudrücken. Und da erkannte ich plötzlich, dass es in der göttlichen Natur des Lebens, also auch des Menschen liegt, aus sich herauszugehen, und dass in meinem Wunsch zu lehren das Lebensprinzip selbst Ausdruck suchte.«

Früher hatte Furcht die Frau zurückgehalten. Sie hatte gedacht: Vielleicht bin ich in fünf Jahren so weit, dass ich unterrichten kann! Dann aber wurde ihr klar, dass sie in fünf Jahren noch das Gleiche denken würde, wenn sie nichts tat. Abgesehen von meiner Empfehlung wurde sie plötzlich auch von anderer Seite ermutigt, und sie begann in ihrer Wohnung zunächst fünf Personen in die Gesetze des Denkens und Glaubens einzuführen. Bald öffneten sich ihr alle Türen. Heute ist sie eine gesuchte Lehrerin für positives Denken.

Die Sehnsüchte, Wünsche und Bestrebungen Ihres Herzens wurden Ihnen von Gott gegeben. Akzeptieren und begrüßen Sie sie und bekräftigen Sie voll Überzeugung: »Gott gab mir diesen Wunsch. Er ist gut, ja sogar sehr gut. Gott ebnet den Weg für die wunderbare Sichtbarwerdung dieses Wunsches.« Beginnen Sie jetzt gleich mit dieser Bekräftigung, beten Sie voll Gefühl, und Ihr Wunsch wird sich erfüllen.

»Seid aber Täter des Worts!«

Im Brief des Jakobus heißt es: *Seid aber Täter des Worts und nicht Hörer allein ...* (1,22).

Wenn jemand davon träumt, ein großer Chemiker zu werden, muss er zielstrebig und beharrlich studieren. Erst gründliches Fachwissen bringt ihm Anerkennung und Erfolg. Wenn ein anderer sich wünscht, ein Musikinstrument meisterlich zu beherrschen, muss er Musik studieren und üben, immer wieder üben. Ein hervorragender Chirurg genießt hohes Ansehen, doch um zu werden, was er ist,

musste er ein mehrjähriges Medizin- und Fachstudium absolvieren.
Auch die Gesetze des Denkens und Glaubens müssen erlernt, und ihre Anwendung muss geübt werden. Bevor Sie etwas, das Sie sich wünschen, haben oder tun können, müssen Sie es Ihrem Sein nach ausfüllen können. Entscheiden Sie also, was Sie sein wollen, und eignen Sie sich auf dem betreffenden Gebiet gründliches Wissen an. Damit sich aber der Wunsch verwirklicht, müssen Sie begeistert auf Ihr Ziel hinarbeiten. Sie müssen das, was Sie sein wollen, geistig vorwegnehmen.
Es kann geschehen, dass im Zusammenhang mit Ihrem Wunsch, etwas zu sein, zu tun oder zu erlangen, Angst und Zweifel in Ihnen aufsteigen. Dann sollten Sie die Verwirklichung Ihres Wunsches preisen und sich ihn bildhaft als verwirklicht vorstellen. Es hätte keinen Sinn abzuleugnen, dass in Ihnen Angst und Zweifel aufgetaucht sind. Doch wenn Sie in einem solchen Fall von einem positiven, spirituellen Standpunkt aus sich die Verwirklichung Ihres Wunsches beharrlich als bereits eingetreten vorstellen, dann neutralisieren Sie derartige negative Anwandlungen.
Angst beruht immer auf der Tatsache, dass jemand äußeren Umständen verursachende Wirkung beimisst. Äußerlichkeiten sind stets etwas Bewirktes, also Wirkung und nicht Ursache.
Machen Sie sich diese Wahrheit bewusst, dann wird jede Angst verschwinden. Bekräftigen Sie, dass Ihr Wunsch Ihnen von Gott eingegeben wurde und dass seine unendliche Weisheit Ihnen den perfekten Plan für die Verwirklichung offenbaren wird. Wenn Sie dies tun, herrscht in Ihrem Geist kein Widerspruch und kein ängstlicher Widerstand mehr gegen die Wunscherfüllung. Sofern Sie sich Ihren Wunsch immer wieder als existierende Wirklichkeit vorstellen, wird er sich zwangsläufig, einem unverrückbaren Gesetz gehorchend, verwirklichen.

Bestärken Sie sich in der Gewissheit des Einsseins

Darum sollt ihr also beten: »Unser Vater im Himmel! ...« (Matthäus 6,9).

»Unser Vater« ist ein symbolischer Ausdruck für die unpersönliche Allgegenwart des unendlichen Geistes, die allen Menschen gleichermaßen zur Verfügung steht. Sie antwortet allen, die sie anrufen, und ist für den Nichtwissenden genauso verfügbar wie für den Wissenden, für den »Sünder« genauso wie für den Frommen. Diese Gegenwart ist grenzenlos, zeitlos, raumlos. Doch Sie können sie ausdrücken, indem Sie sich denkend und handelnd im Gotteslicht der Liebe, des Friedens und der Harmonie bewegen.

»Unser Vater« bringt aber auch zum Ausdruck, dass wir alle einen gemeinsamen Vater haben. Dieser Vater ist der Inbegriff des lebendigen Geistes und Schöpfer des Lebens, das alles beseelt. Natürlich bedeutet »unser Vater« zugleich auch, dass wir Menschen alle »Geschwister«, Verwandte im Verbund der Großfamilie der Menschheit sind, denn in uns wirkt das gleiche allgegenwärtige Lebensprinzip. Wir haben den gleichen Ursprung und sind aus dem gleichen Stoff.

Machen Sie sich beim Beten bewusst, dass Sie mit allen Menschen eins sind, und wünschen Sie Ihren sämtlichen Brüdern und Schwestern alle Wohltaten des Lebens. Eifersucht, Neid, Zorn oder Hass gegenüber anderen Menschen, Verachtung oder Lieblosigkeit gegenüber Tieren oder etwas anderem, das Gott erschaffen hat, zerstört Ihr Gefühl der Einheit und des Einsseins mit der göttlichen Allgegenwart.

Wie schon gesagt, stammt alles im Universum aus einer einzigen Quelle. Daraus folgt, dass dem Wesen nach nicht ein einziges Lebewesen oder Ding im Widerspruch zu einem anderen stehen kann. Gott, der unendliche Geist, ist eins und unteilbar, und alle Lebewesen und Dinge sind sichtbar gemachter Geist. Geist kann sich selbst nicht bekämpfen. *Darum steht geschrieben: Wir wissen aber, dass denen, die Gott lieben, alle Dinge zum Besten dienen …* (Römer 8,28).

Zu den erstaunlichsten Schöpfungen des menschlichen Geistes zählen die *Upanischaden,* philosophisch-theologische Abhandlungen, die zum frühen wedischen Schrifttum Indiens gehören und mystische Lehren erstaunlichen esoterischen Wissens enthalten. Die folgenden, beherzigenswerten Zitate entstammen der *Maitri-Upanischad:* »Der Mensch strebe danach, seine Gedanken zu reinigen. Was ein Mensch denkt, das ist er; dies ist das ewige Geheimnis. Wer mit heiteren Gedanken bei Gott verweilt, wird unvergängliches Glück erhalten. Wären die Gedanken des Menschen so auf Brahma, den höchsten Gott, fixiert wie auf die Erfahrungen der Sinne, wer würde dann nicht jeder Fessel ledig sein?«

Ein Meditationstext zur aufbauenden Prägung Ihres Unterbewusstseins

Ausgehend von dem auch in diesem Kapitel erörterten Wort des Jakobus habe ich in meinem Buch *Der Weg zu innerem und äußerem Reichtum* (Ariston Verlag) eine Meditationsübung zusammengestellt, die Sie täglich durchführen sollten. Ihr Inhalt prägt Ihr Unterbewusstsein, durch das Sie die unendlichen Fähigkeiten und Kräfte des Göttlichen in Ihnen freisetzen können:

»Seid aber Täter des Worts und nicht Hörer allein, dadurch ihr euch selbst betrüget (Jakobus 1,22). Mein schöpferisches Wort geht aus meiner stillen Überzeugung hervor, dass mein Gebet erhört wird. Wenn ich die Worte Heilung, Gedeihen oder Erfolg ausspreche, bin ich mir ihrer gestaltenden Kraft bewusst, und ich weiß, dass meine Worte Kraft haben, weil sie im Einklang mit der Allmacht des unendlichen Geistes stehen. Die Worte, die ich spreche, sind des-

halb immer aufbauend, denn sie sind tatsächlich schöpferisch. Wenn ich bete, sind meine Vorstellungen bildhaft und meine stets liebevollen Worte voll Leben und Gefühl. Diese Tatsache macht meine Bekräftigungen wirksam, verleiht meinem Denken und Glauben kreative Kraft.
Ich weiß: Je intensiver ich von der Wahrheit dessen, was ich bekräftige, überzeugt bin, desto mehr Kraft hat mein Wort. Die von mir geäußerten Worte sind die gestaltannehmende Form der Struktur meines kreativen Denkens und Glaubens. Göttliche Weisheit wirkt jetzt durch mich und offenbart mir, was ich wissen muss. Ich habe die Antwort jetzt erhalten. In mir herrscht Frieden. Gott ist Frieden.«

Wie die kosmische Kraft Ihre Ängste überwinden hilft

Langdauernde Sorge raubt Ihnen Ihre Vitalität, Begeisterung und Energie und macht Sie zu einem körperlichen und seelischen Wrack. Die moderne psychosomatische Medizin hat nachgewiesen, dass der Mehrzahl aller Erkrankungen seelische Ursachen zu Grunde liegen. Tatsächlich ist die Ursache von Krankheiten wie Asthma, Allergien, Herzstörungen, Bluthochdruck und vieler anderer Leiden in chronischen Sorgen zu suchen.
Ihr Problem liegt immer nur in Ihrem Geist begründet. Sie haben einen Wunsch, dessen Verwirklichung Ihr Problem lösen würde. Wenn Sie aber Ihre Lebensbedingungen und die besonderen Umstände Ihrer Lage überdenken, kommen Ihnen Gedanken des Zweifels, und Ihr Wunsch gerät in Konflikt mit Ihrer Angst. Ihre Sorgen entstehen auf Grund Ihrer geistigen Annahme, Ihrer inneren Billigung dessen, was Ihnen Angst macht – auf Grund Ihrer negativen Geisteshaltung.
Erkennen Sie, dass Ihr Wunsch eine Gabe Gottes ist, dass

Sie höhersteigen sollen und es keine Macht gibt, die Gott, dem lebendigen allmächtigen Geist, an dem Sie in Ihrem Inneren teilhaben, überlegen ist. Bekräftigen Sie sich selbst gegenüber mit Nachdruck: »Gottes kosmische Weisheit gab mir diesen Wunsch ein, und die allmächtige Kraft unterstützt mich jetzt, sie offenbart mir den perfekten Plan für seine Verwirklichung. Ich lebe in dieser Überzeugung.« Wenn Gedanken der Angst oder Sorge in Ihnen hochsteigen, sagen Sie sich sofort, dass Gott Ihren Wunsch erfüllen, Ihr Anliegen, Ihren Plan in göttlicher Fügung verwirklichen wird. Verharren Sie in dieser Geisteshaltung, und die Schatten der Angst und Sorge werden weichen.

Ein Geschäftsmann bezwang seine Angstneurose

Vor einiger Zeit beriet ich einen Geschäftsmann, dem sein Arzt gesagt hatte, körperlich fehle ihm nichts, aber er leide an einer »Angstneurose«, womit ganz einfach ständige Sorge gemeint ist. Der Mann gestand mir: »Jedes Mal, wenn ich bete oder überlege, wie ich meine Situation verbessern könnte, fange ich an, mir Sorgen über meine Finanzen, mein Geschäft und meine Zukunft zu machen. Das macht mich nervlich fertig, ich bin erschöpft, ausgelaugt, todmüde.«

Sein Wunschbild von Erfolg und Wohlergehen wurde durch seine chronische Sorge verdunkelt, und sein Grübeln verzehrte in sinnloser Weise seine ganze Energie. Auf meinen Rat hin beschloss er, sich nicht länger seiner Angstneurose zu überlassen. Er setzte sich drei- oder viermal am Tag still zu einer Meditationsübung hin und erklärte feierlich:

»*Aber der Geist ist es in den Leuten, und der Odem des Allmächtigen, der sie verständig macht* (Hiob 32,8). Diese allmächtige Kraft trage ich in mir; sie befähigt mich, zu sein und zu handeln. Die Weisheit und Kraft des Allmächtigen unterstützen mich und ermöglichen es mir, meine Ziele zu erreichen. Ich denke regelmäßig und systematisch über die Weisheit und Kraft des Allmächtigen nach, und ich denke nicht mehr an Hindernisse und Fehlschläge. Ich weiß, dass ständiges Denken auf dieser Linie meinen Glauben und mein Vertrauen aufbaut, meine Stärke und Entschiedenheit steigert, *denn Gott hat uns gegeben nicht den Geist der Furcht, sondern der Kraft und der Liebe und der Zucht* (2.Timotheus 1,7).«

Mit Hilfe dieses Gebetes überwand dieser Geschäftsmann seine Sorgen. Nehmen auch Sie die geistige Medizin kosmischer Weisheit ein.

Eine Mutter fand zur Erwartung des Besten

Während des Vietnamkrieges suchte mich eine verzweifelte Mutter auf, die sich schreckliche Sorgen um ihren eingezogenen Sohn machte. Ich gab ihr ein besonderes Gebet, das sie abends und morgens für sich und ihren Sohn sprechen sollte. Der Sohn kam unversehrt aus dem Krieg zurück, heiratete und gründete eine Familie.

Wieder kam die Mutter zu mir, genauso besorgt wie beim ersten Mal. Ich erinnerte sie daran, dass ihr damaliges Problem gelöst worden sei, und fragte sie, warum sie sich denn jetzt wieder Sorgen mache.

Sie fürchtete, ihr Sohn hätte die falsche Frau geheiratet. Auf mein Befragen gab sie jedoch zu, dass ihre Schwiegertochter eine ausgezeichnete Ehefrau sei. Aber dann klagte sie: »Die ganze Zeit über habe ich mir solche Sorgen gemacht, dass ihr Kind tot oder verkrüppelt auf die Welt käme. Zwar hat meine Schwiegertochter ein in jeder Hinsicht gesundes Baby geboren; doch jetzt muss ich mir wieder Sorgen wegen der ständigen Geldknappheit im Haus meines Sohnes machen.«

In Wirklichkeit hatte die Frau nicht die Sorgen, die sie zu haben *meinte*. Die eigentlichen Schwierigkeiten bereiteten ihr ihre eigene innere Unsicherheit und ihre emotionelle

Unreife. In unserem Gespräch konnte ich ihr verständlich machen, dass sie selbst ihre Angsthaltung züchtete. Ich schrieb ihr ein Gebet auf, das ihr helfen sollte, die innere Unsicherheit durch ein Gefühl echter Sicherheit zu ersetzen: »Wer an der geheimen Stätte des Allerhöchsten wohnt, wird unter dem Schutzschirm des Allmächtigen bleiben. Alle Gedanken, die ich habe, entsprechen Gottes Idealbild von Harmonie, Frieden und Liebe. Ich bin eine Wohnstatt der Freude. In mir ist ein tiefes Gefühl der Sicherheit. Alle Gedanken, die mir kommen, tragen zu meinem Frieden, meiner Freude und meinem allgemeinen Wohlergehen bei. Ich lebe und handle in der Atmosphäre der Zuversicht und des Vertrauens.

Alle Menschen, an die ich denke, sind Kinder Gottes. Ich bin im Geiste mit allen Mitgliedern meiner Familie und mit der ganzen Menschheit ausgesöhnt. All das Gute, das ich mir wünsche, wünsche ich auch meinem Sohn und seiner Familie. Ich lebe jetzt im Hause Gottes. Ich erbitte Frieden und Glück, und ich weiß, dass ich immerdar im Hause des Allmächtigen wohne.«

Die Frau vergegenwärtigte sich diese Wahrheiten mehrmals täglich und vermochte so die ihr zur Gewohnheit gewordene Angsthaltung zu neutralisieren. Sie entdeckte in sich geistig-seelische Kraftquellen, aus denen sie schöpfen konnte, um Anwandlungen der Angst und Sorge sofort auszumerzen. Im Laufe der Zeit festigte sich in ihr eine in jeder Hinsicht positive Geisteshaltung, mit der auch eine neue Erwartungshaltung einherging. Sie lebt jetzt in freudiger Erwartung des Besten.

Ein Vertreter verlor seine Angst vor dem Autofahren

Seit einem schweren Autounfall stand ein Vertreter jedes Mal schreckliche Ängste aus, wenn er mit dem Wagen auf die Fahrt gehen musste. Ich machte ihm klar, dass er nicht zwei gegensätzlichen Vorstellungen gleichwertig gerecht werden könne; er könne nicht Angst vor seiner Reise haben und gleichzeitig seine Fahrt gutheißen und segnen. Folglich müsse er, sagte ich ihm, eine einfache Technik anwenden, um seine Angst durch Vertrauen und ein unerschütterliches Gefühl der Sicherheit zu ersetzen. Er machte es sich zur Gewohnheit, wie folgt zu beten:

»Gott führt und leitet mich bei jeder Bewegung. Göttliches Recht und göttliche Ordnung lenken mich beim Fahren, und ich reise frei, freudig und gern von einer Stadt in die andere. Ich segne alle anderen Fahrer auf der Straße und wünsche ihnen alle Wohltaten des Lebens. Ich bin ein Botschafter Gottes. Ich weiß, dass alles in dieser Welt von Gott gegeben ist, auch mein Wagen. Mein Auto funktioniert einwandfrei. Ich bin gelassen und heiter. Ich bin aufmerksam und unter dem Schutzschirm Gottes. Seine Liebe hüllt mich ein und geht mir voraus, sie macht meinen Weg eben und frei. Ich sehe mich bereits wohlbehalten am Ziel und freue mich über die gute Fahrt. Es ist einfach wunderbar!«

Der Vertreter erlitt in den letzten drei Jahren keinen Unfall mehr. Er erhielt auch keinen Strafzettel! Er hat seine Angst, von der er früher immer heimgesucht worden war, verloren. Zu mir sagte er: »Ich habe es mir zur Gewohnheit gemacht, das Gebet vor jeder meiner Fahrten zu sprechen. Ich kann es auswendig und weiß, dass die höheren Schwingungen meines Gottvertrauens die niedrigeren Schwingungen der Angst auslöschen.«

Sein unsichtbarer Partner

In einer Detroiter Apotheke forderte mich der Geschäftsinhaber auf, hinter die Theke zu kommen und mir ein Schild anzusehen, das er über der Rezeptkartei befestigt hatte: *Ich fürchte kein Unglück; denn du bist bei mir…* (Psalm 23,4).

Er erzählte, seine Apotheke sei dreimal von Banditen ausgeraubt und ihm selbst sei zweimal eine Pistole an die

Schläfe gehalten worden. »Ich denke an diesen Psalm«, sagte er, »und der Vers senkt sich als Segen auf mein Gemüt. Ich habe Gott zum Partner genommen und bekräftige tagsüber viele Male: ›Gott ist mein höheres Selbst, mein unsichtbarer Partner. Er führt mich und wacht über mich. Seine Kraft und Weisheit stehen mir jederzeit sofort zur Verfügung. Ich bin nicht allein.‹ Jetzt fühle ich mich sicher, weil ich weiß, dass Gottes Schutzschirm meine Apotheke, mich selbst und meine Kunden beschützt.«

Der Apotheker stellte sich seinem Angstproblem und überwand es. Seit vier Jahren hat er Ruhe. Im Übrigen erfuhr seine Apotheke einen Aufschwung, der seine kühnsten Erwartungen übertraf.

Die imaginären Schatten der Seele

Wie mir eine Lehrerin, die in einer Mittelschule Botanik unterrichtet, berichtete, überwindet sie ihre Besorgnisse, indem sie sie zerpflückt: sie hält sie ins Licht der Vernunft, besieht sie, zerteilt und analysiert sie der Reihe nach und fragt sich dann: »Sind diese Ableger der Angst gesund? Woher kommen sie? Haben sie Kraft? Liegen ihnen konkrete Ursachen zu Grunde«? Die junge Dame hatte Esprit und Humor.

»Das Erstaunliche ist ja«, sagte sie, »dass unsere Ängste weder gesund noch konkret sind. Man muss sich klar machen, dass sie nichts anderes als Schatten sind, die wir ungesunderweise in unserer Seele züchten und wuchern lassen – illusionäre, imaginäre Schatten.«

Ich gab ihr Recht, und mit fröhlicher Selbstironie scherzte sie: »Stellen Sie sich eine gebildete Lehrerin wie mich vor, die Sorgen wegen unwirklicher Schatten hat!«

Diese Lehrerin setzt sich über ihre Ängste hinweg auf Grund Ihrer von Natur aus durch und durch positiven Geisteshaltung.

Ein Gebet zur Bannung chronischer Ängste

Sprechen Sie, bekräftigen Sie täglich voll Überzeugung und tiefem Gefühl:

»Ich setze meinen ganzen Glauben auf Gottes kosmische Gegenwart, die mich trägt. Ich bin ruhig und heiter, ich fühle es. Ich bin voll Vertrauen und Zuversicht. Ich weiß, dass es nichts zu fürchten gibt – nichts, vor dem man zurückschrecken müsste, denn Gott ist hier und überall gegenwärtig. In ihm lebe, wandle und existiere ich; deshalb habe ich keine Angst. Gottes Mantel der Liebe hüllt mich ein, und sein Strom des Friedens fließt durch mich. Alles ist gut.

Vor Menschen, Bedingungen, Umständen, Ereignissen habe ich keine Angst, denn Gott ist mit mir. Der Glaube an Gott füllt meine Seele aus. Ich wohne in der Gegenwart Gottes, jetzt und immerdar, und keine Angst kann mich anrühren. Ich fürchte die Zukunft nicht, denn Gott ist auch künftig mit mir. Gott erschuf mich und erhält mich. Gottes Weisheit führt und leitet mich, darum kann ich nicht fehlgehen. Ich feiere jetzt den Glauben an Gottes Gegenwart, weil ich in meinem Herzen die große Wahrheit kenne: Näher ist er als der Atem, näher als Hände und Füße.«

Die Ursache des hohen Blutdrucks war geistig-seelischer Natur

Vor einiger Zeit kam ein Mann mit scheinbar gut angepasster, ausgeglichener Persönlichkeit zu mir. Er machte sich große Sorgen, weil sein Hausarzt ihm eröffnet hatte, sein Blutdruck liege über zweihundert, darum müsse er sich öfter entspannen und die Dinge langsamer angehen. Der Mann klagte: »Ich kann die Dinge nicht langsamer angehen! Ich habe zu viel zu tun und stehe in der Firma unter grässlichem Druck.«

Tatsächlich hatte er so manche Enttäuschung erlitten, und

er machte sich Sorgen, die sich im Laufe der Zeit zu einem wahren Berg angestaut hatten.
Ich erläuterte ihm die große Wahrheit, dass im Leben alles dem Gesetz der Veränderung unterliegt. In dem am Ende des vorstehenden Kapitels bereits zitierten alten geistlichen Lied heißt es: »Wechsel und Verfall seh' ich rundum allhier; o du, der nie sich ändert, verweil bei mir.« Gott ändert sich nicht; er war gestern genau so, wie er heute ist und allezeit sein wird. Doch alles andere in unserem Leben und in unserer Welt unterliegt der Veränderung. Alles was Materie ist, wird irgendwann vergehen.
Ich empfahl dem Mann, sich zu sagen, dass er nicht »ewig«, nicht für immer krank sein könne, dass er vielmehr auf Erden sei, um seine Probleme zu überwinden, und dass er seelisch-geistig dafür bestens gerüstet sei.
Der erste Schritt bestand für ihn darin, seine Aufmerksamkeit von seinen körperlichen Beschwerden und geschäftlichen Schwierigkeiten abzuziehen und darauf zu vertrauen, dass die ihm innewohnende schöpferische Kraft kosmischer Dimension ihn heilen und wiederherstellen würde. Ich verschrieb ihm die nachstehende spirituelle Medizin, die er zusätzlich zu dem vom Arzt verordneten Medikament einnehmen sollte, und legte ihm nahe, die darin enthaltenen Wahrheiten bedingungslos zu glauben:
»Im Laufe des Tages ziehe ich von Zeit zu Zeit meine Aufmerksamkeit von den Aufregungen und Ärgernissen der Welt ab, kehre zu Gott zurück und spreche mit ihm. Ich weiß, dass ich geistig und seelisch ernährt werde, ohne je Mangel zu leiden, und Gottes Frieden durchströmt das innere Universum meines Geistes. Mir wird die perfekte Lösung für jedes Problem zuteil, das sich mir stellt. Ich weise die Scheinwelt der äußeren Realität zurück und bejahe nachdrücklich die geistig fundierte Realität allen Seins. Ich gehe in der Wahrheit auf, dass Gott mich leitet und mich zu gottgefälligem rechtem Tun führt. Gottes wunderbare kosmische Heil-

kraft durchströmt mich und durchdringt jedes Atom meines Seins. Gottes Friedensstrom fließt durch meinen Geist und meine Seele. Ich bin entspannt, gelassen, ruhig und heiter. Ich weiß, dass die Gottesgegenwart, die mich erschaffen hat, mich jetzt wiederherstellt und ganz gesund macht, und ich danke für die Heilung, die eben jetzt stattfindet.«

Dank regelmäßigen Betens gelang es dem Mann, seine Aufmerksamkeit von den störenden Wechselfällen des Alltags abzulenken. Einen Monat später ergab eine neuerliche ärztliche Untersuchung normale Blutdruckwerte. Der Mann stellte erfreut fest, dass sein verändertes Denken seinen Körper wiederhergestellt hatte. Wenn ihn heute der berufliche Druck zu beunruhigen droht, hält er sich an das Motto: »Nichts regt mich auf.«

Da er Gottes kosmische Weisheit und Gottes Gegenwart in seiner Mitte preist, werden seine Probleme zunehmend geringer. Niemand kann ihn mehr vor den Kopf stoßen noch reizen, und er fühlt sich stark genug, allen Herausforderungen gewachsen zu sein. Er hat sich im Hinblick auf seine inneren Kräfte im Einklang mit dem kosmischen Geist neu bewertet. *Ich hebe meine Augen auf zu den Bergen, von welchen mir Hilfe kommt* (Psalm 121,1).

Merksätze

1. Sorgen haben bedeutet, dass Sie stärker an die Unlösbarkeit Ihres Problems oder an das, was Ihnen Angst macht, glauben als an Gott und seine kosmische Weisheit. Angst und Sorgen kann man durch Anwendung der kosmischen Gesetze des Geistes ausräumen.
2. Sorgen entstehen auf Grund Ihrer inneren Billigung dessen, was Ihnen Angst macht. Ihr Wunsch oder Anliegen gerät in Konflikt mit Ihren Gefühlen der Angst, und Sie lassen den inneren Kampf zu. Erkennen Sie, dass Ihr

Wunsch eine Gabe Gottes ist und dass Sie ihn, sofern Sie ihn geistig zu vollziehen vermögen, verwirklichen können.

3. Angstneurose ist nur ein anderer Ausdruck für chronische Besorgnis. Diese wurzelt in einer negativen Geisteshaltung, in destruktiven Gewohnheiten des Denkens und Glaubens. Überwinden Sie Angst und Sorgen, indem Sie sich klarmachen, dass Gottes kosmische Weisheit Sie befähigt, zu sein, was Sie sich wünschen, und zu haben, was Sie brauchen. Verweilen Sie geistig bei dieser Wahrheit, und je intensiver Sie dies tun, desto schneller werden Ihre Besorgnisse verschwinden.
4. Sie sind meist nicht über das besorgt, worüber Sie *meinen,* sich Sorgen zu machen. Denken Sie daran: Chronische Besorgnis erwächst im Grunde aus einem Gefühl der Unsicherheit und der Entfremdung von Gott und seiner Güte. Erkennen Sie, dass Sie selbst der Urheber Ihrer Sorgen sind und dass Sie diese durch die Vergegenwärtigung der Wahrheiten kosmischer Weisheit überwinden können. Dies ist eine Erkenntnis, die Sie befreit.
5. Gott als Inbegriff des Geistes kann nicht besiegt oder in irgendeiner Weise behindert werden; er ist allmächtig. Und wenn Sie sich durch Ihr Denken mit dieser unendlichen Kraft kosmischer Dimension in Einklang bringen, dann werden in Ihnen ungeahnte Kräfte mobilisiert.
6. Begreifen Sie, dass Gott Ihr unsichtbarer Partner ist, dann werden Sie nichts fürchten. Seien Sie davon überzeugt, dass seine Weisheit und Gegenwart Sie leiten und schützen wird, dann werden Sie gegen Gefahren gefeit sein.
7. Analysieren Sie Ihre Sorgen, halten Sie sie ins Licht der Vernunft, dann werden Sie feststellen, dass Ihre Ängste nur imaginäre, illusorische Schatten sind, die Sie in Ihrer Seele züchten. Sie können sich von Ihren Ängsten und Sorgen durch eine positive Geisteshaltung befreien.

8. Alles in dieser Welt verändert sich und vergeht. Man kann nicht »ewig« Schmerzen haben oder »ewig« krank sein. Alles lässt sich ins Gegenteil wenden im Glauben an Gott, der »näher ist als der Atem, näher als Hände und Füße«.

Die Überwindung der Einsamkeit

»Wenn du einen Freund haben willst, dann sei ein Freund«, sagte Ralph Waldo Emerson. Wie Sie sicher wissen, gibt es nicht nur in der Dingwelt der Materie, sondern auch unter Menschen das Phänomen der Anziehung. Aber wie zieht man einen Menschen an? Der vorstehend zitierte Leitsatz Emersons nimmt die Antwort vorweg. Doch sie bedarf auch einer Erklärung, die der große Transzendentalphilosoph zu geben nicht versäumt hat; sie folgt später.

Wie das Gesetz der Anziehung wirksam wird

Eine junge Frau, die aus Texas nach Kalifornien gekommen war, erhielt eine gute und ausbaufähige Stellung in Los Angeles; doch sie fand an ihrem neuen Arbeitsplatz keinen Anschluss. Sie hatte keine Freunde und fühlte sich sehr einsam. Sie sagte mir: »Niemand beachtet mich. Ich kann mich doch nicht auf den Kopf stellen, dass man mich bemerkt!« Ich erklärte ihr, dass ihr Unterbewusstsein alles, was sie denke und fühle, wörtlich nehme und dementsprechend reagiere. Darum solle sie, so sagte ich, sofort anfangen, sich die Beziehungen, die sie sich erwünsche, vorzustellen, es gebe ja ohne Zweifel unzählige Freunde, männliche wie weibliche, die sie gern kennen lernen würden. Ich gab ihr ein Gebet, das wie folgt lautete: »Die Weisheit des unendlichen Geistes weist mir jetzt den Weg, auf dem ich Menschen anzuziehen vermag, die spirituell ausgerichtet sind und vollkommen mit mir harmonieren. Ich strahle gegenüber den Frauen und Männern, mit denen ich im Büro zu tun habe, sowie gegenüber allen anderen Menschen Frieden, Freude und Freundlichkeit aus. Ich danke Gott für die Freude, die ein erhörtes Gebet beschert.«

Die junge Frau wiederholte das Gebet regelmäßig; sie wusste, dass das von ihr Erbetene durch ständige Wiederholung, unbeirrbaren Glauben und freudige Erwartung zur inneren Gewissheit werden und ihr ganzes Wesen verändern würde.

Dies geschah auch tatsächlich. Ihr freundliches Wesen bewirkte, dass die Menschen ihrer Umgebung ihr immer zutraulicher begegneten. Eines Tages kam sie bei einer gemeinsamen Kaffeepause mit einer Kollegin ins Gespräch, die sie spontan zu einem Kammermusikabend einlud, der in geschlossenem Kreis stattfand. Dort lernte sie eine ganze Reihe interessanter Menschen kennen. Mit einem der Besucher führte sie ein längeres Gespräch; der Abend war der Beginn einer aufrichtigen Freundschaft und, bald dann auch, einer großen Liebe.

Heute ist sie mit dem Mann verheiratet. Sie erfuhr an sich, wie das Gesetz der Anziehung wirksam wird, und ist jetzt sehr glücklich.

Einer Waise wurde echte Freundschaft zuteil

Vor kurzem hielt ich einen Gedenkgottesdienst für eine Frau ab, die in einem Altersheim gestorben war. Dem Vernehmen nach war sie einmal sehr reich gewesen, hatte dann aber fast alles verloren. Ihre Angehörigen hatten sie nie besucht: Sie »glänzten« auch jetzt durch Abwesenheit. An dem Gedenkgottesdienst nahm tatsächlich nur ein einziger Mensch teil, eine junge Frau, mit der ich anschließend ins Gespräch kam. Sie erzählte mir, dass die Verstorbene überaus gut zu ihr gewesen war. Sie habe sich nach dem Tod ihrer Eltern, die bei einem Autounfall ums Leben gekommen waren, völlig verlassen gefühlt und schwerst unter ihrer Einsamkeit gelitten. Da habe die alte Dame ihr Arbeit gegeben, ein Auto für sie gekauft und sie auf die Volkshochschule geschickt, alles auf eigene Kosten. Die junge Frau sagte: »Verzeihen Sie die Leere hier. Ich wollte nur unbedingt mit diesem Gedenkgottesdienst die beste Freundin ehren, die ich je hatte. Sie war eine warmherzige, zutiefst gütige Frau. Sie hat mich auch beten und von neuem an das Leben zu glauben gelehrt.«

Die alte Dame hatte der Waise alle Wohltaten echter Freundschaft erwiesen. Ganz offensichtlich war die Verstorbene großzügig und trotz ihrer eigenen Vereinsamung aufgeschlossen und mitfühlend gewesen. Im Unterschied zu ihr sind ja einsame Menschen meist in sich gekehrt und fristen, geistig und emotional in ihre Einsamkeit eingehüllt, in der Regel ein trauriges Dasein.

Bedenken Sie, dass Sie einerseits in einer geistigen und andererseits in einer materiellen Welt leben. Sie müssen lernen, die beiden Realitäten ins Gleichgewicht zu bringen, um Glück und Erfüllung erfahren zu können. Der flugbegeistertste Vogel hält sich auch nur begrenzte Zeit in der Luft auf, dann muss er zurück auf die Erde, um Nahrung zu suchen und für Nachwuchs zu sorgen; er führt ein ausgewogenes Leben, das seiner eigenen Natur und der seiner Umwelt entspricht.

Es ist Ihre Aufgabe auf Erden, sich zu verwirklichen und der materiellen Welt, Ihrer Umwelt, alles, was die Ihnen eigenen Gottesgaben ermöglichen, zu geben. Dazu gehört auch, liebenswürdig, freundlich und hilfsbereit gegenüber den Mitmenschen zu sein. Die ganze Natur strebt in göttlicher Ordnung nach Ausgeglichenheit. Ein ausgeglichenes Leben wird Ihnen aber nur zuteil, wenn Sie die Gottesideen des Friedens und der Liebe zum Ausdruck bringen. Sie allein bewahren Sie auch vor Einsamkeit.

Ein »Saboteur am Leben« begann zu beten

Ein verzweifelter Mann suchte bei mir Rat. Er hatte seine gute Stellung verloren, seine zweite Frau hatte ihn verlassen und die Scheidung eingereicht. Er fühlte sich einsam, war deprimiert, verbittert, ganz mit sich und seinen Schwierigkeiten beschäftigt.

Von allem sah er nur die düstere, verhängnisvolle Seite: »Das Land geht vor die Hunde! Sämtliche Politiker sind doch einfach Gauner! Unser Geld wird, Sie werden es erleben, bald nichts mehr wert sein! Die Weiber von heute taugen nichts mehr, sie wollen doch immer nur Geld und treiben es, wie sie wollen!« Diesem Ausbruch fügte er eher kleinlaut hinzu: »Ich kriege nie eine echte Chance! Und immer bin ich der Erste, wenn jemand entlassen wird. Ich bin eben vom Pech verfolgt. Mein Gesundheitszustand ist mies. Auch ersticke ich fast in meinen Schulden – ach, diese Weiber!«

Ich fragte ihn, aus welchem Grund seine Frau die Scheidung wünsche. Er antwortete, sie habe gesagt, er sei zerstörerisch, »ein Saboteur am Leben« – was immer sie damit meine – und das halte sie nicht mehr aus. In einem ausführlichen Gespräch machte ich dem Mann klar, dass er bei seiner Geistes- und Gefühlshaltung weder Wohlstand noch Gesundheit, noch Glück und Seelenfrieden erlangen konnte, dass er selbst sein ärgster Feind war.

In seinem Fall brachte, wie es oft geschieht, die Erklärung schon fast die Heilung. Der Mann begriff, dass er infolge all der destruktiven Selbstsuggestionen, die sein Unterbewusstsein jahrelang geprägt hatten, seine Schwierigkeiten und Verluste selbst über sich gebracht hatte. Ein Bibelvers veranschaulicht uns dies: *Bei den Reinen bist du rein, und bei den Verkehrten bist du verkehrt* (Psalm 18,27).

Gemäß den unwandelbaren Gesetzen des Denkens und Glaubens findet alles, was dem Unterbewusstsein eingeprägt wird, ob gut oder schlecht, seine objektive Entsprechung. Naturgesetze kennen keine Ausnahme.

Der Mann betete von nun an regelmäßig. Ich hatte große Freude zu sehen, wie sich die Haltung dieses einstigen »Berserkers« änderte – wodurch sich bald auch sein ganzes Leben und seine Beziehungen zu anderen Menschen änderten. Das Gebet, das diese Wandlung herbeiführte, lautete: »Heute ist der Tag Gottes. Ich wähle Gesundheit und Glück, Erfolg und Seelenfrieden. Den ganzen Tag über wird mir göttliche Führung zuteil, und alles, was ich unternehme, gelingt mir. Wenn meine Aufmerksamkeit von der Vergegenwärtigung des Schönen und Guten abwandert, lenke ich sie sofort auf die Betrachtung Gottes und seiner Liebe zurück, in dem Wissen, dass Gott für mich sorgt. Ich bin ein spiritueller Magnet und ziehe Menschen an, die brauchen, was ich zu bieten habe. An jedem neuen Tag leiste ich noch bessere Dienste. Meinen Unternehmungen ist großartiger Erfolg beschieden. Ich wünsche allen, die mit mir zu tun haben, Erfolg und segne sie. Ich weiß: Was ich jetzt verfüge, wird in göttlicher Fügung als Freude und Fülle in meinem Leben zum Ausdruck kommen. Es ist wunderbar!«

Wie sie zu einem ausgewogenen Leben fand

Nach einem Vortrag, den ich in Atlanta hielt, machte mich jemand auf eine junge Frau aufmerksam, die sich ganz der Metaphysik und dem Bibelstudium verschrieben hatte. Sie war Lehrerin und besaß, nach akademischen Kriterien, eine erstklassige Ausbildung, doch sie lebte so sehr auf sich selbst zurückgezogen, dass sie ihr Aussehen, ihren Beruf und ihre Angehörigen vernachlässigte. Sie war einseitig interessiert, ihr Leben unausgeglichen. Ihrer Umgebung erschien sie als eine Art sonderbare »Kultgestalt«.
Ich sprach mit der Lehrerin und wies sie darauf hin, dass die wahre Kenntnis der Gesetze des Denkens und Glaubens sowie der Möglichkeiten der geistig-seelischen Entfaltung sie veranlassen würde, mehr Interesse für ihre Unterrichtsarbeit und die Beziehungen zu ihren Schülern und ihren

Angehörigen zu zeigen. Ich sagte ihr: »Die Innenwelt ist die Welt der Verursachung, und alle Ursachen werden in der Außenwelt als Ergebnisse sichtbar. Deshalb sind Meditation, Gebet und das Studium spiritueller Vorgänge lebenswichtig. Doch wir müssen auch voll in der objektiven Welt unserer materiellen Existenz leben.«

Umgekehrt – davon handelt ja dieses Buch – gilt natürlich genau das Gleiche. Wenn jemand bloß in der objektiven Sphäre des Daseins lebt und der spirituellen Welt der Ursachen keine Beachtung schenkt, wird er unweigerlich unausgeglichen und unglücklich; er unterliegt dann dem irrationalen Geist der Masse und deren Durchschnittsdenken, und er verliert die Kontrolle über sein Leben. Leiderfahrung ist die Folge.

Der selbstversunkenen Lehrerin empfahl ich, Tanzstunden zu nehmen, Handball, Tennis oder Golf zu spielen, auszugehen, Menschen kennen zu lernen, liebenswürdig, gesellig und für alles, was ist, aufgeschlossen zu sein, gute Laune und Freude zu verbreiten. Sie hatte keine Verehrer und keinerlei Hobby, was nicht normal war. Nur ihre Bücher interessierten sie, und als Folge davon litt sie, wie man sagen könnte, an »geistiger Verdauungsstörung«.

Sie zeigte sich zunächst erstaunt – sie hatte anfänglich auch in mir einen einseitigen Menschen gesehen –, dann aber aufgeschlossen für meine Erklärungen. Sie nahm meinen Rat an und fasste den Vorsatz, die Schätze ihres inneren Reichtums freizusetzen.

Vor ein paar Tagen nun erhielt ich einen Brief von ihr. Sie schrieb, sie habe auf dem Tennisplatz einen Arzt kennen gelernt, und mit ihm spiele sie nicht nur ziemlich oft Tennis, er nehme sie auch zum Essen, zum Tanzen, in ein Theater mit ... Zwischen den Zeilen des erfreulichen Briefes konnte ich unschwer herauslesen: Die Frau war verliebt.

Sind ältere Menschen »von Gott und der Welt« verlassen?

Jesus riet seinen ungebildeten, aber aufgeschlossenen Zuhörern immer wieder, sich Gott, den allmächtigen lebendigen Geist, der uns allen innewohnt, als gütigen Vater vorzustellen, der milde und barmherzig zu jedem ist und seine Wohltaten über Gute und Schlechte gleichermaßen ausgießt. Jesus sagte, die Leben spendende Sonne scheine auf die Gerechten wie auf die Ungerechten, der erquickende Regen falle auf die Guten wie die Schlechten. Damit wies er die Menschen auf die Tatsache hin, dass Gott, der unendliche Geist, die Person nicht ansieht.

Er forderte die Menschen auf, nicht voll Zweifel oder Furcht und nicht bettelnd oder flehend zu beten, sondern in der absoluten Gewissheit, Antwort zu erhalten, denn der Macht und Liebe Gottes und seiner Bereitschaft, ihnen zu antworten, seien keine Grenzen gesetzt. Auf solche Weise veranschaulichte Jesus seinen Zuhörern, dass die Gottesmacht außen im Unendlichen und in ihnen dieselbe ist, die eine einzige des unendlichen Geistes.

Dies zu wissen ist für alle Menschen von grundlegender Bedeutung. Es ist aber insbesondere wichtig für ältere Menschen, die – nach dem Verlust ihres Partners oder ihrer Arbeit – sich nur allzu oft »von Gott und der Welt verlassen« fühlen. »Wer sich der Einsamkeit ergibt, ach!, der ist bald allein«, schrieb Goethe – ein wahres Wort. Beherzigen Sie es und unternehmen Sie etwas.

Älteren Menschen, die sich verlassen fühlen, empfehle ich, in einen Club oder Verein einzutreten, unter Menschen zu gehen, Bekanntschaften zu schließen, an gesellschaftlichen Veranstaltungen teilzunehmen, ihre Erfahrungen und ihr Wissen an andere weiterzugeben. Viele von ihnen begannen auf meinen Rat hin zum Beispiel Sprachunterricht zu geben. Einige fuhren mit Bekannten als Reisebegleiter in fremde Länder, die sie kannten, andere betätigten sich als

Dolmetscher und genossen dabei das Leben in vollen Zügen.
Es gibt zahllose Möglichkeiten befriedigender Betätigung, politische, soziale, religiöse Zielsetzungen. Und es gibt ebenso viele Möglichkeiten zur Selbstverwirklichung. Ein neunzigjähriger Mann in meiner Nachbarschaft lehrt Anfängern Bridge: Er hat so eine Menge Freunde gewonnen und ist glücklich.

Wie Sie den Verlust eines geliebten Menschen verwinden

Leiderfahrungen und Verluste bleiben niemandem erspart. Wir können unsere Lieben nicht ewig festhalten. Jeder Mensch muss früher oder später körperlich sterben. Das wird uns allen widerfahren ohne Ausnahme; und es muss gut sein, sonst wäre es nicht! Die Reise führt von einer Herrlichkeit zur anderen, von einer Oktave zur nächsten, von Kraft zu größerer Kraft, von Weisheit zu größerer Weisheit, immer weiter durch die Ströme der Ewigkeit.
Ein schon seit vielen Jahren pensionierter Ingenieur stand plötzlich allein da. Er war mit seiner über Nacht verstorbenen Frau mehr als sechzig Jahre verheiratet gewesen, und er fühlte sich jetzt »in ein Loch der Depression und ein Vakuum der Einsamkeit geschleudert«.
Ich stellte ihm eine einfache Frage: »Nehmen wir an, Sie wären als Erster hinübergegangen, wie wäre Ihre Frau damit fertig geworden?« Er antwortete: »Oh, ich denke, sie wäre völlig verzweifelt, deprimiert und mutlos gewesen. Sie hätte vor Hilflosigkeit und Einsamkeit nicht aus noch ein gewusst.« Darauf sagte ich: »Nun, sehen Sie denn nicht, dass Sie Ihrer Frau diese Erfahrung erspart haben?«
Er begriff mich sofort und erkannte, wofür ich ihm die Augen öffnen wollte: dass er nämlich in Selbstmitleid versunken war. Ich machte ihm klar, dass Liebe immer den anderen befreit, dass er aber die geliebte Frau durch seine

morbide Einstellung festhielt. Eine über Gebühr lange Trauer ist immer auf egoistische, zumindest egozentrische Motive zurückzuführen. Ich riet dem Mann, seine Frau Gott zu überantworten, sich über ihre neue Geburt im Geiste zu freuen und voll Glauben daran zu denken, dass ihre Reise aufwärts ging zu Gott und dass liebevolle Hände sie in die Räume des vieldimensionierten Hauses des von Jesus verkündigten Vaters führten.

Der für spirituelle Ideen empfängliche Mann pflichtete mir bei. Er beschloss, künftig, wenn ihm seine Frau einfiel, immer zu sagen: »Ich freue mich über deine neue Geburt in Gott. Gott sei mit dir.« Ein Segen solcher Art hebt Trauer auf, und wer so segnet, betritt die Morgenlichtung eines neuen, verheißungsvollen Tages.

Der körperliche Tod ist in Wirklichkeit ein neuer Anfang, der eines Lebens im Geiste. Der Bibel zufolge bedeutet Tod die Unkenntnis der Wahrheit, dass uns Gott innewohnt, der unser eigentliches Leben ist, und dass dieses Leben oder Gott nicht sterben kann. In den *Upanischaden* heißt es: »Das Leben wurde nie geboren, es wird nie sterben; Wasser benetzt es nicht, Feuer verbrennt es nicht, der Wind verweht es nicht. Was grämst du dich um mich?«

Weinen tut gut und erleichtert. Doch man sollte nicht zu oft weinen, sonst wird es zur Gewohnheit und wäre schädlich. Übertriebene Trauer ist morbid; sie raubt Ihnen Lebenskraft, Begeisterung und Energie und bringt Krankheiten aller Art über Sie. Wenn Sie einen Menschen, der hinübergeht, wirklich lieben, stellen Sie sich ihm gegenüber auf Liebe und Frieden ein. Ihm ist grenzenlose Liebe, unendlicher Friede zuteil. Der Psalmist sagt: *Wie der Hirsch schreit nach frischem Wasser, so schreit meine Seele, Gott, zu dir. Meine Seele dürstet nach Gott, nach dem lebendigen Gott… Was betrübst du dich, meine Seele, und bist so unruhig in mir? Harre auf Gott! denn ich werde ihm noch danken, dass er mir hilft mit seinem Angesicht* (Psalm 42,2–3,6).

Wie die Witwe zu neuem Lebensmut fand

Nichts auf der Welt währt ewig. Alles ist in ständiger Veränderung begriffen. Sie können nicht ewig jung bleiben. Sie können heute nicht mehr der gleiche Mensch sein wie vor einem Jahr oder vor fünf Jahren. Wenn Sie sich dem Studium der Gesetze des Denkens und Glaubens widmen, werden Sie feststellen, dass Sie nicht mehr so denken, sprechen und handeln wie früher. Sie sind aber nicht nur geistig-seelisch, sondern auch körperlich nicht mehr derselbe Mensch. Die Zellen unseres Körpers erneuern sich ständig. Wissenschaftler behaupten, wir hätten jeweils nach sieben Jahren einen neuen Körper – doch nicht auf ewig. Die Reise, die kein Ende kennt, ist die im unendlichen Geist.

Voll Besorgnis brachte eine junge Frau ihre verwitwete Mutter zu mir, die, wie der Volksmund sagt, »immer weniger« wurde. In dem Gespräch mit der Witwe fand ich heraus, dass sie jeden Tag auf den Friedhof ging, ihrem verstorbenen Mann Blumen aufs Grab legte und eine halbe Stunde oder länger weinte. Ihr Arzt hatte ihr dringend geraten, damit aufzuhören. Seiner Ansicht nach fehlte ihr körperlich nichts, sie welkte einfach dahin und verlor immer mehr Lebenskraft. Das Aufbaumittel, das sie nahm, hatte offenbar keinerlei Wirkung.

Ich versuchte der Frau zu erklären, dass der Geist des Mannes, den sie suchte, sicher nicht in dem Grab war, das sie schmückte. Sie aber würde sich durch ihr Denken und Verhalten mit Tod und Einschränkung identifizieren und so in ihrem Körper den entsprechenden Zustand hervorrufen. Sie solle doch ihrem verstorbenen Mann lieber die Blumen ihres Herzens geben, denn er befinde sich am gleichen Ort – in der Heimat des Geistes – wie sie und sei von ihr nur durch die unterschiedliche Frequenz getrennt.

»Bedenken Sie«, sagte ich, »dass Grabaufschriften wie ›Hier ruht…‹ nicht der Wirklichkeit entsprechen. Das Leben ist ewig, es ist ein ständiges Weitergehen, eine endlose Entfaltung, ein unaufhörliches Voranschreiten und Aufwärtssteigen. Das Leben läuft nicht rückwärts und hält sich nicht beim Gestern auf. Sie können morgen nicht weniger sein, als Sie heute sind!«

Die Witwe hatte während des Krieges einen Sohn verloren, der Pilot eines Kampfflugzeugs gewesen und abgeschossen worden war. Ich fragte sie, ob man ihm dort, in freier Luft, etwa einen Stein mit seinem Geburts- und Sterbedatum gesetzt habe, ob dort oben jemand Blumen hingelegt und geweint habe. Ich erinnerte sie daran, dass es auch tausende von Seeleuten gab, die im Krieg oder bei Schiffskatastrophen ertrunken und in den Fluten verschwunden sind.

»Fährt etwa jemand aufs Meer hinaus und setzt dort Gedenksteine? Wenn bei Ihnen eine Glühbirne durchbrennt, sagen Sie nicht, dass dies das Ende der Elektrizität sei. Wenn einem Musiker seine Geige abhanden kommt, bedeutet dies keineswegs das Ende der Musik. Musik ist! Elektrizität ist! Leben ist!«

Ich denke, dass ich die Frau umzustimmen vermochte. Jedenfalls befolgte sie ab da den Rat ihres Arztes; sie hörte auf, täglich das Grab zu besuchen. Und das Gebet, das ich ihr gegeben hatte, half ihr, wie mir ihre Tochter später versicherte, ihren Mann endgültig freizugeben. Es lautete: »Ich überantworte meinen Mann vollkommen Gott. Ich sehe ihn, eingehüllt von Liebe, in tiefem Frieden. Wenn ich an ihn denke oder wenn ihn jemand vor mir erwähnt, segne ich ihn sofort mit den Worten: ›Gott liebt dich, John. Gottes Friede erfüllt deine Seele.‹«

Der Zustand der Frau besserte sich rasch. Ihr Arzt war sehr erfreut über ihre Fortschritte. Sie fand zusehends zu neuem Lebensmut.

Ein alter unbekannter Dichter schrieb: »Ich sagte zu dem Manne, der am Tor des Jahres stand: ›Gib mir ein Licht, damit ich sicher ins Unbekannte gehen kann.‹ Und er antwortete: ›Geh hinaus in die Finsternis und lege deine Hand in die Hand Gottes. Das wird besser für dich sein als ein Licht und sicherer als ein bekannter Weg.‹«

»Und im Unglück nun erst recht!«

Dieser Spruch trifft auf viele großartige Menschen zu, die aus Not und Missgeschicken erstaunliche Kräfte schöpften. Die beiden nachstehenden Artikel erschienen am siebten und achten Dezember 1980 in der Kolumne »Dear Abby« der *Los Angeles Times;* sie sprechen für sich selbst:

Dear Abby!
Vor 20 Jahren, mit 40, wurde ich infolge eines Gehirntumors vollkommen invalid. Ich war nicht fähig, aus dem Bett aufzustehen, doch dank der Gnade Gottes und dem Können eines Chirurgen kam ich durch. Zeitweise war ich so verzweifelt, dass ich betete, es möge zu Ende gehen. Dann brachte mir ein Freund eine ziemlich unscheinbare »Inspirationsschrift«, die ich seither wohl tausendmal gelesen habe. Es gab Augenblicke, da sich mein Blick trübte und ich dachte: »Jetzt ist es so weit; das ist das Ende.« Dann las ich von neuem diese Botschaft, und sie half mir da durch.
Abby, einige der größten Männer und Frauen unserer Zeit waren von Krankheit, Unglück und Elend heimgesucht, haben es jedoch geschafft, ihr Leid, ihre Nöte zu überwinden. Vielleicht ist irgendwo unter Ihren Lesern jemand, der nicht mehr aus noch ein weiß und Ermutigung braucht. Geben Sie dies hier weiter. Könnte sein, dass es jemandem das Leben rettet. Meines hat es gerettet.
H. E. Encino Kalifornien

Die Botschaft: Sieg trotz schlechter Chancen!

Verkrüpple ihn, und du hast einen Sir Walter Scott.

Sperre ihn in eine Gefängniszelle, und du hast einen John Bunyan.

Begrabe ihn im Schnee des Valley Forge, und du hast einen George Washington.
Ziehe ihn in erniedrigender Armut auf, und du hast einen Abraham Lincoln.
Setze ihn bitteren religiösen Vorurteilen aus, und du hast einen Benjamin Disraeli.
Schlage ihn als Kind mit Asthma, und du hast einen Theodore Roosevelt.
Peinige ihn mit rheumatischen Schmerzen, bis er ohne Opiat nicht schlafen kann, und du hast einen Charles P. Steinmetz.
Stecke ihn in die Schmierölgrube eines Lokomotivschuppens, und du hast einen Walter P. Chrysler.
Mache ihn zur zweiten Geige in einem obskuren südamerikanischen Orchester, und du hast einen Arturo Toscanini.

Lieber Hermann,
danke für Ihr Schreiben. Es ist in der Tat inspirierend. Ich möchte der Liste noch einen weiteren Namen anfügen, der für Sieg trotz schlechter Chancen steht:

Verwehre einem Kind bei der Geburt die Fähigkeit zu sehen, zu hören und zu sprechen, und du hast eine Helen Keller.

Liebe Leser, die gestrige Kolumne bestand aus (von einem Leser eingereichten) Namen von Menschen, denen es gelang, trotz schlechter Chancen zu siegen. Die heutige Kolumne ist eine Fortsetzung dieser Liste:

Nimm ein Contergankind, das mit einem verkrüppelten Zwergenkörper ohne Arme geboren ist, und du hast einen Terry Wiles, der mit Hilfe mechanischer Vorrichtungen lernte, eine elektrisch betriebene Orgel zu spielen, ein Motorboot zu steuern und zu malen.
Amputiere das verkrebste Bein eines smarten jungen Kana-

diers, und du hast einen Terry Fox, der gelobte, auf einem Bein quer durch ganz Kanada zu laufen, um eine Million Dollar für die Krebsforschung aufzubringen. (Terry musste auf der halben Strecke aufgeben, als der Krebs seine Lunge angriff, aber er hat bis heute etwa 20 Millionen Dollar gesammelt.)

Lass einen britischen Flieger, obwohl er bei einem Absturz beide Beine verloren hat, wieder in der Royal Air Force fliegen, und du hast einen Douglas Bader, der mit zwei künstlichen Beinen im Zweiten Weltkrieg dreimal von den Deutschen gefangen genommen wurde – und dreimal entkam!

Blende ihn, und du hast einen Ray Charles, George Shearing, Stevie Wonder, Tom Sullivan, Alec Templeton oder Hal Krents.

Bezeichne ihn als »zu dumm zum Lernen«, und du hast einen Thomas Edison.

Mache ihn zum hoffnungslosen Trinker, und du hast einen Bill Wilson, den Begründer der »Anonymen Alkoholiker«.

Sage ihr, mit 80 sei sie zu alt, um Malerin zu werden, und du hast eine Grandma Moses.

Peinige ihn mit Perioden so tiefer Depression, dass er sich ein Ohr abschneidet, und du hast einen Vincent van Gogh.

Die Liste wäre nicht vollständig ohne einen lächelnden Max Cleland, der in Vietnam beide Beine und einen Arm verlor und jetzt der »Veterans Administration« in Washington vorsteht.

Vergiss auch Patricia Neal nicht, die Schauspielerin, die einen schweren Schlaganfall erlitt, sich aber trotz nur verschwindend geringer Chance wieder erholte.

Mache ihn im Alter von 24 Jahren blind, und du hast einen John Milton, der 16 Jahre später *Das verlorene Paradies* schrieb.

Nenne ihn beschränkt und hoffnungslos und lasse ihn in der sechsten Klasse durchfallen, dann hast du einen Winston Churchill.

Bestrafe sie mit Armut und Voreingenommenheit anderer gegen sie, und sie übersteht es vielleicht, um eine neue Golda Meir zu werden.
Lasse sie die geschlechtliche Diskriminierung überwinden, und du hast eine Madame Curie.
Sage einem kleinen Jungen, der gern zeichnet und skizziert, er sei völlig untalentiert, und du hast einen Walt Disney.
Nimm ein verkrüppeltes Kind, das kein anderes Heim als das Waisenhaus gekannt hat, und du hast einen James E. West, den ersten Chief Executive der amerikanischen Pfadfinder.
Stufe ihn in Chemie als »mittelmäßig« ein, und du hast einen Louis Pasteur und eine Million anderer begabter Männer.

Nicht alle Schädigungen und Handikaps sind körperlicher beziehungsweise materieller Natur und sichtbar. Und nicht alle, die trotz geringer Chancen siegten, wurden bekannt und berühmt. Jede Familie hat ihre eigenen Helden und Heldinnen, für deren Leistungen die Medaille zu ihrer Ehrung noch erst gefunden werden müsste; die vorhandenen sind nicht würdig genug.
Euch, deren Namen hier nicht erscheinen, die es jedoch verdienten, widme ich diese Kolumne.

Ein Gebet zur Bestärkung des Vertrauens

Das folgende Gebet hat vielen Menschen geholfen. Wenn Sie sich der geistigen Betrachtung der darin enthaltenen wunderbaren Wahrheiten widmen, wird es auch Ihnen gelingen, Ihr Leben zu verändern und ein neuer Mensch zu werden. Sie werden schon nach kurzer Zeit der Meditation erfahren, dass auch in Ihrem Leben noch Wunder geschehen.
»Denn gleich wie der Leib ohne Geist tot ist, so ist auch der Glaube ohne Werke tot (Jakobus 2,26).
Ich erkenne und weiß, dass Gott der in mir waltende Geist

ist. Ich weiß, dass Gott das ist, was mich als Gesundheit, Harmonie und Frieden durchpulst. Das Gefühl des Vertrauens, das mich jetzt erfasst, sind der Geist Gottes und das Wirken Gottes in mir. Ich lebe in dem Vertrauen, dass mir das Gute, das Schöne und Wahre mein Leben lang zuteil werden; dieser Glaube an Gott und das Gute wirkt Wunder; er beseitigt alle Hindernisse.
Ich wende mich jetzt nach innen und vergesse die Außenwelt. Ich wende mich nach innen an das Eine, das Schöne, Gute und Wahre; hier wohne ich außerhalb von Zeit und Raum; hier lebe ich, hier bewege ich mich im Schutz des Allmächtigen. Ich bin frei von Angst, unabhängig von den Vorurteilen und vom äußeren Schein der Dingwelt. Ich fühle jetzt Gottes Gegenwart, und diese Gegenwart äußert sich in der Gewissheit, dass mein Gebet erhört worden ist.«

Kapitel 7

Der Weg zu äußerem Reichtum

Das Unterbewusstsein als Schlüssel zum Reichtum

Falls Sie mit finanziellen Schwierigkeiten zu kämpfen haben oder nicht wissen, woher Sie das Geld nehmen sollen, um notwendige Ausgaben zu bestreiten oder sich einen bestimmten Wunsch zu erfüllen, so lässt dies darauf schließen, dass Sie Ihr Unterbewusstsein nicht davon überzeugen konnten, Sie würden immer in Reichtum und Überfluss leben. Auch Sie kennen sicher Männer und Frauen, die nur wenige Stunden in der Woche arbeiten und trotzdem Unsummen verdienen. Dabei mühen sich die Betreffenden nicht im Geringsten ab. Glauben Sie nicht, man könne allein durch harte Arbeit und im Schweiße seines Antlitzes zu Geld und Vermögen kommen. Genau das Gegenteil trifft zu: Die leichteste Lösung ist die beste. Tun Sie, wozu Ihr Herz Sie drängt, und tun Sie es aus reinem Vergnügen an der Sache.

Ich kenne einen leitenden Angestellten in Los Angeles, der ein Jahresgehalt von etwa 150 000 Dollar bezieht. Letztes Jahr unternahm er eine neunmonatige Reise und besuchte die schönsten Orte in aller Welt. Er erzählte mir, er habe sein Unterbewusstsein davon überzeugt, dass seine Arbeit so viel wert sei. Er meinte, dass viele seiner Arbeitskollegen, die im Monat nur 1000 Dollar verdienten, mehr vom Geschäft verstünden als er, dass es ihnen aber völlig an Ehrgeiz und schöpferischen Ideen mangele und sie sich nicht im Geringsten für die wunderwirkenden Kräfte ihres Unterbewusstseins interessierten.

Reichtum ist eine Frage des Geistes

Reichtum ist nichts anderes als eine von den Betreffenden gehegte unterbewusste Überzeugung. Natürlich werden Sie nicht einfach dadurch Millionär, dass Sie sich vorsagen: »Ich bin ein Millionär, ich bin ein Millionär!« Dieses Ziel werden Sie nur dann erreichen, wenn Sie die richtige geistige Einstellung gewinnen, indem Sie den Gedanken an Reichtum und Wohlstand einen dauernden Platz in Ihrem Denken und Fühlen sichern.

Ihre unsichtbaren Einkommensquellen

Der Fehler vieler Menschen ist es, dass sie über keine unsichtbaren Einkommensquellen verfügen. Völlig hilflos stehen sie jedem Geschäftsrückgang, jedem Kurssturz, jedem Verlust ihrer Anlagen, jedem Verdienstausfall gegenüber. So aber reagiert nur jener, dem der Weg zu den unerschöpflichen Schätzen des Unterbewusstseins unbekannt ist.

Wer Armut fürchtet oder sich für arm hält, wird auch arm werden. Wessen Denken aber auf Reichtum gerichtet ist, der wird auch bald im Überfluss leben. Nirgends steht geschrieben, der Mensch müsse sein Leben in Not und Elend fristen. Auch Sie können reich sein und im Überfluss leben. Denn Ihre Worte haben die Macht, Ihren Geist von falschen Vorstellungen zu reinigen und sie durch die richtigen Gedanken zu ersetzen.

Die ideale Methode, die richtige geistige Einstellung zum Reichtum zu gewinnen

Vermutlich sagen Sie, während Sie dies lesen: »Ich möchte auch Reichtum und Erfolg!« Sie brauchen nur Folgendes zu tun: Wiederholen Sie für sich drei- bis viermal am Tag jeweils fünf Minuten lang: »Reichtum – Erfolg.« Diese Worte haben eine ungeheure Macht, denn sie verkörpern die unendliche Kraft des Unterbewusstseins. Konzentrieren Sie Ihr Denken auf diese Ihre Kraft in Ihrem Inneren, und die von Ihnen gewünschten Bedingungen und Umstände werden sich alsbald in Ihrem Leben einstellen. Sie sagen ja nicht: »Ich bin reich«, sondern lassen Ihr Denken nur bei den schöpferischen Kräften Ihres Geistes verweilen. Es kann also auch kein geistiger Widerstreit zwischen Verstand und Unterbewusstsein entstehen, sofern Sie nur das Wort »Reichtum« sagen. Außerdem wird Sie das Gefühl, reich zu sein, umso stärker und nachhaltiger durchdringen, je länger sich Ihre Gedanken mit der Vorstellung von Wohlstand und Überfluss beschäftigen.

Vergessen Sie niemals: Wer sich reich fühlt, wird reich. Ihr Unterbewusstsein ist wie eine Bank, eine Art Finanzierungsstelle für alle Wünsche. Was Sie auf dieses Konto an Gedanken und Wünschen einzahlen – ob sich diese nun um Reichtum oder Armut drehen –, wird sich mit Zins und Zinseszins, im Guten wie im Schlechten, vermehren. Wählen Sie deshalb Wohlstand und Überfluss!

Warum die feste Behauptung, reich zu sein, nichts nützt

Während der letzten 35 Jahre habe ich mit vielen Menschen gesprochen, deren häufigste Klage ist: »Wochen- und monatelang habe ich mir gesagt: ›Ich bin wohlhabend, ich bin reich‹, und nichts ist geschehen.« Bald hatte ich entdeckt, dass sie bei den Worten »Ich bin wohlhabend, ich bin reich« innerlich fühlten, dass sie sich in Wahrheit nur selbst belogen.

Ein Mann sagte mir: »Bis zum Überdruss habe ich wiederholt, ich sei reich und wohlhabend. Mittlerweile hat sich meine Lage nur noch verschlechtert. Ich wusste eben, dass meine Behauptung einfach nicht den Tatsachen entsprach.« Aus ebendiesem Grund wurde aber auch der Inhalt seiner Worte vom Unterbewusstsein abgelehnt, und das genaue Gegenteil dessen, was er nach außen hin behauptete, trat ein.

Feststellungen dieser Art können sich nur verwirklichen, wenn sie einen klar umrissenen Gedanken zum Ausdruck bringen und keinen inneren Widerstreit hervorrufen. Die Lebensumstände des oben erwähnten Mannes hatten sich nur deshalb verschlechtert, weil er im Grunde genommen immer an Armut dachte, wenn er von Reichtum sprach. Dem Unterbewusstsein prägen sich nämlich Ihre wirklichen Gedanken und echten Gefühle ein, nicht etwa nur leere Worte und Feststellungen bar jeden Glaubens. Das Unterbewusstsein richtet sich ausnahmslos nach der in Ihrer Vorstellung vorherrschenden Idee.

Wie man einen inneren Widerstreit vermeidet

Die folgende Methode ist vor allem für jene ideal, die leicht in einen inneren Konflikt geraten. Stellen Sie insbesondere vor dem Schlafengehen folgende Behauptung auf: »Bei Tag und Nacht werde ich in jeder Beziehung gefördert.« Diese Feststellung wird keinerlei Widerspruch erwecken, da sie ja nicht im Gegensatz zu Ihrer unterbewussten Überzeugung steht, minderbemittelt zu sein.

Einem Geschäftsmann, dessen Verkaufsziffern zurückgegangen waren und der in eine bedrohliche finanzielle Lage geraten war, riet ich, sich ruhig in sein Büro zu setzen und immer wieder die folgende Feststellung zu wiederholen: »Mein Verkaufserfolg wächst von Tag zu Tag.« Auf diese Weise gelang es ihm, sich der widerspruchslosen Unterstützung von Bewusstsein und Unterbewusstsein zu versichern, und das gewünschte Ergebnis ließ nicht lange auf sich warten.

Unterzeichnen Sie keine Blankoschecks!

Sie unterzeichnen Blankoschecks, sobald Sie zum Beispiel sagen: »Das wird ja nie ausreichen.« – »Ich bin zur Zeit etwas knapp.« – »Die Hypothek ist zu hoch; ich werde das Haus verlieren.« Auch wenn Sie angsterfüllt an die Zukunft denken, signieren Sie einen Scheck unbekannter Höhe und rufen das Unglück herbei. Ihr Unterbewusstsein hält nämlich Ihre Befürchtungen und negativen Feststellungen fälschlicherweise für einen Befehl und macht sich auf diese Weise daran, die »gewünschten« Hindernisse, Verzögerungen, Einschränkungen und Beeinträchtigungen herbeizuführen.

Ihr Unterbewusstsein zahlt mit Zins und Zinseszins

Wer sich reich fühlt, wird noch reicher werden. Wer sich arm fühlt, dem wird auch das wenige genommen, das er hat. Ihr Unterbewusstsein vergrößert und vermehrt alles, was Sie ihm anvertrauen. Beschäftigen Sie sich deshalb jeden Morgen beim Erwachen mit Gedanken an Fortschritt, Erfolg, Reichtum und Frieden. Lassen Sie Ihre Phantasie bei diesen Vorstellungen verweilen. Malen Sie sich die entsprechenden Bilder so oft wie möglich in den kräftigsten Farben aus. Denn diese konstruktiven Gedanken werden sich in Ihrem Unterbewusstsein verwurzeln und Reichtum und Überfluss hervorbringen.

Warum nichts geschah

Ich höre Sie sagen: »Oh, das habe ich alles getan, und nichts ist geschehen!« Dieser Misserfolg ist mit größter Wahrscheinlichkeit darauf zurückzuführen, dass Sie schon zehn Minuten später wieder in Ihre negativen Denkgewohnheiten verfielen und somit die positive Wirkung der obigen Feststellung aufhoben. Wer senkt schon einen Samen in die Erde und gräbt ihn dann sofort wieder aus? Man muss ihn eben Wurzel schlagen und wachsen lassen.
Angenommen, Sie wollten sagen: »Das Geld für die nächste Rate bringe ich niemals auf«, dann brechen Sie den Satz spätestens bei dem Wort »Rate« ab und konzentrieren sich stattdessen auf eine positive Behauptung wie zum Beispiel: »Bei Tag und Nacht werde ich in jeder Beziehung gefördert.«

Die wahre Quelle des Reichtums

Ihrem Unterbewusstsein mangelt es nie an Ideen. Es ist eine unerschöpfliche Quelle von Einfällen, die nur darauf warten, in Ihr Bewusstsein zu treten und Ihnen die mannigfaltigen materiellen Vorteile zu verschaffen. In diesem geistigen Vorgang tritt niemals eine Pause ein, gleichgültig, ob nun die Aktienkurse steigen oder fallen oder ob Dollar oder D-Mark an Kaufkraft einbüßen. Ihr Wohlstand hängt letzten Endes niemals von Aktien, Pfandbriefen oder Bankkonten ab, denn diese sind in Wirklichkeit nur Symbole – nützliche und notwendige zwar, aber doch nur Symbole.

Auch Sie werden zu jedem Zeitpunkt Ihres Lebens in der einen oder anderen Form Reichtum genießen – dank der Ihrem Unterbewusstsein eingeprägten Überzeugung, dass der Wohlstand Ihnen zukommt.

Warum viele nicht mit ihrem Geld auskommen

Häufig hört man die Klage, das Geld reiche einfach nicht aus, um alle Verpflichtungen und Wünsche zu erfüllen. Haben Sie aber schon einmal darüber nachgedacht, um was für Leute es sich hier regelmäßig handelt? Sind es nicht immer Menschen, die grundsätzlich all jene verdammen, die erfolgreich sind und sich in die Höhe gearbeitet haben? Typisch für diese Unzufriedenen sind Bemerkungen etwa der folgenden Art: »Das ist ja nur ein Schwindler und Betrüger.« – »Der macht sein Geld auf die krumme Tour.« – »Der geht über Leichen.« Abwertende Urteile dieser Art sind selten Ausdruck echter moralischer Entrüstung, sondern fast immer nur von Neid und Habsucht diktiert! Die schnellste und sicherste Methode aber, jeglichen Wohlstand von sich abzuwenden ist es, andere, die reicher sind, herabzusetzen und zu verleumden.

Ein häufiger Fallstrick auf dem Weg zum Reichtum

Armut und Mangel im Leben vieler Menschen haben – wie gar mancher aus bitterer Erfahrung selbst lernen musste – ihre Ursache häufig im Neid. Werden etwa auch Sie neidisch, falls Sie Ihren Konkurrenten einen Ihre eigenen Möglichkeiten übersteigenden Betrag auf sein Bankkonto einzahlen sehen? Überwinden Sie eine solche negative Anwandlung, indem Sie sagen: »Das ist doch fabelhaft! Ich freue mich von Herzen über den Erfolg dieses Mannes. Möge sein Wohlstand von Tag zu Tag wachsen!«

Neidvollen Gedanken nachzuhängen, hat verheerende Wirkungen. Sie setzen sich auf diese Weise selbst ins Unrecht und wenden durch Ihre negative Einstellung jeden Reichtum von sich ab, anstatt ihn anzuziehen. Sobald Sie sich versucht fühlen, den Erfolg oder Wohlstand eines Mitmenschen mit übel wollenden Worten zu kritisieren, geben Sie Ihren Gedanken unverzüglich eine neue Richtung: Wünschen Sie dem Betreffenden ehrlich und aus vollem Herzen in jedem Sinne das Beste! Damit wird die negative Wirkung Ihrer Gedanken aufgehoben und gleichzeitig Ihnen selbst nach dem Gesetz Ihres Unterbewusstseins der Reichtum beschert, der Ihnen zukommt.

Wir beseitigen eine geistige Schranke auf dem Weg zum Reichtum

Falls Sie voll Bitterkeit glauben feststellen zu müssen, einer Ihrer Mitmenschen sei nur durch Lug und Trug reich geworden, so überlassen Sie den Betreffenden ruhig seinem Schicksal. Trifft Ihre Annahme nämlich wirklich zu, so missbraucht der Betreffende das universelle Gesetz des Geistes, und dies wird sich entsprechend an ihm rächen. Jedenfalls müssen Sie aus den oben genannten Gründen jede Kritik sorgfältig vermeiden. Denken Sie immer daran: Einzig und allein Ihr Geist kann die Schranke aufrichten, die Sie vom Reichtum trennt. Diese Hindernisse können Sie aber nun ein für alle Mal beseitigen, indem Sie sich um eine positive Einstellung zu all Ihren Mitmenschen bemühen.

Wie man im Schlaf reich wird

Nachdem Sie sich zu Bett gelegt haben, wiegen Sie sich dadurch in Schlaf, dass Sie immer wieder in völliger Ruhe und mit viel Gefühl das Wort »Reichtum« wiederholen. Schlafen Sie ein mit dem Wort »Reichtum« auf Ihren Lippen, und Sie werden erstaunt sein über die Wirkung. Bald nämlich sollte dann der Wohlstand von allen Seiten überreichlich auf Sie zuströmen.

Merksätze

1. Beschließen Sie, mit der unfehlbaren Hilfe Ihres Unterbewusstseins auf einfache Weise reich zu werden.
2. Durch harte Arbeit und im Schweiße Ihres Angesichts zu Reichtum zu kommen, ist eine zuverlässige Methode, Sie früh auf den Friedhof zu bringen. Es ist völlig unnötig, seine Kräfte auf diese Weise zu verschwenden.
3. Reichtum ist einzig und allein die Folge einer unterbewussten Überzeugung. Verleihen Sie der Vorstellung, wohlhabend zu sein, einen festen Platz in Ihrem Denken und Fühlen.
4. Der Fehler der meisten Menschen ist es, dass sie über keine unsichtbaren Einkommensquellen verfügen.
5. Wiederholen Sie vor dem Schlafengehen das Wort »Reichtum« etwa fünf Minuten lang ganz ruhig und mit Gefühl, und Ihr Unterbewusstsein wird Ihre Vorstellung alsbald verwirklichen.
6. Wer sich reich fühlt, wird reich. Behalten Sie diese Tatsache immer im Auge.
7. Bewusstsein und Unterbewusstsein müssen eines Sinnes

und einer Überzeugung sein. Ihr Unterbewusstsein nimmt nur das an, was Sie wirklich für wahr halten. Es richtet sich immer nach dem vorherrschenden Gedanken, und deshalb müssen Sie Ihr Denken auf Reichtum und nicht auf Armut richten.

8. Einen etwaigen inneren Konflikt zwischen Bewusstsein und Unterbewusstsein in Bezug auf die Wahrheit des behaupteten Reichtums können Sie am besten mit der Behauptung aufheben: »Bei Tag und Nacht werde ich in jeder Beziehung gefördert!«
9. Steigern Sie Ihren geschäftlichen Erfolg, indem Sie immerzu wiederholen: »Meine Verkaufsziffern steigen von Tag zu Tag. Ich erziele immer größere Fortschritte. Mein Reichtum nimmt täglich zu.«
10. Gewöhnen Sie es sich ab, Blankoschecks auszustellen: »Ich habe nicht genug Geld.« – »Das kann ich mir nicht leisten.« Solche »blank gezogenen« Feststellungen verschlechtern sowohl Ihre augenblickliche Lage als auch Ihre Zukunftsaussichten.
11. Vertrauen Sie Ihrem Unterbewusstsein die Vorstellung an, Sie seien wohlhabend und erfolgreich, und diese geistige »Kapitalanlage« wird reichen Zins und Zinseszins tragen.
12. Bleiben Sie in dem, was Sie behaupten, konsequent. Wenn Sie im nächsten Augenblick die Richtigkeit Ihrer Behauptung bezweifeln oder das Gegenteil behaupten, wird die positive Wirkung Ihrer Gedanken wieder aufgehoben.
13. Ihre Gedanken- und Vorstellungswelt ist die eigentliche Quelle allen Wohlstands. Ihre Ideen können Millionen wert sein. Ihr Unterbewusstsein wird Sie zuverlässig mit den nötigen Einfällen versorgen.
14. Neid und Habgier sind Fallstricke auf dem Weg zum Reichtum. Freuen Sie sich ehrlichen Herzens über das Glück und den Erfolg Ihrer Mitmenschen!

15. Ihr Geist allein kann die Schranke aufrichten, die Sie vom Reichtum trennt. Beseitigen Sie dieses Hindernis unverzüglich, indem Sie sich um eine positive Einstellung zu Ihren Mitmenschen bemühen.

Die unerschöpfliche Quelle von Reichtum und Überfluss

Als Reichtum kann man den Besitz aller ersehnten Nahrung, Kleidung. Energie, Vitalität, schöpferischen Ideen, Inspiration, finanziellen Mittel, Nutzsachen und Annehmlichkeiten des Lebens in dieser dreidimensionalen Welt ansehen. Wenn Sie Ihr Innenleben - Ihr Denken und Fühlen - regelmäßig und systematisch auf die Quelle kosmischer Energie einstellen, vermögen Sie aus diesem unerschöpflichen Glücksstrom alles zu erhalten, was Sie irgendwann irgendwo brauchen.

Der Schlüssel zum Geldumlauf in seinem Leben

Unlängst sprach ich mit einem pensionierten Manager einer großen Industriefirma, der seine schrecklich arme Kindheit in einem Ghetto mit all den damit verbundenen Einschränkungen verbracht hatte. In der Schule aber hatte er einen Lehrer sagen hören, wenn man so viel Geld haben wolle, wie man brauche, solle man überlegen, was man damit anfangen, wofür man es ausgeben würde: man solle geistig bei all den nützlichen Verwendungsmöglichkeiten verweilen, die man dafür habe. Deshalb habe er, so sagte er mir, schon in sehr jungen Jahren begonnen, stumme Selbstgespräche über die kluge Verwendung des Geldes zu führen, und dabei so getan, als besitze er es bereits.

Im Geiste sah er bildlich vor sich, wie er das College abschloss, ein eigenes Geschäft eröffnete, ein geliebtes Mädchen heiratete, die ganze Welt bereiste, Kindern, die es wert waren, ein Studium ermöglichte, ihre ganze Ausbildung bezahlte und das College, das sie besuchen sollten, maßgeblich unterstützte. Er dachte nicht, er werde »Geld machen«, sondern überlegte immer, wie er es klug, sinnvoll und aufbauend verteilen könne. Er gewann ein Stipendium, heiratete eine reiche Frau, beendete sein Studium cum laude, eröffnete ein eigenes Geschäft – heute ein Großunternehmen – und kam phantastisch voran. Er ging als Multimillionär in Pension.
Sein großes Geheimnis war seine innere Rede – sein stummes Selbstgespräch. Wenn Ihre innere Rede mit Ihrem Ziel übereinstimmt, werden Sie entsprechende Ergebnisse erzielen. Dieser Mann wusste intuitiv, dass Geld einfach ein Vorstellungsbild im Geist ist und dass seine innere Rede es in seinem Leben sichtbar machen würde.

Sie haben das Recht, so viel Geld zu haben, wie Sie brauchen

Sie sind dazu da, ein erfülltes, glückliches Leben zu führen. Sie sollten so viel Geld besitzen, wie Sie brauchen, um zu tun, was Sie tun wollen und wann Sie es tun wollen. Manche Menschen vermeiden es, in ihren Gesprächen das Wort »Geld« zu gebrauchen; sie sprechen von »Mitteln«, »Wohlstand« oder »Überfluss«. Sie meinen zwar Geld, haben aber schrullige veraltete Vorurteile und glauben, es sei Unrecht, sich Geld zu wünschen. Das ergibt keinen Sinn und ist sehr unvernünftig. Gestehen Sie sich ein, dass Geld gut ist, sogar sehr gut. Es kommt wie alles Übrige von Gott.
Sie sind hier, um sich geistig, seelisch, finanziell, wirtschaftlich und in jeder anderen Weise zu entfalten. Sie sollten sich mit Schönheit und allen anderen guten Dingen des Lebens umgeben. Sehen Sie das Geld in seiner wirklichen

Bedeutung – als Symbol und Mittel des Tauschhandels. Geld bedeutet Freisein von Mangel. Es bedeutet Schönheit, Fülle, Raffinement, Luxus, gutes Leben. Geld nahm im Laufe der Jahrhunderte und Wechsel der Kulturen viele Formen an; es bestand bald in Salz, Rindern, Schafen, bald in Perlen, Edelsteinen, Gold und Schmuck. In alter Zeit beurteilte man den Reichtum eines Menschen oft nach der Zahl seiner Schafe, Ziegen, Ochsen und anderer Tiere. Welche Form das Geld auch immer annimmt, Sie werden allezeit genug davon haben, wenn Sie sich dazu richtig einstellen und aus der Quelle kosmischer Energie schöpfen.

Er hat erreicht, was er sich wünschte

Vor einigen Jahren fragte mich ein junger Bankkassier: »Wie kann ich mehr Geld verdienen? Wie stelle ich es an, dass ich tun kann, was ich will?« Ich antwortete ihm mit der einfachen Erklärung, dass seine Denkgewohnheit in seinem Unterbewusstsein bestimmte Spuren und Wege – Denkgeleise – einschleife und dass er so viel Geld haben könne, wie er brauche, wenn er sein Denken und seine innere Rede richtig lenke. Ich betonte, dass seine innere Rede alle äußeren Erlebnisse seines Daseins bewirke. Ich fragte ihn, wie er denken, sprechen und handeln würde, wenn er das Geld, das er sich wünsche, bereits besäße. Er sagte, er würde seiner Frau ein Haus kaufen, sich selbst einen Cadillac, dann eine Weltreise machen und an einer der nahe gelegenen Universitäten Volkswirtschaft studieren.

Ich empfahl ihm, sein inneres Gespräch ungefähr folgendermaßen zu führen: »Ich habe ein schönes Haus. Es ist wunderbar. Ich bin auf einer Reise um die Welt. Ich habe einen prächtigen neuen Cadillac. Ich studiere Volkswirtschaft an der Rutgers-Universität.« Dieses Selbstgespräch sollte er täglich auf dem Weg zur Arbeit, in der Bank, beim Rasieren oder im Restaurant führen. Er sollte nie bezweifeln, was er innerlich behauptete.

Alles verwirklichte sich. Er wurde in einen Spezialkurs für Volkswirtschaft an die Rutgers-Universität nach Stonier geschickt. Er verdient heute viel mehr als sein damaliger Direktor; das Geld ist in seinem Leben eine Selbstverständlichkeit, und er hat erreicht, was er sich vornahm.

In der Bibel heißt es: *Aus deinen Worten wirst du gerechtfertigt werden, und aus deinen Worten wirst du verdammt werden* (Matthäus 12,37). Die innere Rede oder das Selbstgespräch dieses Bankangestellten basierten auf der inneren Überzeugung, er habe alle gewünschten Dinge bereits. Sie waren in dem Sinne wirklich, als sie Vorstellungsbilder in seinem Geist waren: man muss alles, was man haben möchte, zuerst im Geist besitzen, denn hier finden alle Transaktionen statt.

Er behielt seine Ziele und Bestrebungen ständig im Auge; denn er hatte erkannt und wusste, dass seine innere Rede oder sein Selbstgespräch auf dem Bildschirm des Raumes sichtbar werden musste. Sie müssen sich das geistige Äquivalent von allem schaffen, das Sie im Leben haben möchten. Denken Sie voll Interesse an das, was Sie sich wünschen. Ihre Gedanken erzeugen eine Gefühlsbewegung, und wird diese wiederholt, so prägt sie sich Ihrem Unterbewusstsein ein und muss sich verwirklichen.

Wie Sie erreichen können, dass in Ihrem Leben das Geld frei zirkuliert

Legen Sie sich einen kleinen Satz zurecht, der sich Ihrem Unterbewusstsein leicht einprägt, und sagen Sie ihn sich immer wieder vor, wie eine Art Wiegenlied. Hier ein einfacher solcher Satz: »Ich behaupte bewusst und wissentlich, dass Geld in meinem Leben frei und freudebringend fließt und stets in gottgegebenem Überfluss vorhanden ist.«

Nehmen Sie sich am Morgen und am Abend vor dem Einschlafen jeweils fünf Minuten Zeit und wiederholen Sie diesen Satz; Sie werden feststellen, dass die Idee des Reichtums sich Ihrem Unterbewusstsein einprägt. Ihr Bewusstdenken ist die Feder, mit der Sie die Idee vom Reichtum in Ihr Unterbewusstsein schreiben. Dieses wird sich Ihre Idee einverleiben und auf eine Weise reagieren, die Sie nicht kennen.

Sie müssen aber auf jeden Fall sicherstellen, dass Sie nicht hinterher in Abrede stellen, was Sie behauptet haben. Sie dürfen nicht etwa sagen: »Ich komme mit meinem Geld nicht aus, ich kann die Miete nicht bezahlen, ich kann mir keinen neuen Wagen leisten.« Gebrauchen Sie unter keinen Umständen den Ausdruck *»Ich kann nicht«;* denn Ihr Unterbewusstsein wird Sie wortwörtlich verstehen und den Strom des Erwünschten abblocken. Wiederholen Sie den Satz, sooft Sie wollen. Wenn Sie wissen, was Sie tun und warum Sie es tun, werden sich Ergebnisse einstellen. Sie wenden ein zwingendes geistiges Gesetz an: Was Sie dem Unterbewussten einzuprägen vermögen, das wird in Ihrem Leben Gestalt annehmen.

Warum sie von ihrem Unterbewusstsein keine Antwort erhielt

Die Quelle kosmischer Energie ist allen zugänglich. Es liegt in ihrer Natur, gemäß der Natur der an sie gerichteten Bitte zu reagieren. Vor mehreren Jahren sagte mir eine OP-Schwester, sie bete um »Mittel«, womit sie Geld meinte; sie gebrauchte das Wort Geld nicht und gab zu, dass sie die Gewohnheit hatte, Geld als »dreckig« zu bezeichnen. Ich erklärte ihr, dass alles, was wir verdammen, Flügel bekommt und davonfliegt und dass sie genau das verdammte, worum sie betete. Dies war natürlich unsinnig.

In dem Gespräch wurde ihr klar, dass Gold, Silber, Blei, Zink, Kupfer und Eisen nichts Böses sind. Unser Geld besteht derzeit aus einer Mischung von Kupfer und Nickel oder aus Papier; bestimmt ist an diesen Metallen und am Papier nichts Böses oder Schmutziges. Der einzige Unterschied zwischen den einzelnen Metallen liegt in der Zahl und den Bewegungen der Elektronen, die um den Zentralkern kreisen. Ein Metall kann durch Bombardierung der Atome im mächtigen Zyklotron in ein anderes Metall verwandelt werden. Irgendwann wird man Gold, Silber und ähnliche Metalle im Labor synthetisch herstellen. Es ist nichts Schlechtes an Elektronen, Protonen oder elektromagnetischen Wellen.

Die OP-Schwester wurde sich nun bewusst, dass jeder Mensch Geld wünscht, und zwar nicht nur genug, um eben auszukommen. Der Drang des Menschen, sein Wunsch nach Essen, Kleidung, Häusern, Autos, Selbstverwirklichung und Wohlstand ist gottgegeben, gottgewollt und wurzelt fest in dem Bibelwort: ... *Gott, der uns dargibt reichlich, allerlei zu genießen* (1. Timotheus 6,17).

Sie begann also nachdrücklich und ganz bewusst zu sagen: »Ich weiß und glaube, dass Geld gut ist, sogar sehr gut. Gott bezeichnete alles als gut, sogar sehr gut. Tag und Nacht komme ich voran, ich wachse und weite mich in alle Richtungen aus. Ich verwende Geld klug, vernünftig und aufbauend. Ich werde von Gott geführt und verwirkliche mich auf höchster Ebene. Geld ist Gottes Idee, und es zirkuliert immer frei in meinem Leben; ich bin wirtschaftlich gesund. Ich danke für Gottes Reichtümer, die stets wirksam, verfügbar, unveränderlich und ewig sind.«

Sie sagte sich diese Wahrheiten am Morgen, Nachmittag und Abend wiederholt vor und achtete darauf, dass sich in ihre Gedankengänge keine negativen Unterstellungen hinsichtlich des Begriffs Geld einschlichen.

Sie beschloss dann plötzlich, Medizin zu studieren, wurde zum Studium zugelassen, machte in kürzester Frist ihren Doktor. Später heiratete sie einen Professor der Medizin. Geld zirkuliert in ihrem Leben nun reichlich, und es ist – wie sie sich einst suggeriert hatte – immer ein gottgegebener Überschuss vorhanden.

Warum ihm auf einmal genug Geld zufloss

Ein Geschäftsmann klagte, er bete um Wohlstand, höheres Einkommen und besseren Verkauf; mit anderen Worten, er wünsche sich mehr Geld, um tun zu können, was er tun wolle, erziele aber keine Ergebnisse. Im Gegenteil, er werde sogar ärmer.

Oft bringt schon die Erklärung die Heilung, wie in diesem Fall. Der Mann sagte sich vor: »Ich bin wohlhabend, ich komme voran, Geld strömt mir frei zu, ich habe Erfolg.« Aber er bezweifelte, was er sich vorsagte.

Ich erklärte ihm, sein Unterbewusstsein nehme stets die dominierende von zwei gegensätzlichen Ideen auf oder die dominierende Stimmung oder Gefühlsempfindung. Im weiteren Gespräch mit ihm erfuhr ich, dass die Wiederholung der oben angeführten Suggestionsformel (»Ich bin wohlhabend« usw.) in ihm stets ein Gefühl der Beklemmung, der Not wachrief. Folglich löste jede Behauptung die gegenteilige dominierende Empfindung aus, also eine Gefühlshaltung angesichts von Geldmangel, Eingeengtheit, schlechtem Verkauf usw. In seinem Dasein stellte sich folgerichtig noch mehr Mangel ein.

Er erkannte, dass die Lösung darin bestand, sein Denken und Fühlen in Einklang zu bringen; dann würde es keinen Widerspruch mehr geben. Das Unterbewusstsein akzeptiert, was wir wirklich bewusst und tief überzeugt glauben, was unser vorherrschendes Denken und Fühlen ihm einprägen. Er sicherte sich nun die »Mitarbeit« seines Unterbewusstseins, indem er sich suggerierte: »Jeden Tag bessern sich meine Verkäufe; jeden Tag kommen mehr Kunden, sie sind zufrieden und glücklich. Ich verdiene an jedem Tag meines Lebens mehr Geld. Ich komme ständig voran.«

Diese Aussagen verursachten in seinem Gemüt keinen Konflikt mehr; denn nichts in ihm sagte, sein Verkauf und seine Einnahmen könnten nicht steigen. Er fand diese Einstellung psychologisch gesund, und sie brachte die gewünschten Ergebnisse. Er hielt an seiner geistig-seelischen Übung fest, und nach vier Monaten musste er zwei zusätzliche Verkäufer einstellen, um den gestiegenen Verkauf zu bewältigen. Das Geld floss ihm reichlich zu.

Öffnen Sie Geist und Herz für den Zustrom der Reichtümer Gottes

Um auf den Königsweg zu Reichtümern aller Art zu gelangen – geistigen, seelischen, materiellen, finanziellen –, dürfen Sie nie anderen Menschen Hindernisse in den Weg legen, und Sie dürfen auch nicht eifersüchtig, neidisch, voller Hass oder Groll auf andere sein. Denken Sie daran: Ihre Gedanken sind kreativ, und was Sie über andere denken, das erzeugen Sie in Ihrem eigenen Leben und Erleben.

Ich habe entdeckt, dass viele begabte Männer und Frauen Eifersucht und Neid gegenüber früheren Schulkameraden oder ihren Geschäftspartnern empfinden, die auf der Erfolgsleiter höher gestiegen sind, Reichtümer angesammelt und sich ausgezeichnet haben. Negativ von ehemaligen Studienkollegen oder von Geschäftspartnern zu denken und ihren Reichtum zu verurteilen, hat zur Folge, dass der Reichtum, um den so denkende Menschen für sich selbst beten, sich ihnen entzieht. Sie beten auf zweierlei Art; ich fand heraus, dass sie in einem Atemzug sagen: »Gott lässt mich jetzt vorankommen«, und (stumm oder laut): »Empörend, dass ›dieser Kerl‹ vorankommt!«

Wenn diese Menschen ihre Haltung ändern und sich ehrlich über Erfolg, Beförderung und Wohlstand ihrer Bekannten freuen, haben sie, wie ich oft erlebte, selbst größere Erfolge, als sie in ihren kühnsten Träumen erwarteten. Dies geht auf den uralten wahren Gedanken zurück, den unsere Ahnen vor Jahrtausenden äußerten: »Das Glück meines Bruders ist mein Glück.«

Von Lumpen zu Wohlstand

Lloyd Watson veröffentlichte einen exemplarischen Bericht über den Aufstieg eines zielstrebigen Mannes:

> Mit 13 Jahren verdiente Peter Traynor als Farmarbeiter bei Boston vier Dollar am Tag, während seine aus Polen stammenden armen Einwandereltern darum kämpften, sich in den Vereinigten Staaten ein neues Leben aufzubauen. Heute, mit 34, ist er Multimillionär. »Ich verdiene jetzt mehr als vier Dollar in der Minute«, sagt Traynor, der dem Leverage Funding System vorsteht, einer Gesellschaft in Los Angeles, die für mehr als fünfzehnhundert Ärzte Geld investiert.
> »Ich lernte das Erfolgsdenken von meinem Vater«, erklärte Traynor. »Er verkaufte vor dem Zweiten Weltkrieg Krawatten und getragene Kleidung, um seinen Lebensunterhalt zu verdienen. Ich erinnere mich, wie er die Kleider in unsere alte Klapperkiste von Auto lud und erst heimkam, nachdem er alles verkauft hatte – und wenn es bis Mitternacht dauerte.« Mit Erfolg als ständigem Ziel gelang es Traynor, fast alles, was er anfasste, in Geld zu verwandeln.
> »Alles, was ich tue, ist auf Erfolg ausgerichtet«, sagte er. »In der High School mähte ich nach den Vorlesungen Rasen. Dadurch wurde ich bald zu einem Halbtags-Landschaftsgärtner, was mir 18 000 Dollar jährlich einbrachte, als ich mich noch im vorletzten Studienjahr befand.«
> 1961, nachdem er die Universität Boston absolviert hatte, ging Traynor in den Westen. »Ich kam nach Kalifornien, um Erfolg zu haben«, erklärte er. »Ich beobachtete erfolgreiche Männer und ahmte ihren Stil, ihre Techniken und ihre Disziplin nach.«
> Zunächst nahm er eine Stellung bei der Penn Mutual Insurance Company an – und stellte einen neuen Rekord dieser Versicherungsgesellschaft auf; denn er verkaufte in seinem ersten Jahr Versicherungen im Wert von über drei Millionen Dollar. In seinem dritten Jahr schloss Traynor Versicherun-

gen über zwölf Millionen Dollar ab – und machte sich damit zum »Superverkäufer« seiner Branche. Obwohl auf dem Gipfel des Erfolgs, verließ Traynor die Penn Mutual auf der Suche nach noch höheren Gipfeln. Er beschloss, selbst eine Investmentgesellschaft zu eröffnen.

»Die Idee kam mir, nachdem ich herausgefunden hatte, dass Ärzte die besten Kunden für Versicherungsunternehmen sind«, sagte Traynor. »Ich wusste, dass Ärzte Geld haben – aber ich wusste auch, dass sie oft nicht die Zeit haben, es selbst klug zu investieren. Also gründete ich die Leverage Funding, um ihr Geld für sie arbeiten zu lassen – und auch für mich.«

Traynor verfügt über die Anteilsmehrheit der Gesellschaft (Leverage Funding), die voriges Jahr mehr als zwei Millionen Dollar Gewinn auswies, und er hat auch die Mehrheit der Anteile an den Lester-Traynor Productions, einer Firma, die ins Filmgeschäft eingestiegen ist.

»Erfolg«, sagt Traynor, »hängt nur davon ab, dass man sich selbst richtig einsetzt. Wenn man die Lage sorgfältig analysiert, logisch vorgeht und vom Erfolg überzeugt ist, lassen sich nur sehr wenige Ideen nicht in die Praxis umsetzen.«

Der obige Artikel von Lloyd Watson erschien am 2. September 1973 im *National Enquirer.* Peter Traynor hatte nichts gehabt als eine gute Idee, und da er beharrlich daran festhielt, prägte sich diese Idee seinem Unterbewusstsein ein, das seinerseits – sozusagen autonom – für deren Verwirklichung sorgte. Sie können »Erfolg« denken, »Reichtum« oder »Wohlstand« zur beherrschenden Parole Ihres Denkens und Wünschens machen. Ihr Unterbewusstes wird Ihre Idee aufnehmen und im Leben auf eine Art und Weise verwirklichen, die Sie sich jetzt gar nicht vorzustellen vermögen.

Merksätze

1. Indem Sie Ihr Innenleben regelmäßig und systematisch auf die Quelle kosmischer Energie einstellen, fällt Ihnen alles zu, was Sie irgendwann irgendwo brauchen.
2. Wenn Sie viel Geld wollen, dann denken Sie an das, was Sie damit anfangen würden, und reden und handeln Sie, als besäßen Sie bereits so viel Geld, wie Sie brauchen, um tun zu können, was Sie tun wollen. Machen Sie es wie der spätere Manager, der Selbstgespräche über die sinnvolle Verwendung des Geldes führte, der sich im Geiste ein Bild von all den Dingen machte, die er tun wollte, und alle verwirklichten sich. Ihre innere Rede, d. h. Ihr Selbstgespräch (Ihr Denken und Fühlen), wird immer sichtbar. *Und das Wort ward Fleisch* (Das gedankliche Bild wurde sichtbar)... (Johannes 1,14).
3. Sie sind hier, um ein erfülltes, glückliches Leben zu führen. Sie sollten genug Geld haben, um tun zu können, was Sie tun wollen und wann Sie es tun wollen. Machen Sie sich klar, dass das Geld, wie alles Übrige, von Gott kommt. Geld, welche Form es auch immer annimmt, ist gut, sogar sehr gut. Betrachten Sie das Geld als Symbol von Freiheit, Schönheit, Fülle, Raffinement und Wohlleben, und Sie werden immer so viel haben, wie Sie wollen.
4. Ein Bankangestellter begann zu denken, zu sprechen und zu handeln, als besitze er das Geld bereits, das er sich wünschte. Er dachte vom angestrebten Ziel aus, und zwar so, als hätte er es bereits erreicht. Er entdeckte, dass seine innere Rede, sein stummes, inneres Selbstgespräch, alle seine Wünsche Wirklichkeit werden ließ.
5. Es gibt eine einfache Formel, die es Ihnen ermöglicht, in Ihrem Leben einen ständigen Geldstrom zu erzeugen, so dass Sie alle Ihre Bedürfnisse erfüllen können. Legen Sie sich einen kleinen Satz zurecht, der sich leicht in Ihr

Unterbewusstsein eingräbt, und wiederholen Sie ihn immer von neuem. Er wird sich Ihrem Unterbewusstsein einprägen und nach zwingendem Gesetz verwirklichen. Verwenden Sie folgenden Satz: »Geld fließt frei in meinem Leben, und es ist stets ein gottgegebener Überfluss davon vorhanden.«

6. Eine OP-Schwester hatte die Gewohnheit, das Geld als »dreckig« zu bezeichnen, zugleich wünschte sie sich eine Menge Geld. Sie erkannte, dass sie das verdammte, worum sie betete, was absurd ist. Sie änderte ihre Einstellung, und damit änderte sich alles. Sie sagte sich, das Geld sei gut, sogar sehr gut: »Geld ist Gottes Idee, und es zirkuliert immer frei in meinem Leben; ich bin wirtschaftlich gesund.« Sie betete auch um göttliche Führung, und ihr Leben nahm eine andere Richtung. Sie machte ihren Doktor der Medizin, schloss eine glückliche Ehe und hat mehr als genug Geld.
7. Ein Mann, der sich im Grunde von Gedanken an Not und Eingeengtheit nicht trennen konnte, sagte sich vor: »Ich bin wohlhabend, ich komme voran«; doch er wurde immer ärmer. Er lernte, sein Denken und Fühlen in Einklang zu bringen. Also begann er nach der Formel zu leben: »Jeden Tag bessern sich meine Verkäufe; jeden Tag kommen mehr Kunden, sie sind zufrieden und glücklich. Ich verdiene an jedem Tag meines Lebens mehr Geld. Ich komme ständig voran.« Diese in seinem Denken und Fühlen beherrschend gewordenen Feststellungen verursachten in seinem Gemüt keinen Konflikt mehr und brachten die gewünschten Ergebnisse.
8. Ein großes Hindernis auf dem Weg zu Reichtum und Glück ist für viele Menschen, dass sie Eifersucht und Neid gegenüber ihren Mitmenschen empfinden. Sie erkennen nicht, dass man alles, was man über die anderen denkt, in seinem eigenen Geist, Körper und Dasein erzeugt. Gedanken haben Gestaltungskraft. Wenn Sie

auf andere eifersüchtig sind oder sie beneiden, dann machen Sie sich selbst ärmer und ziehen sich selbst Mangel und Beschränkungen zu. Sie sollen sich am Erfolg aller Menschen Ihrer Umgebung freuen, ihnen Gesundheit, Wohlstand und die Teilhabe an der Fülle kosmischer Energie wünschen. Wenn Sie dies aufrichtig und ehrlich tun, werden Sie feststellen, dass das Glück Ihres Bruders auch Ihr Glück sein wird.

9. Peter Traynor, der als Arbeiter vier Dollar am Tag verdiente, hatte in seinem Geist an vorderster Stelle die Vorstellung von »Erfolg und Wohlstand« und arbeitete sich mit einer Idee aus Lumpen zu phantastischem Reichtum empor. Heute ist er Chef der Leverage Funding Company, einer Investmentgesellschaft, und verwaltet das Geld von fünfzehnhundert Ärzten. Indem er für sie verdiente, verdiente er für sich. Auch Sie können eine Idee haben, die ein Vermögen wert ist.

Wie Ihr Denken und Glauben Sie zu Reichtum führen

Die Welt ist voller Schätze. Sie hält ihre ganze Fülle für Sie bereit – all die uns bekannten, aber auch die zahllosen heute noch unentdeckten Reichtümer, die nur ihrer Entdeckung harren. Entdecken Sie sie! Sie können eine einzige Idee haben, die vielleicht ein Vermögen wert ist! Sie leben hier und jetzt, um die Ihnen innewohnende göttliche Weisheit freizusetzen und sich mit Schönem, Erfreulichem und all den Reichtümern, die das Leben für Sie bereithält, zu umgeben.

Welche Einstellung haben Sie zum Geld?

Es ist ganz normal und natürlich, dass Sie sich ein glücklicheres, erfüllteres und auch materiell reicheres Leben wünschen. Für die Verwirklichung dieses Wunsches benötigen Sie natürlich Geld. Dies wiederum setzt die richtige Einstellung zum Geld voraus. Machen Sie sich bewusst: Geld ist nichts Schlechtes. Es ist das, was Sie aus ihm machen. Wenn Sie sich mit dem Geld »anfreunden«, wird es Ihnen nie mangeln. Betrachten Sie das Geld als eine Idee Gottes!

Wenn in Ihrem Leben das Geld frei zirkuliert, sind Sie wirtschaftlich gesund, genau wie Sie körperlich gesund sind, wenn in Ihren Adern das Blut ungehindert pulsiert. Sehen Sie die wirkliche Bedeutung und die wichtige Rolle des Geldes für den Menschen, indem Sie es als Symbol des Austauschs verstehen. Geld sollte für Sie Freisein von Mangel bedeuten und als Grundlage dienen für den Zugang zur Fülle dieser Welt, die sich Ihnen tagtäglich darbietet.

Das phantastische Ergebnis ihrer neuen Einstellung zum Geld

Armut ist nichts anderes als eine bestimmte Geisteshaltung. Dies demonstriert der Fall einer jungen Schriftstellerin. Obwohl von ihr bereits mehrere hervorragende Bücher veröffentlicht worden waren, litt sie finanzielle Not. Sie sagte zu mir: »Ich schreibe nicht für Geld.« Darauf erwiderte ich: »Was haben Sie gegen Geld? Es ist zwar richtig, dass Sie nicht für Geld schreiben, aber eine gute Arbeit ist ihren Lohn immer wert. Was Sie schreiben, richtet andere auf, ermutigt, inspiriert sie. Wenn Sie nun auch noch die richtige Einstellung zum Geld entwickeln, werden Ihnen automatisch reichlich finanzielle Mittel zuströmen.«

Tatsächlich verabscheute die Schriftstellerin das Geld. Einmal nannte sie es »dreckig«, und den Wunsch, etwas zu verdienen, bezeichnete sie als »gemeine Profitsucht«. Offen-

sichtlich hatte sie ihrem Unterbewusstsein die Überzeugung eingeprägt, Armut sei eine Tugend.
Ich erklärte ihr, dass es im Universum nichts Schlechtes gebe, Gutes oder Schlechtes werde nur zu dem, was es sei auf Grund der Einstellung, Motivation und Verwendung der Menschen. »Alles Übel«, sagte ich, »resultiert aus dem falschen Verständnis unseres Lebens und der Unwissenheit über die Gesetze des Denkens und Glaubens.«
Auf meine Erklärungen hin beschloss die Schriftstellerin, ihre Einstellung zum Geld zu ändern. Um ihre Einkünfte zu vervielfachen, wandte sie die folgende einfache Suggestionstechnik an: »Meine Bücher ermutigen und inspirieren Geist und Seele der Menschen, und ich erhalte auf wunderbare Weise dafür göttlichen Lohn. Ich betrachte das Geld als göttlich, denn alles, was ist, kommt von Gott. Ich weiß, dass Materie und Geist eins sind. In meinem Leben zirkuliert ständig Geld, das ich klug und konstruktiv gebrauche. Geld fließt mir ungehindert und in Fülle zu. Geld ist eine Idee im Geiste Gottes. Es ist nützlich und verschafft mir und anderen Menschen Zugang zur Fülle des Lebens.«
Mit diesem Gebet löschte die Schriftstellerin die abwegige, abergläubische Vorstellung, Geld sei »dreckig«, in ihrem Bewusstsein und ihrem Unterbewusstsein aus. Sie hatte begriffen, dass man das, was man verabscheut, nicht anziehen kann. Ihre neue Einstellung jedoch wirkte sich wunderbar aus: Innerhalb von drei Monaten verdreifachten sich ihre Einkünfte, und dies war erst der Anfang eines phantastischen Aufschwungs, den ich zu meiner Freude aus ziemlicher Nähe (da ich mit ihrem Verleger befreundet bin) mitverfolgen konnte.

Warum es ihm trotz harter Arbeit an Geld mangelte

Vor einigen Jahren unterhielt ich mich mit einem Geistlichen, der einer großen Gemeinde vorstand und auf eine beachtliche Zahl von »Getreuen« verweisen konnte. Er war ein in seelisch-geistiger Hinsicht sehr gebildeter Mann und verstand es, sein Wissen anderen mitzuteilen; doch finanziell musste er sich immer »nach der Decke strecken«. Er hatte in der Bibel eine nach seiner Meinung gute Entschuldigung für seine Geldnot gefunden: *Geldgier ist eine Wurzel allen Übels* (1.Timotheus 6,10). Aber er beachtete nicht, was im siebzehnten Vers des gleichen Kapitels steht, in dem Paulus die Menschen auffordert, ihre Hoffnung auf den lebendigen Gott zu setzen, *der uns dargibt reichlich, allerlei zu genießen* (1.Timotheus 6,17).

Dies bedeutet, dass wir auf Gott als Inbegriff des Geistes, zu dem wir Zugang haben, und Urheber auch aller materiellen Dinge vertrauen sollen. Nicht dem Geld, sondern dem allem Materiellen übergeordneten geistigen Prinzip sollen wir vertrauen. Sagt sich jemand: »Alles, was ich will, ist Geld. Nichts als Geld zählt!«, so kann er es, wenn er sein Denken und Glauben nur darauf konzentriert, bekommen; aber für ein glückliches, harmonisches, ausgewogenes Leben genügt Geld allein nicht. Wer Geldverdienen zu seinem einzigen Lebensziel macht, begeht einen schwerwiegenden Fehler und trifft eine falsche Wahl, denn die ausschließliche Konzentration auf Geldgewinn (oder auch Machtzuwachs) zeitigt die fatale Folge des Mangels an den wahren Werten des Lebens. Wir sind hier auf Erden, um unsere Fähigkeiten und Talente zu entfalten, den richtigen Platz im Leben zu finden und die Freude zu erleben, zum Wachstum, Glück und Erfolg auch anderer Menschen beizutragen. Kurz: Wir sollen echte Erfüllung erfahren.

Wenn Sie dieses Buch gründlich lesen und Ihr Denken und Glauben auf die universellen Wahrheiten, zu denen Sie über Ihr Unterbewusstsein direkten Zugang haben, einstimmen, dann erhalten Sie das Geld, das Sie benötigen, und darüber hinaus wird Ihnen Seelenfrieden, Harmonie und wahres Glück zuteil.

Dem an Geldnot leidenden Geistlichen erläuterte ich, dass

er die Bibel falsch auslege, wenn er das Geld – das als solches sicher wertfrei sei – als schlecht bezeichne; in dieser seiner falschen Einstellung liege die Ursache des Mangels. Daraufhin änderte er seine Einstellung und gab seine falsche Überzeugung auf. Von nun an bekräftigte er regelmäßig und systematisch: »Die Weisheit des mir innewohnenden unendlichen Geistes offenbart mir bessere Wege, anderen zu dienen. Ich werde inspiriert und erleuchtet, und ich bewirke bei allen, die mich hören, eine ›Transfusion‹ des Vertrauens und des Glaubens an die göttliche Allgegenwart und Allmacht. Ich betrachte Geld als eine Idee Gottes. Es zirkuliert ständig in meinem und im Leben meiner Pfarrkinder. Wir benutzen es dank Gottes Führung und Weisheit zu jeder Zeit vernünftig, wohlangebracht und aufbauend.«
Der Geistliche erhob dieses Gebet zur täglichen Gewohnheit. Er wusste, dass es die Kräfte seines Unterbewusstseins aktivieren würde. Heute sieht sein Leben anders aus: Seine Pfarrgemeinde ermöglichte ihm den Bau einer neuen Kirche. Er spricht im Rahmen einer eigenen Rundfunksendung, die große Beachtung findet, regelmäßig zu einem breiten Publikum, und seine Einkünfte erlauben ihm spielend die Erfüllung seiner persönlichen und kulturellen Bedürfnisse.

Die vierstufige Formel zur geistigen Einstimmung auf Reichtum

Wenn Sie dieses Verfahren genau anwenden, werden Sie zeit Ihres Lebens das Wort Geldnot aus Ihrem Gedächtnis streichen können.

Stufe 1: Machen Sie sich klar, dass Gott – oder das geistige Prinzip allen Lebens – der Ursprung des unendlichen Universums, der Milliarden von Galaxien mit wiederum Milliarden von Gestirnen und alles dessen ist, was da auf unserer Erde ist: Meere, Berge, Täler, Flora, Fauna und Mensch. Auch Sie sind Ausdruck dieses geistigen Lebensprinzips, und Sie tragen die göttlichen Fähigkeiten und Kräfte in sich. Gelangen Sie zu dem fundamentalen Schluss, dass alles, was Sie sehen und dessen Sie sich bewusst sind, aus dem unendlichen Geist Gottes, dem Inbegriff des Geistes, kam und kommt und dass alles, was der Mensch je erfunden oder hergestellt hat und erfindet oder herstellt, aus demselben Geist kam und kommt. Doch begreifen Sie auch, dass der Geist Gottes und der Geist des Menschen eins sind, denn es gibt nur einen einzigen, den göttlichen Geist, der auch allen Menschen innewohnt. Ziehen Sie die klare Folgerung, dass Gott die unversiegbare Quelle Ihrer Energie, Vitalität, Gesundheit und schöpferischen Ideen ist – wie auch die unversiegbare Quelle aller materiellen Güter und Reichtümer, auch des Geldes.

Stufe 2: Beschließen Sie jetzt, Ihrem Unterbewusstsein die Idee »Reichtum« bildhaft einzuprägen. Ideen gelangen durch ständige Wiederholung ihrer Inhalte, durch intensives Glauben und durch unerschütterliche Erwartung ins Unterbewusstsein. Wenn Sie sich ein Denkmuster oder ein Vorstellungsbild ständig vergegenwärtigen, wird daraus ein Automatismus, und Ihr so geprägtes Unterbewusstsein wird, gleichsam autonom agierend, alles daransetzen, die Inhalte Ihres Denkens und Glaubens zu verwirklichen. Es drängt, ja zwingt Sie, zielorientiert zu handeln. So werden Sie geradezu gezwungen, die Idee »Reichtum« in Ihrem Leben zum Ausdruck und somit zur Geltung zu bringen. Der Vorgang ist der gleiche wie jener, der abläuft, wenn jemand lernt, zu gehen, zu schwimmen, Klavier zu spielen, Maschine zu schreiben usw. Sie müssen tief überzeugt an das glauben, was Sie denken und bekräftigen. Seien Sie sich darüber klar, dass die Inhalte Ihres Denkens und Glaubens wie Apfelkerne sind, die man in den Boden legt, damit sie einmal reichen Ertrag einbringen. Wenn Sie Ihre »Gedankenkerne« darüber hinaus im Gefühl der Erwartung hegen und pflegen, beschleunigen Sie erheblich deren Wachstum. Machen Sie sich bewusst, was Sie tun und warum Sie es tun.

Stufe 3: Wiederholen Sie die folgende Bekräftigung jeden Abend und jeden Morgen: »Ich präge meinem Unterbewusstsein jetzt die Idee göttlichen Reichtums ein. Gott ist die unversiegbare Quelle aller guten Dinge des Lebens. Alle meine Bedürfnisse werden in jedem Augenblick der Zeit und an jedem Punkt des Raumes erfüllt. Gottes Reichtum fließt ungehindert und reichlich in mein Dasein, und ich danke für den Reichtum Gottes, der in meinem Leben unaufhörlich zirkuliert.«

Stufe 4: Sollten Sie Gedanken des Zweifels oder Gefühle der Angst anwandeln, beispielsweise: »Ich kann mir diese Reise nicht leisten« oder: »Ich kann diese Rechnung nicht bezahlen«, kehren Sie den Inhalt sofort ins Gegenteil um. Lassen Sie sich von momentan aufkommenden Sorgen über Ihre derzeitige finanzielle Situation nicht beeindrucken, sondern bekräftigen Sie dagegen: »Gott ist meine immer währende, jederzeit verfügbare Versorgungsquelle.« Fällt Sie fünfzigmal in der Stunde eine negative Anwandlung an, dann kehren Sie das Negative fünfzigmal ins Positive um. Denken Sie: »Mangel an irgendwelchen Dingen ist nicht gottgewollt. Das Geld ist eine Idee Gottes. Die mir innewohnende unendliche Weisheit wird mein Handeln richtig und zu meinem Besten führen.« Nach einer Zeit lang wird der Aspekt finanzieller Knappheit jedwede Kraft verlieren, und Sie werden feststellen, dass Ihr Unterbewusstsein auf Reichtum eingestimmt sein wird. Wenn Sie ein neues Auto betrachten, sollten Sie nie denken: »Ich kann es mir nicht kaufen.« Sagen Sie sich vielmehr: »Dieser Wagen steht zum

Verkauf. Er ist eine göttliche Idee, und ich akzeptiere ihn in göttlicher Fügung.«

Dies ist der bewährte Schlüssel zu Wohlstand und Reichtum. Wenn Sie das vorstehende Vier-Stufen-Programm genau und konsequent durchführen, wird das Prinzip der Fülle für Sie genauso wirken wie für jeden anderen, denn die universellen Gesetze des Geistes schließen keinen Menschen aus. Ihr Denken und Glauben machen Sie arm oder reich. Entscheiden Sie sich hier und jetzt für die Reichtümer des Lebens.

Eine Meditationshilfe für Ihre positive Grundeinstellung

Die nachstehende Meditationsübung wird Ihnen finanziellen Erfolg und Wohlergehen in jeder Hinsicht einbringen.
»Du hast ihn zum Herrn gemacht über deiner Hände Werk. Ich weiß, dass mein Glaube an Gott meine Zukunft bestimmt. Mein Glaube an Gott bedeutet Glauben an das Gute des Lebens. Ich vereinige mich jetzt geistig mit dem, was ich als wahr und gut erkenne, und ich weiß, dass die Zukunft dem Bild und Inhalt meines gewohnheitsmäßigen Denkens und Glaubens entsprechen wird. Wie der Mensch im innersten Herzen denkt, so ist er.
Von diesem Augenblick an ist meine Geistes- und Gefühlshaltung ausgerichtet auf alles, *was wahrhaftig ist, was ehrbar, was gerecht, was keusch, was lieblich, was wohl lautet.* Tag und Nacht meditiere ich über diese positiven Aspekte des Lebens, und ich weiß, dass solche positive Suggestionen, die ich mir täglich eingebe, wie Samen, die ich ins Erdreich lege, reiche Ernte bringen werden. Ich weiß: Mein Denken, Glauben und Fühlen gestalten mein Leben, meine Zukunft.«

Ein Vertreter steigerte seine Provision auf das Fünffache

Der Verkaufsleiter eines großen Unternehmens schickte einen seiner Mitarbeiter zu mir. Der Mann, der das College mit ausgezeichneten Zeugnissen abgeschlossen hatte und seine Produkte sehr gut kannte, betreute als Vertreter ein erwiesenermaßen ergiebiges Verkaufsgebiet, verdiente jedoch im Jahr nur etwa fünftausend Dollar an Provisionen. Der Verkaufsleiter vertrat die Ansicht, dass der Mann auf das Doppelte oder Dreifache dieses Betrages kommen müsste.

In dem folgenden Beratungsgespräch mit dem jungen Mann fand ich heraus, dass er hinsichtlich seines Einkommens völlig mutlos war. Diese Mutlosigkeit und seine Angst vor Gewinn bringenden Entscheidungen waren auf seine Kindheit, und zwar auf seine damalige Umgebung und seine Erziehung, zurückzuführen: Er war in einem Elternhaus aufgewachsen, in dem der tägliche Mangel an allen möglichen Dingen den Lebensrhythmus bestimmte. Und da seine Eltern diesen Zustand akzeptierten, wurde er geradezu gezwungen, die Armut als etwas Natürliches und Gottgegebenes hinzunehmen. Und bei seinen wenigen Versuchen, diesem Zustand zu entfliehen, wurde er von seinem Stiefvater jedes Mal auf »den Boden der Tatsachen« zurückgeholt: »Du wirst es nie zu etwas bringen.« Diese Umstände führten schließlich zu der »Erkenntnis«, dass Geldknappheit und Eingeengtheit sein ganzes Leben bestimmen würden.

Ich machte dem Vertreter klar, dass er sein Unterbewusstsein umprägen könne, indem er es mit Leben spendenden Mustern speise. Auf seinen Wunsch hin gab ich ihm eine spirituelle Formel. Ich sagte ihm, sie werde sein Leben verändern, wenn er sie beharrlich anwende. Er müsse aber darauf achten, dass er innerlich nie bezweifle oder verneine, was er bewusst bekräftige, weil sein Unterbewusstsein immer das akzeptiere, was er wirklich glaube.

Jeden Morgen, bevor er zur Arbeit ging, vergegenwärtigte er sich nun: »Ich bin zum Erfolg geboren, das Unendliche in mir kann nicht scheitern. Göttliches Recht und göttliche Ordnung beherrschen mein Leben, göttlicher Friede erfüllt meine Seele, göttliche Liebe durchdringt meinen Geist und mein Gemüt. Die mir innewohnende unendliche Weisheit führt mich auf allen Wegen. Gottes Reichtümer strömen mir ungehindert zu. Ich komme voran, entwickle mich und wachse geistig wie auch finanziell und in jeder anderen Hinsicht. Ich weiß, dass diese Wahrheiten in mein Unterbewusstsein sinken, wachsen und in meinem Leben zur Geltung kommen werden.«

Als ich den Vertreter ein Jahr später wieder traf, war er ein völlig verwandelter Mensch. Er sagte zu mir: »Ich habe die Wahrheiten, über die wir seinerzeit sprachen, aufgenommen, felsenfest an sie geglaubt und auf mein Inneres einwirken lassen. Wunderbare Dinge sind mir widerfahren. Ich konnte mein Einkommen dieses Jahr auf das Fünffache steigern.«

Er hat die fundamentale Wahrheit erfahren, dass alles, was er seinem Unterbewusstsein einprägt, in seinem Leben zur Geltung kommen wird.

Merksätze

1. Vergegenwärtigen Sie sich die wahrhaft reichen Schätze des Universums und dieser Erde. Es gibt spirituelle und materielle Reichtümer, die nur ihrer Entdeckung harren. Entdecken Sie sie. Ihnen wohnt ein Führungsprinzip inne, das Sie, wenn Sie es anrufen, zu den Reichtümern führt, nach denen Sie streben.
2. Eine alte Redensart besagt, man solle »sich mit dem Geld anfreunden«, dann werde man immer Geld haben. Betrachten Sie das Geld als eine Idee Gottes. Stellen Sie

sich bildhaft vor, dass in Ihrem Leben genügend Geld zirkuliert. Ihr Unterbewusstsein wird dann auf dieses Bild eingestimmt und Ihr Handeln entsprechend steuern.

3. Wenn Sie Geld als »dreckig« bezeichnen, werden Sie es nie zu Wohlstand und Reichtum bringen. Geld ist wertfrei – aber auch das, was der Mensch aus ihm macht. Ändern Sie Ihre Einstellung zum Geld. Erkennen Sie, dass Sie ein Recht haben, für Ihre Arbeit honoriert zu werden, ob Sie nun als Schriftsteller, Busfahrer oder Gärtner arbeiten. Denken Sie an all das Gute, das Sie tun können, wenn in Ihrem Leben das Geld frei und in Fülle zirkuliert.
4. Wer das Geld verabscheut, wird finanzielle Not leiden, auch wenn er noch so hart arbeitet. Sie sollten aber das Geld beileibe nicht zu einem Fetisch machen, sondern nur erkennen, dass es für Sie nötig und nützlich ist. Betrachten Sie als den wirklichen Ursprung von Reichtum und Wohlstand – wie von allem, was da ist – Gott. Wenn Sie Gott vertrauen, werden die Quellen Ihrer Versorgung nie versiegen.
5. Der bewährte Schlüssel zur geistigen Einstimmung auf Reichtum besteht darin, zu dem klaren Schluss zu gelangen, dass Gott – das universelle Prinzip des Geistes und allen Lebens – der Ursprung von allem ist, was im Universum vorhanden ist, und dass auch alles, was der Mensch hergestellt hat und herstellt, aus dem Geiste Gottes kam und kommt. Wenn Sie dies zu denken und zu glauben vermögen, werden Sie nie Mangel leiden.
6. Sollten Sie negative Anwandlungen anfallen, dann bekräftigen Sie umgehend: »Gott ist meine immer während, jederzeit verfügbare Versorgungsquelle.« Das Geheimnis beruht darin, momentane Sorgen über Ihre finanzielle Situation nicht aufkommen zu lassen. Nach einer Zeit lang werden solche Anwandlungen des Zweifels und der Angst ausbleiben, und Sie werden feststel-

len, dass Ihr Unterbewusstsein auf Wohlstand und Reichtum ausgerichtet wird.

7. Ein Vertreter steigerte seine Provisionen in einem Jahr auf das Fünffache, denn er hatte erkannt, dass seine Überzeugung, er müsse arm bleiben, falsch war. Der berufliche Erfolg setzte ein, nachdem er sein Unterbewusstsein durch sein neues Denken und Glauben an Erfolg, Fülle und dementsprechendes Handeln umprogrammiert hatte.
8. Die angegebene Meditationsübung hilft Ihnen, sich eine positive Grundeinstellung anzueignen; es wird Ihnen dann leicht fallen, es auch zu materiellem Wohlstand und Reichtum zu bringen.

Ihr Recht auf Reichtum

Sie haben ein Anrecht auf Reichtum. Sie sind geboren, um ein sorgenfreies, glückliches Leben in Wohlstand und Sicherheit zu führen. Deshalb müssten Sie auch über die reichlichen Geldmittel verfügen, die zu einem so erfüllten Leben nötig sind.

Sie sind auf diese Welt gekommen, um sich körperlich, geistig und seelisch zu entfalten, und haben ein unbestreitbares Recht auf alles, was Ihnen den Sinn Ihres Lebens erfüllen hilft. Sie sollten sich mit Schönheit und Luxus umgeben können.

Warum wollen Sie sich mit dem Allernotwendigsten begnügen, wenn Sie die unerschöpflichen Reichtümer Ihres Unterbewusstseins ausschöpfen können? In diesem Kapitel lernen Sie, wie man sich das Geld zum Freund und ständigen Begleiter macht. Ihr Wunsch, reich zu sein, ist nichts anderes als die Sehnsucht nach einem erfüllteren, glücklicheren und schöneren Leben. Es handelt sich hier um einen kosmischen Instinkt. Ihr Streben ist deshalb nicht nur gut, sondern sogar sehr gut.

Geld ist ein Symbol

Geld ist ein symbolisches Tauschmittel. Sein Besitz bedeutet nicht nur Freiheit von Armut und Mangel, sondern Schönheit, Luxus, Überfluss und verfeinerte Lebensart. Es ist nicht mehr und nicht weniger als ein Symbol der wirtschaftlichen Gesundheit eines Landes. Solange das Blut ungehindert im Organismus kreist, ist der Mensch physisch gesund. Solange das Geld frei im Leben des Einzelnen zirkuliert, ist dieser wirtschaftlich gesund. Sobald die Leute anfangen, ihr Geld aus Angst im Sparstrumpf zu horten, steht es schlecht um die Wirtschaft.
Im Wandel der Jahrhunderte und Kulturen hat es viele Tauschmittel gegeben, wie zum Beispiel Salz, Glasperlen oder andere kleinere Wertgegenstände. In der Frühzeit bemaß sich der Reichtum eines Menschen nach der Größe seiner Schaf- und Rinderherden. Heutzutage verwenden wir stattdessen Geld und Wertpapiere, und es ist wesentlich praktischer, Banknoten, Kredit- und Scheckkarten mit sich zu führen als Schafe und Ochsen.

Der bequemste und kürzeste Weg zu Reichtum

Der Weg zu Glück und Erfolg auf jedem Gebiet – sei dies nun seelisch, geistig oder materiell – steht dem offen, der mit den wunderwirkenden Kräften des Unterbewusstseins vertraut ist. Der Kenner der geistigen Gesetze glaubt felsenfest und weiß mit absoluter Gewissheit, dass er niemals Mangel leiden wird, und zwar ohne Rücksicht auf die wirtschaftliche Konjunktur, die Kurse an der Börse oder Krisen aller Art wie zum Beispiel Streiks oder Kriege. Sobald er nämlich seinem Unterbewusstsein die Vorstellung von Wohlstand eingeprägt hat, wird dieses ihn – wo immer er sich auch befinden mag – mit allem Nötigen reichlich versorgen. Er hat eben die unerschütterliche geistige Überzeugung gewonnen, dass das Geld zu jeder Zeit ungehindert in seinem Leben zirkulieren und er immer mehr als genug davon besitzen wird. Selbst wenn die Staatsbank morgen ihren Bankrott erklärte und der gesamte gegenwärtige Besitz des Betreffenden seinen Wert verlöre (wie dies bei der deutschen Währung bereits wiederholt der Fall war), so würde dieser Mensch trotzdem bald wieder reich sein, gleichgültig, wie das neue Wirtschaftssystem oder die neue Währung beschaffen sein mögen.

Warum Sie nicht mehr Geld haben

Vielleicht sagen Sie bei der Lektüre dieses Kapitels: »Mir würde auch ein größeres Gehalt zustehen, als ich es im Augenblick beziehe.« – Meiner Meinung nach werden die Leistungen der meisten Menschen unterbewertet und zu niedrig entlohnt. In vielen Fällen mag die Geldknappheit unter anderem daran liegen, dass die Betreffenden heimlich oder offen das Geld verdammen; sie bezeichnen es als »schmutzig« oder sagen: »Geldgier ist die Wurzel allen Übels.« Ein weiterer Grund, warum sie wirtschaftlich keine Fortschritte erzielen, ist, dass irgendwo in ihrem Geist der Aberglaube herumspukt, Armut sei tugendhaft und moralisch verdienstvoll. Diese unterbewusste Einstellung geht meistens auf in der Jugend empfangene Lehren, häufig auch auf eine Missdeutung mancher Bibelstellen zurück.

Geld und ein ausgewogenes Leben

Jemand sagte mir einmal: »Ich bin pleite. Ich verabscheue das Geld. Es ist die Wurzel allen Übels.« Nur ein neurotischer Wirrkopf kann dergleichen sagen. Ebenso verzerrt und einseitig ist natürlich die Einstellung jener, deren Herz ausschließlich am Geld hängt. Der Mensch muss seine Fähigkeiten weise einsetzen. Manche verzehren sich nach

Macht, andere nach Geld. Falls Ihr ganzes Sinnen und Trachten auf Geld gerichtet ist und Sie sagen: »Geld ist alles, was ich will; ich werde mich voll und ganz dem Ziel widmen, möglichst viel Geld anzuhäufen, alles andere ist mir unwichtig!«, dann werden Sie zweifellos zu Geld und Vermögen kommen. Nur übersehen Sie dabei, dass der Mensch ein ausgewogenes Leben führen soll und auch sein Verlangen nach Seelenfrieden, Harmonie, Liebe, Freude und vollkommener Gesundheit stillen muss.

Wer Geld zum ausschließlichen Lebensinhalt macht, hat eine falsche Entscheidung getroffen. Bald nämlich wird er entdecken, dass der Mensch neben Geld noch viele andere Dinge benötigt. Dazu gehören die Entdeckung und Entfaltung verborgener Talente, das Streben, seinen Platz im Leben richtig auszufüllen, die Sehnsucht nach Schönheit und die Freude, zum Wohlergehen und Erfolg seiner Mitmenschen beitragen zu können. Wer aber die Gesetze des Unterbewusstseins erkennt und richtig einzusetzen weiß, wird nicht nur – falls ihm der Sinn danach steht – Millionen besitzen, sondern darüber hinaus auch noch innerliche und äußerliche Harmonie, strahlende Gesundheit und restlose Selbstverwirklichung genießen.

Armut hat auch eine geistige Ursache

Armut ist keineswegs etwas Tugendhaftes oder Verdienstvolles, sondern es handelt sich dabei oft um eine von vielen geistigen Fehlhaltungen. Falls Sie sich körperlich nicht wohl fühlten, würden Sie dies auf eine Erkrankung Ihres Organismus zurückführen. Sie würden alles unternehmen, um möglichst rasch Abhilfe zu schaffen. Nun ist aber auch dauernde Geldknappheit ein Symptom dafür, dass etwas in Ihrem Leben bedenklich in Unordnung geraten ist.

Das in jedem Menschen ruhende Lebensprinzip trachtet nach Wachstum, Erfüllung und reichem Überfluss. Sie sind nicht auf diese Welt gekommen, um in einer elenden Hütte zu hausen, sich in Lumpen zu hüllen und Hunger zu leiden. Das Gesetz des Lebens will, dass Sie glücklich, wohlhabend und erfolgreich sind.

Warum man niemals geringschätzig von Geld sprechen darf

Befreien Sie Ihr Denken von all den weit verbreiteten seltsamen und abergläubischen Auffassungen von Geld. Betrachten Sie Geld niemals als etwas Böses oder Schmutziges – Sie würden es nur mit Gewalt von sich scheuchen. Denken Sie immer daran: Das Unterbewusstsein hält Ihnen alles vom Leib, was Sie mit Überzeugung ablehnen. Wie könnte es auch das anziehen, was Sie selbst zurückweisen?

Wie man die richtige Einstellung zum Geld gewinnt

Mit folgender einfacher Technik können Sie die Ihnen zur Verfügung stehenden Geldmittel vervielfachen. Wiederholen Sie mehrmals am Tag: »Mir ist Geld von Herzen willkommen, ich mag es, ich verwende es weise, überlegt und für gute Zwecke. Ich gebe es gern mit vollen Händen aus, und es kehrt auf wundervolle Weise vermehrt zu mir zurück. Geld ist nicht nur etwas Gutes, sondern sogar etwas sehr Gutes. Geld strömt von allen Seiten im Überfluss auf mich zu. Mit seiner Hilfe werde ich viel Gutes und Nützliches tun, weshalb ich auch dankbar bin für meine materiellen und geistigen Schätze.«

Geld – vom wissenschaftlichen Standpunkt aus betrachtet

Angenommen, Sie stießen auf ein Vorkommen von Gold, Silber, Blei, Kupfer oder Eisen. Würden Sie diese Metalle als etwas Böses betrachten? Des Menschen Verblendung, falsche Einstellung zum Leben und der Missbrauch der unterbewussten Kräfte sind die einzigen Wurzeln alles Bösen.

Jedes Mineral – ob Uran, Blei oder Erdöl – könnte uns als Tauschmittel dienen. Stattdessen verwenden wir Papierscheine, Schecks, Plastikkarten, Münzen aus Kupfer, Nickel und Silber – lauter Stoffe, die wahrhaftig nichts Böses an sich haben. Physiker und Chemiker wissen heute, dass der einzige Unterschied zwischen den Metallen in der Anzahl und Beschleunigung der Elektronen besteht, die um einen gemeinsamen Mittelpunkt kreisen. Mit Hilfe eines starken Zyklotrons kann man heute ein Metall in ein anderes verwandeln, indem man es mit Atomen beschießt. Unter gewissen Bedingungen verwandelt sich auf diese Weise Gold in Quecksilber. Es dürfte nicht mehr lange dauern, bis unsere modernen Wissenschaftler in ihren Laboratorien Gold, Silber und andere Metalle synthetisch herzustellen wissen. Im Augenblick mag dies noch zu teuer sein, unmöglich aber ist es nicht. Ein intelligenter Mensch sollte in dieser Ansammlung von Elektronen, Neutronen, Protonen und Isotopen nichts Böses sehen – sei es nun Metall oder Papier, Münze oder Papiergeld.

Wie man das nötige Geld an sich zieht

Vor vielen Jahren machte ich in Australien die Bekanntschaft eines Jungen, der Chirurg werden wollte, aber kein Geld hatte. Ich erklärte ihm, jedes in die Erde gesenkte Samenkorn besitze die Fähigkeit, alles, was zu seinem Gedeihen nötig sei, an sich zu ziehen. Diesen Vorgang müsse er zum Vorbild nehmen und die betreffende Idee in seinem Unterbewusstsein verankern. Um seinen Lebensunterhalt zu verdienen, reinigte der hervorragend begabte Junge Praxisräume, putzte Fenster und führte alle möglichen Gelegenheitsarbeiten aus. Er erzählte mir, dass er sich jede Nacht vor dem Einschlafen mit aller Deutlichkeit eine ärztliche Zulassungsurkunde ausmale, die in großen, klaren Buchstaben seinen Namen trug. Bei seinen Gelegenheitsarbeiten war ihm das Aussehen solcher Dokumente aufs Beste vertraut geworden. Und deshalb war es ihm ein Leichtes, sich das entsprechende Vorstellungsbild einzuprägen. Es dauerte nur etwa vier Monate lang, jede Nacht faszinierte ihn dieses geistige Wunschbild, da stellte sich auch schon der sichtbare Erfolg ein.

Die weitere Lebensgeschichte dieses jungen Mannes ist sehr aufschlussreich. Einer der Ärzte fand großen Gefallen an dem Jungen. Er unterwies ihn, wie man Instrumente sterilisiert, Injektionen gibt, erste Hilfe leistet und andere in einer ärztlichen Praxis nötige Handreichungen ausführt. Schließlich stellte er ihn als medizinisch-technischen Assistenten an. Später ließ ihn derselbe Arzt auf eigene Kosten Medizin studieren. Aus dem Jungen wurde später ein berühmter Arzt.

Durch richtigen Einsatz seines Unterbewusstseins brachte er das uralte Gesetz der Anziehungskraft zur Wirkung, das da lautet: »Wer sein Ziel klar vor sich sieht, braucht nur die Mittel zu seiner Verwirklichung herbeizuwünschen.« In diesem Fall war das Ziel ein eigene ärztliche Praxis. Dem jungen Mann gelang es, sich in Wirklichkeit als Arzt vorzustellen, zu sehen und zu fühlen. Er lebte mit dieser Idee und erfüllte sie mit der ganzen Kraft seiner Liebe zum ärztlichen Beruf, bis sie vermöge seiner Phantasie tief im Unterbewusstsein zur festen Überzeugung wurde. So wurden gesetzmäßig alle Voraussetzungen für die Erfüllung seines Traumes geschaffen.

Warum manche Menschen niemals eine Gehaltsaufbesserung bekommen

Falls Sie für ein großes Unternehmen arbeiten und insgeheim voll Bitterkeit denken, Sie seien sowohl unterbezahlt wie unterbewertet und verdienten eigentlich mehr Anerkennung und eine bessere Bezahlung, dann haben Sie sich innerlich bereits von Ihrem Arbeitgeber losgesagt. Sie lösen damit einen gesetzmäßigen Vorgang aus, und eines Tages wird Ihr Chef zu Ihnen sagen: »Wir müssen leider auf Ihre weiteren Dienste verzichten.« Im Grunde genommen aber hatten Sie vorher schon selbst Ihr Arbeitsverhältnis gelöst. Ihr Vorgesetzter war nur das Werkzeug zur Verwirklichung Ihrer eigenen negativen Einstellung. So will es das Gesetz von Wirkung und Gegenwirkung. Der erste Anstoß ging von Ihren Gedanken aus, und alles Folgende war nur das Ergebnis der unterbewussten Reaktion.

Hindernisse und Fallen auf dem Weg zum Reichtum

Sie selbst haben sicher auch schon Bemerkungen gehört wie beispielsweise: »Der ist auch nicht auf ehrliche Weise zu seinem Geld gekommen.« – »Das ist ein Schwindler.« – »Den habe ich gekannt, da war er noch ein Habenichts.« – »Mit solchen Ellenbogen ist es keine Kunst, erfolgreich zu sein.« Betrachtet man sich darauf den Urheber einer solchen Beurteilung näher, so stellt sich meist heraus, dass er an Geldmangel oder einer körperlichen oder geistigen Krankheit leidet. Vielleicht erklommen seine Studienkollegen die Leiter des Erfolges schneller als er und erweckten damit seinen bitteren Neid. Diese Missgunst ist aber gleichzeitig die eigentliche Ursache seines eigenen Misserfolgs. Die negative Einstellung zu seinen früheren Freunden und ihrem Wohlstand macht nämlich den für sich selbst erflehten Reichtum unmöglich.

Genau genommen bittet er um die Erfüllung zweier entgegengesetzter Wünsche. Einerseits sagt er: »Reichtum und Wohlstand strömen von allen Seiten auf mich zu«, und im nächsten Augenblick verkündet er: »Ich missgönne diesem Mann seinen Reichtum.« Machen Sie es sich zur festen Gewohnheit, das Glück und den Erfolg Ihrer Mitmenschen mit echter Freude zu betrachten.

Schützen Sie Ihr Vermögen!

Falls Sie in Geldangelegenheiten Rat suchen oder sich wegen des Kurses Ihrer Aktien und Wertpapiere Sorgen machen, so stellen Sie voll Ruhe und Zuversicht die folgende Behauptung auf: »Die Allweisheit wacht über alle meine finanziellen Transaktionen und gibt mir die richtigen Entscheidungen ein, so dass alle meine Unternehmungen Gewinn abwerfen.« Wiederholen Sie dies häufig, und Sie werden feststellen, dass Ihre Geldanlagen weise gewählt sind und Sie dadurch auch vor Verlusten bewahrt werden.

Alles hat seinen Preis

In Kaufhäusern, Supermärkten und Einkaufszentren werden Hausdetektive eingesetzt, um Diebstähle zu verhindern. Jeden Tag fassen sie eine Reihe von Ladendieben, die versucht haben, etwas umsonst zu bekommen. Das Denken solcher Menschen ist bestimmt von der Furcht vor Mangel und der Notwendigkeit, sich einzuschränken. Sie bestehlen aber nicht nur andere, sondern berauben auch sich selbst des Seelenfriedens, der Harmonie, des Glaubens, der Ehrlichkeit, der Unbescholtenheit, des guten Willens und Vertrauens ihrer Mitmenschen. Darüber hinaus ziehen sie vielfältigen Verlust auf sich, nämlich den Verlust von Selbstachtung, gesellschaftlicher Stellung und innerer Ruhe. Diesen Leuten gebricht es am festen Glauben, immer reichlich mit allem Nötigen versorgt zu sein, und an jedem Verständnis für die Wirkungsweise ihres Geistes. Wollten sie die Kraft ihres Unterbewusstseins einsetzen und aus Überzeugung behaupten, es werde ihnen den Weg zu echter Selbstverwirklichung weisen, so fänden sie viel eher Arbeit und ein geregeltes Einkommen. Durch Ehrlichkeit und Ausdauer würden sie alsbald in den eigenen Augen und jenen ihrer Mitmenschen als Vorbild dastehen.

Ihre unerschöpfliche Geldquelle

Die richtige Erkenntnis der Macht des Unterbewusstseins und der schöpferischen Kräfte von Gedanken und Vorstellungsbildern ist der schnellste und sicherste Weg, allem inneren und äußeren Mangel ein Ende zu setzen und für immer in Wohlstand zu leben. Nehmen Sie also das Geschenk des Reichtums an, das Ihnen Ihr Unterbewusstsein bietet. Die richtige Einstellung zum Wohlstand und die feste Zuversicht, ihn bald verwirklicht zu sehen, lösen einen Prozess aus, der seiner eigenen Mathematik und Mechanik gehorcht. Sobald es Ihnen gelingt, das Lebensgefühl eines wohlhabenden Menschen in sich zu erzeugen, werden Sie in den Besitz all dessen gelangen, was dazu nötig ist.

Wiederholen Sie die folgende Feststellung jeden Tag und schreiben Sie sich mit goldenen Lettern in Ihr Herz: »Ich bin eins mit dem unendlichen Reichtum meines Unterbewusstseins. Ich habe ein Anrecht darauf, wohlhabend, glücklich und erfolgreich zu sein. Das Geld strömt mir aus unversiegbaren Quellen in reicher Fülle zu. Ich bin mir in jedem Augenblick meines wahren Wertes bewusst. Was ich kann und besitze, stelle ich gern in den Dienst meiner Mitmenschen, und ich bin materiell aufs reichste gesegnet. Das Leben ist herrlich!«

Merksätze

1. Scheuen Sie sich nicht, zu behaupten, dass Sie ein Recht auf Reichtum haben, und Ihr Unterbewusstsein wird diesen Anspruch honorieren.
2. Sie geben sich nicht nur mit dem Nötigsten zufrieden. Sie wollen über Summen verfügen, die es Ihnen ermöglichen, sich jeden Wunsch sofort zu erfüllen. Machen Sie sich mit dem unerschöpflichen Reichtum Ihres Geistes vertraut.

3. Wo Geld ungehindert zu- und abströmt, herrscht wirtschaftliche Gesundheit. Betrachten Sie das Geld als eine Erscheinung, die den Gezeiten gleicht: Ebbe und Flut folgen einander in stetem Wechsel. Herrscht Ebbe, dann steht die Flut mit unbedingter Sicherheit unmittelbar bevor.
4. Vertrautheit mit den Gesetzen des Unterbewusstseins wird Sie stets mit Reichtum umgeben, in welcher Form dieser auch in Ihr Leben treten mag.
5. Ein Grund, warum viele Menschen finanziell nur mit knapper Not über die Runden kommen und nie genug Geld haben, besteht darin, dass sie es verdammen. Was man aber verdammt, schreckt man vor sich ab.
6. Machen Sie das Geld nicht zu Ihrem Abgott. Es ist nur ein Symbol. Vergessen Sie nie: Der wahre Reichtum wohnt in Ihrem Geist. Sie sind geboren, um ein ausgeglichenes Leben zu führen – und dazu gehört auch genug Geld, um all Ihre Wünsche zu erfüllen, nicht aber Götzendienste.
7. Denken Sie nicht ausschließlich an das Geld. Erheben Sie auch Anspruch auf Gesundheit, Glück, Frieden, echte Selbstverwirklichung und Liebe, und begegnen Sie Ihrerseits allen Ihren Mitmenschen voller Zuneigung und gutem Willen. All dies wird Ihnen nämlich Ihr Unterbewusstsein mit Zins und Zinseszins vergelten.
8. Armut als solche ist weder verdienstvoll noch tugendhaft. Ganz im Gegenteil – sie ist womöglich die Auswirkung einer geistigen Fehlhaltung, eines Leidens, von dem Sie sich sofort heilen müssen.
9. Sie sind nicht auf die Welt gekommen, um in einer Hütte zu hausen, sich in Lumpen zu hüllen und Hunger zu leiden. Sie sind dazu bestimmt, ein erfülltes Leben zu führen.
10. Sagen Sie niemals: »Der schmutzige Mammon!«, oder:

»Ich verachte Geld.« Was man gering schätzt, verliert man. Nichts ist an sich gut oder schlecht, erst unser Denken führt zu dieser oder jener Wertung.

11. Wiederholen Sie häufig: »Geld ist mir von Herzen willkommen. Ich verwende es weise und zum Nutzen meiner selbst und aller Mitmenschen. Ich gebe es freudig und mit vollen Händen aus, und es kehrt tausendfach vermehrt zu mir zurück.«
12. Geld ist nicht schlechter als Kupfer, Blei, Zinn oder Eisen, das die Erde birgt. Alles Böse entstammt einzig und allein der Unkenntnis und dem Missbrauch der geistigen Kräfte.
13. Die bewusste und lebendige Vorstellung des erwünschten Endergebnisses führt eine zielführende Reaktion Ihres Unterbewusstseins herbei.
14. Alles hat seinen Preis. Versuchen Sie nicht, irgendetwas umsonst zu bekommen. Wenn Sie Ihren Zielen, Idealen und Unternehmungen genügend Beachtung schenken, wird Ihr Unterbewusstsein seine Kräfte in diesem Sinne einsetzen. Wer Reichtum sucht, muss sein Unterbewusstsein mit der lebendigen Vorstellung eines Lebens in Wohlstand und Überfluss erfüllen.

Der Königsweg zum Triumph des Menschen

Ich betrachte die Bibel nicht nur als das größte Weisheitsbuch der Menschheit, in dem uns – wie wohl niemand bestreiten wird – universell gültige Wahrheiten offenbart werden, sondern auch als das unüberbietbare, vollkommene Lehrbuch der Psychologie. Eines der großen spirituellen Meisterwerke der Bibel ist das 35. Kapitel des *Buches Jesaja*. Es stellt eine Art Vermächtnis des erleuchteten Propheten an die Menschheit dar und vermittelt uns in kürzester und literarisch schönster Form eine Fülle spirituellen, esoterischen und psychologischen Wissens, das »nicht mehr von dieser Welt ist«.

Die Frohbotschaft dieser Verse hat mich von jung an zutiefst beeindruckt und mein Leben lang begleitet. Wichtig ist dabei, dass wir, wenn wir die universell gültige Bedeutung des Textes begreifen wollen, über die konkreten Aussagen des großen Erleuchteten hinaus die innere Bedeutung seiner Botschaft verstehen. Diese Botschaft und die von mir empfohlene Auslegung können als Zusammenfassung des Inhalts dieses Buches gelten – das von nichts anderem handelt – und somit als geeignetes Schlusswort verstanden werden.

Aber die Wüste und Einöde wird lustig sein, und das dürre Land wird fröhlich stehen und wird blühen wie die Lilien. Sie wird blühen und fröhlich stehen in aller Lust und Freu-

de. Denn die Herrlichkeit des Libanon ist ihr gegeben, der Schmuck des Karmels und Sarons. Sie sehen die Herrlichkeit des Herrn, den Schmuck unseres Gottes.
Stärket die müden Hände und erquicket die strauchelnden Knie!
Saget den verzagten Herzen: Seid getrost, fürchtet euch nicht! Sehet, euer Gott, der da kommt zur Rache; Gott, der da vergilt, kommt, und wird euch helfen.
Alsdann werden der Blinden Augen aufgetan werden, und der Tauben Ohren werden geöffnet werden;
alsdann werden die Lahmen springen wie ein Hirsch, und der Stummen Zunge wird Lob sagen. Denn es werden Wasser in der Wüste hin und wieder fließen und Ströme im dürren Lande.
Und wo es zuvor trocken gewesen ist, sollen Teiche stehen; und wo es dürr gewesen ist, sollen Brunnenquellen sein. Da zuvor die Schakale gelegen haben, soll Gras und Rohr und Schilf stehen.
Und es wird daselbst eine Bahn sein und ein Weg, welcher der heilige Weg heißen wird, dass kein Unreiner darauf gehen darf; und derselbe wird für sie sein, dass man darauf gehe, dass auch die Toren nicht irren mögen.
Es wird da kein Löwe sein, und wird kein reißendes Tier darauf treten, noch daselbst gefunden werden; sondern man wird frei sicher daselbst gehen.
Die Erlösten des Herrn werden wiederkommen, und gen Zion kommen mit Jauchzen; ewige Freude wird über ihrem Haupte sein, Freude und Wonne werden sie ergreifen, und Schmerz und Seufzen wird entfliehen (Jesaja 35,1–10).

Das *Buch Jesaja* lehrt uns, dass die Befreiung von allen Übeln und der Zustrom von Reichtümern aller Art von Gott kommen. Der Name Jesaja bedeutet übrigens sinnigerweise »Jahwe hat geholfen« und bringt zum Ausdruck, dass die Erkenntnis Gottes die Rettung des Menschen ist.

Die Vergegenwärtigung der Wahrheiten Gottes

Das 35. Kapitel des *Buches Jesaja* gilt zu Recht als eines der großen spirituellen Meisterwerke. Es ist aber auch eines der schönsten Gebete, die es gibt; seine Wahrheit und Poesie rühren die Seele tief an. Beten verändert den Menschen, der betet. Beten ist die Betrachtung der Wahrheiten Gottes vom höchsten Standpunkt aus. Wer richtig betet, versucht nicht, Gott zu ändern oder »umzustimmen«, sondern erkennt als Wahrheiten die göttlichen Prinzipien der Liebe und der Freude, des Friedens und der Harmonie, der Schönheit und der Fülle.

Betend vergegenwärtigen Sie sich die ewig gültigen Prinzipien Gottes, die immer gleich bleiben, gestern, heute und in Ewigkeit. Diese Wahrheiten, die Sie Ihrem Unterbewusstsein einprägen, verdrängen alles, was ihnen oder Gott nicht gleicht, und werden unfehlbar in Ihrem Leben zum Ausdruck kommen.

Der erste Vers des 35. Kapitels aus dem *Buch Jesaja* lautet: *Aber die Wüste und Einöde wird lustig sein, und das dürre Land wird fröhlich stehen und wird blühen wie die Lilien.* Bedenken Sie, dass die Bibel, in die, wie gesagt, universell gültige Wahrheiten eingeflossen sind, zahlreiche Symbole und Gleichnisse, insbesondere orientalischen Ursprungs, enthält. Die erleuchteten Verfasser schrieben für die Menschen der Welt, in der sie lebten, und in der Sprache ihrer Zeit und benutzten die damals gebräuchlichen Symbole, Gleichnisse, Redewendungen und Spracheigentümlichkeiten.

Die »Wüste«, meine ich, bezieht sich auf uns Menschen, weil im Geist von Millionen Menschen nichts wächst und das »Land«, das fruchtbar sein könnte, dürr ist. Wir sind da, um die Früchte Wahrheit, Weisheit und Schönheit hervorzubringen. Gott hat uns das Ziel gesetzt, ein erfülltes, glückliches Leben zu führen, unsere Fähigkeiten bestmöglich

einzusetzen und zu nutzen und uns auf höchster Ebene zu verwirklichen. Die größte aller Wüsten ist nicht die Sahara; sie befindet sich unter der Schädeldecke der Menschen.
In der Sahara haben übrigens französische Pioniere der Wirtschaft und Kultur wahre Wunder vollbracht. Sie haben Bodenschätze aufgespürt, Städte gegründet, Schulen und Industriezentren errichtet, Erdöl und viele Mineralvorkommen entdeckt. Ähnliches geschah in anderen Wüstengebieten der Erde. In Israel wurden weite Ödlandschaften in fruchtbare Gebiete landwirtschaftlicher Nutzung und des Abbaus von Bodenschätzen verwandelt. Die Menschen machten im Boden unter ihren Füßen wahre Schätze ausfindig. Diese lagen dort schon seit Jahrtausenden, ja Jahrmillionen, aber die Menschen mussten erst die Wüste ihres Geistes zum Blühen bringen, bevor sie im »dürren Land« Schätze finden konnten.

Das Innewerden der »Herrlichkeit des Herrn«

Voriges Jahr zündeten Brandstifter in der Nähe meines Wohnviertels mehrere schöne Bungalows an. Ein mit mir seit langem bekannter Universitätsprofessor erzählte mir, er sei verreist gewesen und habe bei der Rückkehr sein Haus bis auf die Grundmauern niedergebrannt vorgefunden. Wie er sagte, gab es für ihn nur eines, nämlich beten. Viele Male am Tag bekräftigte er laut: »Göttliche Liebe und göttlicher Frieden hüllen mich ein. Gott eröffnet mir jetzt eine neue Tür und einen neuen Weg, Gott ist für mich tätig.«
Aus heiterem Himmel bot ihm ein paar Wochen nach der Verwüstung seines Hauses eine bekannte Universität eine weit höher dotierte Professorenstelle an; der lohnendere Aufgabenbereich war mit größerem Ansehen und der lange ersehnten wissenschaftlichen Anerkennung verbunden. Außerdem stellte ihm die Universität eine sehr schöne Wohnung zur Verfügung. Das »dürre Land«, in dem er sich nach dem Verlust von Haus und Habe befunden hatte, wur-

de für ihn »fröhlich«, zumal er kurz nach der erfreulichen Berufung von seiner Versicherung die Nachricht erhielt, dass er einen Großteil seiner Verluste ersetzt bekäme.
Halten Sie bei jedem Problem nach einem Lichtschimmer Ausschau. Wenn Ihre Schwierigkeiten am größten sind und rund um Sie Finsternis zu herrschen scheint, erleuchtet Sie das innere Licht, und die Lösung, um die Sie Gott im Gebet bitten, wird kommen.
Sie wird blühen und fröhlich stehen in aller Lust und Freude. Denn die Herrlichkeit des Libanon ist ihr gegeben, der Schmuck des Karmels und Sarons. Sie sehen die Herrlichkeit des Herrn, den Schmuck unseres Gottes (Jesaja 35,2).
Die Natur ist üppig, reich, freigebig, ja sogar verschwenderisch. Denken Sie nur an alle die Früchte, die vielerorts in den verschiedensten Gebieten der Welt ungenutzt verfaulen und wahrscheinlich ausreichen würden, den Großteil der auf Erden hungernden Menschen zu ernähren. Auch in der Wüste blüht und gedeiht alles, wenn man sie bewässert.
Der Libanon ist bekannt für seine landschaftliche Schönheit, der Karmel, ein Bergrücken in Israel, für seinen fruchtbaren Boden, und auch der Saron steht für Fruchtbarkeit und Gedeihen. Gedeihliche »Früchte des Geistes« sind Liebe, Freude, Frieden, Freundlichkeit, Schönheit, Harmonie und Güte. Bringt Ihr Geist diese Früchte hervor? Denn: *An ihren Früchten sollt ihr sie er kennen ...* (Matthäus 7,16).
Jesaja gibt in seinem Buch eine großartige, poetische Darstellung der Herrlichkeiten, die Ihnen beschieden sind, wenn Sie das Wesen Gottes, des Inbegriffs der Liebe und der Güte, betrachten und darüber meditieren. Der Prophet verheißt Ihnen, dass Sie die »Herrlichkeit des Herrn« schauen werden. Herrlichkeit ist etwas Strahlendes; und was strahlt, ist Licht. Mit anderen Worten: Ihre künftigen Unternehmungen werden im Zeichen des Lichts der Liebe und der Güte Gottes stehen. *Gott ist Liebe; und wer in der Liebe bleibt, der bleibt in Gott und Gott in ihm* (1. Johannes 4,16).

Platon sprach so über die Liebe: »Ja – Liebe, die Güte auf die Welt ausgießt und vor deren Gegenwart alle derben Leidenschaften fliehen und vergehen, die Urheberin aller sanften Bestrebungen, die Vernichterin aller unfreundlichen Gedanken, die gnädig, milde, Gegenstand der Bewunderung der Weisen und die Wonne der Götter ist, Teilhabe der Glücklichen und ersehnt von den Unglücklichen, unglücklich deshalb, weil sie ihnen nicht zuteil ist.«

Der geheime Ort des Schutzes

Und er sprach zu ihnen: Lasset uns besonders an eine wüste Stätte gehen und ruhet ein wenig. Denn ihrer waren viele, die ab und zu gingen; und sie hatten nicht Zeit genug, zu essen (Markus 6,31).

In gewissem Sinne symbolisiert die »Wüste« aus dem *Buch Jesaja* auch den geheimen Ort, an dem Sie mit Gott, dem Ihnen innewohnenden Geist, in Verbindung treten. Es ist der Ort innerer Einkehr, an dem Sie sich abwenden von äußeren Sinneseindrücken und der Dingwelt, um der göttlichen Gegenwart in Ihrer Mitte innezuwerden, die Ihr Schicksal bestimmt. Es ist Ihre innere Heimat, wo in Ihrem Leben Gott an erster Stelle steht, Gott, der unendliche Geist, der alles und jedes bewirkt. Wenn Sie sich in Betrachtung und Gebet dem Ihnen innewohnenden Geist Gottes zuwenden, sind Sie am geheimen Ort des Schutzes. *Wer unter dem Schirm des Höchsten sitzt und unter dem Schatten des Allmächtigen bleibt, der spricht zu dem Herrn: Meine Zuversicht, meine Burg, mein Gott, auf den ich hoffe* (Psalm 91,1–2).

Im Bild des Allmächtigen ersteht Gott auch in Jesajas Versen (35,3 und 4): *Stärket die müden Hände und erquicket die strauchelnden Knie! Saget den verzagten Herzen: Seid getrost, fürchtet euch nicht! Sehet, euer Gott, der kommt zur Rache; Gott, der da vergilt, kommt, und wird euch helfen.* Mit Ihren Händen vollbringen Sie, was der Hände Arbeit ist.

Kraft Geistes, der Gotteskraft in Ihnen, vollbringen Sie das Werk Gottes. Dabei ist entscheidend wichtig, die Aussage »Gott, der da kommt zur Rache; Gott, der da vergilt« richtig zu deuten. Rache, Vergeltung bedeuten einfach, dass Sie ernten, was Sie gesät haben.

Dieser Vers ist also, dem vordergründigen Schein entgegengesetzt, die Bestätigung einer großen, ewig gültigen Wahrheit. Diese Wahrheit bestätigen Sie Ihrerseits, indem Sie beten und das erlangen, was Sie im Gebet bekräftigen und erbitten. Äußeres Anzeichen für die Bestätigung ist, dass Sie in unserer aufgewühlten Welt Frieden finden.

Sie »rührten seines Kleides Saum an«

Gott… kommt, und wird euch helfen (Jesaja 35,4). Welche ungeheuren Leistungen gelingen, wenn man Gott anruft und auf ihn vertraut, veranschaulichen die nachstehenden Begebenheiten.

Eine Frau sah zu ihrem Entsetzen, wie ihr Mann von einem zurückstoßenden Lastwagen erfasst wurde und unter das Hinterrad zu liegen kam. Sie rannte zu dem Laster und hob ihn über dem Rad hoch, bis ihr Mann frei war. Später vermochten vier Männer den Laster nicht zu heben.

Die Frau sagte: »Das habe nicht ich getan. Ich habe Gott angerufen, er kam mir zu Hilfe und gab mir die Kraft.«

Ebenso erstaunlich ist die Geschichte, die mir ein Arzt erzählte, mit dem ich schon lange befreundet bin. Er hatte einen an Arthrose leidenden Mann mehrere Monate behandelt, aber keine Besserung erzielt. Die Knie des Mannes waren verformt und fast steif. Der Mann musste bei der Arbeit in seinem Geschäft weiterhin Krücken benützen. Eines Morgens stand plötzlich ein Maskierter in dem Geschäft, bedrohte den Mann mit einer Pistole und befahl ihm, sofort den Safe zu öffnen. Der Mann entgegnete, dazu müsse er sich bücken, aber das könne er nicht; seine Frau öffne den Safe immer für ihn. Der Gangster knurrte: »Wenn

du den Safe nicht in dreißig Sekunden offen hast, kriegst du eine Kugel in den Kopf.« Der Mann öffnete den Safe.
Mein Arztfreund erzählte mir, dass die Knie seines Patienten jetzt nicht mehr steif sind, dass er sie beugen kann, dass die Kalkablagerungen zunehmend verschwinden und die Schmerzen nachgelassen haben. Der Mann braucht keine Krücken mehr.
Wie schon an anderer Stelle verdeutlicht wurde, vermögen Menschen in großer Angst, im Schockzustand, angesichts tragischer Umstände oder in Notsituationen Außergewöhnliches zu vollbringen. Krüppel können plötzlich gehen, Gelähmte werden geheilt. Bei solchen Leistungen sagt man, dass die betreffenden Menschen »seines Kleides Saum anrühren«. Die Gotteskraft war schon immer in ihnen gewesen, aber sie hatten sie zuvor nicht genutzt.
Das eben ist die »Herrlichkeit des Herrn«, die Jesaja (35,5 und 6) mit den Worten preist: *Alsdann werden der Blinden Augen aufgetan werden, und der Tauben Ohren werden geöffnet werden; alsdann werden die Lahmen springen wie ein Hirsch, und der Stummen Zunge wird Lob sagen. Denn es werden Wasser in der Wüste hin und wieder fließen und Ströme im dürren Land.*
Die beiden Verse zeigen Ihnen, welche Freudengesänge der biblische Mystiker zum Lobe der wunderbaren Gotteskraft anstimmte, die jedermann durch Gebet, Meditation und visionäres Erleben für sich aktivieren kann. Wer aber der »Herrlichkeit des Herrn« nicht inne wird, bleibt blind und taub gegenüber der ihm innewohnenden unendlichen Kraft.
Viele Menschen wissen nicht, dass Gedanken Energien sind, dass wir das anziehen, was wir fühlen, und dass wir das werden, was wir uns bildhaft vorstellen. Millionen Menschen sind blind und taub gegenüber den Gesetzen des Denkens und Glaubens, denn sie verschließen sich der Erkenntnis, dass alles, was sie »im innersten Herzen« glauben, Gutes wie Schlechtes, auf dem Bildschirm des Raumes,

das heißt in ihrem Leben, sichtbar wird. Die beiden Verse wollen uns veranschaulichen, dass *bei Gott alle Dinge möglich* sind (Matthäus 19,26).

Von Blinden, Tauben und Erleuchteten

Wir sollen offen sein für die Lebensprinzipien und die Wirkungsgesetze des Geistes, der in uns ist. Andernfalls gilt für uns: *Und über ihnen wird die Weissagung Jesajas erfüllt, die da sagt: »Mit den Ohren werdet ihr hören, und werdet es nicht verstehen; und mit sehenden Augen werdet ihr sehen, und werdet es nicht vernehmen. Denn dieses Volkes Herz ist verstockt, und ihre Ohren hören übel, und ihre Augen schlummern, auf dass sie nicht dermaleinst mit den Augen sehen und mit den Ohren hören und mit dem Herzen verstehen und sich bekehren, dass ich ihnen hülfe.«* (Matthäus 13,14–15)

Unzählige Menschen leben in solcher Blind- und Taubheit. Doch sie alle können davon »geheilt« sein, sobald sie die Inhalte ihres Denkens und Glaubens ändern. Voraussetzung für die Veränderung ist jedoch, dass ihre Augen – gemeint ist die geistige Wahrnehmung – die Wahrheit des lebendigen Gottes sehen, dass ihre Ohren – das innere Gehör, das Verständnis – offen sind für die Frohbotschaft und dass ihr Herz aufnahmebereit ist für den Zustrom göttlicher Liebe.

Jedem von uns ist die Gabe gegeben, eine neue Sprache zu sprechen, die die Menschen erleuchtet und heilt. Eine neue Sprache sprechen Sie, wenn Sie sich entschließen, im Sinne des Ihnen innewohnenden göttlichen Geistes zu denken, zu reden, zu handeln.

Von solcher Erleuchtung ist auch bei Jesaja (35,6) die Rede: *Denn es werden Wasser in der Wüste hin und wieder fließen und Ströme im dürren Land.* Wasser ist hier ein Symbol für göttliche Erleuchtung. Wahre Ströme schöpferischer Ideen können Sie wachrufen, wenn Sie beten und Gott bitten, dass er Sie erleuchte!

»Die ihr durstig seid, kommt her zum Wasser!«

Vor einigen Jahren erschien ein Zeitungsbericht über eine Jacht, die in südlichen Gewässern bei Flaute festlag. Große Hitze herrschte, kein Lüftchen regte sich. Das Frischwasser an Bord war ausgegangen, die Bootsmannschaft war verzweifelt vor Durst. Für die Männer war in dieser Situation ein Glas Wasser mehr wert als sein Gewicht an Gold, denn es bedeutete die Rettung vor dem Tod. Da sichteten sie ein Schiff. Der Kapitän signalisierte: »Wir haben kein Frischwasser. Bitte geben Sie uns Wasser.« Das Schiff signalisierte zurück: »Lassen Sie Ihre Eimer hinunter; Sie befinden sich vor der Amazonasmündung.«

Der Amazonas ist der größte Strom Südamerikas und der wasserreichste der Erde; er ergießt sich viele Meilen weit in den Atlantik hinein. Die Jacht befand sich mitten in einer Süßwasserzone!

Sie brauchen keinen Durst zu leiden. Gott lädt Sie ein: *Wohlan, alle, die ihr durstig seid, kommt her zum Wasser…* (Jesaja 55,1). Das Wasser des Lebens wartet darauf, dass Sie Ihre Eimer hinunterlassen und schöpfen, so viel Sie wollen. Atmen Sie Luft, so viel Sie wollen – es herrscht kein Mangel daran. Genauso verhält es sich mit dem Wasser des Lebens. Ihnen bieten sich ungeahnte Möglichkeiten, Sie brauchen nur aufnahmebereit zu sein. Die Gaben Gottes warten darauf, von Ihnen genutzt zu werden.

Die wundervolle Verheißung für alle Menschen

Und es wird daselbst eine Bahn sein und ein Weg, welcher der heilige Weg heißen wird, dass kein Unreiner darauf gehen darf; und derselbe wird für sie sein, dass man darauf gehe, dass auch die Toren nicht irren mögen (Jesaja 35,8).

Hier wurde uns eine wunderbare Verheißung von einzigartiger Großartigkeit gemacht. Der »heilige Weg« ist ein Weg der Unversehrtheit, Schönheit und Vollkommenheit. Bekräftigen Sie möglichst oft: »Ich bin ein Geschöpf des lebendigen Gottes, und ich bringe jeden Tag mehr von Gottes Liebe, Harmonie und Frieden zum Ausdruck. Der Weg der Unversehrtheit, Schönheit und Vollkommenheit wird durch mich jetzt sichtbar.«

Wenn Sie dies tun, begeben Sie sich auf eine herrliche, eine triumphale seelisch-geistige Reise zu Gott. Machen Sie sich dieses schlichte Gebet zur Gewohnheit, denn es öffnet Ihnen den Weg aus Enttäuschung, Krankheit und Eingeschränktheit. Es ist Ihr Recht, ein glückliches, erfülltes Leben zu führen. Und es ist Ihr Vorrecht, in anderen Menschen die Gegenwart Gottes zu sehen. Erhöhen Sie Ihre Mitmenschen aus dem Bewusstsein heraus, dass Sie Kinder Gottes und Erben der Reichtümer Gottes vor sich haben.

Uns allen steht es bekanntlich frei, Wege und Straßen frei zu benutzen. Mörder, Diebe und gute Menschen bewegen sich auf denselben Straßen. Daraus können Sie entnehmen, dass Gott die Person nicht ansieht. Das göttliche Gesetz ist unpersönlich, wie jedes Gesetz. Die Straßen stehen allen offen. Und genauso steht der Zugang zu Gott allen offen, die ihn anrufen.

Anders ausgedrückt: Gott erhört das Gebet eines jeden Menschen entsprechend dem, was dieser Mensch »im innersten Herzen denkt«, also glaubt. Niemand kann Ihnen den Zugang zu Gott verwehren, denn Gott ist allgegenwärtig und somit auch in Ihnen. Es bedarf keiner Vermittler, keines Rituals, keiner Organisation. Wenn Sie sich an die göttliche Gegenwart wenden, wird sie Ihnen antworten. Die »Bahn« und der »Weg« in dem zitierten Vers Jesajas versinnbildlichen Ihre innere Hinwendung, durch die Sie der Gottesgegenwart in Ihrer Mitte innewerden.

Die »Unreinen« verkörpern alle jene, die sich in Angst, Neid, Eifersucht und Hass ergehen. Zerstörerische Inhalte dieser Art verhindern, dass die betreffenden Menschen in Gesundheit, Frieden und Wohlstand leben. Aber es heißt im Vers über die »Unreinen« auch: ... *und derselbe wird für sie sein, dass man darauf gehe, dass auch die Toren nicht irren mögen.* Wie töricht jemand auch war, wie viele Fehler er auch gemacht haben mag, wie schuldig er sich auch fühlt, er kann jederzeit die Gottesgegenwart in seiner Mitte anrufen und bekräftigen: »Göttliche Liebe erfüllt meine Seele, göttliches rechtes Tun ist mir jetzt beschieden, Gottes Friede strömt durch mein Herz, mein Gemüt.«

Die Schlussverse des Kapitels führen uns wahrhaftig auf den Königsweg zum Triumph des Menschen, auf den »heiligen Weg« zu Unversehrtheit und Vollkommenheit. *Es wird da kein Löwe sein, und wird kein reißendes Tier darauf treten, noch daselbst gefunden werden; sondern man wird frei sicher daselbst gehen. Die Erlösten des Herrn werden wiederkommen, und gen Zion kommen mit Jauchzen; ewige Freude wird über ihrem Haupte sein, Freude und Wonne werden sie ergreifen, und Schmerz und Seufzen wird entfliehen* (Jesaja 35,9 und 10).

Der Bibel zufolge ließ König Darius den verleumdeten Daniel in die Löwengrube werfen mit den Worten: *Dein Gott, dem du ohne Unterlass dienst, der helfe dir!* (Daniel 6,17). Daniel kehrte den Löwen den Rücken zu, wandte sich an die ihm innewohnende Gottesgegenwart und blieb unverletzt. »Löwen« versinnbildlichen in der Bibel regelmäßig Situationen, die uns schwierig und bedrohlich erscheinen, ähnlich auch »reißende Tiere«.

Kehren Sie Ihren Schwierigkeiten stets den Rücken und konzentrieren Sie Ihre Aufmerksamkeit auf die Lösung – in dem Bewusstsein, dass Gott in seiner unendlichen Liebe und Weisheit sie Ihnen offenbaren wird, und die Probleme werden sich im Lichte Gottes auflösen. So werden wir zu »Erlösten des Herrn«, die sich mit Gott, dem unendlichen Geist, eins fühlen und »gen Zion kommen«, das heißt sich der Gegenwart und Macht des Gottes in ihrer Mitte bewusst sind.

Das 35. Kapitel des *Buches Jesaja* endet mit fünf Wörtern,

die zu den schönsten der ganzen Bibel zählen, versichern sie uns doch mit absoluter Gewissheit: *Schmerz und Seufzen wird entfliehen.*
Vergegenwärtigen Sie sich, sooft Sie die Möglichkeit haben, den Inhalt dieses grandiosen Gebetes, dessen Wahrheit und Schönheit unübertroffen ist, und Sie können sicher sein, dass nichts Sie hindern wird, auf dem »Königsweg zum Triumph des Menschen« an Ihr Ziel zu gelangen.

Kurzgebet für ihre Weiterreise

Für Ihren weiteren Lebensweg möchte ich Ihnen ein Kurzgebet für den Alltag mitgeben, verbunden mit meinen guten Wünschen und Gottes Segen für Sie:
»Mein Weg ist der Weg Gottes, und alle seine Wege sind Wege der Liebe, der Freude und der Fülle. Auf meiner Reise leitet, inspiriert und schützt mich Gott. Die Gottesgegenwart ist um mich und in mir auf allen meinen Wegen. In Freiheit, Freude und Liebe reise ich von Ort zu Ort und von Land zu Land. Gott führt mich auf den Königsweg des Friedens und der Erfüllung und macht alle Straßen zu Straßen des Friedens, der Schönheit und der Harmonie. Gott, ich danke dir.«

Rechtenachweis

Dieses Buch wurde aus den folgenden Werken von Dr. Joseph Murphy zusammengestellt:

Aus *Die Macht Ihres Unterbewusstseins* (Kreuzlingen, München: Heinrich Hugendubel Verlag, 1999[63] [Ariston]; aus dem Amerikanischen übertragen von Wolfgang Maier) wurde entnommen:
- Wie dieses Buch in Ihrem Leben Wunder wirken kann (S. 17–23)
- Das Unterbewusstsein dient dem Leben! (S. 113–121)
- Die praktische Anwendung der geistigen Therapie (S. 95–112)
- Die Hilfe des Unterbewusstseins bringt Erfolg (S. 149–162)
- Wie die Kräfte des Unterbewusstseins die Furcht vertreiben (S. 248–262)
- Das Unterbewusstsein als Schlüssel zum Reichtum (S. 129–137)
- Ihr Recht auf Reichtum (S. 138–148)

Aus *Der Weg zu innerem und äußerem Reichtum* (Genf: Ariston, 1995[5]; aus dem Amerikanischen übersetzt und bearbeitet von Helga Künzel) wurde entnommen:
- Wie Sie die Wunderkraft anzapfen (S. 31–42)
- Wie Sie die leise innere Stimme verstärken (S. 143–151)
- Wie Sie sich der Kraft Ihrer Imagination bedienen (S. 103–113)
- Wie Sie das Prinzip des Wachstums richtig anwenden (S. 43–53)
- Wie Sie unendlichen inneren Reichtum erlangen (S. 55–70)
- Wie Ihr Denken und Glauben Sie zu Reichtum führen (S.71–80)

Aus *Die kosmische Dimension Ihrer Kraft* (Genf: Ariston, 1995[5]; aus dem Amerikanischen übersetzt und bearbeitet von Helga Künzel) wurde entnommen:
- Sie werden aus den Erfahrungen anderer Menschen lernen (S. 14)

- Wie Sie mit der kosmischen Kraft in Einklang bleiben (S. 17–30)
- Wie die kosmische Kraft Sie zu führen vermag (S. 31–42)
- Wie Sie sich Ihrer kosmischen Kraft bewusst werden (S. 43–56)
- Wie Sie die kosmische Heilkraft einsetzen können (S. 69–79)
- Wie die kosmische Kraft Sie ans Ziel Ihrer Wünsche bringt (S. 153–162)
- Wie Sie ein erfolgreiches Leben zu führen vermögen (S. 81–94)
- Wie die kosmische Kraft Ihre Probleme löst (S. 57–68)
- Wie die kosmische Kraft Ihre Ängste überwinden hilft (S. 195–204)

Aus *Energie aus dem Kosmos* (Genf: Ariston, 1993[8]; aus dem Amerikanischen übersetzt und bearbeitet von Helga Künzel) wurde entnommen:
- Die unversiegbare Quelle der Lebensbereicherung (S. 19–32)
- Die unvergleichliche Quelle der Überwindung aller Hindernisse (S. 129–141)
- Die wunderbare Quelle der Heilung (S. 73–85)
- Die dynamische Quelle schöpferischer Gestaltung (S. 163–174)
- Die geheimnisvolle Quelle innerer Führung (S. 119–127)
- Die unerschöpfliche Quelle von Reichtum und Überfluss (S. 33–43)

Aus *Wahrheiten, die Ihr Leben verändern* (Kreuzlingen: Ariston, 1996[7]; aus dem Amerikanischen übersetzt und bearbeitet von Helga Künzel) wurde entnommen:
- Haben Sie einen freien Willen oder nicht? (S. 33–51)
- Das befreiende Prinzip inneren Wachstums (S. 169–185)
- Die Heiterkeit oder das Freisein von Angst und Hass (S. 89–107)
- Die Überwindung der Einsamkeit (S. 151–167)
- Der Königsweg zum Triumph des Menschen (S. 187–200)